ERICH HOYT

Alle Wale der Welt

Jane M. Gibbs

REISE HANDBUCH

Alle Wale der Welt

Alle Informationen, schriftlich und zeichnerisch, wurden nach bestem Wissen zusammengestellt. Eine Garantie für die Richtigkeit von Preisen, Adressen, Telefon-Nummern, Zeit- und sonstigen Angaben kann aber nicht übernommen werden.

Der Autor ist für Lesertips, Hinweise, Vorschläge und Verbesserungen dankbar. Leser, deren Einsendung verwertet wird, werden in der nächsten Ausgabe genannt und erhalten als Dank ein Beleg-Exemplar der neuen Auflage.

Titel der kanadischen Originalausgabe:

„The Whale Watcher's Handbook"
erschienen bei
Madison Press Books/Penguin Books, Toronto, Ontario.
ISBN 0-385-19036-0

Verfasser	Erich Hoyt
Mitarbeit	Dr. Wolfgang Fischer
Übersetzung	Ulrike Sievers
Illustrationen und Karten	Pieter Folkens
Layout	David Shaw & Associates Ltd.
Titelfoto	Al Giddings / Ocean Images Inc.
Foto Back Cover	Peter Thomas
Lektorat	Hanna Kobold
Redaktion	Conrad Stein
Cover-Litho	Litho- und Scannertechnik – Kiel
Gesamtherstellung	Nieswand – Kiel

ISBN 3-922965-47-4

Danksagung

Ein Teil des einleitenden Textes ist ursprünglich in der Zeitschrift ‚Equinox' erschienen, die mich bei mehreren Walbeobachtungsunternehmungen ermutigt und unterstützt hat.

Viele Biologen und Walbeobachter aus der ganzen Welt haben mir in Form von Briefen, Anrufen und Interviews ihre Erfahrungen mitgeteilt. Und zwar aus den Vereinigten Staaten: Stephen Leatherwood, Kenneth S. Norris, Raymond M. Gilmore, Donald M. Robinson, Norm Famous, Ron Naveen, James und Nancy R. Lethcoe, Stephanie Kaza, Victor B. Scheffer, Ronn Storro-Patterson, James G. Mead, Steven L. Swartz, Eleanor M. Dorsey, David K. Caldwell, Robbins Barstow, Bruce R. Mate, William W. Rossiter, Diane Roberts, Christopher W. Clark, Bernd Würsig, Stanley Minasian, Peter O. Thomas, Sara M. Taber, Nancy Wallace, Peter D. Capen, Richard Osborne. Aus Kanada: David E. Sergeant, Randall R. Reeves, Richard Sears, David E. Gaskin, Mimi Breton, Hal Whitehead, William E. McIntyre, Peter Beamish, Sue Staniforth, Jon Lien, James D. Darling und die West Coast Whale Research Foundation. Unter anderen außerdem: Antonio M. Teixeira (Portugal), Esteve Grau (Spanien), Mats Amundin (Schweden), Allan Thornton (Großbritannien), R. Duguy und Jean-Pierre Sylvestre (Frankreich), W.H. Dudok van Heel (Niederlande), Alan N. Baker (Neuseeland), J.D. Ovington (Australien), Ricardo & Victoria Bastida, Alejandro Galeazzi, Rae Natalie P. Goodall und Ricardo M. Mandojana (Argentinien), Luis A. Pastene (Chile), Maria C. Pinedo und José T. Palazzo, Jr. (Brasilien), Ricardo Praderi (Uruguay), Graham J.B. Ross, Roy Cruickshank (Südafrika), Tas'an (Indonesien).

Für ihre Studien über das Walbeobachten danke ich: Stephanie Kaza, Michael Bursk, Maxine McCloskey, John Kelly, John M. Olguin, Kieran J. McNamara und Mary B. Harwood. Die Idee zu diesem Buch entstand auf Hugh Brewsters Walbeobachtungstour in der Baja California mit Sven Olaf Lindblad und ‚Special Expeditions'. Außerdem gilt mein Dank James Bird für die Hilfe beim Erstellen der Beschreibungen der Arten, Denise Hewitt für die Übertragung der Interviews, Patrick Crean, Ramsay Derry und Robert Emmett Hoyt für sachkundiges Redigieren und hilfreiche Kommentare sowie David Shaw für seine Geduld und Sorgfalt bei der Gestaltung dieses Buches.

Pieter Folkens möchte sich bei Nanette Butler, William Richardson, Wendy Johnston, Jan Sherer und Kendal Morris für ihre Nachforschungen und ihre Hilfe bei den Illustrationen bedanken.

Mein ganz besonderer Dank gilt Françoise Roux für ihr gutes Auge und ihre Hilfe bei der Bearbeitung der Fotos sowie für ihre Ermutigung.

Inhaltsverzeichnis

Teil 3 **Die Orte**

Anhang

Index

Nördlich von Vancouver Island taucht eine Schule von Schwertwalen neben dem Boot des Autors auf.

Teil 1

Walbeobachtung: Ein neuer Weg, Wale zu betrachten

Ein „freundlicher" Mörderwal

Durch das Absuchen der Wasseroberfläche mit dem Fernglas wurde mir langsam flau im Magen. Das kanpp 10 m lange Segelboot rollte durch die Wellen, und ich rollte mit ihm. Doch dann wurde meine Neugierde durch Hoffnung bestärkt: Wenn das merkwürdig aussehende Objekt doch bloß ein Wal wäre! Etwa 300 m vor unserem Bug, in Richtung auf die Nordküste von Vancouver Island zu, bewegte sich etwas, das wie ein schwarzer, zerbrochener Baumstamm aussah.

„Laß mich mal schauen," sagte Graeme Ellis und griff nach dem Fernglas.

Zu sechst segelten wir an einem windigen Sommernachmittag des Jahres 1973 durch die Johnstone Strait; wir waren alle Anfänger im Walbeobachten. Nur Ellis konnte auf etwas Wal-Erfahrung zurückblicken, denn er war Ende der 60er Jahre einer der ersten Trainer von in Gefangenschaft gehaltenen Schwertwalen gewesen. Nun freute er sich auf die Chance, im Zuge der ersten Film- und Fotoexpedition, die vor der Küste British Columbias nach Schwertwalen suchen sollte, in freier Wildbahn mit diesen Tieren zu arbeiten.

„Das ist Stubbs!" rief Ellis aus und gab mir aufgeregt das Fernglas zurück. Schon zweimal hatten wir diesen merkwürdigen Schwertwal gesehen, aber uns immer noch nicht an sein baumartiges Aussehen gewöhnt. Stubbs, ein schon älteres Weibchen, besaß eine charakteristische, abgesägte Rückenflosse. Obwohl sie gewöhnlich mit einer Familiengruppe herumzog, einer sogenannten ‚Schule' von etwa zwölf Walen, blieb sie oft zurück, als wenn sie mehr Zeit zum Atmen und Ausruhen benötigte.

Später am Nachmittag gelang es uns, Stubbs das erste Mal aus der Nähe zu begutachten. Nachdem wir uns in einem Zodiac-Schlauchboot langsam genähert hatten, betrachteten wir ihre sechs Meter lange, mißgeformte Gestalt: dick in der Mitte, wie angeschwollen mit einer narbigen Rückenflosse, die aussah, als sei sie einer Schiffsschraube zu nahe gekommen. Dennoch zeigte Stubbs keine Angst. Und während wir in einiger Entfernung von ihr anhielten, die Maschine im Leerlauf, drehte sie sich plötzlich zu uns herum, stieß sich mit der Schwanzfluke ab und glitt wie ein Torpedo in Zeitlupe an der Wasseroberfläche entlang. Wir sahen zu, daß wir aus dem Weg kamen.

Bei dem Wenigen, was wir über Wale wissen, sind die Wissenslücken im Hinblick auf die Art ‚Orcinus orca' besonders groß. Es gibt lediglich einige Angaben über die Freßgewohnheiten dieser in Rudeln jagenden Raubtiere, die dafür bekannt sind, daß sie es sogar mit Blauwalen aufnehmen, obwohl diese sie an Größe um ein Vielfaches übertreffen. „Orcas" waren eine unbekannte Größe, und das war ja auch der Grund, warum wir mehr über sie erfahren wollten.

In diesem Augenblick waren wir allerdings eher erschrocken als neugierig. Seit Wochen hatten wir versucht, uns Walen zu nähern, und nun kam diese Walkuh so unvermittelt auf uns zu. Ihre Bewegungen wirkten nicht aggressiv. Sie stoppte neben dem Boot und blieb dort bewegungslos liegen, sich offenbar unserer Nähe bewußt, aber dennoch ohne Angst. Trotz meiner äußerlichen Ruhe klopfte mein Herz mit doppelter Geschwindigkeit.

Wieso vertraute Stubbs uns? Als sie den Kopf hob, floß das Wasser über ihren glänzenden schwarzen Körper, und sie blies einen Wasserstrahl in die Luft. Der Sprühregen trieb auf uns zu, und ich konnte einige Tropfen auf meinem Gesicht und meinen Armen spüren. Wir waren dicht genug, um sie berühren zu können,

Jane M. Gibbs

In den Gewässern der Stellwagen Bank, vor Massachusetts, vollführt ein Buckelwal vor interessierten Walbeobachtern seine Sprünge.

aber zu erstaunt, um uns zu bewegen. Wir fühlten uns schon einfach durch die Nähe bevorzugt. Einige Sekunden später, als sie abtauchte und davonglitt, um sich wieder ihrer Schule anzuschließen, kehrten wir zu unserem Segelboot zurück und rekapitulierten noch einmal, was geschehen war.
Stubbs war eine schöne Einführung ins Walbeobachten – mein erster „freundlicher" Wal. Es war die erste in einer Reihe von Begegnungen mit Schwertwalen vor Vancouver Island, die mich auf das immer öfter auftretende Wal-Phänomen aufmerksam machte, das als „freundliches" Verhalten bezeichnet wird. Ich habe dieses Verhalten auch mit Gewöhnlichen Grindwalen in der Nähe der Insel Jan Mayen, 800 km nordöstlich von Island, und mit Großen Tümmlern in der Karibik erlebt. Noch öfter kommt es bei Grauwalen und Buckelwalen vor. So bin ich nur einer von Tausenden, die von freundlichen Buckelwalen um Hawaii herum und vor Cape Cod im Nordatlantik genau begutachtet wurden. Und es gibt viele, deren Boot vor der Küste der Baja California von mit Seepocken besetzten, über 13 m langen, freundlichen Grauwalen beschnuppert wurde.
Dieses freundliche Verhalten hinterläßt einen besonderen Eindruck und verliert auch für eingefleischte Walbeobachter – egal wie häufig es auftritt – doch nie seine Faszination. Und nichts vermag einen neuen Walbeobachter schneller gefangen zu nehmen, als die Begegnung mit einem „freundlichen" Wal: etwas so Großes und so Lebendiges in so unmittelbarer Nähe. Es verschlägt dem gesprächigsten Menschen die Sprache, oder läßt ihn zumindest vor Erstaunen stocken.
Wer sind diese „freundlichen" Wale? Einige, wie z.B. Stubbs, sind Sonderlinge, in irgendeiner Form Verunglückte. Einige sind „Einzelgänger", vielleicht Ausgestoßene. Andere sind Jungtiere, schon alt genug, um sich von der Mutter zu entfernen, aber doch noch voller Abenteuerlust. Vielleicht suchen sie auch nach einem Mutterersatz. Dann war da noch der Grauwal, der im Spätsommer 1982 vor der Westküste von Vancouver Island auftauchte, ein riesiges Tier: Er fing an, sich zwischen den Booten aufzuhalten, beschnupperte den Bug und ließ sich den Kopf streicheln. Dieses einige Wochen anhaltende Schauspiel führte zu einem kleinen Touristenboom in dem Fischerdorf Tofino.

Warum sind diese Wale freundlich? Im Gegensatz zu anderen Wildtieren sind sie nicht auf Futter aus. Mögen sie vielleicht gerne gestreichelt werden, gefallen ihnen die spielerischen Kontakte mit den Booten oder gar die Rufe und Anfeuerungen der Walbeobachter? Vielleicht sind diese Tiere auch einfach nur geselligkeitsliebend, wie Professor Kenneth S. Norris von der University of California in Santa Cruz vorschlägt, und suchen menschliche Gesellschaft, wenn keine anderen Wale in der Nähe sind. Vielleicht sind sie auch nur neugierig.
Historisch gesehen haben sie allerdings kaum einen Grund, dem Menschen Sympathie entgegenzubringen. Bis vor kurzem brachte die geringste Neugierde den Walen nur ein scharfes Stück Metall im Rücken ein. Wale waren weder in der Lage, schnell und lange genug vor den Menschen davonzuschwimmen, noch konnten sie sich weit genug von ihnen entfernen. Seit Anfang des Jahrhunderts mußten zwei Millionen Wale als Nahrung, für Kosmetika oder für andere Produkte sterben. Was in früheren Jahrhunderten eine Existenzgrundlage der Naturvölker war, wuchs sich zu rücksichtsloser Habgier aus: schonungslose Verfolgung und Schlächterei. Die letzten ein oder zwei Jahrzehnte haben – keine Minute zu früh – ein wachsendes Bewußtsein dafür geschaffen, daß dieses Schlachten zu einer unwiderruflichen Ausrottung führen wird. Und mit dem Bewußtsein veränderte sich auch das Gefühl – es entwickelte sich eine fast ehrfurchtsvolle Haltung gegenüber diesem wer-weiß-wie-intelligenten, sozialen Säugetier, dem größten Tier, das jemals auf unserem Planeten gelebt hat. Diese Betroffenheit begann in den 60er Jahren, dem Jahrzehnt eines wachsenden Umweltbewußtseins, besonders in Nordamerika. Die Wale wurden zum dramatischen Symbol unserer Umwelt. Die Menschen begannen zu begreifen, daß, falls wir nicht in der Lage sind, die großen Wale zu retten, wir uns wahrscheinlich auch selbst nicht mehr retten können.
Als in den 60er Jahren der amerikanische Walfang nachließ, geschah etwas Unerwartetes: die Wale begannen, in die einst von ihrem Blut geröteten Küstengewässer zurückzukehren. Mit einer Mischung aus Neugierde und Staunen fingen Menschen an, sie vom Strand aus zu beobachten und ihnen entgegenzufahren. Jetzt waren die Jäger nicht mehr mit Harpunen, sondern mit Kameras und Ferngläsern ausgerüstet. In den Vereinigten Staaten, Kanada und Mexiko wurde das Walbeobachten schnell erfolgreich kommerzialisiert: Heute erwirtschaften diese Unternehmen durch Hunderttausende von Walbeobachtern jährlich einige Millionen Dollar Gewinn. Blättern Sie zum Ende dieses Buches, dort können Sie die unglaubliche Vielfalt der Walbeobachtungsmöglichkeiten sehen. In Kalifornien dem Zentrum weltweiter Walbeobachtung – wurden die Gewinne der Boote, die mit den an Walen interessierten Besuchern hinausfahren, 1981 auf mehr als zwei Millionen Dollar geschätzt. In Neu-England sind es mehr als eine Million im Jahr; in Kanada etwa eine Million. Und diese Zahlen scheinen alle noch anzusteigen. Der finanzielle Gesamtwert der lebenden Wale – einschließlich der Walbeobachtungen in freier Wildbahn und in Gefangenschaft und ihres Wertes als Quellenmaterial für Bücher, Filme, Platten und Kunst – ist auf mehr als 200 Millionen Dollar jährlich geschätzt worden.
Das Geld ist jedoch nur ein Teil des Ganzen. Der Wert der lebenden Wale für unsere Umwelt – ihre Funktion für das ökologische Gleichgewicht der Weltmeere ist noch unbekannt. Hinzu kommt der innere Wert der Wale als hervorragende „Beispiele lebender Organismen", wie der Biologe Victor B. Scheffer es ausdrückte: „Sie haben uns die Augen geöffnet für die entfernten Grenzen der Kraft, Schönheit und Anmut, die Leben erreichen kann." Diese Werte bleiben unbezahlbar, auch wenn Walfänger und Walfangstationen offensichtlich anderer Meinung sind. So teilen die Japaner – die heute die meisten Wale töten und konsumieren – anscheinend nicht unseren Enthusiasmus für lebende Wale, obwohl die Zahlen beweisen, daß mit Tourismus in Form von Walbeobachtung wahrscheinlich mehr Geld zu verdienen ist als mit Walfang.

Das freundliche Verhalten der nordamerikanischen Wale könnte ihre Überlebenschance verbessern. Ich habe selbst gehört, wie fanatisch Walbeobachter die Meinung vertraten, daß die „freundlichen" Wale (diejenigen, die die Menge begeistern) wissen, daß ihr Schicksal in den Händen der Menschen liegt, und daß sie deshalb uns gegenüber ihr bestes Benehmen präsentieren, sozusagen eine letzte Vorstellung geben, bevor der Vorhang der Ausrottung endgültig fällt. Es ist unmöglich zu beweisen, daß Wale versuchen „uns etwas mitzuteilen", dennoch schlage ich vor, daß Sie zu einem der vielen Aussichtspunkte hinausgehen oder an einer der Wal-Exkursionen teilnehmen, um dort einigen Walen zu begegnen. Und dann entscheiden Sie selbst, ob die Wale nicht schon durch ihr bloßes Dasein ein überzeugendes Argument für ihr Überleben liefern.

Die ersten Walbeobachter

Sicherlich haben schon lange vor Beginn unserer Geschichtsschreibung Kontakte zwischen Menschen und Walen stattgefunden. Da es hierüber keine Zeugnisse gibt, können wir über die Gefühle und Reaktionen dieser Walbeobachter nur spekulieren: Sind sie auf einen gestrandeten Wal gestoßen und haben sich über die riesige Fleischmasse gefreut? Oder waren es Fischer, die vom Strand oder von ihren primitiven Booten aus lebende Wale beobachteten? Mit welcher Mischung aus Überraschung, Angst, Neugierde oder Geschäftssinn haben sie die Wale betrachtet? Haben sie sich schon gefragt, vielleicht nur für einen kurzen Augenblick, wie das Leben eines Wales wohl aussehen mag?

Die ältesten bekannten Höhlengemälde mit Wal-Darstellungen wurden in Norwegen gefunden und stammen aus der Zeit um 5000 v. Chr. Aber erst die präzisen Zeichnungen der Griechen lassen auf eine genaue Betrachtung der Wale schließen – zumindest des Gewöhnlichen Delphins, 'Delphinus delphis' der im Mittelmeer anzutreffen ist. Wenn man sich auf einer griechischen Insel ein Boot mietet und hinausfährt, kann man diesen Delphinen auch heute noch bei ihren Sprüngen und beim Wellenreiten zusehen.

Die Griechen waren auch die ersten, die über Wale und Delphine geschrieben haben. Ihre frühe Prosa und Lyrik ist voller Legenden – fantastische Geschichten, die weitaus mehr über die Beobachter als über die beobachteten Objekte aussagen. Bedeutend ist jedoch der Grundton dieser Erzählung: die Delphine werden als sanft und menschenfreundlich geschildert.

Aristoteles beschreibt, daß es die Delphine in die Nähe der Menschen zieht. Entscheidender ist allerdings, daß er wohl als erster die Wale wissenschaftlich betrachtet. Denn Aristoteles war nicht nur, wie allgemein bekannt, ein berühmter Philosoph, sondern auch ein früher Biologe und darüber hinaus der erste, der seine Arbeit veröffentlichte. Der meereskundliche Teil seiner „Naturgeschichte der Tiere" aus dem vierten Jahrhundert v. Chr. basiert wahrscheinlich auf Beobachtungen von Delphinen in den klaren Gewässern um Lesbos, einer griechischen Insel vor der türkischen Küste, wo der Naturforscher einige Jahre gelebt und geschrieben hat.

Aristoteles wußte bereits, daß Delphine Säugetiere sind, die lebende Jungen zur Welt bringen. Lange vor Linné, dem großen Systematiker des 18. Jahrhunderts, faßte er Wale, Delphine und Schweinswale zur Gruppe der „Cetaceen" zusammen und stellte erstaunlich genaue Vermutungen über ihre Tragzeit und den Zeitpunkt ihrer Geschlechtsreife an. Zwar unterliefen ihm einige Fehler, doch zugleich enthält seine Arbeit eine prophetische Aussage für die moderne, auf Beobachtung basierende Walforschung: „Die Jungtiere begleiten die alten Delphine eine beträchtliche Zeit. Sie (die Delphine) leben viele Jahre; es sind Tiere bekannt, die seit mehr als 25 Jahren, und einige, die sogar seit mehr als 30 Jahren leben." Woher konnte Aristoteles das wissen? Er fährt fort mit einem Bericht über Fischer, die, wenn sie einen Delphin gefangen haben, „manchmal dessen Schwanz ein-

kerben und ihn dann wieder freilassen. Auf diese Weise kann das Alter der Tiere bestimmt werden."
Es ist nicht bekannt, ob Aristoteles an diesen Experimenten beteiligt war, oder ob er nur davon berichtete. Zumindest wußte er den Wert wissenschaftlicher Arbeit gut einzuschätzen. Es ist allerdings nicht einmal notwendig, die Schwänze der Wale einzukerben. Spuren an der Rückenflosse, besondere Farbmuster und z.T. sogar starke Verformungen – wie etwa bei der Rückenflosse meiner Freundin Stubbs – bieten gute Unterscheidungsmerkmale. Ein Forscher, der eine Art lange genug beobachtet und quasi mit den Tieren lebt, fängt an, individuelle Merkmale zu erkennen. Entomologen (Insektenforscher) erkennen sogar einzelne Insekten wieder.
Um Wale zu beobachten, braucht man ein geschütztes, küstennahes Gebiet, eine Menge Geduld, gute Augen und Ohren und Kamerakenntnisse. Das Wichtigste sind die „IDs" (engl.: „identification", entspricht dem deutschen Personalausweis), Bilder mit den individuellen Merkmalen der einzelnen Tiere. So kann ein Forscher im Laufe der Zeit nicht nur das Alter eines Wales bestimmen – wie Aristoteles es beschrieb –, sondern er kann auch das regionale Vorkommen, Verbreitungsgebiet und Wanderungsmuster sowie Geburten- und Sterberaten ermitteln.
In der Zeit nach Aristoteles war das Walbeobachten fast ausschließlich eine Domäne der Walfänger. Während des „Museums-Zeitalters", das nach der Renaissance begann, wagten sich Naturforscher nur selten in dieses Gebiet vor. So entstanden zwar wichtige Arbeiten hinsichtlich der Systematik der Wale, aber Lebendbeobachtungen gab es kaum. Das Studium der Wale beschränkte sich auf das Studium von Kadavern, die von Walfängern mitgebracht oder an die Strände angespült worden waren.

Walbeobachten in jüngster Zeit

Das moderne Zeitalter der Walbeobachtung wurde Mitte der 40er Jahre dieses Jahrhunderts in Kalifornien durch Carl L. Hubbs, einem Professor der Scripps Institution of Oceanography, eingeleitet. Ken Norris, der später selbst die nächste Generation walbeobachtender Studenten angeregt hat, erinnert sich an seine Studienzeit: Hubbs kletterte jeden Wintertag – bei Wind, Regen oder heißer Sonne – auf steile Schindeldächer, um die auf ihrem Zug vorbeiziehenden Wale zu zählen. Von den Dächern des Scripp-Instituts konnte man sehen, wie sie in Reih und Glied an der Küste Südkaliforniens entlang zu ihren Paarungs- und Wurflagunen in Mexiko zogen. Durch sein Fernglas zählte Hubbs die Blas-Fontänen und rief die Zahlen seiner Frau Laura zu, die sie in einem Buch notierte.
Verschiedene Studenten, unter ihnen auch Norris, wechselten sich in einem Abstand von 15 Minuten auf dem „Walbeobachtungsposten" ab. Später wurde ein Walbeobachtungsstand auf dem Dach der Scripps' Ritter Hall gebaut, der mit einem leistungsstarken japanischen Marinefernglas, einem Azimutkreis zum Feststellen der Walpositionen und Beobachtungsformularen zur Standardisierung der Protokolle ausgerüstet war.
Im Winter 1946-47 zählte Hubbs 200 Wale. In späteren Jahren begann die Zahl langsam zu wachsen. Hubbs organisierte Flüge mit Maschinen der U.S.-Küstenwache und schaffte es sogar, den Schauspieler Errol Flynn zu überreden, eine Hubschrauber-Erkundungsaktion entlang der Baja-California-Halbinsel zu finanzieren. Diese Flüge ermöglichten die erste Populationsschätzung in den mexikanischen Lagunen.
Ein anderes Mitglied der Grauwal-Forschungsgruppe in Scripps war Theodore J. Walker, ein aus der Süßwasserkunde kommender Ozeanograph. Nach seiner Ankunft in Kalifornien begann der aus Wisconsin stammende Ted Walker, in den mexikanischen Lagunen die Grauwale zu beobachten. Walker war ein Einzelgän-

ger, der mit jedem, auch mit Hubbs, über die Wale stritt. Lange wurde die Frage erörtert, ob die Grauwale in den Lagunen Nahrung aufnehmen oder nicht. Die damalige Lehrmeinung besagte, daß sie lediglich zum Paaren und Kalben dorthinkämen. Denn warum sollten sie wohl, wenn sie auch in Scammon's Lagoon fräßen, eine jährliche Rundreise von über 19.000 km zu den nahrungsreichen Gewässern Alaskas unternehmen?
Ted Walker war sich sicher, daß die Wale mexikanische Nahrung zu sich nahmen. Er sah, wie sie ihre Köpfe aus dem Wasser steckten – ein Vorgang, den er „the spar" nannte – und Sprünge vollbrachten, wobei das Wasser zu beiden Seiten aus ihrem Maul floß. Walker sah darin eine praktische Methode, Essen herunterzuschlucken. Hubbs und andere vertraten die Meinung, die Wale würden sich nur umschauen, „spy-hopping". Walker hielt dem entgegen, daß die Wale während dieses Vorganges ihre Augen geschlossen hätten, und daß Wale, die ja die Fähigkeit zur Echoortung besäßen, ihre Augen wahrscheinlich sowieso nicht zur Navigation gebrauchten. „Sie fressen!" behauptete er.
Wie sich herausstellte, hatten beide Männer Recht und Unrecht zugleich. Einige Grauwale fressen tatsächlich in der Lagune, aber sie sind keine „Echoloter" wie die Zahnwale, und so ist das Auftauchen manchmal doch in erster Linie ein Aussichtssprung. Nichtsdestoweniger lieferten beide Männer elementare Beiträge zur Entwicklung der neuen Forschungsrichtung. Durch Hubbs und Walker wurde Beobachtung der Hauptbestandteil des Walstudiums. Sie verhalfen anderen Wissenschaftlern wie z.B. Ken Norris dazu, Wale als natürliche Kreaturen zu betrachten. Sie trugen außerdem etwas zur Rettung der Wale bei, denn sie verstanden es, Interesse zu wecken. Zum ersten Mal (Ken Norris nennt es den entscheidenden Schritt) wurden sowohl die Öffentlichkeit als auch Regierungsstellen beteiligt. 1950 verwandelte Donald M. Robinson, der Leiter des Cabrillo National Monument in San Dego, eine alte Geschützstation der Armee in den ersten öffentlichen Beobachtungsposten. In diesem ersten Winter kamen etwa 10.000 Menschen, um die wandernden Grauwale zu sehen. Im darauffolgenden Jahr koordinierte Robinson seine Beobachtungseinrichtungen mit denen von Carl Hubbs im Scripps-Institut, das einige Meilen entfernt an der Küste lag. 1952 übernahm Raymond M. Gilmore vom U.S. Fish and Wildlife Service die Arbeit des Zählens und führte die erste offizielle Erhebung für die Regierung durch.

Das „Comeback" der Wale

Die ersten Jahre der Grauwalforschung brachten eine Reihe erstaunlicher Entdekkungen. Schon die Feststellung, daß es überhaupt noch genügend Tiere gab, die beobachtet werden konnten, war eine Überraschung. „Die großen Buchten und Lagunen, in denen sich diese Tiere einst sammelten," schrieb 1874 der Walfänger Kapt. Charles M. Scammon, „sind schon fast völlig verlassen. Die riesigen Knochen der kalifornischen Grauwale liegen an den Stränden ... der zerklüfteten Küsten von Sibirien bis zum Golf von Kalifornien verstreut und werden von der Sonne ausgebleicht, und schon bald wird man sich fragen, ob dieses Säugetier nicht zu den ausgestorbenen Arten gerechnet werden muß ..."
Zu Beginn des 20. Jahrhunderts wurden die Grauwale nur noch selten gesehen. Mehr als ein Autor sprach davon, daß die Art „wahrscheinlich ausgestorben sei". 1949 endlich, nach der Einrichtung einer Internationalen Walfangkommission, einigten sich die walfangenden Nationen glücklicherweise darauf, keine Grauwale mehr zu töten. Es gab sowieso nicht mehr genügend Tiere zum Jagen. Wirtschaftlich gesehen war diese Art schon ausgestorben. Aber die Grauwale haben ein beeindruckendes „Comeback" geschafft, wobei allerdings niemand so genau weiß, wie stark die Population tatsächlich geschrumpft war. Kürzliche Schätzungen von 16.500 Tieren weisen darauf hin, daß die Population sich nun wieder der ursprünglichen Größe nähert.

Die Erholung der Grauwale ist eine der großen Erfolgsgeschichten des Walschutzes. Kalifornien hat diese Tatsache gefeiert, indem es den Grauwal zum „state marine mammal“ (Wahrzeichen des Staates) erklärt hat. Jedes Jahr werden mehr und mehr Kalifornier und Besucher zu Walbeobachtern. 1959 begleitete Raymond Gilmore insgesamt 330 zahlende Besucher auf den ersten, von Naturkundlern geleiteten Tagestouren vor der Küste San Diegos. Heute umschließt das von Kalifornien ausgehende Walbeobachtungsprogramm ungefähr 120 Boote mit ein oder zwei Touren pro Tag und drei Schiffe, die mit Walbeobachtern ausgedehnte Exkursionen vor der Küste Kaliforniens und zu den mexikanischen Lagunen unternehmen. Nach Angaben von Walbeobachtungsforscherin Stephanie Kaza bezahlten 1981 insgesamt 235.000 Menschen für das Vergnügen, die Grauwale beobachten zu dürfen, während zusätzlich Hunderttausende die öffentlichen Aussichtspunkte besuchten. Der populärste Platz ist das Cabrillo National Monument in Pt. Loma, San Diego: Hierher lud vor drei Jahrzehnten Don Robinson die Öffentlichkeit ein, sich das Schauspiel anzusehen, das den jungen Carl Hubbs und die anderen Walpioniere so begeistert hatte; 1983 kamen 300.000 bis 350.000 Menschen, um die Wale zu beobachten, und nur wenige wurden enttäuscht.

Singende Wale

Zu der Zeit, als die Kalifornier ihre Grauwale entdeckten und kennenlernten, spezialisierte sich der junge Zoologe Roger Payne (Harvard-, Cornell- und später Rockefeller-Universität) auf die Bio-Akustik von Fledermäusen und Eulen. Zwar hatte er von den ersten Grauwalforschungen an der Westküste gehört, aber der entscheidende Auslöser für seinen Umzug ans Meer war ein nächtliches Zusammentreffen mit einem toten Schweinswal, der in der Nähe seines Hauses an den Strand von Massachusetts gespült worden war. Nachdem Payne soviel wie möglich über Wale gelernt hatte, wollte er sie gerne beobachten, aber an der Ostküste gab es keine Massenwanderungen, die den Grauwalwanderungen vor der Westküste vergleichbar gewesen wären. Es hatte einst einen Nordatlantischen Grauwal gegeben, aber der war ausgestorben; wahrscheinlich zumindest zum Teil auf-

Nature Expeditions International/David Roderick

In der Lagune San Ignacio der Baja California treffen Walbeobachter auf einen „freundlichen“ Grauwal.

grund der Waljagd im späten 17. und 18. Jahrhundert. Als Payne auf Ken Norris traf, gestand er dem älteren Naturforscher: „Ich möchte mein Leben damit verbringen, Pottwale zu beobachten.“ Er war entschlossen, soviel über Wale zu lernen, daß er ihr Schicksal in irgendeiner Weise beeinflussen könnte.

Als er keine Pottwale finden konnte, mietete Payne sich 1967 auf den Bermudas ein Segelboot, um nach Buckelwalen Ausschau zu halten. Er sprach auch mit Frank Watlington, der die Wale von der geophysikalischen Außenstation der Columbia-Universität aus, in St. David's, Bermuda, erfaßt hatte. Buckelwale waren eine bedrohte Art und erst 1966 offiziell von der Internationalen Walfangkommission weltweit unter Schutz gestellt worden. Die besten Schätzungen sprachen von ungefähr 7.000 noch lebenden Buckelwalen - etwa 7% der geschätzten 100.000 Tiere, die ursprünglich einmal entlang der Küsten aller Kontinente geschwommen waren.

Payne fand die Wale und begann, ihre Laute aufzuzeichnen.

„Wir sind auf etwas aufmerksam geworden, was wir für das außergewöhnlichste Merkmal der Buckelwale halten,“ schrieb Payne (zusammen mit Scott McVay von der Princeton-Universität) in der Zeitschrift „Science“ in der Ausgabe vom 13. August 1971. Die Wale „stoßen eine Reihe „überraschend schöner Töne aus . . ., die mit bemerkenswerter Genauigkeit wiederholt werden . . . ein langes 'Lied', das in Zyklen wiederkehrt, die bis zu dreißig Minuten dauern. . . .Da die Wiederholung festgelegter Tonmuster als ein Merkmal von Vogelliedern angesehen wird, nennen wir die festgelegten Muster der Buckelwale ebenfalls 'Lieder'. Bis es weitere Befunde gibt, können wir über die Funktion dieser bemerkenswerten Lautreihen nur Vermutungen anstellen.“

1970 wurde aus den Bandaufnahmen der Buckelwale eine Langspielplatte gemacht (CRM Records). Obwohl ungewöhnliche Kandidaten für musikalischen Ruhm, erreichten die Buckelwale in den Hitlisten bald die Beatles und die Beach Boys. Von der Platte „Songs of the Humpback Whales“ wurden über 100.000 Exemplare verkauft. Die Vorstellung, daß diese plumpen Riesen - gejagt bis an den Rand der Ausrottung - tief im Meer seelenvolle Lieder singen, fesselte die Fantasie von Beamten und Politikern, von Surfern und Rock'n Roll Fans und sogar von abgestumpften Laborzoologen. Fürsten und Monarchen halfen den Walen über den Walfond der New York Zoological Society, und die Platte war eine großartige Werbung für ihre Sache: Madison Avenue hätte die Buckelwale nicht besser verkaufen können.

In der Zwischenzeit hatte Payne die Schwanzfluken einiger Buckelwale fotografiert, die offene See um die Bermudas herum war jedoch zu rauh, um die Wale in Ruhe zu beobachten. So wandte er sich nach Süden, um einem Hinweis von Ray Gilmore nachzuspüren, der 1969 auf dem amerikanischen Antarktis-Forschungsschiff „Hero“ die argentinische Küste abgefahren war und in einer entlegenen Bucht Patagoniens einige seltene Glattwale erspäht hatte. Der Grund für die Seltenheit der Glattwale ist aus ihrem englischen Namen „Right Whales“ (Richtige Wale) ersichtlich. Die Walfänger sahen in ihnen die „richtigen“ Wale zum Jagen: sie sind langsam, treiben oben, nachdem sie getötet wurden (im Gegensatz zu Buckel- und Blauwalen), enthalten große Mengen Tran - der Grund für ihren Auftrieb - und haben lange, biegsame Barten, die zur Herstellung von Damen-Korsetts und als Schirmspeichen sehr begehrt waren.

Payne machte Aufnahmen von der bizarren Vielfalt der Glattwallaute, meist ein niederfrequentes Rülpsen und Stöhnen, aber auch ein gewaltiges Gebrüll, das sie mit ihren Blaslöchern über Wasser produzieren - nicht gerade das, was man sich unter „Singen“ vorstellt.

Dennoch war Payne von den Glattwalen fasziniert. Von Juli bis November gab es vor Patagonien, dem südlichen Argentinien, keinen Mangel an Glattwalen. In den Paarungs- und Wurfgebieten um die Halbinsel Valdés herum kamen sie so dicht an den Strand, daß sie vom Land aus beobachtet werden konnten. Sie schienen

auch zum Beobachten die „Richtigen“ zu sein. Payne zog mit seiner Frau Katy, die schon damals eine unentbehrliche Partnerin bei seiner Forschung war, und den vier schulpflichtigen Kindern nach Patagonien. 1971 kampierten sie im Freien, den windigen Tücken Südargentiniens und des südlichen Atlantiks ausgesetzt. Später bauten sie eine primitive, aber solide Blockhütte, fest genug, um den Wind abzuhalten. Diese 50 m über dem Meeresspiegel liegende Hütte wurde zu einer idealen Beobachtungsplattform.
Die Kunst bestand darin herauszufinden, wieviel sie lernen konnten, ohne diese seltenen Wale zu stören. Das erste, was den Paynes auffiel, waren die Schwielen, die merkwürdigen weißlichen Auswüchse auf dem Kopf der Glattwale. Walfänger nannten die größte, die oben auf dem Kopf sitzt, den „Hut“ - und so sah sie auch aus. Diese Schwielen sind charakteristisch für Glattwale, sie bestehen aus verdickten Lappen weißlicher Haut mit einer rauhen Oberfläche, auf der Walläuse, Seepocken und einige verstreute Haare wachsen. Die Paynes erkannten bald, daß sich diese Schwielen individuell unterscheiden und somit den Schlüssel für eine individuelle Erkennung der Tiere liefern. Damit konnte das Projekt beginnen.
Unterstützt von der National Geographic Society und der New York Zoological Society verbrachten die Paynes und spätere Mitarbeiter ein Jahrzehnt damit, etwa 20.000 Fotografien von diesen Schwielenmustern anzufertigen. In der Zeit von 1971 bis 1977 konnten sie 557 Individuen identifizieren und stellten dabei fest, daß viele Wale in aufeinanderfolgenden Jahren wiederkehren. Die „Kinderstuben“-Gebiete dagegen werden im Wechsel benutzt - die Weibchen kommen alle drei Jahre hierher zurück, um ihre Kälber zu gebären.
Die Paynes hatten anfangs angenommen, daß die Schwielen ein Spritzschutz seien, der verhindern soll, daß Wasser in die Blaslöcher gerät. Im Verlaufe ihrer Beobachtungen entwickelte sich dann ein neuer Verdacht. Bei den Männchen sind die Schwielen zahlreicher und größer als bei den Weibchen, und außerdem haben die Männchen häufiger Kratzspuren auf ihrem Körper. Die Paynes nehmen an, daß die Kratzer durch die Schwielen anderer Männchen verursacht werden, wenn es zu Rivalitäten um die Weibchen kommt. Allerdings scheint sich die Aggressivität der Männchen auf ein gelegentliches sanftes Schupsen, Schieben oder Reiben zu beschränken. Und oft führt es zu nichts. Ein an der Wasseroberfläche auf dem Rücken liegendes Weibchen, umgeben von fünf oder sechs frustrierten Männchen, ist kein ungewöhnliches Bild. Ab und zu muß sich das Weibchen natürlich zum Luftholen umdrehen, und die Männchen scheinen das zu wissen. Aber schnell kehrt sie dann wieder in ihre Ausgangsposition zurück. Es gibt noch eine andere Art zu sagen: „Ich habe Kopfschmerzen“: das Weibchen begibt sich in flacheres Wasser und „steht Kopf“ - der Schwanz ragt in die Luft und die Genitalien liegen hoch und trocken.
Das Abenteuer der Paynes mit den Glattwalen der südlichen Hemisphäre hatte starke Auswirkungen auf die weitere Entwicklung des Walbeobachtens. Ihre durch Titelgeschichten in der Zeitschrift National Geographic und durch mehrere Fernsehfilme bekannt gewordene Forschung erweckte großes Interesse an der Idee, Wale durch Beobachtung zu studieren.

Hawaiische Buckelwale
Mitte der siebziger Jahre waren die Paynes Anlaufpunkt für alle, die an Walen Interesse hatten. Im Zuge des Nationalen Walsymposiums in Bloomington, Indiana, kam Roger 1975 mit dem jungen Kanadier James D. Darling in Kontakt, der damals die Grauwale vor der Küste Vancouver Islands studierte. Payne interessierte sich für Darlings Versuche, die Grauwale mit Hilfe von Fotografien zu identifizieren, und so willigte er ein, an der Diskussion von Darlings „Master thesis“ (Diplomarbeit) an der University of Victoria teilzunehmen. Gleichzeitig lud er Darling zu einem Besuch des Payne-Labors in der Nähe von Boston ein. Als Darling 1976 dort eintraf, erzählte Payne ihm von seinem Vorhaben, eine detaillierte

Studie über die Gesänge von Buckelwalen durchzuführen, und zwar in einer Gegend, die dazu besser geeignet sei als die Bermudas, vielleicht vor Maui. Darling stellte sich bereitwillig für dieses Unternehmen zur Verfügung.

Der Auau-Kanal, vor Lahaina auf der hawaiischen Insel Maui, war ein tropisches Paradies - warm, wenig Regen und viele Wale. Die See war selten zu rauh, um Aufnahmen zu machen. Nebel gab es nicht. Es ging eigentlich nur darum, das Hydrophon aus dem Boot zu hängen, das Tonbandgerät anzustellen und auf dem Rücken liegend den Buckelwal-Serenaden zu lauschen.

Im ersten Jahr und dem darauffolgenden Winter, 1978, machte Darling nur einige Identifikationsfotografien von Buckelwalschwanzflossen. Erst 1979 kamen die Zählungen richtig in Gang. Darling beschäftigte sich nun hauptsächlich mit der Identifikationsarbeit: ein Freund steuerte das Boot, während er selbst die Aufnahmen machte. Zur gleichen Zeit errichtete der Forscher Peter Tyack - damals noch Student der Rockefeller-Universität in New York - einen Posten in den vulkanischen Hügeln außerhalb von Lahaina, um von dort aus die Streifzüge der Wale durch den Auau-Kanal zu beobachten. Tyack und mehrere Helfer benutzten einen Beobachtungstheodoliten, um die Bewegungen und Interaktionen der Wale zu registrieren, während sie gleichzeitig ständig Funkkontakt mit Darling aufrechterhielten.

Ein typischer Tag verlief etwa so: Sowie es dämmerte, ging Darling hinaus, um für Tyack einen Sänger zu suchen. Einige Kilometer vom Strand entfernt hängte er das Hydrophon ins Wasser und lauschte. Dabei nahm er manchmal Geräusche von Walen auf, die 5-6 km von ihm entfernt waren. Normalerweise hörte er mehrere Sänger. Er fuhr dann wieder ein Stück, um dort von neuem zu lauschen. Interessant wurde es, wenn ein Sänger plötzlich lauter zu hören war: Eventuell könnte Darling sich mit Hilfe der Gesangsmuster bis auf kurze Entfernung an den Wal heranpirschen.

Ein Lied hat gewöhnlich acht Themen, die der Wal in einer bestimmten Reihenfolge singt, wobei er allerdings gelegentlich ein oder zwei Themen überspringt. Die Dauer eines Liedes kann zwischen 6 und 30 Minuten betragen, die Durchschnittslänge liegt im allgemeinen bei 10 bis 15 Minuten. Das Lied wird laufend wiederholt, so daß sich ein Gesangsvortrag über Stunden erstrecken kann.

Im Laufe des zweiten Themas kommt der Wal an die Wasseroberfläche. „Wenn das zweite Thema begann," erinnert sich Darling, „wußten wir, daß der nächste Wal, der auftauchte, unser Sänger war. Im typischen Fall atmet der Sänger dreimal in schneller Folge. Beim letzten Atemzug, bevor er wieder abtaucht, zeigt er seine Schwanzflosse. Genau wenn der Schwanz hochkam, griff ich zur Kamera."

Meist brauchte Darling etwa eine Stunde, um einem Sänger auf die Spur zu kommen. Nachdem er den Wal identifiziert hatte, funkte er Tyack an, der dem Wal einen Buchstaben gab: „Das ist A wie in aardvark." Tyack verfolgte dann den Wal A, während Darling nach anderen Walen Ausschau hielt, die jeweils mit einem Buchstaben benannt wurden. Zur gleichen Zeit fuhr ein zweites Boot, das Darling unterstützte, an die Stelle, an der die Schwanzflosse von A das letzte Mal erschienen war. Es blieb an der Stelle, um den gesamten Gesangsvortrag aufzuzeichnen.

Die hawaiischen Gesänge, die Darling und seine Begleiter zwischen 1977 und 1979 aufnahmen, unterschieden sich zwar von den Gesängen, die die Paynes um die Bermudas herum aufgezeichnet hatten, aber dennoch ließen sich übereinstimmende Regeln zur Struktur und Komposition der Gesänge erkennen. 1971 hatten Payne und McVay in ihrem Science-Artikel festgestellt, daß die Bermuda-Buckelwale ein Jahr lang das gleiche Lied sangen, das sich jedoch von den Liedern vorangegangener Jahre unterschied. Bei dem Vergleich von Bandaufnahmen aus vielen verschiedenen Jahren entdeckte Katy Payne dann eine Neuheit im Verhalten von Tieren, etwas, das Buckelwal-Lieder von den Liedern der Vögel und anderer Tiere unterscheidet: Die Lieder unterliegen einer ständigen, schrittweisen Veränderung. Die Lieder aus aufeinanderfolgenden Jahren klingen fast gleich; Lieder, die zehn Jahre auseinanderliegen, sind total verschieden. Vergaßen die Wale Teile ihrer Lieder, wenn sie im Sommer in die nördlichen Nahrungsgründe zogen, wo sie kaum sangen? Aufnahmen aus Maui, auf denen die Lieder der gesamten Wintersaison zweier Jahre zusammengefaßt waren, gaben schließlich die Antwort: Die Wale vergessen ihre Lieder keineswegs, denn wenn sie nach Maui zurückkehren, singen sie zuerst noch die Lieder des Vorjahres.

Im Verlauf des Winters verändert sich das Lied dann ganz allmählich, während es gesungen wird. Alte Teile werden modifiziert oder weggelassen, bis die Themen sich schließlich völlig anders anhören. Ungeachtet der scheinbaren Komplexität der Veränderungen singen alle Sänger in einem bestimmten Gebiet zu einer bestimmten Zeit das gleich Lied.

Vor Maui war es einfach, Tonbandaufnahmen zu machen. Dennoch waren die Sänger immer noch „sehr geheimnisvolle Charaktere“, erinnert sich Darling. „Waren es Weibchen oder Männchen? Wir sahen sie jeweils nur für einen Moment, wenn sie an die Oberfläche kamen. Wir erwarteten gar nicht, einen Sänger unter uns zu sehen; um so weniger kamen wir auf die Idee, hinunterzutauchen und das Geschlecht des Tieres zu bestimmen.“

1979, gegen Ende der Saison, kam ein Filmteam nach Maui, um einen Film mit dem Titel „Nomaden der Tiefe“ zu drehen. Darling erklärte sich zur Hilfe bereit. Für die Unterwasseraufnahmen waren hauptsächlich die Nicklins verantwortlich, Vater und Sohn aus Kalifornien. Chuck Nicklin bediente eine massive, knapp 150 kg schwere Großbildkamera, während sein Sohn Flip die Unterwasserbeleuchtung arrangierte und Fotos machte.

Am Morgen des 10. März 1979, als Darling auf „F wie in Frank“ stieß, den sechsten Wal an diesem Tag, war das Wasser des Auau-Kanals absolut ruhig und glatt. Das Filmteam, das in einem anderen Teil des Kanals unterwegs war, stand über Funk mit Darling in Verbindung. Gregory Silber und Maureen Hoskyn waren mit Darling auf seinem 'Boston Whaler'. Für Maureen war dieser sonnige Tag auf dem Boot eine Belohnung für die vergangenen Tage, die sie in einem dunklen Labor mit der Entwicklung der Identifikationsbilder verbracht hatte. Darling, der damit beschäftigt war, auf das Hydrophon zu achten und den Sänger genau anzupeilen, konnte sich dicht genug annähern, um ein Foto der Schwanzflosse zu machen. Dabei bemerkte er, daß dieser Wal in einer „merkwürdig drehenden Art und Weise“ auftauchte - wahrscheinlich aufgrund einer Verletzung an der Schwanzwurzel. Sowie der Wal untergetaucht war, warf Darling die Maschine an und fuhr

Jim Darling/WCWRF

Wissenschaftler beobachten Buckelwale aus der Nähe.

genau in den hinterlassenen „Schwanzabdruck“. Das Lied kam nun durch den Rumpf des Bootes, „laut... ungefähr so wie aus einer vollaufgedrehten Stereoanlage.“ Erschrocken blickte Hoskyn über die Bordwand, wo sie einen weißen Schimmer entdeckte, und fragte: „Was ist das?“
Darling und Silber erwiderten zunächst: „Ach, nur Fische“, aber als der weiße Schimmer sich nicht fortbewegte, rief Darling auf einmal: „Verdammt, das ist kein Fisch, das ist der Wal!“
Es war Frank, und die weißen Punkte waren seine Flossen. Darling griff nach seiner Tauchermaske und ließ sich ins Wasser gleiten. Ungefähr 16 m unter ihm lag Frank, mit ausgebreiteten Flippern und dennoch völlig bewegungslos, und sang sein Klagelied. Sein Kopf zeigte nach unten, sein Körper stand in einem Winkel von 45 Grad zur Oberfläche - eine Stellung, die seitdem als die klassische Gesangspositur bezeichnet wird.
„Es war das erste Mal, daß ich einen Sänger unter Wasser sah,“ sagt Darling. Aufgeregt funkte er den Nicklins: „Bringt die Kamera her!“ Seiner Stimme war anzumerken, daß es um eine wichtige Sache ging. Sie rasten zu der entsprechenden Stelle und ließen dort die massive Filmkamera über das Heck des Bootes ins Wasser gleiten. Frank sang immer weiter, während Chuck filmte und Flip unter dem enormen Bauch entlangschwamm, dicht genug, um die Seepocken zählen zu können. Lässig machte er einige Blitzlichtaufnahmen. Frank zuckte nicht mit der Wimper.
„Wir blieben bei Frank; es war ein Tag im Leben eines Sängers - alles auf Band und Film festgehalten und von der Landstation dokumentiert.“ Zwischen Flips Unterwasserfotografien waren auch einige klare Aufnahmen der Genitalregion. Frank war tatsächlich ein Bulle.
Darling und Nicklin, zusammen mit anderen, konnten noch bei acht weiteren Sängern das Geschlecht bestimmen - alles Männchen - und verfolgen, wie sie mit anderen Männchen um die Weibchen kämpften. Die Kämpfe waren größtenteils Show - die Wale bliesen sich gegenseitig an, postierten sich und verhinderten den Zugang zu einem Weibchen - manchmal wurde jedoch auch mit dem Schwanz gepeitscht oder mit dem Körper gerammt, es gab blutige Köpfe und Rückenflossen, Blut tropfte von den Schwanzfluken. 1981, nach fünf Wintern, sahen Darling und seine Kollegen in den Buckelwalen nicht länger die „sanften Riesen“, wie sie die Wale einst bezeichnet hatten. Scharfsinnige Walbeobachtungen brachten die Forscher langsam der wahren Natur der Wale näher.

Jim Darling/WCWRF

Eine Forschergruppe wirft einen letzten Blick auf die Schwanzfluke eines abgetauchten Buckelwales.

Die junge Wissenschaft des Walbeobachtens

Durch solche Studien, wie Darling sie angestellt hat, wuchs die Walbeobachtung langsam aus den Kinderschuhen heraus. Trotz der Grauwalpioniere der späten 40er und 50er Jahre ist es immer noch eine junge Wissenschaft. Das Beobachten von Walen und Delphinen erinnert an frühere Zeiten, als Studenten der wiederauflebenden Ethologie, dem objektiven Studium des Tierverhaltens, in die Natur zogen, um Tiere zu beobachten und ihr Verhalten aufzuzeichnen. Sie fuhren damals in Gegenden wie den afrikanischen Serengeti-Park, der mit seiner großen Zahl von wilden Säugetieren lockte. Der Ozean gleicht einer riesigen Serengeti. Im Vergleich zu Landstudien ist die Forschung im Meer - an Säugetieren, die 95 % ihrer Zeit unter Wasser verbringen - schwieriger, zeitaufwendiger und teurer. Die Perlen des Wissens sind hier sehr schwer zu finden, von der Weisheit gar nicht zu reden. Der Erfolg wird nicht nur daran gemessen werden, wieviel wir durch das Beobachten lernen können, sondern auch daran, wieviel wir lernen können, ohne die Wale zu stören.

Diese Überlegung war eines der Hauptthemen einer Waltagung in Bostons New England Aquarium, an der ich im Juni 1983 teilnahm. Diese Tagung trug den Namen „Whales Alive Conference" (Konferenz über lebende Wale), und das offizielle Motto lautete „Global Conference on the Non Consumptive Utilization of Cetaceans" (Weltweite Konferenz zur erhaltenden Nutzung der Cetaceen).

Welche Möglichkeiten einer derartigen Walnutzung gab es? An erster Stelle stand die Beobachtung: für Forschungszwecke, Erziehung oder Unterhaltung. Aber es ist auch wichtig, „sie einfach nur dazuhaben", „zu wissen, daß sie dort draußen sind". Die Konferenz wurde von der Internationalen Walfangkommission, der Connecticut Cetacean Society, Greenpeace, dem World Wildlife Fund (WWF) und anderen Umweltschutzorganisationen finanziert. Obwohl sie zu den Empfehlungen der Konferenz keine Stellung bezog, war die Teilnahme der Internationalen Walfangkommission (IWK, der Hauptsponsor) von besonderer Bedeutung.

Eine ursprüngliche Weisung der IWK, die 1949 durch einen Vertrag zwischen den walfangenden Nationen gegründet worden war, rief dazu auf, „für die Erhaltung, Entwicklung und optimale Nutzung der Walbestände zu sorgen". Damals dachte die IWK nicht an den Wert lebender Wale, wenn sie von Walen als natürlichen Ressourcen sprach. 1982, beim jährlichen Treffen, stimmten die 39 Mitglieder dann jedoch mit 25 zu 7 Stimmen für den Beschluß, den Walfang 1986 einzustellen. Die Richtlinie sah eine „Null-Quote" vor, die den Walfang allerdings nicht völlig abschafft.

Vielmehr soll ein bis 1990 zu erstellender „vollständiger wissenschaftlicher Bericht" darüber entscheiden, ob wieder in verantwortbarer Weise Wale gefangen werden können. Außerdem ist das Walfangverbot für die Länder, die Einspruch erheben, nicht bindend. Glücklicherweise werden aber vier der gegenwärtig sieben Walfangnationen das Verbot dennoch respektieren. Die Sowjetunion, Norwegen und Japan haben Einspruch erhoben und werden ihren Walfang fortsetzen, es sei denn, amerikanische Wirtschaftssanktionen und die Weltmeinung können sie zu einer Änderung ihrer Haltung veranlassen. In der Zwischenzeit unterstützt die IWK Untersuchungen über andere „Nutzungsmöglichkeiten" der Wale.

An der Konferenz nahmen Vertreter fast aller IWK-Länder einschließlich der noch walfangenden Nationen teil, außer der Sowjetunion. Die Naturwissenschaftler Steven K. Katona, Hal Whitehead, Stephen Leatherwood und andere berichteten, was sie durch das Walbeobachten - die „freundliche Forschung", wie Roger Payne es nannte - gelernt haben und wiesen darauf hin, was noch alles zu lernen sei.

Der Umweltschützer Sir Peter Scott und Vertreter verschiedener anderer Umweltschutzgruppen erklärten, daß Cetaceen, die die Phantasie der Menschheit von jeher angeregt haben, oft als „Angelhaken" wirkten, um die Menschen zur

Sorge für ihre Umwelt zu motivieren. Einige betonten die Bedeutung des kommerziellen Walbeobachtens, andere den Bedarf an genauen Untersuchungen über die Störungen, denen die Wale ausgesetzt sind.
Die Forscher aus den Ozeanarien unterstrichen den Wert der Arbeit mit gefangenen Tieren und die gute Reklamewirkung dieser Einrichtungen. Einige Umweltschützer sprachen sich gegen die Gefangenschaft von Cetaceen aus; andere nannten dies eine die Wale wenig beeinträchtigende Nutzung.
Forscher, die die zwischenartliche Kommunikation der Wale untersuchen, diskutierten die Möglichkeit, mit Walen und Delphinen zu reden und vielleicht sogar von ihnen zu lernen. John C. Lilly, einer der Pioniere der Delphin-Forschung, macht Experimente mit Computern; er glaubt, daß eine Verständigung möglich sei.

Walbeobachtung im Nordatlantik

Nach dreitägigen Gesprächen wurde die Konferenz aufs Meer verlegt, um dort zusammen mit den Ehrengästen - den Buckel-, Finn- und Zwergwalen der Stellwagen Bank - die frische Luft und die Sonne zu genießen. Dieses Gebiet, das etwa 25 km östlich von Boston und genau nördlich von Cape Cod liegt, ist ein sommerlicher Versammlungsplatz für mehrere Arten hungriger Bartenwale und Delphine und ein Paradies für Walbeobachter - der sicherste Ort, um im Nordatlantik große Wale zu sehen. Mit ungefähr 40 Leuten, die sich an der Reling der 'Dolphin V' drängten, fuhren Kapitän Al Avellar und seine Mannschaft aufs Meer hinaus. Wir erhielten eine Lektion im Walbeobachten von Charles 'Stormy' Mayo.
Stormy und andere Naturkundler vom Provincetown Center for Coastal Studies (Zentrum für Küstenforschung) begleiten die Walbeobachtungstouren der 'Dolphin V' und ihres Schwesterschiffes 'Dolphin IV', wobei sie ihre Walkenntnisse, im Austausch gegen die Chance, Forschung zu betreiben, gern zur Verfügung stellen. Diese Unternehmungen sind gut für Kapitän Avellar, gut für Mayo und seine Kollegen, und gut für die Walbeobachter. Aber sind sie auch gut für die Wale? Das ist die uns interessierende aktuelle Frage.
Als wir etwa 22 km von Boston entfernt sind, ertönt der Ruf: „Wale!" Aber diese Buckelwalkuh und ihr Kalb sind beschäftigt, so daß wir weiter fahren. Ein 9 m langer Zwergwal gleitet vorbei und dann ein schlanker, 21 m langer Finnwal, dessen endlosem Rücken die kleine, gekrümmte Rückenflosse folgt. Sie sind ebenfalls beschäftigt, und wir belästigen sie nicht. 20 Minuten später treffen wir Pegasus - ein Favorit von Mayo und all denen, die regelmäßig zur Stellwagen Bank kommen. Diese junge Buckelwalkuh fängt an, uns zu ärgern, indem sie wellenbrechende Sprünge vollführt, zuerst in einiger Entfernung, dann immer näher kommend. Sprung nach fliegendem Sprung, das Wasser strömt, fließt von ihrer mit Seepocken besetzten Nase und den Flossen, und sie scheint sich im Scheinwerferlicht wohlzufühlen. Das Boot hält an. Wir stehen zu zweit und zu dritt hintereinander an der Steuerbordseite, mit schußbereiten Kameras, bemüht, eine möglichst gute Position zu ergattern. Mit jedem Sprung kommt sie näher, und jedes Mal, wenn sie hochkommt, erheben sich die Kameras mit ihr.
„Das ist wirklich eine tolle Sache," sagt Jim Darling, als wir uns gegen die Reling lehnen. Ich bin erstaunt, daß er, trotz seiner jahrelangen Beobachtungserfahrung mit Buckelwalen vor Maui, dieses Anblickes noch nicht müde ist. „ Es ist schon etwas Besonderes, 30 oder 40 Tonnen solcher Üppigkeit zu erleben," sagt er.
Stormy Mayo betont, daß niemand ganz genau abschätzen kann, welche Auswirkungen die Walbeobachtung auf die Tiere haben wird. Abgesehen von einem Einfluß auf die Überlebenschance der Tiere stellt sich die Frage: Würde Pegasus ihre „Show" auch ohne Publikum abziehen? Vielleicht. Aber im gleichen Umfang? Inwieweit verändern wir ihr Verhalten, zum Guten oder Schlechten?
Die Erfahrungen dieses Tages lassen Walbeobachtung als ein gutartiges Unternehmen erscheinen. Die meisten Walbeobachter sind vorsichtig und sehr be-

sorgt, dennoch muß ihre Zahl überwacht und ihr Einfluß auf die Wale regelmäßig neu beurteilt werden. Den Zutritt zu den Walen zu verhindern, wäre allerdings ein Fehler. Meiner Ansicht nach werden die Nachteile, die Walbeobachtung mit sich bringt, durch die passionierte Hingabe der eingefleischten Walbeobachter, durch ihren Eifer, für die Belange der Wale zu kämpfen - zumindest nach dem heutigen Stand - voll aufgewogen.

Am letzten Morgen der Konferenz stellten wir eine mehrere Seiten umfassende Resolution zusammen, die dem nächsten IWK-Treffen vorgelegt werden soll. Die Abschlußrede hielt Victor B. Scheffer, Autor und pensionierter Biologe:

„Ich glaube, [die IWK] erfährt eine moralische Umorientierung. Sie wird weniger arrogant und geheimnisvoll. Sie ist auf der Suche nach einer weiterreichenden und nutzbringenderen Rolle im Rahmen des Walschutzes . . . Durch die Unterstützung unseres Treffens scheint die Kommission zuzugeben, daß die Wale ebenso den Männern, Frauen und Kindern gehören, die niemals einen Wal zu Gesicht bekommen werden, wie den wenigen Tausend, die behaupten, ein wirtschaftliches Recht auf Walprodukte zu haben. Sie scheint zu zeigen, daß sie sowohl soziale wie auch industrielle Verantwortung für die Zukunft der Wale übernehmen kann. Sie scheint zu der Einsicht zu gelangen, daß es äußerst grausam ist, einen Wal mit einem Sprengsatz zu töten. Ich glaube, sie ist bereit, das langverfolgte Ziel eines maximal erreichbaren Ertrages gegen das eines optimal erreichbaren Guten einzutauschen."

Scheffer ist zuversichtlich, daß die Bewegung in Richtung Ausrottung verlangsamt und für einige Arten sogar umgekehrt worden ist. Die Reaktionen der Menschen beim Beobachten der Wale haben ihn ermutigt. Seiner Meinung nach ist die Sorge um Wale und andere Tiere eine Erweiterung, ja sogar ein wesentlicher Teil unseres Verhaltens, und reines Empfinden ist Grund genug, die Wale zu verschonen.

Er scheint das Gefühl zu haben, daß Walbeobachten uns zu besseren Menschen macht. Scheffer erzählte uns, daß wir „im Interesse ungeborener Generationen" von Walbeobachtern handeln würden – einer „Unterart" des Homosapiens, die, gäbe es keine Wale mehr zu beobachten, ebenfalls aussterben würde.

Noch tief beeindruckt von unserem Tag auf der Stellwagen Bank überlegte ich, wieviel ärmer die Welt wäre, nicht nur ohne Wale, sondern auch ohne bestimmte individuelle Wale wie Pegasus, Stubbs, den Buckelwal-Sänger Frank und einige dieser kalifornischen Grauwale, die auftauchen, um sich den Kopf streicheln zu lassen. Diese Wale haben unser Leben bereichert, indem sie uns erlaubt, ja uns sogar ermutigt haben, sie zu beobachten.

Bill Byrne

Zur Freude der Walbeobachter springt ein Buckelwal in der Nähe der Stellwagen Bank aus dem Wasser.

Teil 2

Die Arten

Innerhalb der Ordnung der Wale, Delphine und Schweinswale sind mindestens 77 Arten zusammengefaßt. Das folgende Kapitel orientiert sich an der von Naturwissenschaftlern allgemein akzeptierten Einteilung, wenn es hinsichtlich der Taxonomie einer ganzen Reihe von Arten auch immer noch Verwirrung und Kontroversen gibt. So könnte es z.B. sein, daß sich hinter der Bezeichnung „Großer Tümmler" mehrere Arten (oder Unterarten) verbergen. Aber solange die taxonomische Arbeit noch nicht abgeschlossen und anerkannt ist, muß von einer Art ausgegangen werden – natürlich mit geografischen Variationen.
Bei dem Versuch, eine Art in freier Wildbahn zu identifizieren, sollten Sie folgendermaßen vorgehen: Um herauszufinden, welche Arten in dem jeweiligen Gebiet überhaupt vorkommen, schauen Sie zuerst bei der Beschreibung der Orte nach (Teil 3). Dann schlagen Sie (unter Zuhilfenahme der in Klammern stehenden Artnummern) bei den in Frage kommenden Arten nach (Teil 2), wobei Sie vor allem auf die Abbildungen sowie die Abschnitte „Besondere Merkmale" und „Beschreibung" achten sollten. Alle der in Kapitel 3 als „häufig" aufgeführten Arten und die meisten der „sporadischen" Arten sollten identifizierbar sein. Übung macht auch hier den Meister. Als Hilfsmittel kann ein gutes Foto dienen, das genau den kurzen Moment des Auftauchens eines Wales oder Delphines festhält und so ein anschließendes, genaueres Studium ermöglicht. Bei einigen der als „selten" ausgewiesenen Arten und bei denen, die – wie die vielen verschiedenen Schnabelwale – noch seltener als selten sind, mag das Erkennen in freier Wildbahn schwierig, wenn nicht gar unmöglich sein – oft kann nur eine von einem Spezialisten vorgenommene, sorgfältige Untersuchung eines gestrandeten Tieres Aufschluß über dessen Artzugehörigkeit geben. Der Versuch, seltene Arten zu bestimmen, kann frustrierend, aber auch eine Herausforderung sein. Machen Sie Notizen. Einige Arten sind erst sehr selten im Freien beobachtet worden; bei den Schnabelwalen wurden noch in den 50er Jahren neue Arten entdeckt. Vielleicht beobachten auch Sie gerade eine noch unentdeckte Art.
Hier ein abschließender Hinweis für das nächste Kapitel: Wissenschaftliche oder andere „Wal-Ausdrücke", die unbekannt sein könnten, werden im Glossar (im Anhang) erklärt.
Anmerkung der Übersetzerin: Einige englische Ausdrücke, für die es keine einfachen deutschen Entsprechungen gibt, wurden der Kürze wegen im Text übernommen. Sie werden ebenfalls im Glossar erklärt.

Einteilung der Walarten nach Familien

Ordnung: Cetacea Waltiere
Unterordnung: **Mysticeti, Bartenwale** (Baleen Whales)
Barten: paarige Blaslöcher

Familie I: **Eschrichtiidae, Grauwale** (Gray Whales)
(kurze, derbe Barten; dorsaler Buckel oder Kamm – keine Rückenflosse; leicht gebogenes Rostrum; ventrale Furchen: nur 2-5 tiefe Falten)

Familie II: **Balaenopteridae, Furchenwale** (Rorqual Whales)
(kurze Barten; viele ventrale Furchen)

Unterfamilie: Balaenopterinae, Finnwale
(langer und schlanker, torpedoförmiger Körper; kleine, sichelförmige Rükkenflosse, feingeformte Fluke mit leicht gebogenen Spitzen und medianer Einkerbung)

Unterfamilie: Megapterinae, Buckelwale
(lange Flossen mit ungleichmäßigem Vorderrand; Fluke mit ungleichmäßiger Hinterkante; winzige Rückenflosse und Buckel; Warzen auf dem Kopf; Körper robuster als bei anderen Furchenwalen)

Familie III: **Balaenidae, Glattwale** (Right Whales)
(lange, feine Barten; breite, leicht dreieckige Fluke mit Einkerbung in der Mitte; keine Rückenflosse, keine Kehlfurchen)

Familie IV: **Neobalaenidae, Zwergglattwal** (The Pygmy Right Whale)
(kurze Barten; kleine, sichelförmige Rückenflosse; gebogenes Rostrum)

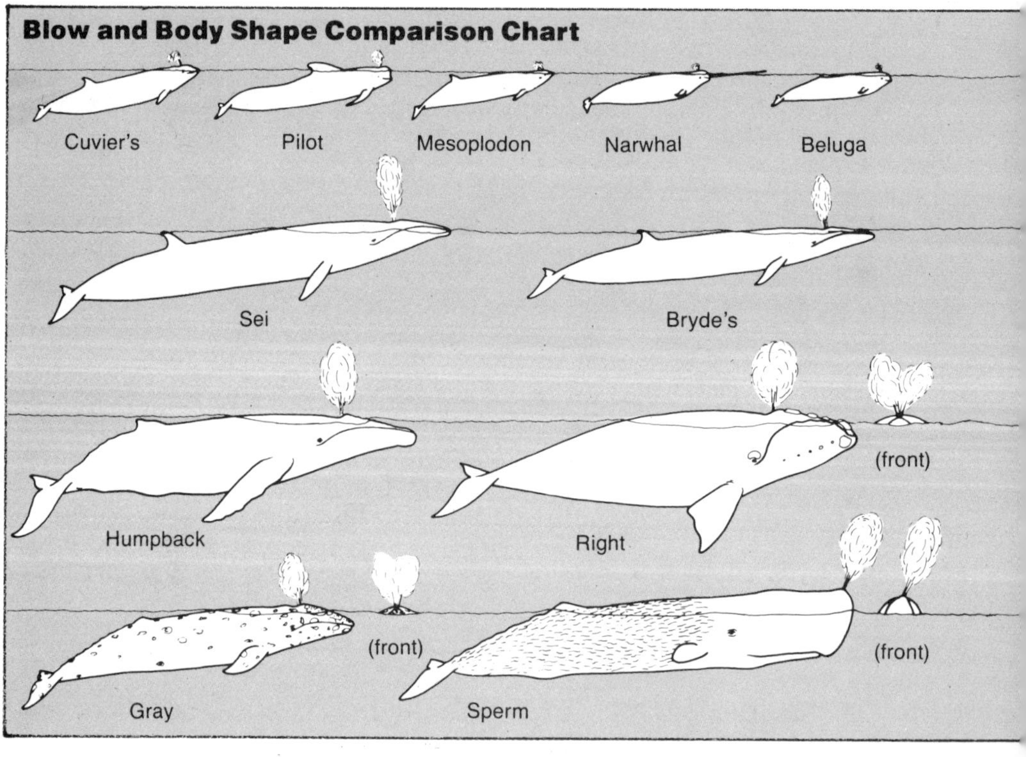

Unterordnung: **Odontoceti, Zahnwale** (Toothed Whales)
(Zähne: einfaches Blasloch; Melone auf dem Rostrum

Familie V: **Physeteridae, Pottwale** (Sperm Whales)
(Kopf im Vergleich zum Körper auffallend groß)

Familie VI: **Ziphiidae, Schnabelwale** (Beaked Whales)
(Rückenflosse relativ weit hinten; wenn sie angelegt werden, passen die recht kleinen Flossen in leichte Vertiefungen am Körper; langer, im allgemeinen spindelförmiger Körper; den meisten Arten fehlt die mediane Einkerbung der Fluke

Familie VII: **Monodontidae, Gründelwale** (WhiteWhales)
(keine Rückenflosse, stumpfer Kopf mit dem Ansatz eines Schnabels; meist weißlich gefärbt

Familie VIII: **Platanistidae, Flußdelphine** (River Dolphins)
(langer Schnabel; i.allg. helle Färbung)

Familie IX: **Phocoenidae, Schweinswale** (Porpoises)
(reduzierter Schnabel; keine oder kleine, dreieckige Rückenflosse; klein)

Familie X: **Delphinidae, Glattdelphine** (Oceanic Dolphins)
(i. allg. große, sichelförmige Rückenflosse)

Vergleichstabelle der Blas- und Körperformen

1. Reihe: Cuvier-Schnabelwal, Grindwal, Mesoplodon (Schnabelwale), Narwal, Weißwal, Baird-Wal, Schwertwal, Zwergwal
2. Reihe: Seiwal, Brydewal, Finnwal
3. Reihe: Buckelwal, Glattwal (v. vorne), Grönlandwal (v. vorne)
4. Reihe: Grauwal (v. vorne), Pottwal (v. vorne), Blauwal
(jeweils von links nach rechts)

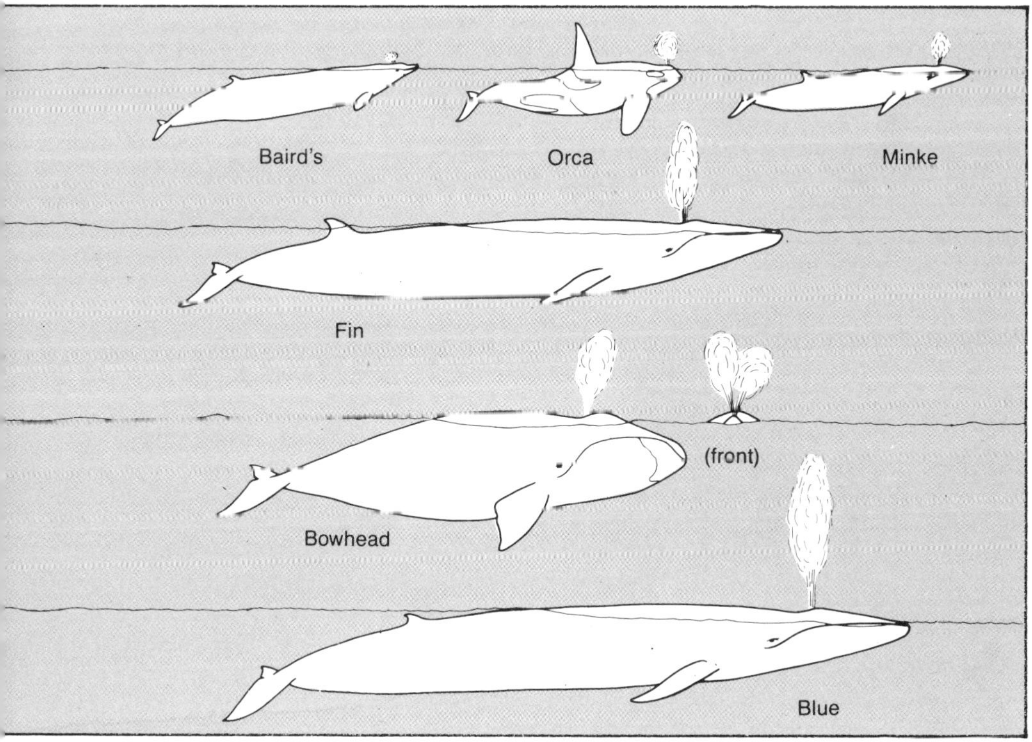

1 Grauwal

Gray Whale Eschrichtius robustus

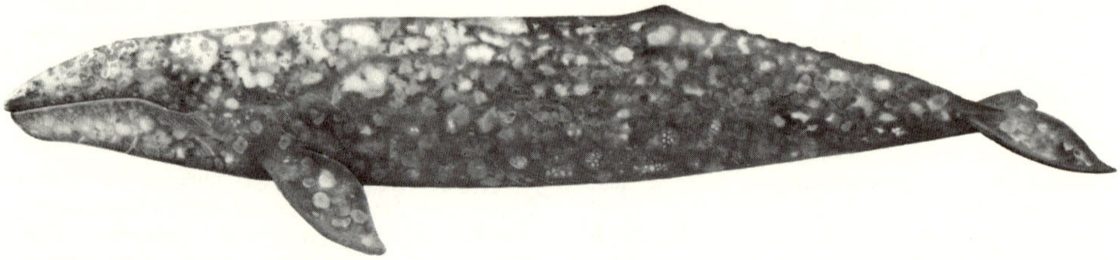

Grauwale waren die ersten Wale, mit denen sich die Walbeobachter in den 50er Jahren beschäftigten. Damals konnten sie den Überlebenskampf dieser fast ausgestorbenen Art direkt miterleben.

Andere Namen
California gray whale, devilfish; ballena gris (Lateinamerika); seryy kit (UdSSR).

Besondere Merkmale
Rückenflosse fehlt, statt dessen leichte Erhebung, an die sich ein Kamm mit einer Reihe von Buckeln anschließt. Färbung gefleckt grau.

Beschreibung
Länge: 12-14 m, Weibchen etwas größer.
Gewicht: bis zu 35 t.
Barten: 130-180 gelbliche Barten auf jeder Seite, jede ungefähr 50 cm lang. Da die Nahrung überwiegend über die rechte Seite aufgenommen wird, sind die Barten auf der rechten Seite gewöhnlich kürzer und abgenutzter (zudem sind auf der rechten Kopfhälfte mehr Narben zu finden).
Farbe: durch Seepockenbesatz grau gefleckt; außerdem weiße, gelbe oder orange Flecken durch Ansammlungen von Walläusen.
Körper: länglich, verjüngt sich an beiden Enden. Der Kopf ist gebogen und zugespitzt, die ansonsten gerade Mundlinie knickt in der Nähe der Mundwinkel ab. Kleine, zugespitzte Brustflossen, ausladende Fluke mit einer medianen Einkerbung. Tiefe Falten (2-5) an der Kehle.
Kälber: bei der Geburt 3,6-4,5 m lang und 1-1,5 t schwer, dunkler gefärbt, runzelige Haut ohne Seepocken.

Verbreitung und Lebensraum
Küstennahe Wanderungen entlang der nordamerikanischen Pazifikküste. Die Grauwale überwintern in den Lagunen der Baja California und ziehen im Sommer und Herbst zur Nahrungsaufnahme in die Bering-, Chukchi- und westliche Beaufort-See (einige Tiere halten sich zur Nahrungssuche vor der Küste Kaliforniens, Washingtons und British Columbias auf). Außerdem gibt es eine kleine asiatische Population.

Schwanz-Varianten
Kopf: Ventralansicht mit Furchen
Dorsalansicht mit Blaslöchern
Seitenansicht mit offenem Maul und sichtbaren Barten

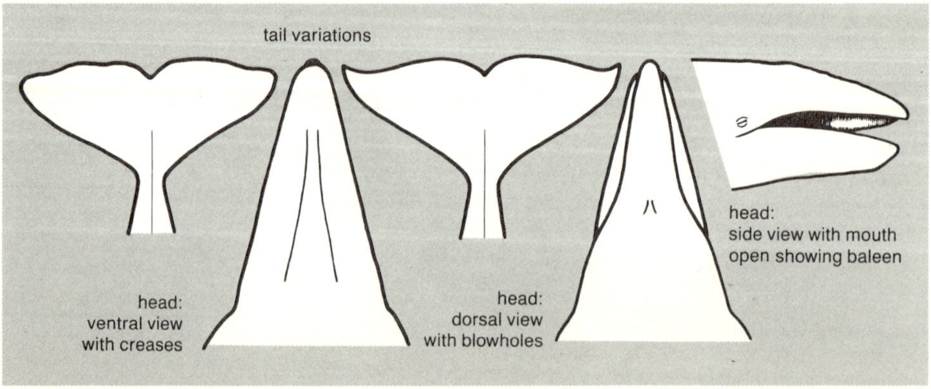

Lebensweise
Grauwale wandern allein oder in wechselnden Gruppen bis zu 16 Tieren. Nur die Paarbildung von Kühen und Kälbern ist dauerhaft, sogar ausgesprochen fest. Weibchen mit Kälbern ziehen sich in besondere, von den Gebieten der Männchen abgegrenzte Bereiche der Lagune zurück. Die Wanderung gen Norden, zu den Nahrungsgründen, erstreckt sich über einen längeren Zeitraum als die Wanderung in den Süden, bei der über kurze Strecken Geschwindigkeiten bis zu 10,5 km/h erreicht werden. Die durchschnittliche Wanderungsgeschwindigkeit beim Zug nach Süden wurde auf etwas über 3 km/h geschätzt (die Biologen S. L. Swartz und M. L. Jones gründeten ihre Berechnungen auf die Hauptankunftszeiten der Wale in den verschiedenen Gebieten). Fressende Grauwale stöbern in flachen Gewässern auf oder nahe dem Boden entlang, saugen ihre Nahrung auf und verbreiten dabei ausgedehnte Schlammwolken, die oft von der Oberfläche aus sichtbar sind.

Nahrung
Verschiedenste Wirbellose, besonders Amphipoden, bodenständige Isopoden, Mysidaceen und Polychaeten (Röhrenwürmer). Bedingt durch ihre Freßweise nehmen Grauwale oft Sand, Steine und andere Gegenstände mit auf.

Vermehrung
Tragzeit: 11-12 Monate. Die Jungen werden im Winter in oder auf dem Weg zu den mexikanischen Lagunen geboren. Die Kühe gebären alle 1-3 Jahre. Die Kälber saugen ungefähr 6-9 Monate.

Bestand
Die Grauwale sind seit 1946 geschützt. Ihre Zahl hat sich vor der Westküste Nordamerikas nach neuesten Schätzungen etwa bei 16.500 eingependelt und nähert sich damit dem Stand vor dem Walfang. Etwa 180 Tiere werden jedes Jahr vor Sibirien erlegt. Die genaue Zahl der „Koreanischen" (asiatischen) Grauwale ist unbekannt, aber wahrscheinlich relativ niedrig.

Jay Burdick/Whalewatch Orange County

Jim Darling/WCWRF

(Oben) Vor der Küste Südkaliforniens springt ein Grauwal aus dem Wasser. (Unten) Ein Grauwal bei der Nahrungsaufnahme vor Vancouver Island.

2 Zwergwal

Minke Whale Balaenoptera acutorostrata

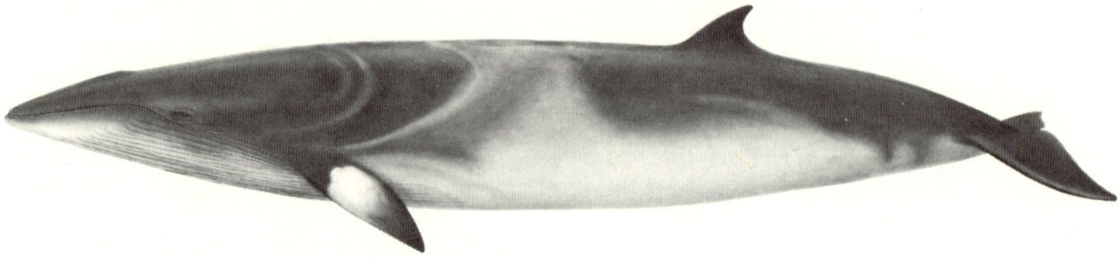

Aufgrund seiner geringen Größe hat der Zwergwal den Walfangharpunen bis vor einigen Jahren entkommen können. Heute, wo die meisten großen Wale in ihrem Bestand gefährdet sind, ist der Zwergwal zu dem am intensivsten gejagten Bartenwal geworden.

Andere Namen
Little piked whale, pike whale, sharpheaded finner, lesser rorqual, little finner; minku oder koiwashi kujira (Japan); malyy polosatik oder minke (UdSSR); vaagehval oder minkehval (Norwegen); ballena minke, ballena enana oder rorcual pequẽno (Lateinamerika).

Besondere Merkmale
Viel kleiner als andere Furchenwale. Die sichelförmige Rückenflosse ist sichtbar, wenn der Zwergwal zum Ausatmen auftaucht. Das schmale, scharf zugespitzte Rostrum ist viel spitzer als beim Finnwal (5) oder beim Zwergglattwal (11). Der weiße Fleck bzw. das weiße diagonale Band auf den Brustflossen der meisten Zwergwale ist einzigartig unter den Bartenwalen.

Beschreibung
Länge: 6-9 m, bis zu 10,5 m.
Barten: 230-360 gelbliche Barten (in der südlichen Hemisphäre weiß bis dunkelgrau), normalerweise 300-320, jeweils 30-55 cm lang.
Farbe: Rückenfläche grau bis schwarz, an den Flanken heller; weiße Bauchfläche einschließlich der Brustflossen. Die Unterseite der Fluke ist hellgrau, manchmal blaugrau. Weißes Band auf der Rückenseite der Brustflossen, mit Ausnahme einiger Zwergwale aus dem südlichen Ozean, deren Brustflossen eine völlig schwarze Rükkenfläche aufweisen (könnte eine Unterart sein). Manchmal eine helle winkelförmige Zeichnung hinter dem Kopf, ähnlich wie bei einigen Finnwalen.
Körper: stromlinienförmig mit einem schmalen, zugespitzten Kopf; einfacher Kamm auf dem Kopf. Große, sichelförmige Rückenflosse (im Verhältnis zur Körpergröße die größte Rückenflosse aller Bartenwale).
Kälber: bei der Geburt etwa 2,5 m lang.

Verbreitung und Lebensraum
Weltmeere bis zur Eisgrenze; die meisten Zwergwale leben in kälteren Gewässern, einige ziehen umher.

Schwanz und Rückenflosse
Kopf: Dorsalansicht mit Blaslöchern
Seitenansicht mit Brustflossen

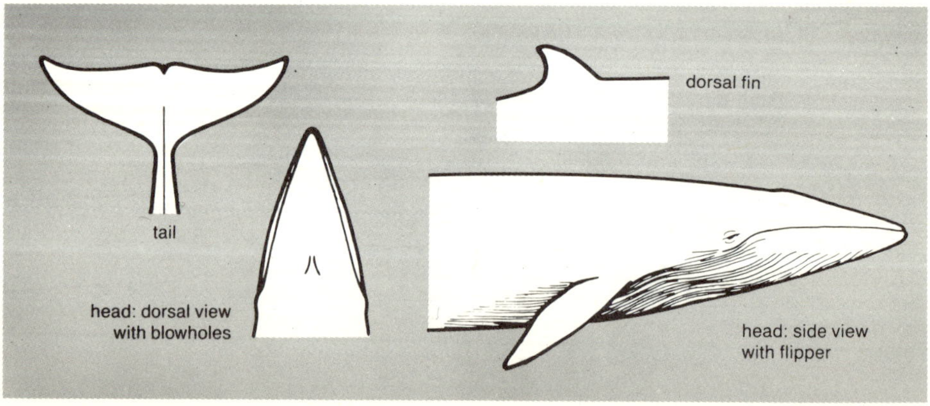

Lebensweise
Einzelgänger, manchmal allerdings in Gruppen von 2-3 Tieren, in größeren Gruppen nur in den saisonalen Nahrungsgründen. Der Walfänger Kapt. Charles M. Scammon schrieb 1874, daß Zwergwale während des ganzen Jahres in der Juan de Fuca Strait südlich von Vancouver Island zu sehen seien. Hier werden gegenwärtig auch Studien zur photografischen Identifizierung von Zwergwalen betrieben. Die Forscher unter der Leitung von Eleanor Dorsey haben herausgefunden, daß Zwergwale individuelle Narben- und Farbmuster auf ihrem Rücken oder auch einzigartig geformte Rückenflossen haben, und daß diese Zwergwalindividuen mehrere abgeschlossene, aber aneinandergrenzende Sommerreviere besetzen. Zwergwale können Geschwindigkeiten bis zu 27 km/h erreichen, die normale Schwimmleistung liegt jedoch bei 8-11 km/h. Sie können bis zu 20 Minuten die Luft anhalten, tauchen normalerweise aber nur 3-8 Minuten.

Richard Sears/MICS

Ein Zwergwal streckt seine Nase aus dem Wasser und zeigt dabei die feinen ventralen Furchen.

Nahrung
Krill und kleine Schwarmfische wie Lodde, Dorsch und Hering. Zwergwale sind „Schlinger" (swallower), die manchmal auch zur Nahrungsaufnahme aus dem Wasser springen (lunge-feeding).

Vermehrung
Tragzeit: 10-11 Monate. Die Kälber saugen 6 Monate oder weniger. Die Kühe können alle 1-2 Jahre gebären.

Bestand
Die Größe des gesamten Weltbestandes ist unbekannt. Gegenwärtig ist dies der einzige Bartenwal, der in der südlichen Hemisphäre kommerziell gejagt wird. Die dortige Population wird auf mehr als 250.000 geschätzt. Die Schätzung für den Nordatlantik spricht von 130.000 Tieren.

San Juan Islands Minke Whale Project/A. Rus Hoelzel

Ein fressender Zwergwal läßt sich rückwärts ins Wasser fallen, so daß im geöffneten Maul die blassen Barten sichtbar sind.

3 Seiwal

Sei Whale Balaenoptera borealis

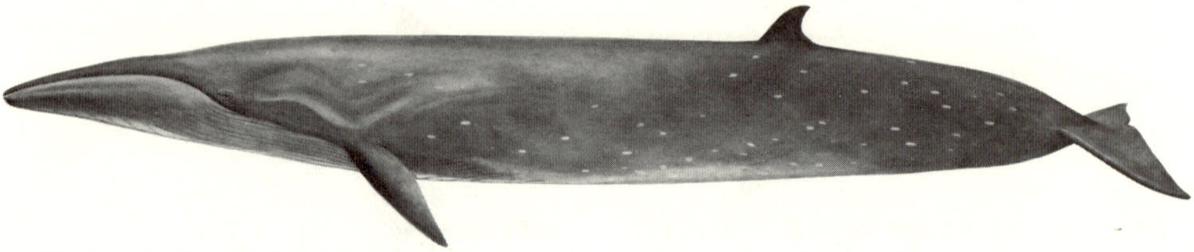

Es ist erstaunlich, wie rätselhaft die Seiwale den Walbeobachtern noch immer sind, obwohl diese Wale so groß und zudem weltweit verbreitet sind. Das mag zum Teil an dem Problem der Identifizierung liegen. Walfänger erkennen sie an ihrer eindrucksvollen Geschwindigkeit und den unberechenbaren Richtungsänderungen. Da Walbeobachter den Tieren nicht in gleicher Weise nachjagen, könnten sie ein anderes Verhalten erleben.

Andere Namen
Rudolphi's rorqual, pollack whale, Japan finner; iwashi kujira (Japan); ballena boba oder ballena boreal (Lateinamerika).

Besondere Merkmale
Durch die einfache Kopfleiste unterscheiden sie sich von den Brydewalen (4), bei denen (gewöhnlich) 3 Leisten auftreten. Die graue rechte Unterlippe unterscheidet sich vom asymmetrischen Weiß des Finnwales.

Beschreibung
Länge: 14-18 m, bis zu 21 m. Weibchen etwas größer als Männchen.
Barten: Feine Textur, dunkelfarbig mit weißen Fransen. Im vorderen Mundbereich manchmal weiße Barten. Zwischen 219-402 Barten auf jeder Seite, von denen die längsten 80 cm lang sind.
Farbe: beträchtliche Variation; die Rückenfläche ist dunkelgrau bis schwarz, manchmal mit einer bläulichen Tönung, die sich auf die Seiten hinunterzieht. Die Bauchfläche ist heller, bisweilen mit einem rosa Farbton. Neunaugen oder parasitische Kopepoden (Krebse) hinterlassen oft Narben auf dem Körper, die dann als zufällig verteilte weiße Flecken sichtbar sind.
Körper: schlank und stromlinienförmig, die Brustflossen sind kürzer als bei Finn- oder Blauwalen; auffallende Rückenflosse, bis zu 60 cm hoch und sichelförmig. Der Kopf ist, besonders zur Nasenspitze hin, nach unten gebogen. 32-60 gut zu unterscheidende Kehlfurchen.
Kälber: bei der Geburt ungefähr 4,5 m lang.

Verbreitung und Lebensraum
Weltmeere, besonders Gewässer der gemäßigten Breiten. Während sie in der nördlichen Hemisphäre hauptsächlich im Freiwasser leben, sind sie in der südlichen Hemisphäre auch in Küstennähe zu sehen. Im Sommer ziehen sie in kühlere Nahrungsgebiete, im Winter in wärmere Gewässer.

Lebensweise
Normale Gruppengröße: zwischen 2 und 5, größere Gruppen finden sich zeitweise in den Nahrungsgründen zusammen. Mit eindrucksvollen Beschleunigungen bis auf 50 km/h sind sie möglicherweise die schnellsten großen Wale.

Nahrung
Euphausidaceen, Kopepoden (Krebse), kleine Fische.

Vermehrung
Tragzeit: 11-12 Monate. Die Kälber saugen 6-7 Monate, oder bis sie etwa 8,5 m lang sind.

Bestand
Der weltweite Bestand wurde auf 210.000 Tiere geschätzt, von denen sich die meisten um Australien herum befinden. Diese Wale sind nicht vom Aussterben bedroht, aber bestimmte Vorkommen wurden sehr stark ausgebeutet. Der nordpazifische Bestand steht unter dem Schutz der Internationalen Walfangkommission.

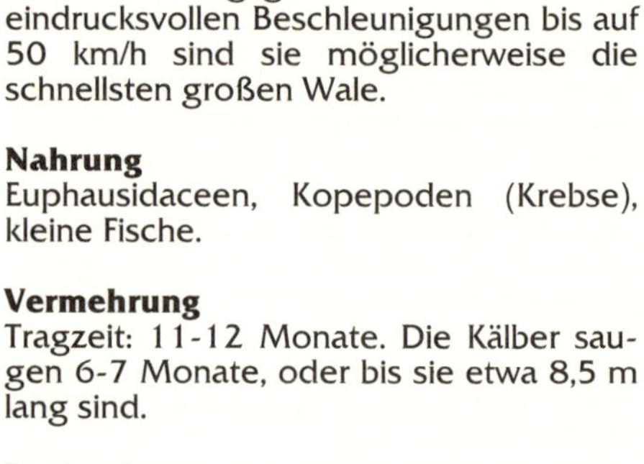

Peggy L. Edds

Die Spitze eines Seiwal-Kopfes. Beachten Sie den einfachen medianen Kamm.

4 Brydewal

Bryde's Whale Balaenoptera edeni

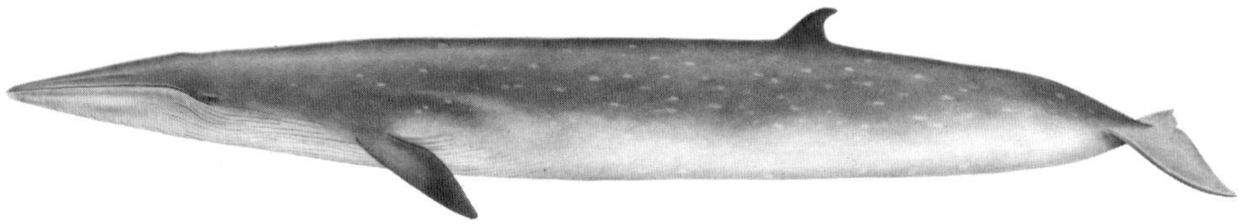

Der Brydewal ist der einzige Furchenwal, der im Sommer nicht in polare oder polarnahe Gebiete wandert, um dort zu fressen und die Jungen zu säugen.

Andere Namen
Nitari kujira (Japan).

Besondere Merkmale
Dieser Wal kommt in tropischen und subtropischen Gebieten vor und hat gewöhnlich 3 hervorstehende Kopfleisten.

Beschreibung:
Länge: Männchen 12 m, Weibchen 13-14 m.
Barten: grob, grau, ungefähr 300 auf jeder Seite, die etwa 40 cm lang sind.
Farbe: rauchgrau bis schwarz, mit hellerer Bauchseite (manchmal weiß).
Körper: schlank und stromlinienförmig; starke Ähnlichkeit mit dem Seiwal. Die auffallende Rückenflosse ist bis zu 45 cm groß, extrem sichelförmig, oft zugespitzt. Der Wal hat drei Kopfleisten, einen großen, zentralen Kamm, der von der Nasenspitze bis zum Blasloch zieht, und einen zusätzlichen Kamm auf jeder Seite sowie ungefähr 45 ventrale Furchen.

Verbreitung und Lebensraum
Tropische Bereiche und warme Gewässer gemäßigter Breiten des Pazifischen, Atlantischen und Indischen Ozeans.

Lebensweise
In einer Studie, die kürzlich vor Venezuela angefertigt wurde, zeigte sich, daß die Gruppengröße saisonabhängig variiert. Insgesamt waren 55% der Tiere Einzelgänger, 27% lebten in Paaren und 18% zu zweit oder mit mehreren Walen zusammen. Vor der Küste Südafrikas wurden Brydewale ebenfalls meist allein oder in Paaren beobachtet; darüber hinaus scheinen sich aber auch lose Verbände von Tieren zu bilden, die sich 1-1,5 km voneinander entfernt aufhalten. Um Südafrika herum gibt es Küsten- und küstennahe Populationen mit unterschiedlichem Freß- und Fortpflanzungsverhalten.

Nahrung
Schwarmfische (Hering, Makrele, Anchovis, Sardine); Euphausidaceen, Kalmar-Schwärme. Brydewale sind „Schlinger".

Vermehrung
Tragzeit: Wahrscheinlich etwa 1 Jahr. Die Kälber saugen etwa 6 Monate. In einigen Gebieten gibt es keine festen Paarungszeiten.

Bestand
Im Nordpazifik etwa 16.000 Tiere, in anderen Gegenden nicht bekannt. Dieser Wal wird immer noch gejagt. Ein Management wird dadurch erschwert, daß Walfänger die Brydewale bis vor kurzem noch mit Seiwalen verwechselten und somit auch als solche zählten.

Schwanz und Rückenflosse
Kopf: Dorsalansicht mit 3 medianen Kämmen und den Blaslöchern
Seitenansicht mit Brustflossen

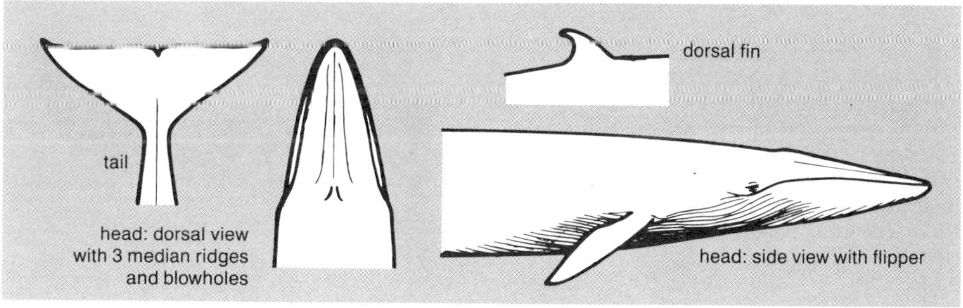

5 Finnwal

Fin Whale Balaenoptera physalus

Die schlanken Finnwale sind schnelle Schwimmer und stehen in der Größe nur den Blauwalen (6) nach. Ihr Körper weist eine verblüffende Asymmetrie auf: die rechte untere Hälfte ihres Kopfes ist weiß.

Andere Namen
Finback, finner, razorback; rorqual (Frankreich); finhval (Norwegen); sel'dyanoi kit oder finval (UdSSR); nagasu kujira (Japan); ballena de aleta oder rorcual cummun (Lateinamerika).

Besondere Merkmale
Die rechte Unterlippe (gelegentlich auch die Oberlippe) und die rechten vorderen Barten sind weißlich; auf dem Rücken ist manchmal eine blasse, winkelförmige Zeichnung sichtbar, deren Spitze zur Schwanzwurzel zeigt.

Beschreibung
Länge: bis zu 27 m, normalerweise zwischen 18 und 21 m, Weibchen etwas größer als Männchen (wie bei allen Bartenwalen).
Gewicht: bis zu 50 t.
Barten: bis zu 60 cm lang; die Anzahl der Barten schwankt (260-480), die meisten Tiere haben 350-400 Barten pro Seite.
Körper: schlank, länglich; im allgemeinen auf der Rückseite dunkel und auf der Bauchseite weiß, wobei die Verteilung asymmetrisch ist und die rechte Seite besonders am Kopf mehr Weiß aufweist. Die Rückenflosse ist bis zu 70 cm lang und sichelförmig. Bis zu 100 ventrale Furchen.
Kopf: schmal und V-förmig, mit einem scharfen, zugespitzten Rostrum; einfacher, medianer Kopfkamm.
Kälber: bei der Geburt etwa 6 m lang und 2 t schwer.

Verbreitung und Lebensraum
Finnwale kommen in allen Weltmeeren vor, bevorzugen jedoch tiefes Wasser. Im Frühjahr und Sommer ziehen sie zur Nahrungsaufnahme in kältere, im Herbst und Winter zum Kalben und zur Paarung in wärmere Gewässer.

Schwanz, Rückenflosse, Kopf: Dorsalansicht mit Blaslöchern

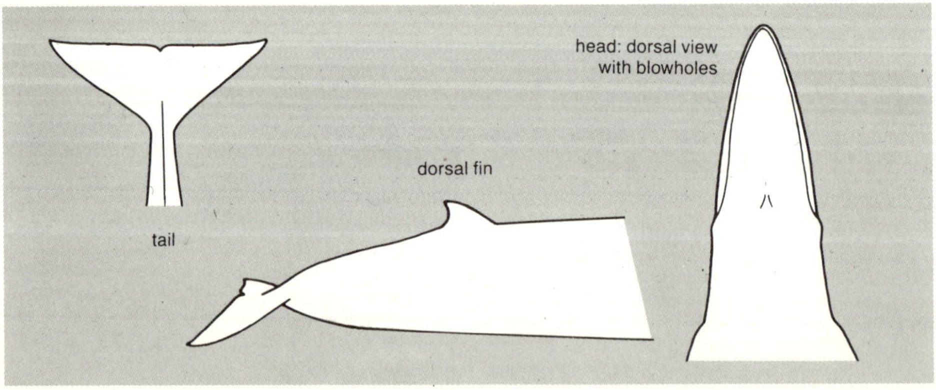

Lebensweise
Finnwale ziehen in Schulen von gewöhnlich 6 oder 7 Tieren, werden aber auch oft einzeln oder in Paaren beobachtet. In den Nahrungsgründen verteilen sich die Gruppen häufig. Durch telemetrische Untersuchungen (mit Hilfe von Sendern) in Südost-Alaska und vor Grönland ist es gelungen, typisches Atemverhalten und Bewegungsmuster zu bestimmen. Ein Finnwal wurde zwischen Grönland und Island über mehr als 2.000 km verfolgt. Während dieser langen Reise machte der Wal tagsüber mehr lange Tauchgänge, während er nachts mehr Zeit an der Oberfläche verbrachte. Finnwale produzieren laute niederfrequente Töne; mit 20 Hz liegen sie nahe der unteren Grenze des menschlichen Hörvermögens. Finnwale gehören zu den schnellsten Bartenwalen, sie erreichen geschätzte Geschwindigkeiten von gut 30 km/h.

Nahrung
Als Nahrungsopportunisten verschlingen Finnwale ein breites Spektrum von Fischen, unter anderem Sandaal, Hering, Lodde, Dorsch und Köhler; ebenso Euphausidaceen, wie z.B. Krill, und pelagische Krebstiere.

Vermehrung
Tragzeit: etwa 11-12 Monate. Die Kälber saugen ungefähr 7 Monate, bevor sie entwöhnt werden.

Bestand
Die gesamte, weltweite Population wird auf 200.000 geschätzt; obwohl die meisten Tiere in den südlichen Ozeanen leben, werden Finnwale im größten Teil ihres Verbreitungsgebietes als zahlreich eingestuft.

Jane M. Gibbs

(Oben) Ein Finnwal taucht vor der Küste Massachusetts auf. Beachten Sie den weißen rechten Unterkiefer. (Unten) Der Rücken des Finnwals hat eine blasse, schleierartige Zeichnung. Beachten Sie die für Bartenwale charakteristischen zwei Blaslöcher.

Jane M. Gibbs

6 Blauwal

Blue Whale Balaenoptera musculus

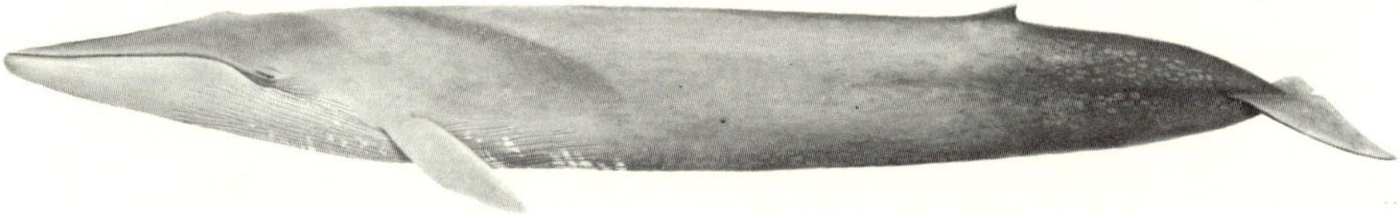

Blauwale werden für die größten Tiere gehalten, die jemals gelebt haben. Beim Fressen können sie ihr Gesamtvolumen (wie andere Furchenwale auch) um das Sechsfache vergrößern. Bei totaler Ausdehnung vermag der Sack oder das „cavum ventrale" eines 30 m langen Blauwales fast 1.000 t Wasser und Nahrung aufzunehmen.

Andere Namen
Sulphur-bottom; baleine bleu (Frankreich); blaahval (Norwegen); ballena azul (Spanien); shiro nagasu kujira (Japan); blyuval oder goluboy kit (UdSSR).

Besondere Merkmale
Sehr viel länger als Sei- oder Finnwal, der Kopf ist breiter (mehr U- als V-förmig), die Rückenflosse sehr viel kleiner. Die Fluke, die beim endgültigen Abtauchen manchmal emporgehoben wird, hat eine glatte Hinterkante. Anders als beim Finnwal ist der Kopf des Blauwals einheitlich gefärbt.

Beschreibung
Länge: 21-25 m, bis zu einer Rekordlänge von 30 m bei einem antarktischen Blauwal-Weibchen.
Gewicht: 90-125 t, bis über 150 t.
Barten: 270-395 schwarze Barten auf jeder Seite, jede Barte ist bis zu 90 cm lang.
Farbe: geflecktes bläuliches Grau.
Körper: lang und stromlinienförmig, die 30 cm hohe Rückenflosse variiert in ihrer Form und sitzt sehr weit hinten auf dem Rücken. Breite, glattkantige Fluke; breites, flaches Rostrum mit einfachem, medianem Kamm; lange, spitze Brustflossen; zwei Blaslöcher, die durch große, fleischige „Spritzwachen" („splash guards") geschützt sind.
Kälber: bei der Geburt ungefähr 7 m lang und 2,5 t schwer.

Verbreitung und Lebensraum
Weltmeere, küstenfern im Freiwasser; wandernd.

Lebensweise
Einzelgänger; manchmal werden sie in Paaren angetroffen, in den Nahrungsgründen auch in größeren, allerdings genügend Abstand haltenden Gruppen. Blauwalforscher Richard Sears und seine Kollegen, die im St.-Lawrence-Golf in Québec arbeiten, haben einzelne Blauwale anhand ihrer gefleckten Farbmuster auf dem Rükken fotografisch identifiziert. Die Wale scheinen bei ihrer Nahrungssuche große Entfernungen zurückzulegen, jedoch kehren sie in aufeinanderfolgenden Jahren in das untersuchte Gebiet zurück.

Kopf: Dorsalansicht mit Blaslöchern
Kopf: Seitenansicht
Schwanz
Kopf: Nahrungsaufnahme mit offenem Maul

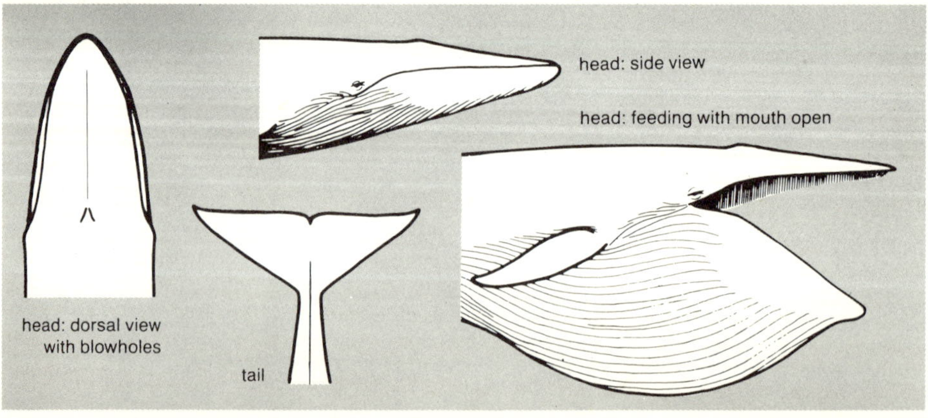

Richard Sears/MICS

(Oben) Im St.-Lorenz-Golf in Québec hebt ein Blauwal seine Fluke aus dem Wasser. (Unten) Im Kalifornischen Golf in Mexico schwimmt ein Blauwal an der Oberfläche.

Ronn Storro-Patterson

Nahrung
Verschiedene Krillarten, ein Blauwal durchschnittlicher Größe kann im Sommer 4 t Krill pro Tag fressen.

Vermehrung
Tragzeit: ungefähr 12 Monate. Die Kälber saugen etwa 8 Monate, wobei sie täglich mehr als 190 l Milch aufnehmen und stündlich 3,6 kg zunehmen (gut 90 kg pro Tag). Zum Zeitpunkt der Entwöhnung ist das Kalb etwa 15 m lang und fast 23 t schwer. Die Kühe werden mit ungefähr 10 Jahren geschlechtsreif und gebären alle 2-3 Jahre ein Kalb.

Bestand
Gefährdet, die Welt-Population wird auf 11.200 geschätzt, was ein Bruchteil der ursprünglichen Anzahl ist (9.000 in südlichen Ozeanen, 1.700 im Nordpazifik, 500 im Nordwestlichen Atlantik). Blauwale sind seit 1966 durch die Internationale Walfangkommission geschützt, in einigen Gegenden scheint sich der Bestand langsam zu erholen.

Kopf: Nahrungsaufnahme, geschlossenes Maul
Variationen der Rückenflosse

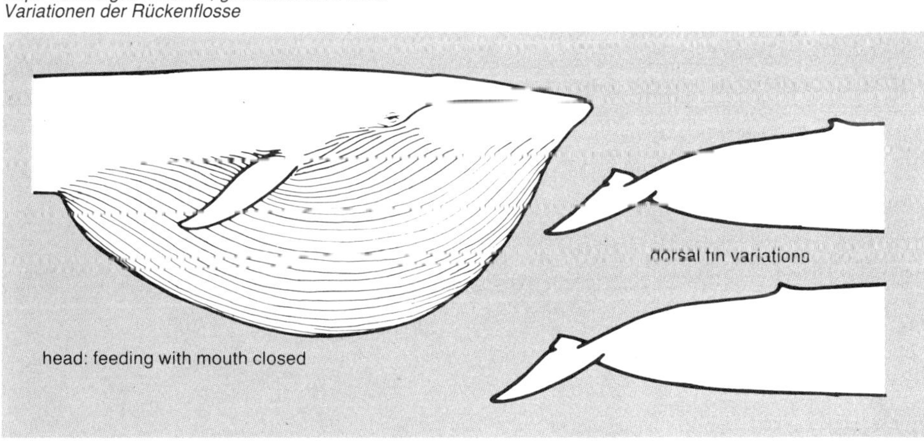

7 Buckelwal **Humpback Whale** Megaptera novaeangliae

Die melodischen Gesänge der männlichen Buckelwale, die durch die Tiefen der tropischen Meere hallen – dort, wo sich die Wale zur Paarung und Aufzucht der Jungen einfinden – gelten als die längsten und kompliziertesten Gesänge im Tierreich.

Andere Namen
Jorobada oder yubarta (Lateinamerika); zatō kujira (Japan); gorbatyi kit (UdSSR).

Besondere Merkmale
Kopf mit Buckeln besetzt, bis knapp 5 m lange Brustflossen, die (beim Abtauchen sichtbare) Unterseite der Fluke ist schwarzweiß gemustert.

Beschreibung
Länge: bis zu 16 m, normalerweise zwischen 11,5 und 13 m, Weibchen 0,5 bis 1 m länger als Männchen.
Gewicht: bis zu 40 t.
Barten: 60 bis 80 cm lang, 300-400 Barten pro Seite.
Körper: robust, verschmälert sich rasch hinter der Rückenflosse und der dorsalen Erhebung, die flügel-ähnlichen Brustflossen erreichen bis zu einem Drittel der Körperlänge.
Farbe: schwarz mit unterschiedlichen großen weißen Flecken auf den Brustflossen sowie der Unterseite der Fluke und des Körpers.
Kopf: abgeflacht, mit Buckeln unterschiedlicher Größe besetzt.
Kälber: bei der Geburt etwa 4,5 m lang und 1,5 t schwer. Neugeborene Kälber machen einen runzeligen Eindruck; gewöhnlich heben sie ihre Fluke beim Abtauchen nicht aus dem Wasser.

Verbreitung und Lebensraum
Weltweit, mit Wanderungen durch den offenen Ozean von kälteren Nahrungsgebieten zu wärmeren küstennahen Paarungsgebieten, wo möglicherweise auch die Jungen geboren werden. Hier verbringen sie den Winter.

Lebensweise
In den Nahrungsgründen wurden Buckelwale in großen Gruppen von 200 und mehr Tieren beobachtet. In den Paarungsgebieten besteht die einzige längerfristige Gruppierung aus der Kuh und dem Kalb, die manchmal noch von einem dritten Tier, der „Eskorte", begleitet werden. Neueste Studien vor Hawaii haben ergeben, daß die Eskorten Männchen sind, die darauf warten, daß das Weibchen wieder be-

Kopf: Dorsalansicht mit Blaslöchern
Kopf: Nahrungsaufnahme, geschlossenes Maul

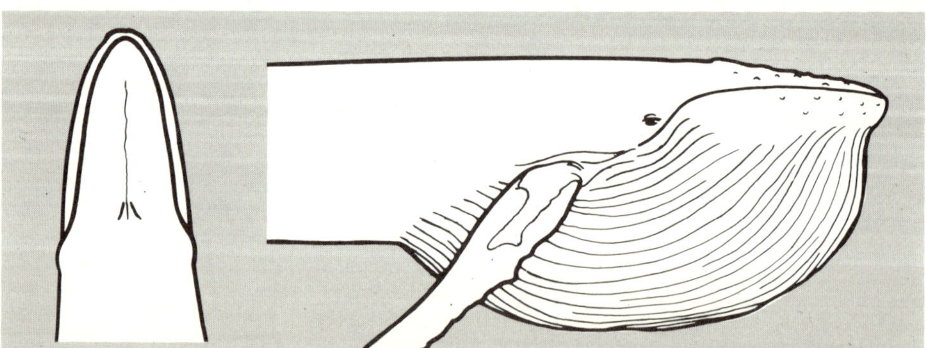

head: dorsal view with blowholes

head: feeding with mouth closed

Jane M. Gibbs

Barten und Kopfbuckel eines fressenden Buckelwales. Die Barten werden zum Aussieben von Fischen und kleinen Meeres-Krebstieren benutzt.

David Wiley

Vor Plymouth, Massachusetts, gibt sich ein Buckelwal namens Sirius den Walbeobachtern durch sein individuelles Schwanzmuster zu erkennen.

fruchtungsfähig wird. Wenn andere Männchen die Eskorte herausfordern, entsteht eine „oberflächenaktive Gruppe": Die vier oder mehr Wale, die nun eine vorübergehende Gruppe bilden, jagen an der Oberfläche entlang, wobei die Männchen Ströme von Luftblasen ausstoßen und sich gegenseitig Schwanzhiebe versetzen, von denen einige zu blutigen Verletzungen der Kopf- und Rückenbuckel führen. Untersuchungen haben gezeigt, daß die großartigen Buckelwalsänger ebenfalls Männchen sind, und daß diese Sänger manchmal an den oberflächenaktiven Gruppen teilnehmen, um sich den Status einer Eskorte zu erkämpfen.

Nahrung
Schwarmfische, einschließlich Hering, Sandaal, Lodde, Makrele, Dorsch und Lachs. Außerdem Euphausidaceen und Krebstiere. In den Mägen einiger Wale wurden Vögel gefunden, die wahrscheinlich beim 'lunge-feeding', beim Hochspringen mit offenem Maul, mitverschluckt wurden. Buckelwale konzentrieren ihre Nahrung, indem sie sie mit Netzen oder Wolken von Luftblasen umgeben.

Vermehrung
Geburten: keine Beobachtungen gemeldet, finden wahrscheinlich kurz vor der Ankunft in den winterlichen Paarungsrevieren, also etwa im November im östlichen Pazifik statt. Australische Studien geben an, daß die Kühe alle 2-3 Jahre gebären, während in hawaiischen Studien über Kühe berichtet wurde, die in drei aufeinanderfolgenden Jahren neue Kälber bei sich hatten. Tragzeit: 11-12 Monate. Kälber saugen manchmal länger als ein Jahr.

Bestand
Jüngste Schätzungen für den nordwestlichen Atlantik ergaben 3.000 Tiere, Nordöstlicher Pazifik: 2.000. Weltweite Schätzungen: 8.000 bis 10.000. Als gefährdete Art sind Buckelwale seit 1966 weltweit geschützt. Einige Tiere werden jedes Jahr von einheimischen Walfängern aus Grönland und Bequia, einer kleinen karibischen Insel in der Nähe von St. Vincent, erlegt.

Schwanz, Rückenflosse, Brustflosse, Kopf

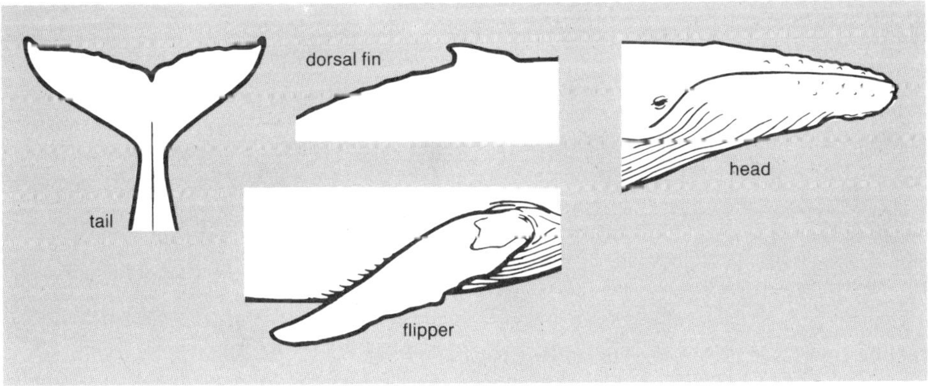

8 Nordkaper

Right Whale Eubalaena glacialis

Der einst sehr zahlreiche Nordkaper ist von den Walfängern stark verfolgt und im nördlichen Pazifik und nordwestlichen Atlantik auf einige wenige Hundert Exemplare dezimiert worden. Der Nordkaper ist damit derjenige unter den großen Walen, der der Ausrottung am nächsten steht.

Andere Namen
Biskayerwal, Nordatlantischer Glattwal, Nordpazifischer Glattwal, Nördlicher Glattwal; northern right whale, black right whale, Biscayan right whale; nordkaper (Norwegen); ballena oder ballena franca (Lateinamerika); semi kujira (Japan).

Besondere Merkmale
Keine Rückenflosse, weißliche Schwielen auf dem Kopf, glatter massiver schwarzer Rücken, große, spatelförmige Brustflossen.

Beschreibung
Länge: 10,5-15,3 m, bis zu 18 m, Weibchen länger als Männchen.
Gewicht: bis etwa 50 t.
Barten: 206-268 auf jeder Seite, bis zu 2,5 m lang.
Farbe: schwarz, auf dem Bauch gelegentlich mit weißen Flecken. Die Farbe der Kopfschwielen variiert von weiß bis rosa.
Körper: groß und untersetzt mit einem mächtigen Kopf. Langer, schmaler, stark gewölbter Oberkiefer und gebogener Unterkiefer.
Kälber: bei der Geburt 4,5 bis 6 m lang.

Verbreitung und Lebensraum
Kältere küstennahe und küstenferne Gewässer der nördlichen Hemisphäre; heute auf klägliche Restpopulationen beschränkt. Wanderungen.

Lebensweise
Wenig untersucht; erst die kürzliche Entdeckung einer übersommernden Population in der Bay of Fundy hat dazu geführt, daß einige Studien in Angriff genommen wurden. Die Forscher unter der Leitung von Scott Kraus benutzten Fotografien der Schwielenmuster und anderer Spuren, um mehr als 60 Wale individuell zu unterscheiden. 1980 gab es vier Paare von Kühen und Kälbern in der Bucht von Fundy; 1981 sieben, 1982 vier. Da die Kälber eventuell länger als ein Jahr bei ihren Müttern bleiben, könnte es zu mehrmaligen Zählungen der Kälber in aufeinanderfolgenden Jahren kommen. Die Forscher beobachteten zudem ein ausgedehntes Paarungsverhalten, was vermuten läßt, daß es möglicherweise keine absolute Trennung von winterlicher Paarung und sommerlicher Nahrungssuche gibt.

Nahrung
Planktische Kopepoden;
Euphausidaceen (Krill).

Vermehrung
Tragzeit: ungefähr ein Jahr.

Bestand
Die Schätzungen liegen für den Nordpazifik bei 220 und für den Nordatlantik bei 200 Tieren. Seit den 20er Jahren ist diese Art der Ausrottung nahe, und trotz eines langjährigen Schutzes konnte bis jetzt noch keine Erholung des Bestandes festgestellt werden.

Jane M. Gibbs

Ein Nordkaper zeigt seine langen Barten.

9 Südlicher Glattwal

Southern Right Whale
Eubalaena australis

Anmerkung: Das Bild des Nordkapers (8) gilt auch für den Südlichen Glattwal (9). Seit 1970 werden die Südlichen Glattwale in Argentinien, um die Halbinsel Valdés herum, intensiv untersucht. Dort verbringen die Wale die Hälfte des Jahres dicht vor der Küste, um sich zu paaren, zu spielen und ihre Jungen aufzuziehen.

Andere Namen
Ballena oder ballena franca (Lateinamerika).

Besondere Merkmale
Siehe Nordkaper (8).

Beschreibung
Siehe Nordkaper (9).

Verbreitung und Lebensraum
Kältere küstennahe und küstenferne Gewässer der südlichen Hemisphäre; heute zu spärlichen Restpopulationen dezimiert. Wanderungen.

Lebensweise
Die Untersuchungen, die Roger Payne und seine Kollegen um die Halbinsel Valdés herum anstellten, bildeten einen Auftakt zur neuen Ära der Walforschung – der Forschung durch Beobachtung. Die Kopfschwielen wurden für die individuelle Identifikation der Wale benutzt. Durch 20.000 Luftaufnahmen konnten 557 Wale identifiziert werden, von denen 411 wiederholt gesichtet wurden (bis zu 18mal). Die Männchen haben mehr und größere Schwielen als die Weibchen – zudem auch häufiger temporäre Kratzspuren. Dieser Unterschied zwischen den Geschlechtern ist praktisch, er hat zudem Payne und E. Dorsey zu der Deutung veranlaßt, daß

Kopf: Seitenansicht mit offenem Maul und Barten

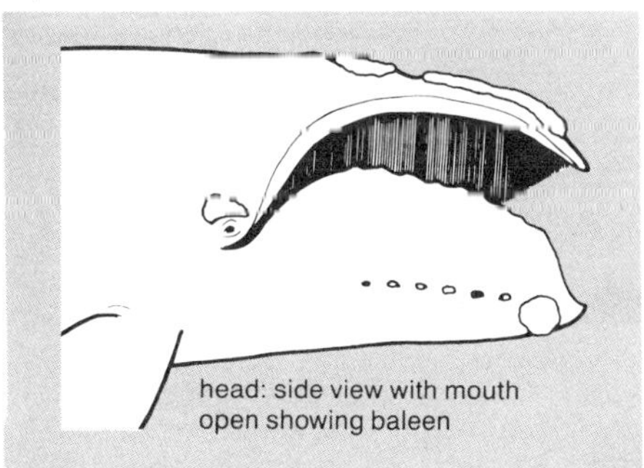

François Gohier

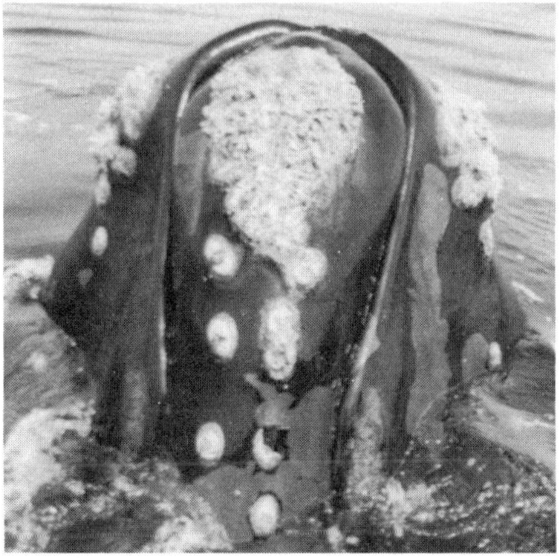

Ein aus dem Wasser spähender Südlicher Glattwal zeigt die Unterseite seines Kopfes.

diese Schwielen bei innerartlichen Aggressionen (Kampf der Männchen um die Weibchen) als Waffen dienen. Daneben ist auch ein besonderes Verhalten der Kühe zu beobachten, das die Lage unerwünschter Freier noch erschwert: unwillige Weibchen rollen sich auf den Rücken und schwimmen an der Oberfläche, wobei sie ihren Schwanz weit aus dem Wasser strekken. Es muß darauf hingewiesen werden, daß einige Wissenschaftler/innen den Südlichen und den Nördlichen (8) Glattwal für eine Art halten. Die Argumente für zwei Arten beziehen sich auf die geographische Trennung und Unterschiede im Schädel der beiden (in der Anordnung und der Form des Alisphenoids). In der freien Natur sehen beide Arten gleich aus, Peter Best aus Südafrika hat allerdings festgestellt, daß das Auftreten von Schwielen entlang der Vorderkante der Unterlippe bei Südlichen Glattwalen häufiger ist.

Nahrung
Planktische Kopepoden; Euphausidaceen (Krill).

Vermehrung
Tragzeit: ungefähr ein Jahr. Die Kälber saugen 1-2 Jahre. Die Kühe gebären alle 3 Jahre.

Bestand
Die Anzahl für den gesamten südlichen Ozean wird auf 3.000 Tiere geschätzt – das ist mehr als beim Nordkaper, aber dennoch ist auch diese Art gefährdet.

10 Grönlandwal

Bowhead Whale Balaena mysticetus

Als eine der am stärksten bedrohten großen Walarten lebt der Grönlandwal am Rande des arktischen Packeises, im Winter vom wachsenden Eis nach Süden verdrängt, im Sommer der abschmelzenden Eiskante nach Norden folgend.

Andere Namen
Polarwal; Greenland right whale, Arctic right whale, Greenland whale; kiralick (Alaska-Eskimo).

Besondere Merkmale
Völlig schwarz (ohne Schwielen oder Seepocken) bis auf einen großen, unregelmäßigen weißen Fleck am Kinn und manchmal etwas Weiß am Bauch. Einkerbung oder Einsenkung hinter dem Blasloch.

Beschreibung
Länge: ungefähr 17,5 m, bis zu knapp 20 m.
Barten: 230-360 dunkelgraue Barten auf jeder Seite; Fransen etwas heller. Der Grönlandwal hat die längsten Barten überhaupt – sie können fast 4,5 m lang werden.
Farbe: völlig schwarz bis auf einen weißen Kinnfleck und manchmal einen Bauchfleck sowie graue Streifen um die Schwanzwurzel herum. Auf dem weißen Kinnfleck finden sich graue oder schwarze Punkte.
Körper: untersetzt mit einem mächtigen Kopf, der etwa 1/3 der Gesamtlänge ausmacht. Breite, spatelförmige Brustflossen, keine Rückenflosse. Die Einkerbung hinter dem Blasloch ist bei älteren Tieren am stärksten ausgeprägt.
Kälber: bei der Geburt etwa 4-4,5 m lang.

Verbreitung und Lebensraum
Entlang der Packeisgrenze der Arktis, hauptsächlich um Alaska herum.

Lebensweise
Wandert allein, in Paaren oder Trios, kann in den Nahrungsgebieten aber auch in lokkeren Verbänden von mehreren Dutzend angetroffen werden. Grönlandwale stoßen charakteristische Laute aus, die sie oft wiederholen und die eventuell zur Kommunikation dienen.

Nahrung
Kopepoden, Amphipoden, Euphausidaceen.

Vermehrung
Tragzeit: etwa 13 Monate. Die Kälber werden von März bis August, hauptsächlich im Mai geboren und etwa 12 Monate gesäugt.

Bestand
Diese einst reichlich vorhandenen Wale wurden schon im 18. Jahrhundert in der östlichen Arktis durch den Walfang sehr stark dezimiert. Sie werden heute noch von den Eingeborenen vor Alaska gejagt, wo sich die letzten Populationsschätzungen (4-Jahresdurchschnitt von 1978-82) auf 2.500 bis 3.800 Tiere beliefen.

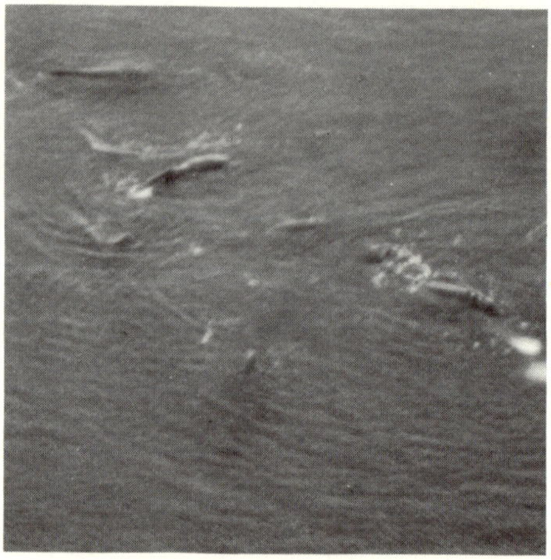

Donald K. Ljungblad

Die weißen Kinnpartien dieser vor Alaska schwimmenden Grönlandwale sind aus der Luft gut zu erkennen. Die Grönlandwale leben an der Grenze des Packeises.

11 Zwergglattwal **Pygmy Right Whale** Caperea marginata

Der Zwergglattwal, der nur auf der Südhalbkugel, in den kühleren Gewässern gemäßigter Breiten anzutreffen ist, ist der kleinste und unbekannteste der Bartenwale.

Andere Namen
Kosemi kujira (Japan); gladkii kit (UdSSR).

Besondere Merkmale
Eine genaue Identifikation ist sogar aus nächster Nähe schwierig, und Walfänger haben wahrscheinlich öfter Zwergglattwale mit in ihre Zwergwalzahlen einbezogen. Falls auf den Brustflossen ein weißes Band sichtbar ist, handelt es sich definitiv um einen Zwergwal. Allerdings gibt es in der südlichen Hemisphäre auch einige Zwergwale, die diesen Streifen nicht haben. Die Zwergglattwale haben den für Glattwale charakteristischen gewölbten Kiefer, ein abgerundetes Rostrum und (nur bei gestrandeten Tieren sichtbar) längere Barten als Zwergwale.

Beschreibung
Länge: etwa 4,5 m, die größten Weibchen sind bis zu 6,5 m lang.
Barten: pro Seite etwa 230 blasse, gelblich weiße Barten mit braunen Fransen; bis knapp 70 cm lang.
Farbe: dunkelgrauer bis schwarzer Rücken; Bauch hellgrau. Einige blasse Streifen auf dem Rücken und dunkle Streifen von den Brustflossen zu den Augen.
Körper: im Verhältnis zu anderen Glattwalen schlank, aber nicht so schlank wie die Furchenwale. Kleine, sichelförmige Rükkenflosse. Das Rostrum verjüngt sich zu einer abgerundeten Spitze. Die Brustflossen sind schmal und ebenfalls an den Spitzen abgerundet. Keine Schwielen.

Verbreitung und Lebensraum
Kühlere Gewässer südlicher gemäßigter Breiten. Die wenigen bisher gemachten Beobachtungen weisen darauf hin, daß der Lebensraum sowohl flache Küstengewässer und geschützte Buchten als auch das Freiwasser umfaßt.

Lebensweise
Im Vergleich zu anderen Glattwalen zeigen Zwergglattwale nur wenig „oberflächenaktives" Verhalten. Langsame Schwimmer. Bis in die 60er Jahre war diese Art nur durch gestrandete Tiere bekannt, dann wurden in einer südafrikanischen Bucht lebende Zwergglattwale entdeckt. 1967 gelangen in der Plettenberg-Bucht in Südafrika sogar kurze Unterwasserfilmaufnahmen von Zwergglattwalen.

Nahrung
Kopepoden (den wenigen Funden zufolge).

Vermehrung
Tragzeit: wahrscheinlich 10-11 Monate.

Bestand
Unbekannt. Selten, anscheinend allerdings nicht so selten wie ursprünglich wegen der Verwechslung mit Zwergwalen und der relativ entlegenen Lebensräume angenommen wurde.

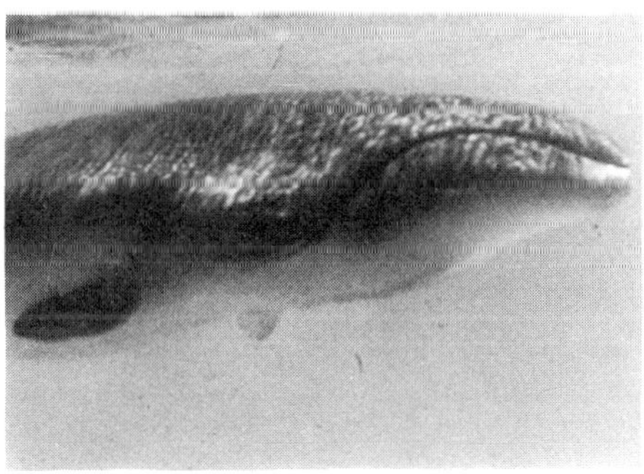

Tony Dicks/courtesy F. Hayes and G.J.B. Foss

Der seltene Zwergglattwal, fotografiert in der Plettenberg-Bucht in Südafrika.

12 **Pottwal**

Sperm Whale Physeter macrocephalus

Einige vor kurzem unternommene Expeditionen vor der Küste Sri Lankas im Indischen Ozean dienten dem Ziel, die Biologie der Pottwale zu erforschen. Die Wissenschaftler verfolgten die Spuren dieser Tiere, die auf ihren tiefen Nahrungstauchgängen bis zu einer Stunde unter Wasser bleiben, indem sie die ständig von den Pottwalen ausgesandten Signale (Klicks) aufzeichneten.

Andere Namen
Spermwal, Kaschelot; cachalot (Frankreich); kashalot (UdSSR); hunshval (Norwegen); makkō kujira (Japan); cachalote (Spanien); ballena esperma (Lateinamerika).

Besondere Merkmale
Großer, eckiger Kopf; niedrige hügelartige oder dreieckige Rückenflosse; buschiger Blas, der aufgrund des zur Seite verschobenen, S-förmigen Blasloches schräg nach vorne und nach links gerichtet ist. Backpflaumenartige Haut.

Beschreibung
Länge: Männchen bis über 18 m, gewöhnlich gut 15 m. Weibchen werden selten größer als 11,3 m.
Gewicht: bis zu 58 t.
Zähne: etwa 25 Paar im Unterkiefer; Oberkiefer mit Zahnhöhlen (rudimentäre Zähne sind vorhanden, brechen jedoch nicht durch).
Farbe: dunkelbraun bis dunkelgrau. Der Bauch, das Gebiet um die Mundwinkel und die Stirnseite des Kopfes sind oft hellgrau bis weiß. Die Unterseiten der Brustflossen und Fluke variieren in ihrer Farbe von braun bis grau.
Körper: massiv, mit einem großen Kopf, der 1/4 bis 1/3 der Gesamtlänge ausmacht. Der Rückenbuckel bzw. die Rükkenflosse ist niedrig und variiert stark. Von der Rückenflosse bis zur Schwanzfluke zieht sich eine Reihe von Buckeln oder Zacken. Kurze, stummelartige Brustflossen. Die Fluke hat die Form von zwei aneinanderliegenden rechtwinkligen Dreiecken, die an der Spitze leicht abgerundet und in der Mitte tief eingekerbt sind.
Kälber: bei der Geburt 3,5-4,5 m lang und bräunlich grau, in den ersten Monaten allmählich dunkler werdend.

Verbreitung und Lebensraum
Weltmeere vom Äquator bis zum Rand des Polareises; im Freiwasser.

Schwanz
Kopf: Dorsalansicht mit S-förmigem Blasloch auf der linken Seite
Kopf: Nahrungsaufnahme mit offenem Maul und Brustflosse
Rückenflosse

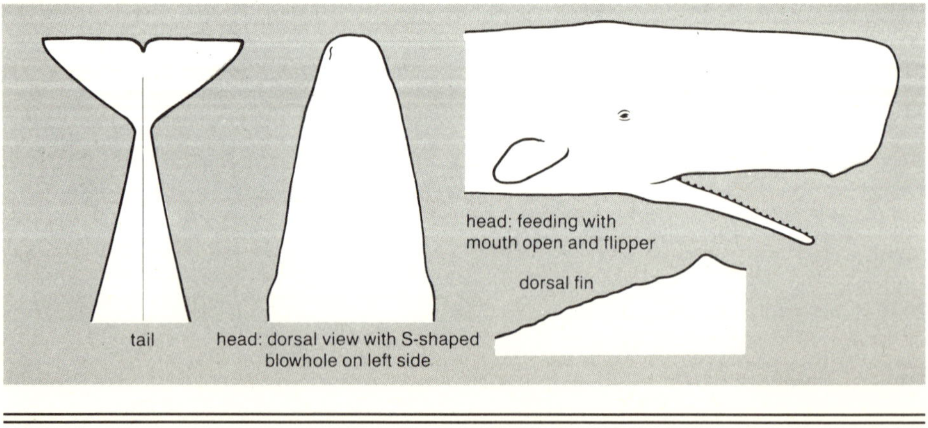

Hal Whitehead/WWF

Eine große Gruppe weiblicher und heranwachsender Pottwale vor Sri Lanka. Beachten Sie das S-förmige Blasloch auf der linken Seite des Kopfes und die backpflaumenartige Struktur der Haut.

Margo Rice/WWF

Pottwal-Fluke

Lebensweise
Komplexe Sozialstruktur: Große Gruppen von bis zu 50 Walen bestehen normalerweise aus 'Junggesellen'-Bullen oder Weibchen mit Kälbern und Jungtieren. Es wird angenommen, daß es während der Paarungszeit zu Kämpfen zwischen großen Männchen kommt (als Anzeichen hierfür dienen Zahnspuren in der Haut), bei denen es um „Harems" von etwa 10 Weibchen geht. Andere Gruppen bestehen aus großen, alten Bullen ohne Harem, die allein oder in kleinen Gruppen schwimmen. Auf der Jagd nach Tintenfischen in den tiefen Schluchten der Weltmeere tauchen Pottwale routinemäßig über 450 m tief und bleiben dabei länger als eine Stunde unter Wasser. Tote Walkörper, die sich in Tiefseekabeln verfangen haben, geben Hinweise darauf, daß Pottwale bis in 1.140 m Tiefe vorstoßen; gelegentlich können sie sogar bis zu 3.000 m erreichen. Wenn sie dann wieder an die Oberfläche kommen, blasen sie z. T. mehr als 50mal, bevor sie wieder abtauchen. Pottwalkälber sind noch nicht in der Lage, längere Zeit unter Wasser zu bleiben. Sie halten sich deshalb nahe der Wasseroberfläche auf und werden manchmal von anderen Mitgliedern der Gruppe „behütet", während ihre Mutter auf Nahrungssuche ist.

Nahrung
Tintenfische (Kalmare und Kraken), verschiedene Fische.

Vermehrung
Tragzeit: 15 Monate. Die Kälber saugen ungefähr 2 Jahre. Die Kühe gebären alle 4-5 Jahre ein Junges.

Bestand
Die Anzahl der in allen Weltmeeren lebenden Tiere wird auf 732.000 geschätzt, davon entfallen 410.000 auf die südliche Hemisphäre. Als die „Hauptstütze" der Walindustrie werden Pottwale seit Jahrhunderten gejagt, aber obwohl ihre Anzahl reduziert wurde, sind sie bisher in ihrem Bestand nicht bedroht.

Roger Payne/WWF

Ein Pottwal springt aus den Fluten des Indischen Ozeans.

13 Zwergpottwal **Pygmy Sperm Whale** Kogia breviceps

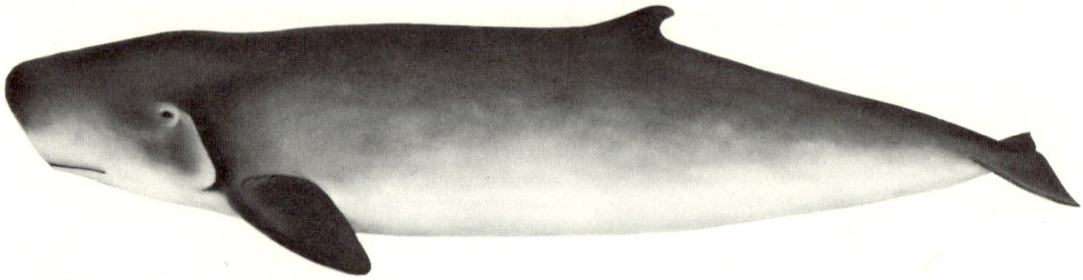

Es gibt Berichte über kleine Gruppen von Zwergpottwalen, die offensichtlich an der Oberfläche schliefen, wobei die Schwänze herabhingen, während die konischen Köpfe aus dem Wasser ragten.

Andere Namen
Komakkō kujira (Japan); cachalote pigméo (Lateinamerika); cachalot pigmée (Frankreich).

Besondere Merkmale
Der konische, stubsnäsige Kopf und die geringe Größe (sie sind kleiner als einige Delphine) sind eindeutige Zeichen dafür, daß es sich um eine der beiden Arten der Gattung Kogia handelt. Kogia simus (14) ist etwas kleiner und hat eine sehr viel größere, delphinähnliche Rückenflosse in der Mitte des Rückens. Die Rückenflosse der Zwergpottwale ist kleiner, sichelförmig und nach hinten versetzt.

Rückenflosse, Kopf: Seitenansicht

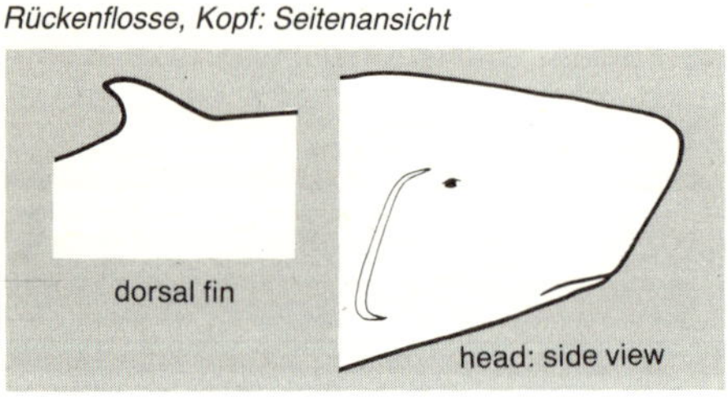

Beschreibung
Länge: 2,8-3,4 m, bis zu 3,6 m.
Gewicht: 400 kg.
Zähne: 12-16 (selten 10-11) Paar im Unterkiefer, keine Zähne im Oberkiefer.
Farbe: dunkelgrau, manchmal blaugrau auf dem Rücken; auf der Bauchseite heller grau. Die halbmondförmige Zeichnung, die die Form einer Klammer hat, wird auch „falsche Kieme" genannt.
Körper: robust mit konischen, stubsnäsigem Kopf. Der unterständige Unterkiefer (zusammen mit den „falschen Kiemen") verleiht diesen kleinen Walen ein haiähnliches Aussehen. Kleine sichelförmige Rükkenflosse, kurze, breite Brustflossen, eingekerbte Fluke.
Kälber: bei der Geburt etwa 1 m lang.

Verbreitung und Lebensraum
Warme Gewässer der tropischen und gemäßigten Breiten aller Weltmeere im Freiwasser.

Lebensweise
Die wenigen Beobachtungen liefern folgendes Bild: Zwergpottwale wandern langsam allein oder in Gruppen von 2-7 Tieren. Sie sind lethargisch und sonnen sich oft an der Wasseroberfläche.

Nahrung
Hauptsächlich Kalmare und Sepien; Krebse, Krabben und Fisch.

Vermehrung
Da es Funde von tragenden Kühen mit noch saugenden Kälbern gegeben hat, könnte es sein, daß die Kühe jedes Jahr gebären.

Bestand
Unbekannt. Zwergpottwale werden nur selten auf dem Meer beobachtet, gehören jedoch zu den am häufigsten gestrandeten Cetaceen an der Ostküste der USA. Sie sind eventuell häufiger, als einst angenommen wurde.

J.P. Sylvestre

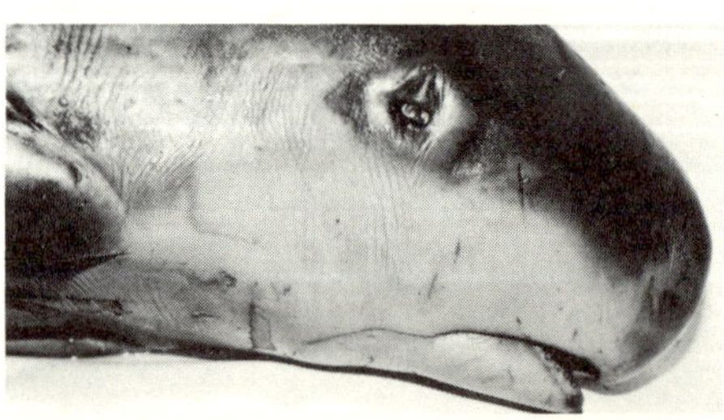

Fötus des seltenen Zwergpottwals. Dieses Exemplar befindet sich im La-Rochelle-Museum in Frankreich.

14 **Kleiner Pottwal** **Dwarf Sperm Whale** Kogia simus

Wie die beiden anderen Pottwalarten, so ist auch Kogia simus ein Tieftaucher mit (hauptsächlich) auf den Unterkiefer beschränkten Zähnen, der an die Jagd nach Kalmaren angepaßt ist. Seine große Rükkenflosse läßt den an der Wasseroberfläche liegenden Wal jedoch eher wie einen Delphin erscheinen.

Andere Namen
Ogawa komakkō kujira (Japan).

Besondere Merkmale
Siehe Zwergpottwal (13).

Beschreibung
Länge: 2-2,8 m.
Gewicht: 135-270 kg.
Zähne: im Unterkiefer 7-12 (selten 13) Paar; im Oberkiefer manchmal bis zu 3.
Farbe: das dunkle Blaugrau des Rückens geht auf den Flanken in helleres Grau und auf dem Bauch in mattes Weiß über.

Rückenflosse, Kopf: Seitenansicht

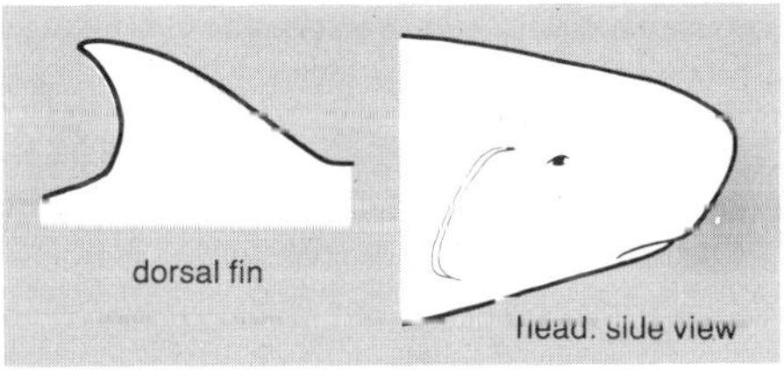

Körper: robust mit konischem, stubsnäsigem, asymmetrischem Kopf. Wie die Zwergwale, so erhalten auch diese Wale durch den unterständigen Unterkiefer und die „falschen Kiemen" manchmal ein haiähnliches Aussehen. Die große, sichelförmige Finne sitzt fast in der Mitte des Rückens. Kurze, breite Brustflossen, eingekerbte Fluke.
Kälber: bei der Geburt wahrscheinlich ungefähr 90 cm lang.

Verbreitung und Lebensraum
Den wenigen Informationen zufolge: wie der Zwergpottwal (13).

Lebensweise
Sehr wenig Kenntnisse.

Nahrung
Kalmare; außerdem eine Reihe von Tiefseefischen und Krebstiere.

Vermehrung
Ein hoher Prozentsatz der gestrandeten Weibchen mit saugenden Kälbern ist tragend; von daher ist anzunehmen, daß die Kuhe jedes Jahr gebären.

Bestand
Unbekannt. Begrenzte Zahl von Meldungen, wahrscheinlich aufgrund der bisherigen Verwechslung mit Zwergwalen.

15 Cuvier-Schnabelwal

Cuvier's Beaked Whale
Ziphius cavirostris

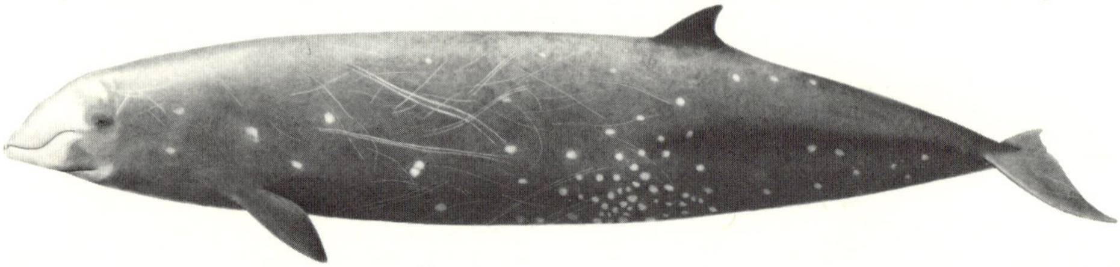

Der Cuvier-Schnabelwal ist einer der wenigen Schnabelwale, der gelegentlich in den Weltmeeren gesichtet wird. Von den japanischen Walfängern, die ihn manchmal fangen, wird er „babygesichtiger Wal" genannt, „akabō kujira".

Andere Namen
Cuvier's Spitzschnauzendelphin; goosebeak whale, goosebeaked whale, ziphius; akabō kujira (Japan); ziphius de Cuvier (Frankreich); ballena de Cuvier oder zifios (Lateinamerika).

Besondere Merkmale
Die Identifizierung in freier Natur ist schwierig. Cuvier-Schnabelwale sind größer als die meisten anderen Schnabelwalarten, die ausgewachsenen Männchen haben einen weißen Kopf, und auf ihrem Unterkiefer sind sogar bei geschlossenem Mund zwei Zähne sichtbar. Im Vergleich zu den Entenwalen (18 und 19) haben die Cuvier-Schnabelwale eine leicht abfallende Stirn und einen kurzen Schnabel.

Beschreibung
Länge: erwachsene Weibchen 5,8-7 m, erwachsene Männchen 5,5-6,7 m.
Zähne: pro Unterkieferseite 1, insgesamt 2; brechen im allgemeinen nur bei ausgewachsenen Männchen durch.
Farbe: gelb- oder hellbrauner Körper, oft stark vernarbt, kann im Sonnenlicht rötlich scheinen. Ausgewachsene Männchen haben einen weißen, ältere Weibchen einen helleren Kopf.
Körper: sehr robust, mit kleinem Kopf und einem Schnabel, der kürzer ist als bei anderen Schnabelwalen. Nach oben gebogene Mundlinie, im Profil ähnelt der Kopf einem Gänseschnabel. Die nach hinten versetzte Rückenflosse kann sichelförmig oder dreieckig sein und wird bis zu 38 cm lang.
Kälber: bei der Geburt 2-3 m lang.

Verbreitung und Lebensraum
Im Freiwasser der Weltmeere in tropischen und gemäßigten Breiten.

Lebensweise
Wenig bekannt, sie wurden in Gruppen bis zu 10 Tieren gesehen, gewöhnlich mit mindestens einem ausgewachsenen Männchen.

Nahrung
Kalmare; Tiefseefische.

Vermehrung
Unbekannt.

Bestand
Unbekannt.

Schwanz und Rückenflosse *Kopf: Seitenansicht eines Männchens, eines Weibchens und eines Kalbes*

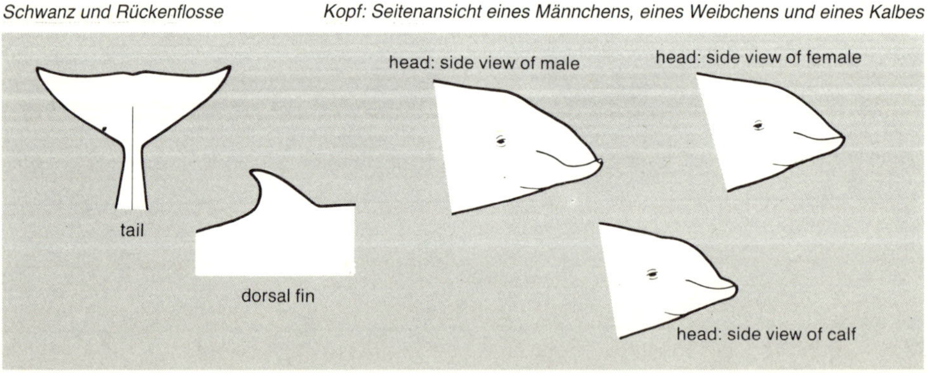

16 Südlicher Schwarzwal

Arnoux's Beaked Whale
Berardius arnuxi

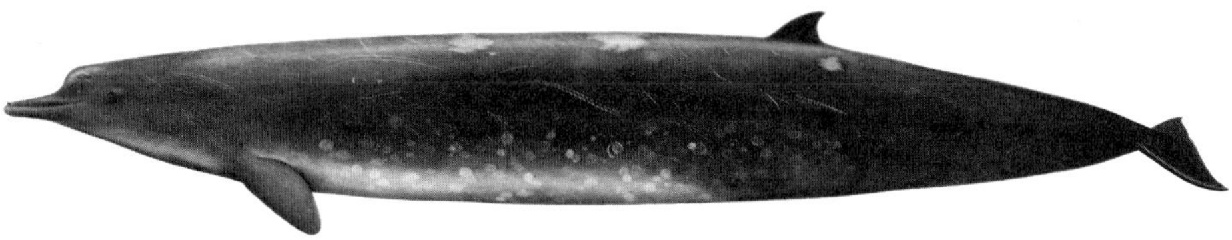

Im antarktischen Sommer des Jahres 1956-57 konnte ein einzelner Südlicher Schwarzwal, der zusammen mit 120 Zwergwalen und 60 Schwertwalen in einem Eisloch eingeschlossen war, genau beobachtet werden.

Andere Namen
Southern giant bottlenose whale, New Zealand beaked whale, southern four-toothed whale, southern beaked whale, southern porpoise whale.

Besondere Merkmale
Die Identifizierung im Wasser ist schwierig, aber möglich. Die etwas knollige Stirn ist nicht so betont wie beim Südlichen Entenwal (19), außerdem hat Berardius arnuxi einen längeren Schnabel. Auf der Spitze des vorstehenden Unterkiefers sind bei den meisten ausgewachsenen Tieren (Weibchen und Männchen) zwei Zähne sichtbar.

Beschreibung
Länge: bis zu 9 m, Weibchen größer als Männchen.
Zähne: 1-2 auf jeder Seite an der Spitze des Unterkiefers, bei Weibchen und Männchen.
Farbe: dunkler Rücken, blau-grau gefleckte Flanken, grauer oder hellgrauer Bauch, weiße Kratzspuren und Narben.
Körper: lang, rund mit dreieckiger Rückenflosse, die weit nach hinten versetzt ist.

Verbreitung und Lebensraum
Wahrscheinlich zirkumpolar in den kühleren küstenfernen Gewässern der südlichen Hemisphäre.

Lebensweise
Unbekannt.

Nahrung
Kalmare.

Vermehrung
Unbekannt.

Bestand
Anzahl unbekannt; wahrscheinlich selten.

Schwanz und Rückenflosse
Kopf und Brustflosse: Seitenansicht eines Männchens
Kopf: Seitenansicht eines Weibchens

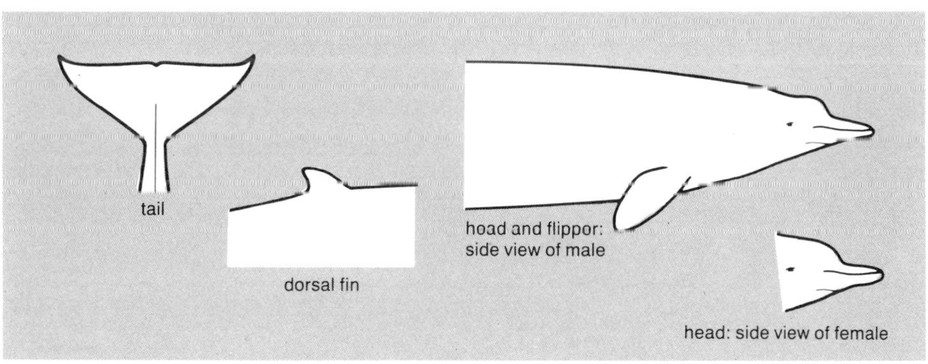

17 Baird-Wal

Baird's Beaked Whale Berardius bairdi

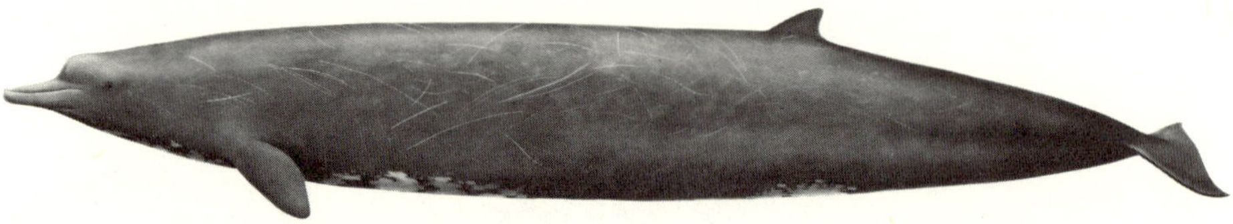

In Studien, die im Zusammenhang mit einem geringen, aber regelmäßigen Fang dieser größten Schnabelwale stattfanden, schätzten japanische Biologen, daß die Tragzeit dieser Wale 17 Monate dauert – das ist die längste Tragzeit bisher bei Cetaceen gefundene Tragzeit.

Andere Namen
North Pacific giant bottlenose whale, giant bottlenose whale; tsuchi kujira oder tsuchimbo (Japan).

Besondere Merkmale
Identifizierung im Wasser schwierig, aber möglich. Knollige Stirn, langer Schnabel, an dem die zwei vorstehenden Zähne wie eine weiße Spitze aussehen. Langer, runder Körper, normalerweise schiefergrau mit vielen weißen Kratzspuren. Kleine, dreieckige Rückenflosse, die weit nach hinten versetzt ist und sichtbar wird, wenn das Blasloch untergetaucht ist.

Beschreibung
Länge: bis zu 12,8 m, Weibchen größer als Männchen.
Zähne: an der Spitze des Unterkiefers auf jeder Seite 1-2 Zähne, bei Weibchen und Männchen. Bei geschlossenem Mund stehen 2 Zähne hervor.
Kälber: bei der Geburt etwa 4,5 m lang.

Verbreitung und Lebensraum
Küstenferne Gewässer gemäßigter Breite im Nordpazifik.

Lebensweise
Gruppen von 2-20, manchmal bis zu 30 Tieren, die gemeinsam wandern und blasen. Die Walfangstatistiken lassen eine Trennung der Geschlechter vermuten. Die Annäherung wird als schwierig beschrieben. Tieftauchgänge bis zu 45 Minuten oder mehr erschweren die Verfolgung im Meer.

Nahrung
Kalmare, Kraken, (Tiefsee-) Fische, Krebstiere.

Vermehrung
Tragzeit bis zu 17 Monaten. Die Kühe gebären etwa alle 3 Jahre.

Bestand
Keine Schätzungen. Der Walfang könnte ihre Anzahl in bestimmten Gebieten reduziert haben.

Auftauchender Baird-Wal vor Oregon (USA).

T.R. Wahl/courtesy Stephen Leatherwood

18 Nördlicher Entenwal

Northern Bottlenose Whale
Hyperoodon ampullatus

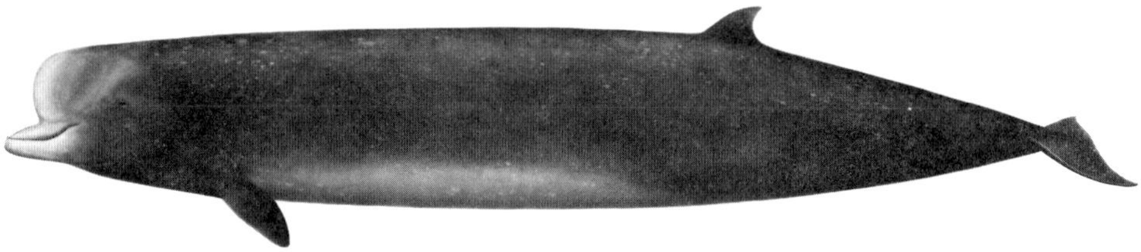

Die furchtlosen Nördlichen Entenwale kommen oft in die Nähe von Schiffen. Diesen „tödlichen Fehler" haben norwegische und andere nordatlantische Walfänger lange Zeit auszunutzen gewußt.

Andere Namen
Dögling; Bottlehead; grand souffleur à bec d'oie (Frankreich); bottlenosen (Norwegen); andhvaler (Island).

Besondere Merkmale
Knollige Stirn mit einem delphinartigen Schnabel. Langer, runder Körper, normalerweise braun oder grau, bei älteren Männchen – besonders am Kopf – zu weiß oder gelb verblassend. Kratzspuren und

Kopf: Seitenansicht eines Männchens
Kopf: Seitenansicht eines Weibchens
Rückenflosse

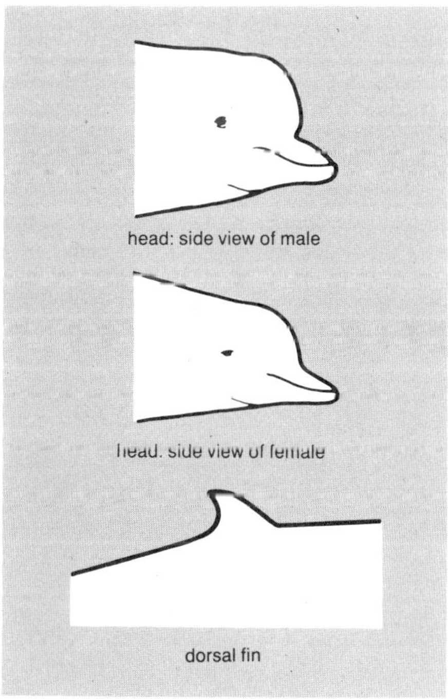

Narben, besonders bei Männchen. Kleine, gebogene Rückenflosse. Sehr viel größer als andere Schnabelwale in diesem Gebiet, außerdem haben besonders die älteren Männchen eine sehr viel größere Stirn.

Beschreibung
Länge: Männchen bis knapp 10 m; Weibchen ungefähr 8 m.
Zähne: auf jeder Seite 1 Zahn in der Nähe der Unterkieferspitze, brechen nur bei Männchen durch.

Verbreitung und Lebensraum
Nordatlantik, tiefe Arktis und kühlere Gewässer gemäßigter Breite.

Lebensweise
Wandert in Gruppen von 5-15 Tieren, mit teilweiser (zumindest saisonaler) Trennung der Geschlechter. Tauchzeiten von über einer Stunde. Wird als neugierig beschrieben, nähert sich Booten, sogar festliegenden Schiffen mit laufendem Generator. Ein junges Weibchen und ein Männchen, die in den 20er Jahren bei Beverly Farms in Massachusetts lebend gestrandet waren, stießen stöhnende und schluchzende Geräusche aus, die angeblich noch in 800 m Entfernung zu hören waren. Normalerweise leben sie im tiefen Wasser und können auf See vor Sable Island, Nova Scotia und am Randes des Kontinentalsokkels vor Neufundland und Labrador angetroffen werden.

Nahrung
Hauptsächlich Kalmare. Außerdem Hering, Seesterne und andere bodenlebende Wirbellose.

Vermehrung
Tragzeit: ungefähr 12 Monate.

Bestand
Zahlen unbekannt, offensichtlich durch die intensive Bejagung vor 1970 stark reduziert.

19 **Südlicher Entenwal**

Southern Bottlenose Whale
Hyperoodon planifrons

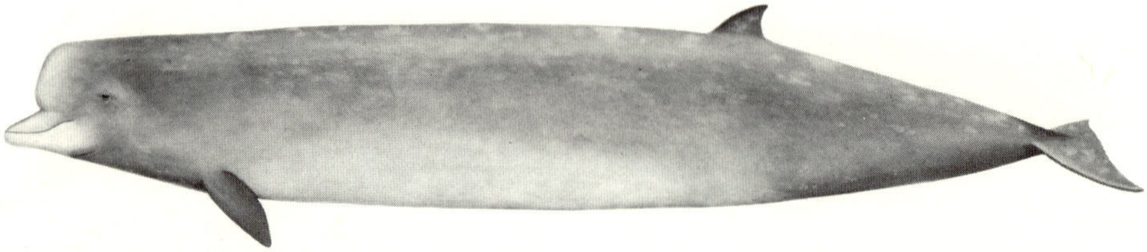

Die offensichtlich scheuen Südlichen Entenwale teilen die auf Schiffe gerichtete Neugierde ihrer nördlichen Verwandten, den Nördlichen Entenwalen (18), nicht. Die Kenntnisse über diese Art stammen hauptsächlich von einigen in der südlichen Hemisphäre gestrandeten Tieren.

Andere Namen
Flathead bottlenose whale; ballena nariz de botella oder gran calderon (Lateinamerika).

Besondere Merkmale
Die Identifizierung auf See ist schwierig. Die bei älteren Männchen besonders ausgeprägte, sehr knollige, steil abfallende Stirn und der kurze, klar abgesetzte Schnabel könnten ausreichen, um diese Art von den anderen Schnabelwalen der Südhalbkugel zu unterscheiden.

Beschreibung
Länge: Männchen wahrscheinlich bis zu 9 m, Weibchen etwa 7,3 m.
Zähne: nahe der Unterkieferspitze 1 Zahn pro Seite, brechen nur bei Männchen durch.
Farbe: braun oder gräulich mit hellerem Kopf sowie Kratzspuren und Narben, zumindest bei älteren Tieren.
Körper: langer, runder Körper (wenn vielleicht auch nicht ganz so lang wie beim Nördlichen Entenwal) mit kleiner, gebogener Rückenflosse.

Verbreitung und Lebensraum
Kühlere, küstenferne Gewässer der südlichen Hemisphäre.

Lebensweise
Unbekannt.

Nahrung
Kalmare, Fisch.

Vermehrung
Unbekannt.

Bestand
Keine Zahlen bekannt, wahrscheinlich selten.

Schwanz und Rückenflosse
Kopf: Seitenansicht eines Männchens (oben) und eines Weibchens (unten)

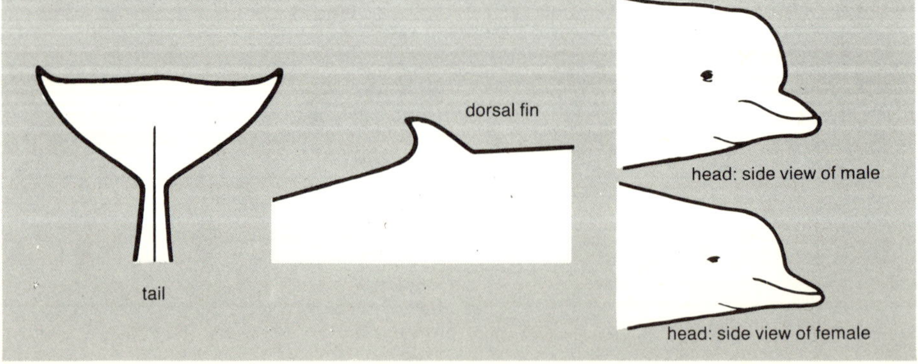

20 Shepherd-Wal

Tasman Beaked Whale
Tasmacetus shepherdi

Die Shepherd-Wale sind die einzigen Schnabelwale mit voller Zahnzahl im Ober- und Unterkiefer, sie haben gleichzeitig aber auch noch das charakteristische große Zahnpaar im Unterkiefer.

Andere Namen
Shepherd's beaked whale.

Besondere Merkmale
Eine sichere Identifizierung auf See ist wahrscheinlich unmöglich. Ein längeres, zugespitzteres Rostrum und eine steiler abfallende Stirn als bei anderen Schnabelwalen sind subtile Unterscheidungsmerkmale, die nach genauen Untersuchungen gestrandeter Tiere gewonnen wurden. Außerdem kommt es in beiden Geschlechtern zur Ausbildung des kompletten Zahnbesatzes.

Beschreibung
Länge: 6-7 m.
Zähne: im Oberkiefer 17-21 Paar; im Unterkiefer 18-30 Paar, einschließlich der 2 Zähne an der Unterkieferspitze bei den Männchen.
Farbe: Rücken dunkel, Bauch und Flanken hell (nach der Beschreibung weniger Tiere).
Körper: robust, mit kleiner Rückenflosse.

Verbreitung und Lebensraum
Strandungen um Neuseeland herum und neuerdings auch in Chile und Argentinien lassen auf eine Verbreitung in den kühleren, küstenfernen Gewässern der südlichen, gemäßigten Zone schließen.

Lebensweise
Unbekannt.

Nahrung
Bei einem Tier gefunden: Kalmare, Fische, Krebse.

Vermehrung
Unbekannt.

Bestand
Zahlen unbekannt, mit Sicherheit selten.

Schwanz und Rückenflosse
Kopf: Seitenansicht mit geschlossenem (oben) und mit offenem Maul und Zähnen (unten)

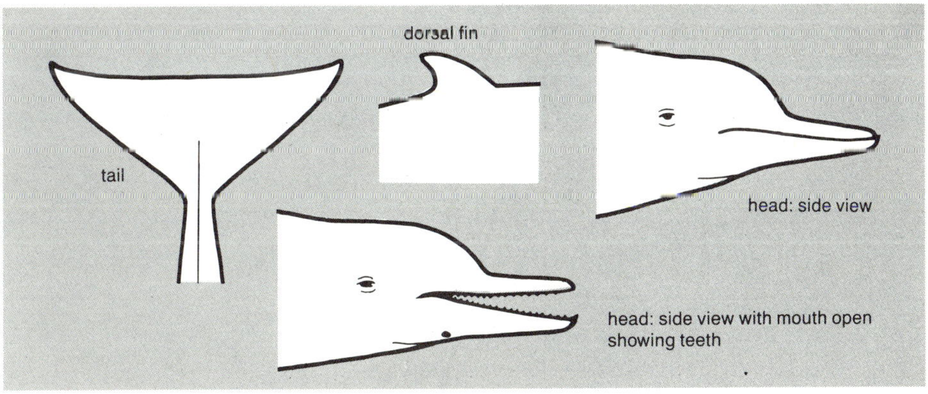

21 Sowerby-Zweizahnwal

Sowerby's Beaked Whale
Mesoplodon bidens

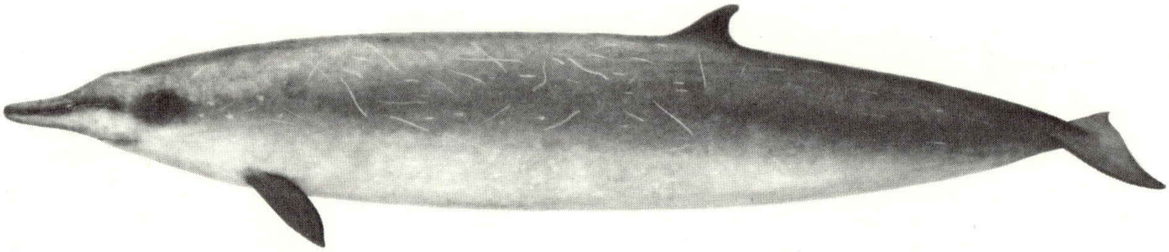

Im Jahre 1804 beschrieb der englische Aquarellmaler James Sowerby diesen Schnabelwal – es war die erste Beschreibung überhaupt – anhand eines am Moray Firth in Schottland gestrandeten Exemplars. Sowerby-Wale sind seitdem zu den am häufigsten gestrandeten Walen der Gattung Mesoplodon geworden.

Andere Namen
North Sea beaked whale; dauphin du Havre oder dauphin de Dale (Frankreich), spidshvalen (Norwegen), spitsdolfijn (Niederlande).

Besondere Merkmale
Eine sichere Identifizierung auf See ist wahrscheinlich unmöglich. Im Gegensatz zu anderen in diesem Verbreitungsgebiet vorkommenden Schnabelwalen haben die Männchen auf jeder Seite des Unterkiefers, ungefähr auf halber Schnabellänge, einen kleinen Zahn.

Beschreibung
Länge: 4,5-5,2 m, Männchen größer.
Zähne: pro Unterkieferhälfte 1 Zahn, der nur bei den Männchen zum Durchbruch kommt.
Farbe: dunkles Blaugrau, leicht gefleckt.
Körper: robust, mit kleiner, gebogener Rückenflosse und einer leichten, stirnartigen Ausbuchtung.
Kälber: bei der Geburt um 2 m lang.

Verbreitung und Lebensraum
Hauptsächlich kühlere, küstenferne Gewässer des Nordatlantik, vor allem des östlichen Nordatlantik.

Lebensweise
Unbekannt.

Nahrung
Kalmare, Tiefseefische.

Vermehrung
Tragzeit: ungefähr 1 Jahr. Geburten erfolgen im Spätwinter oder Frühling. Die Kälber saugen 1 Jahr lang.

Bestand
Unbekannt.

Schwanz, Kopf: Seitenansicht eines Weibchens
Kopf: Seitenansicht eines Männchens mit Brustflosse und kleinem durchgebrochenem Zahn
Rückenflosse

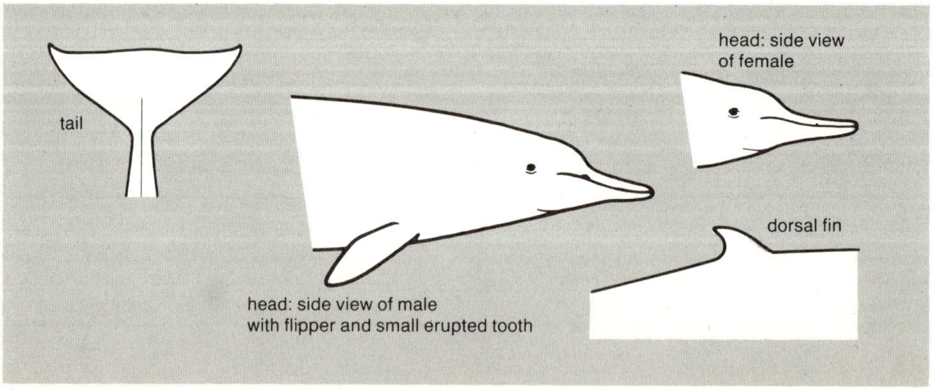

22 Andrew-Schnabelwal

Andrews' Beaked Whale
Mesoplodon bowdoini

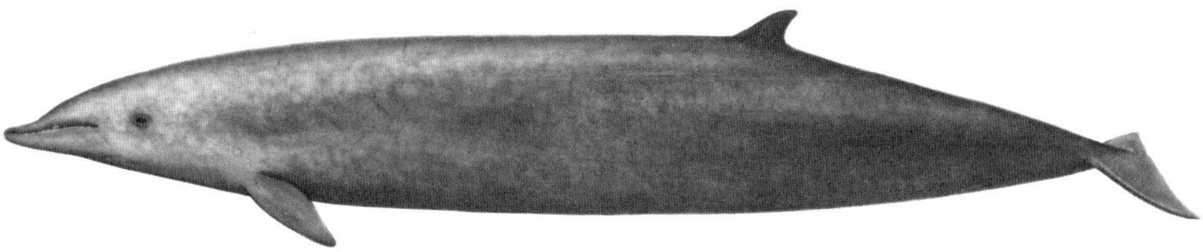

Der Amerikaner Roy Chapman Andrews, der 1908 anfing, sich einen Namen als Naturwissenschaftler zu machen, untersuchte und identifizierte das erste Skelett dieser seltenen australischen Art, die nun seinen Namen trägt.

Andere Namen
Bowdoin's beaked whale, deep-crested whale.

Besondere Merkmale
Eine genaue Identifizierung auf See ist wahrscheinlich unmöglich. Die Männchen dieser Art – der südlichen „Version" des Hubb-Schnabelwales (23) – haben 1 großen Zahn auf jeder Seite des Unterkiefers, ungefähr auf halber Länge.

Beschreibung
Länge: bis zu 4,3 m.

Verbreitung und Lebensraum
Von einigen Strandungen abgeleitet: kühlere küstenferne Gewässer der gemäßigten Zone des zentralen Indo-Pazifik (um Australien und Neuseeland).

Lebensweise
Unbekannt.

Nahrung
Unbekannt.

Vermehrung
Unbekannt.

Bestand
Zahlen unbekannt, auf jeden Fall selten.

Schwanz, Kopf: Seitenansicht eines Weibchens
Kopf: Seitenansicht eines Männchens mit Brustflosse und kleinem durchgebrochenem Zahn
Rückenflosse

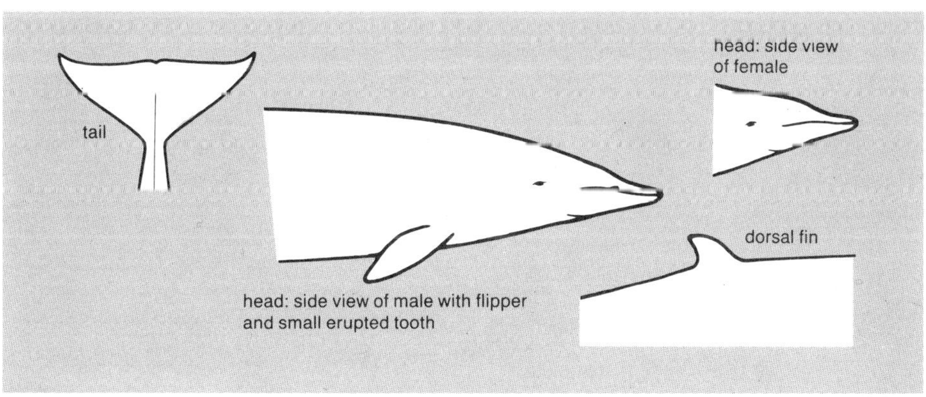

23 Hubb-Schnabelwal

Hubbs' Beaked Whale
Mesoplodon carlhubbsi

Carl Hubbs, der Fischereibiologe und Pionier der Grauwalbeobachtung, fand 1945 am Strand bei La Jolla in Kalifornien das erste vollständige Exemplar dieser Art.

Andere Namen
Archbeak whale; ballena de Hubbs (Lateinamerika), Hubbs' oogiha kujira (Japan).

Besondere Merkmale
Die leicht knollige, weiße Kappe direkt vor dem Blasloch, die bei den ausgewachsenen Männchen am auffälligsten ist, sollte ausreichen, um diese Art von anderen Schnabelwalen im Nordpazifik zu unterscheiden. Die vordere Hälfte des Schnabels ist ebenfalls weiß. Der übrige Kopf und der Körper sind dunkelgrau bis schwarz mit vielen Kratzern und Narben.

Beschreibung
Länge: bis zu 5,3 m.
Gewicht: knapp 1.500 kg.
Zähne: 1 Zahn pro Unterkieferhälfte, auf einem erhobenen Abschnitt auf halber Länge des Kiefers (nur bei Männchen durchgebrochen).
Körper: robust, mit kleiner, gebogener Rückenflosse und leichter, stirnartiger Erhebung am Kopf.
Kälber: bei der Geburt wahrscheinlich fast 2,5 m lang.

Verbreitung und Lebensraum
Wahrscheinlich küstenferne Gewässer der gemäßigten Zone des Nordpazifik.

Lebensweise
Unbekannt.

Nahrung
Kalmare, Tiefseefische.

Vermehrung
Unbekannt.

Bestand
Zahlen unbekannt, aber wahrscheinlich selten.

Schwanz, Kopf: Seitenansicht eines Weibchens
Kopf: Seitenansicht eines Männchens mit Brustflosse und durchgebrochenem Zahn
Rückenflosse

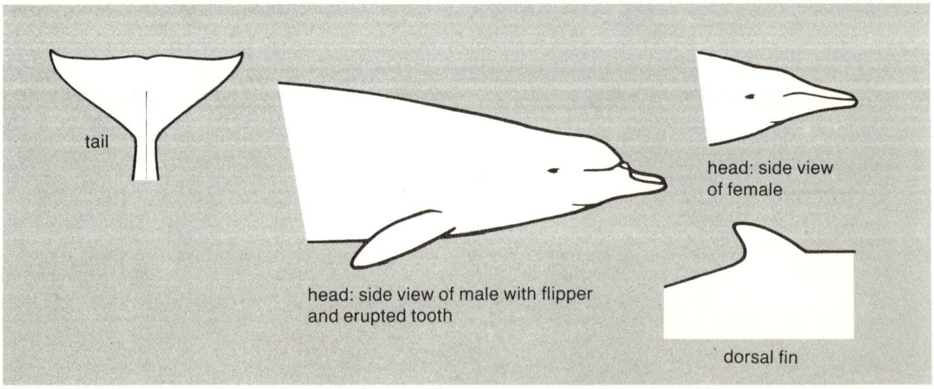

24 Blainville-Schnabelwal

Blainville's Beaked Whale
Mesoplodon densirostris

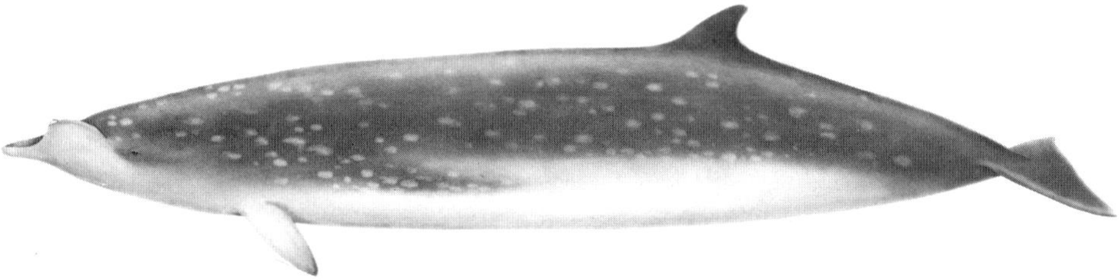

Die 2 Zähne der ausgewachsenen männlichen Blainville-Wale, die auf dem erhobenen Unterkiefer sitzen, ragen hoch, z. T. bis über die Stirn, hinaus, so daß sie fast wie ein Paar Hörner wirken.

Andere Namen
Densebeak whale, dense-beaked whale, tropical beaked whale; ballena de Blainville (Lateinamerika), kobuha kujira (Japan).

Besondere Merkmale
Die großen, hervorstehenden, oft mit Seepocken bewachsenen Zähne, die sich in der Nähe der Mundwinkel von den hervorspringenden Unterkiefern nach vorne neigen, sowie die flache Stirn sind die männlichen Merkmale, die eine Identifizierung ermöglichen sollten – vorausgesetzt ein oder mehrere Männchen sind anwesend. Der restliche Körper ist dunkelgrau, oft fleckig, mit hellen Stellen zum Bauch hin. Der Kopf hat zwischen den beiden hervorstehenden Abschnitten des Kiefers eine Vertiefung.

Beschreibung
Länge: etwa bis zu 4,5 m.
Zähne: 1 großer Zahn auf jeder Seite des hervorstehenden Unterkiefers. Die 2 Zähne sind 15-20 cm lang, fast 7,5 cm breit und fast 5 cm dick. Nur die Spitze des Zahnes ragt aus dem Unterkiefer heraus.
Körper: robust, mit kleiner, gebogener Rückenflosse und flacher Stirn.

Verbreitung und Lebensraum
Küstenferne Gewässer, von der tropischen bis zur kühleren gemäßigten Zone der Weltmeere.

Lebensweise
Um Hawaii herum wurden einige Gruppen von 5-12 Tieren beobachtet. Die Tiere lagen an der Wasseroberfläche, das Rostrum zeigte fast in den Himmel; beim Abtauchen klatschte das Kinn gegen die Wasseroberfläche, während die Fluke nicht aus dem Wasser gehoben wurde. Tauchzeiten zwischen 20-45 Minuten und mehr.

Nahrung
Kalmare.

Vermehrung
Unbekannt.

Bestand
Zahlen unbekannt. Obwohl sie hauptsächlich durch gestrandete Exemplare bekannt sind, sind die Blainville-Wale eventuell nicht so selten wie andere Schnabelwale.

Randall Wells

Ein männlicher Blainville-Schnabelwal; beachten Sie die auf seinen Zähnen wachsenden dunklen Seepocken.

25 Gervais-Zweizahnwal

Gervais' Beaked Whale
Mesoplodon europaeus

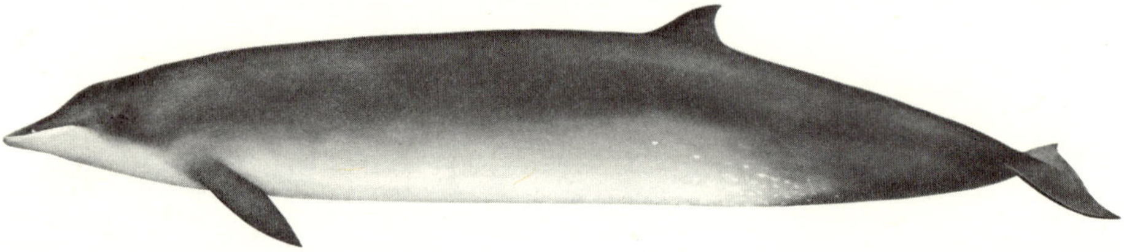

Wie die meisten Schnabelwale, so haben auch die Gervais-Wale zwei Zähne im Unterkiefer, die nur bei den ausgewachsenen Männchen durchbrechen. Sie sind wahrscheinlich tieftauchende, pelagische Tintenfischräuber, die, wenn überhaupt, nur selten gesichtet werden. Gervais-Wale sind durch einige wenige Exemplare bekannt, die an vom Golfstrom berührte Strände angespült wurden.

Andere Namen
Antillean beaked whale, European beaked whale, Gulfstream beaked whale.

Besondere Merkmale
Gervais-Wale haben einen relativ kleinen Kopf, eine leicht abfallende Stirn und auf jeder Seite einen kleinen Zahn, der bei den Männchen in der Nähe der Unterkieferspitze sitzt. Eine eindeutige Identifizierung auf See ist fast unmöglich.

Beschreibung
Länge: bis zu 5 m lang.
Zähne: bei den Männchen auf jeder Seite 1 Zahn in der Nähe der Unterkieferspitze.
Farbe: oben dunkelgrau, unten blaßgrau, manchmal weiß an der Spitze des Ober- und Unterkiefers.
Körper: robust, mit kleiner Rückenflosse und leicht aufgeworfener Stirn.
Kälber: bei der Geburt etwa 2 m lang.

Verbreitung und Lebensraum
Nach den Strandungen zu urteilen: warme küstenferne Gewässer der gemäßigten und tropischen Zone des westlichen Nordatlantik. Da ein Exemplar im englischen Kanal gefunden wurde, könnte es sein, daß sich das Verbreitungsgebiet nach Norden und Osten entlang des Golfstromes ausdehnt.

Lebensweise
Unbekannt.

Nahrung
Unbekannt.

Vermehrung
Unbekannt.

Bestand
Zahlen unbekannt.

Schwanz und Rückenflosse
Kopf: Seitenansicht eines Männchens mit Brustflosse und durchgebrochenem Zahn

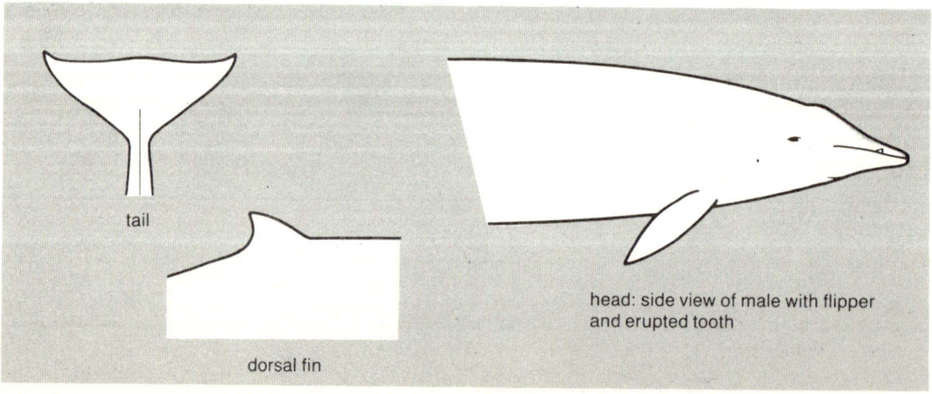

26 Japanischer Schnabelwal

Ginkgo-Toothed Beaked Whale Mesoplodon ginkgodens

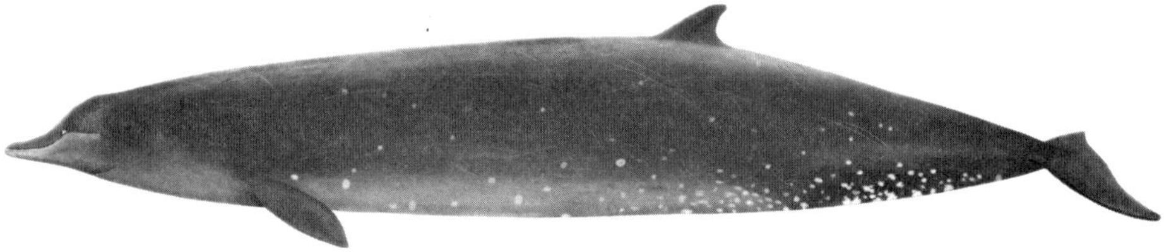

Der Japanische Schnabelwal, der 1957 von den japanischen Wissenschaftlern Nishiwaki und Kamiya entdeckt wurde, erhielt seinen lateinischen und englischen Namen aufgrund der Form seiner vorstehenden Zähne, die den fächerförmigen Blättern des Ginkgo-Baumes sehr ähnlich sehen.

Andere Namen
Japanese beaked whale; ichōha kujira (Japan).

Besondere Merkmale
Die Unterscheidung der verschiedenen Schnabelwale auf See ist sehr schwierig, oft sogar unmöglich. Bei einer genauen Betrachtung des Kopfes eines Bullen fallen vielleicht die Spitzen der beiden Zähne auf jeder Seite des Unterkiefers auf; die Zähne sind kleiner als beim Blainville- (24) und Stejnegeri (31) Wal. Im Gegensatz zur weißen Stirn der Hubb-Schnabelwale (23) sollte die Stirn hier so dunkel wie der Körper sein.

Beschreibung
Länge: mindestens 5 m.
Gewicht: etwa 1.500 kg.
Zähne: pro Seite 1 abgeflachter Zahn auf halber Länge des erhobenen Teils des Unterkiefers (nur bei ausgewachsenen Männchen).
Körper: robust, mit kleiner, gebogener Rückenflosse und leicht knolliger Stirn.

Verbreitung und Lebensraum
Wahrscheinlich die warmen Gebiete des gemäßigten und tropischen Nordpazifischen und Indischen Ozeans, besonders im westlichen Nordpazifik.

Lebensweise
Unbekannt.

Nahrung
Unbekannt.

Vermehrung
Unbekannt.

Bestand
Unbekannt, wahrscheinlich selten.

Dieses Japanische Schnabelwal-Weibchen ist in Del Mar, Kalifornien, gestrandet.

Andreas Rechnitzer/courtesy James G. Mead

27 Camperdown-Wal

Gray's Beaked Whale
Meseplodon grayi

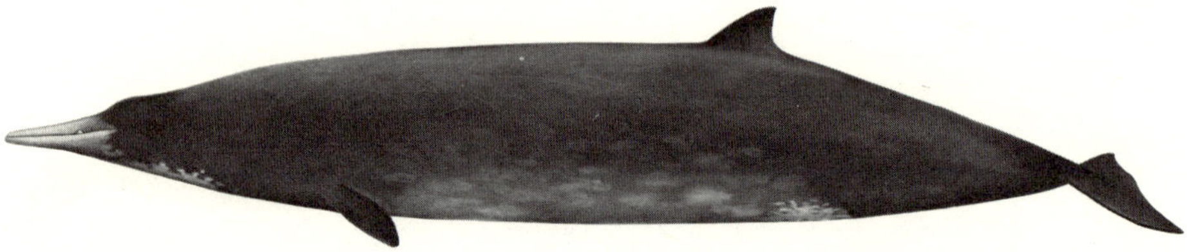

Der Biologe Dale W. Rice beobachtete die Camperdown-Wale im südlichen Ozean in ihrer charakteristischen Auftauchhaltung, bei der sie die zugespitzte weiße Schnauze zum Atmen aus dem Wasser stecken.

Andere Namen
Scamperdown whale, southern beaked whale.

Besondere Merkmale
Der lange, schlanke Schnabel und die gerade Mundlinie dieses relativ kleinen Schnabelwales sollten bei der Sichtung von Schnabelwalen in der südlichen Hemisphäre erkennbar sein, dennoch ist die Identifizierung auf See schwierig.

Beschreibung
Länge: Männchen bis etwa 5,5 m, Weibchen knapp 5 m.
Zähne: 1 kleiner Zahn auf jeder Seite im vorderen Bereich des Unterkiefers (nur bei Männchen). Manchmal brechen in der Nähe der Mundwinkel 17-19 Paar rudimentärer Zähne durch.
Farbe: Rücken dunkles, bräunliches Grau, Flanken blaß oder gefleckt, Bauch weiß.
Körper: robust, mit dreieckiger Rückenflosse, langem Schnabel und fast keiner Erhebung an der Stirn.

Verbreitung und Lebensraum
Begrenzter Information zufolge: küstenferne, kühler gemäßigte Gewässer der Südhalbkugel, allerdings gibt es auch eine einzige Strandung auf der Nordhalbkugel, in den Niederlanden.

Lebensweise
Eine Massenstrandung von 28 Tieren und mehrere Beobachtungen auf See lassen eine sehr soziale Art vermuten.

Nahrung
Unbekannt.

Vermehrung
Unbekannt.

Bestand
Keine Zahlen bekannt. Vielleicht nicht ganz so selten wie einige andere Schnabelwale.

Schwanz, Kopf: Seitenansicht eines Weibchens
Kopf: Seitenansicht eines Männchens mit Brustflosse und durchgebrochenem Zahn
Rückenflosse

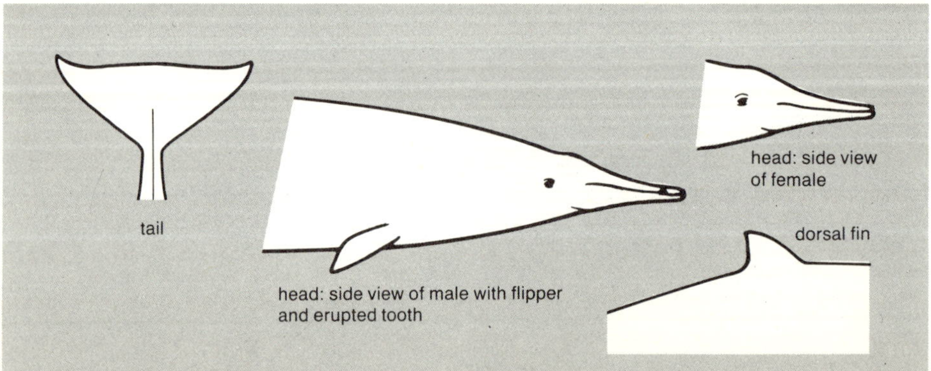

28 Hector-Schnabelwal

Hector's Beaked Whale
Mesoplodon hectori

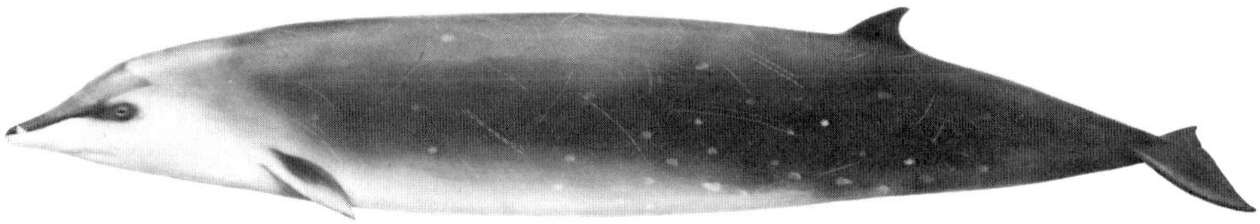

Bis Ende der 70er Jahre, als an der südkalifornischen Küste eine Kuh, ein Kalb und ein ausgewachsener Bulle strandeten, waren die Hector-Schnabelwale nur durch wenige Schädelfunde auf der Südhalbkugel bekannt.

Andere Namen
New Zealand beaked whale; ballena de Hector (Lateinamerika).

Besondere Merkmale
Eine sichere Identifizierung auf See ist sehr schwer. Die beiden dreieckigen Zähne nahe der Unterkieferspitze finden sich nur bei ausgewachsenen Männchen. Die Zähne der meisten in diesem Verbreitungsgebiet vorkommenden Schnabelwale sehen anders aus. Die männlichen Cuvier-Schnabelwale (15) haben 2 kleinere Vorderzähne und einen sehr auffälligen, weißen Kopf.

Beschreibung
Länge: nach sehr spärlichen Aufzeichnungen mindestens 4,3 m.
Zähne: bei ausgewachsenen Männchen auf jeder Seite 1 kleiner, dreieckiger Zahn in der Nähe der Unterkieferspitze.
Farbe: auf dem Rücken dunkles Graubraun, mit hellerem Grau auf Bauch und Unterkiefer. Erwachsene Männchen mit Kratzspuren und Narben.

Verbreitung und Lebensraum
Nach den wenigen verläßlichen Aussagen: kühlere Gewässer der gemäßigten Zone des südlichen Ozeans und des östlichen Nordpazifik.

Lebensweise
Unbekannt.

Nahrung
Kalmare.

Vermehrung
Unbekannt.

Bestand
Unbekannt, aber wahrscheinlich selten.

Donald K. Jungblad

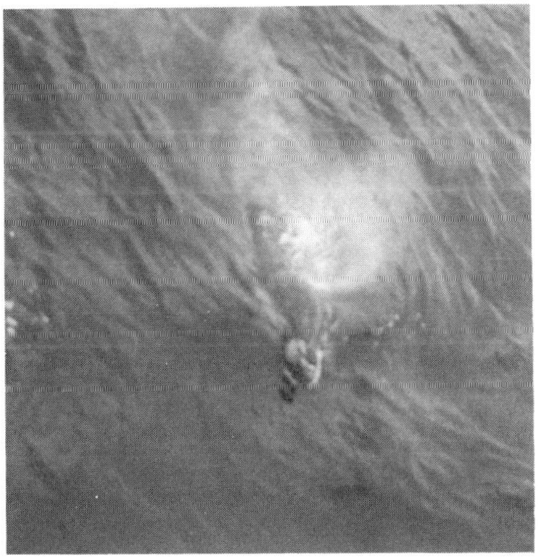

Ein seltenes Treffen mit einem freilebenden Schnabelwal vor der Küste Südkaliforniens – wahrscheinlich handelte es sich um einen Hector-Schnabelwal.

29 Layard-Wal

Straptoothed Whale Mesoplodon layardi

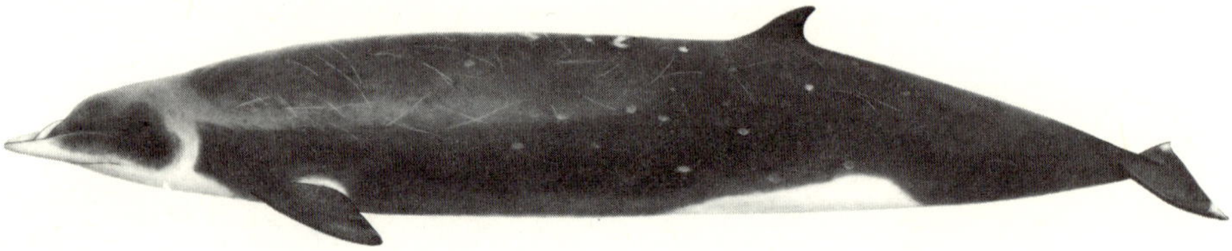

Diese Walart gibt den Wissenschaftlern ein Rätsel auf: Warum wachsen die Zähne der männlichen Layard-Wale im Laufe ihrer Entwicklung so lange, bis sie sich schließlich um den Oberkiefer biegen und so ein weites Öffnen des Mundes verhindern?

Andere Namen
Straptooth beaked whale.

Besondere Merkmale
Bei den Männchen sind die großen „bügelartigen " (engl. „strap") Zähne ein eindeutiges Kennzeichen.

Beschreibung:
Länge: 4,3-4,5 m, Männchen bis zu 5,8 m.
Zähne: bei Männchen 1 Zahn auf jeder Seite des Unterkiefers, bis zu 33 cm lang.
Farbe: Rücken bronzefarbenes bis dunkelpurpurnes Braun, manchmal mit helleren Flecken; Bauch weiß, Flanken grau.
Körper: robust, mit kleiner Rückenflosse und relativ kleinem Kopf.

Verbreitung und Lebensraum
Nach den Strandungen zu urteilen: wahrscheinlich kühlere küstenferne Gewässer südlicher gemäßigter Breite.

Lebensweise
Unbekannt.

Nahrung
Kalmare.

Vermehrung
In Neuseeland strandeten tragende Weibchen im Winter, die Hauptzeit des Kalbens könnte also im Frühjahr oder Frühsommer liegen.

Bestand
Keine Zahlen bekannt; eventuell nicht so selten wie andere Schnabelwale.

Schwanz, Kopf: Seitenansicht eines Weibchens
Kopf: Seitenansicht eines Männchens mit Brustflosse und durchgebrochenem „Bügel"-Zahn
Rückenflosse

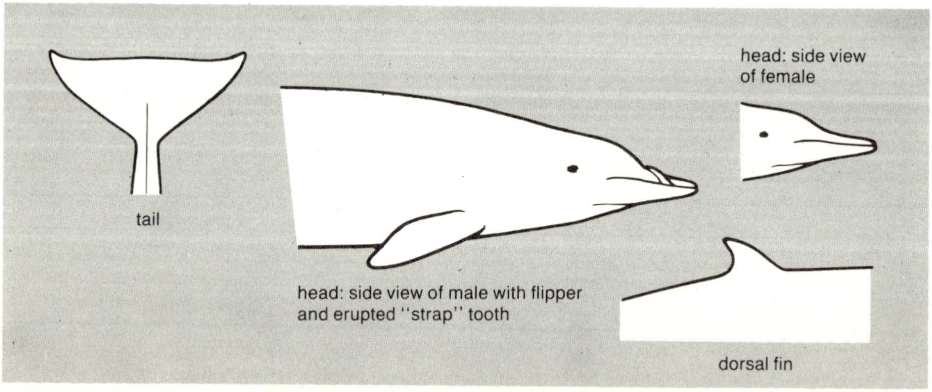

30 True-Wal

True's Beaked Whale Mesoplodon mirus

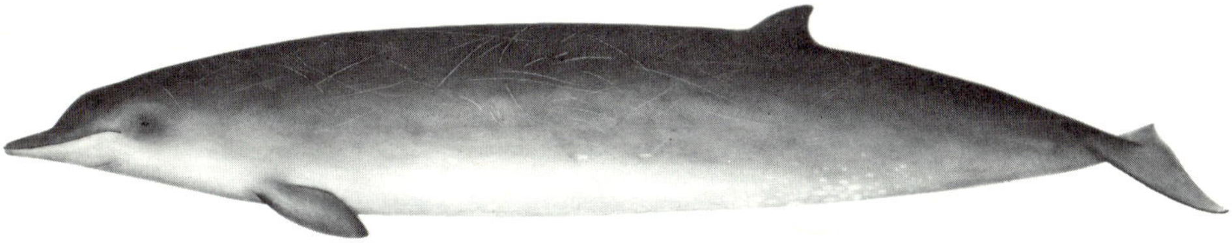

Der amerikanische Biologe Frederick True fand 1912 vor North Carolina (USA) ein gestrandetes Exemplar dieser seltenen Walart. Er gab ihr den lateinischen Namen 'mirus' – wunderbar. Der Name gibt einen Hinweis auf seine Begeisterung über diesen besonderen Fund.

Andere Namen
Keine.

Besondere Merkmale
Es ist sehr schwierig, diese Art auf See vom Cuvier-Schnabelwal (15) zu unterscheiden. Die Männchen haben 2 kleine, vorstehende Zähne an der Spitze des Unterkiefers.

Beschreibung
Länge: bis zu 5,2 m.
Zähne: auf jeder Seite 1 Zahn an der Unterkieferspitze (nur bei Männchen).
Farbe: oben dunkel, unten hell. Auf dem Rücken Kratzspuren, unten leicht gefleckt.
Körper: sehr robust, mit einer vorspringenden Stirn.

Verbreitung und Lebensraum
Küstenferne Gewässer der gemäßigten Zone des Nordatlantik, auch vor Südafrika (Indischer Ozean).

Lebensweise
Unbekannt.

Nahrung
Kalmare.

Vermehrung
Unbekannt.

Bestand
Unbekannt, aber wahrscheinlich selten.

Schwanz, Rückenflosse, Kopf: Seitenansicht mit Brustflosse

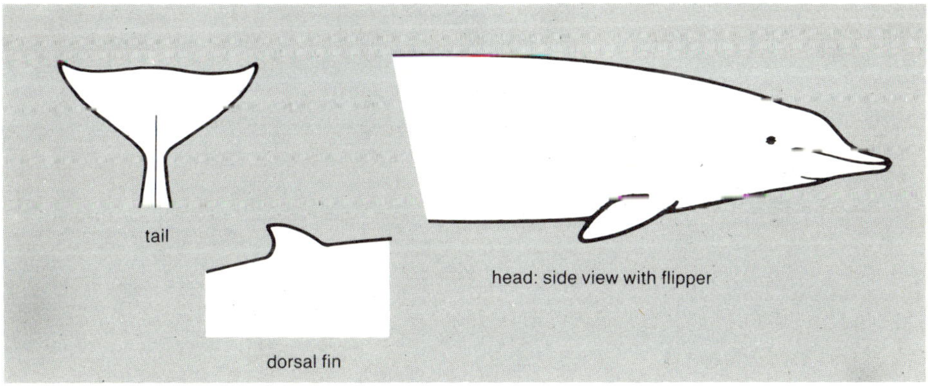

31 Stejneger-Schnabelwal

Stejneger's Beaked Whale
Mesoplodon stejnegeri

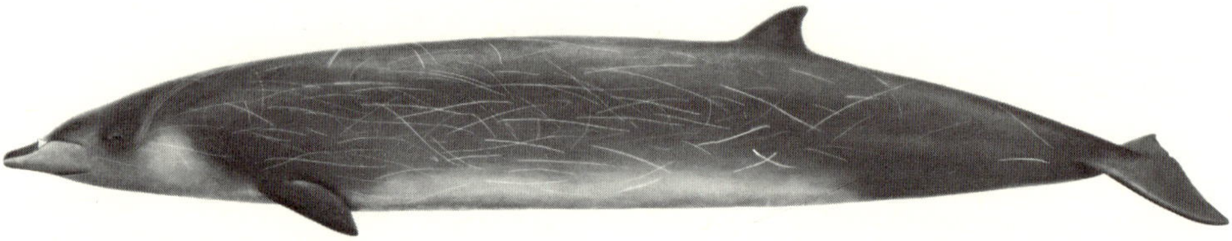

Japanische Fischer konnten einige Male beobachten, wie Stejneger-Schnabelwale in der Nähe ihrer Boote Lachse jagten.

Andere Namen
Bering Sea beaked whale, sabertooth whale; ballena de Stejneger (Lateinamerika), oogiha kujira (Japan).

Besondere Merkmale
Die 2 vorstehenden, hauerartigen Zähne im Unterkiefer der Männchen sind einzigartig. Die Stirn ist dunkel – im Gegensatz zur weißen Haube der Hubb-Schnabelwale (23). Der lange Schnabel unterscheidet sie von den Cuvier-Schnabelwalen (15) (die männlichen Cuvier-Schnabelwale haben außerdem auch den auffälligen weißen Kopf). Weibliche oder junge Stejneger-Schnabelwale auf See zu erkennen ist wie bei anderen Schnabelwalen sehr schwer, wenn nicht gar unmöglich.

Beschreibung
Länge: bis zu 5,2 m.
Zähne: bei erwachsenen Männchen auf jeder Seite des Unterkiefers 1 großer Zahn.
Farbe: auf dem Rücken gräulich braun, auf dem Bauch heller, mit heller Pigmentierung um Hals und Mund. Männchen mit Kratzspuren, ausgewachsene Tiere mit ovalen Narben an den Flanken und um die Genitalregion.
Körper: robust, mit langem Schnabel.

Die säbelartigen Zähne des Stejneger-Schnabelwals brechen nur im Unterkiefer der Männchen durch.

Francis H. Fay/courtesy James G. Mead

Verbreitung und Lebensraum
Kühlere Gebiete des Nordpazifik.

Lebensweise
Unbekannt.

Nahrung
Unbekannt.

Vermehrung
Unbekannt.

Bestand
Keine Zahlen bekannt, aber wahrscheinlich selten.

Schwanz und Rückenflosse
Kopf: Seitenansicht eines Männchens mit Brustflosse und durchgebrochenem Zahn
Kopf: Seitenansicht eines Weibchens

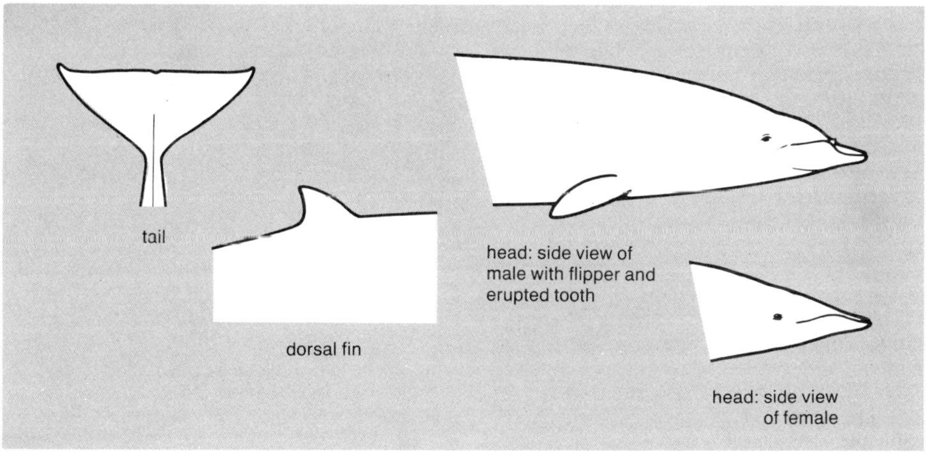

32 Pazifischer Schnabelwal

Longman's Beaked Whale
Mesoplodon pacificus

Die Pazifischen Schnabelwale sind nur durch zwei Schädel bekannt; einer wurde 1882 in Australien gefunden, der andere 1955 in Somalia. Keiner weiß, wie sie aussehen, aber nach der Schädelgröße zu urteilen, müssen sie zu den größeren Schnabelwalen gehören.

Andere Namen
Indo-Pacific beaked whale.

Verbreitung und Lebensraum
Die zwei Schädel stammten aus dem westlichen tropischen Pazifik und dem Indischen Ozean.

Bestand
Mit Sicherheit selten.

33 Narwal

Narwhal Monodon monoceros

Vor einigen Jahrhunderten wurde das Horn des Narwals, das manchmal auf nördlichen Inseln entdeckt wurde, für das Horn des legendären Einhorns gehalten.

Andere Namen
Tugalik (Inuit); narval (UdSSR); narhvalus (Island); lighval oder narwhal (Norwegen).

Besondere Merkmale
Das Horn der männlichen Narwale, das manchmal aus dem Wasser herausragt; ein dunkel gepunkteter oder gefleckter Rükken.

Beschreibung
Länge: Männchen ohne Horn knapp 5 m; Weibchen etwas kleiner.
Zähne: keine Zähne im Mund, im Oberkiefer liegen 2 ausgewachsene Zähne eingebettet, von denen der linke bei den Männchen im Alter von einem Jahr die Oberlippe durchbricht. Bei ausgewachsenen Tieren kann dieser Zahn bis zu 3 m lang werden. Weibchen haben normalerweise kein Horn, allerdings gibt es sogar einen Bericht von einem Weibchen mit 2 Hörnern. Abgebrochene Hörner sind häufig, sie finden sich bei 30-40% der erwachsenen Männchen.
Körper: zylindrisch mit glattem, flossenlosem Rücken, lediglich in der Medianleiste kurz vorm Schwanz gibt es einige Buckel. Die Bäuche der erwachsenen Tiere sind weiß. Kleine, nach oben eingerollte Brustflossen, Fluke mit abgerundeter Hinterkante (bei älteren Männchen ist diese Rundung so ausgeprägt, daß die Fluke falschherum befestigt scheint).
Kopf: mit knolliger Stirn, winzigem Maul und der Andeutung eines Schnabels.
Kälber: bei der Geburt etwa 1,5 m lang, grau mit dunkelblauen Flecken.

Verbreitung und Lebensraum
Die Narwale, die das tiefe Wasser der Hohen Arktis besonders schätzen, verbringen die meiste Zeit ihres Lebens damit, durchs Packeis zu navigieren, direkt an der Grenze des ewigen Eises. In einigen Gebieten kommen sie während der Frühjahrsschmelze in die Küstengewässer und bleiben dort bis zum späten Sommer.

Lebensweise
Meist nach Geschlechtern getrennt, ziehen die Narwale gewöhnlich in Gruppen von bis zu 20 Tieren. Wenn sie von Eis eingeschlossen sind, eröffnen sie sich manchmal Atemlöcher, indem sie mit dem Fett-

Kopf: Seitenansicht eines Männchens mit Brustflosse und Horn
Kopf: Dorsalansicht eines Männchens mit zwei Hörnern
Kopf: Dorsalansicht eines jungen Männchens

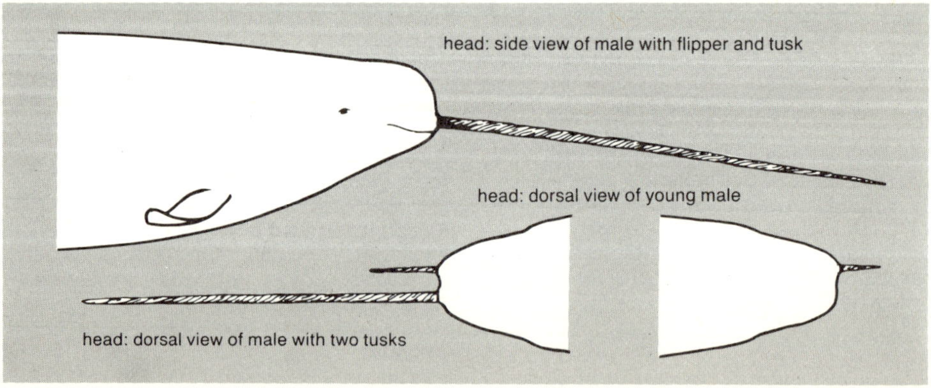

Fred Bruemmer

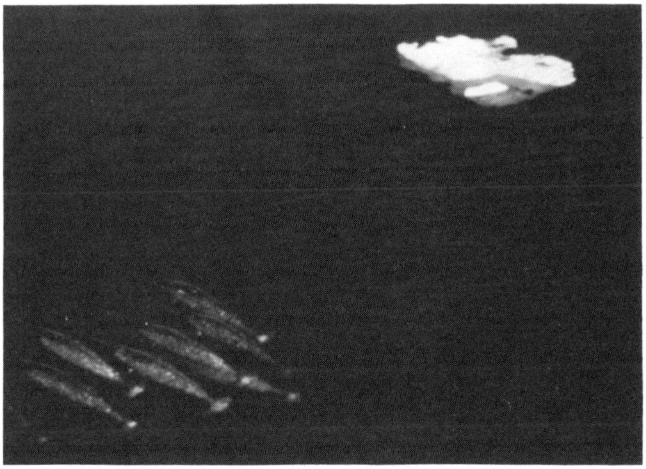

Männliche Narwale in der östlichen Arktis.

polster ihrer Stirn oder der Melone gegen bis zu 15 cm dickes Eis rammen. Die Männchen passen auf, daß sie ihre Hörner nicht zerbrechen – entgegen früherer Annahmen, daß das Horn der eigentliche Eisbrecher sei. Über ein Jahrhundert lang haben Wissenschaftler über die Funktion des Hornes spekuliert, und die Literatur ist voll von Geschichten über sich duellierende Narwale. Der kanadische Zoologe Robin Best hat vor kurzem die unterschiedlichen Theorien ausgewertet und herausgefunden, daß es für die Deutung des Horns als sekundäres Geschlechtsmerkmal die besten Belege gibt. Ähnlich wie bei Bergschafen könnte das Horn der Narwale beim Aufbau einer Rangordnung eine Rolle spielen, in der physische oder soziale Vorteile mit der Länge des Horns korreliert sind. Vielleicht kommt es zwischen Männchen mit ähnlich langen Hörnern zu kleinen Turnieren. Das würde auch die Narben erklären, die sich auf den Köpfen vieler ausgewachsener Männchen finden.

Nahrung
Kalmare, Polardorsch, Bodenfische wie Schwarzer Heilbutt, Krebse und Krabben.

Vermehrung
Tragzeit etwa 14-15 Monate, Geburten meistens im Sommer.

Bestand
Die Größe der Gesamtpopulation ist unbekannt. In der kanadischen Arktis, wo sie sehr verbreitet sind, wird ihre Anzahl auf etwa 10.000 geschätzt. Der Geldwert des Elfenbeinhornes verleitet Inuit-Jäger dazu, die Männchen zu jagen; als Nahrung werden Weibchen und Männchen erlegt.

Kopf: Seitenansicht eines Weibchens
Kopf: Dorsalansicht eines Männchens mit Horn
Schwanz-Varianten

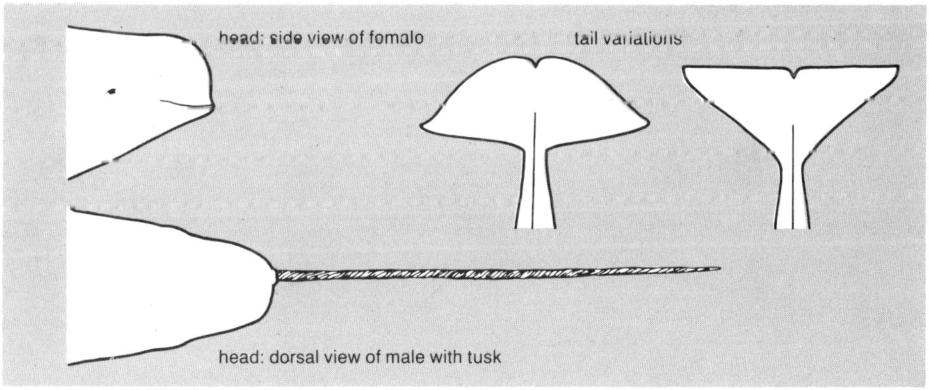

34 Weißwal

Beluga Delphinapterus leucas

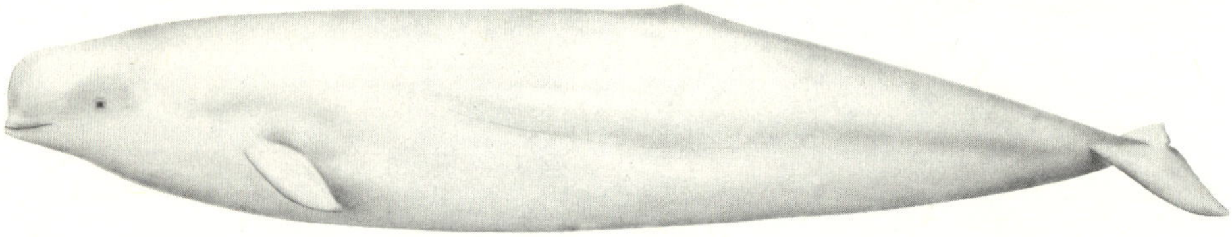

Die früheren Seeleute nannten sie wegen der erstaunlichen Vielfalt ihrer Pfiffe, Schreie und Klicks, die manchmal auch über der Wasseroberfläche deutlich zu hören sind, „Kanarienvögel des Meeres".

Andere Namen
Beluga; white whale, beluga whale; belukha (UdSSR); hvidvisk (Norwegen).

Besondere Merkmale
Reine weiße Farbe erwachsener Weißwale, rundlicher Körper, keine Rückenflosse.

Beschreibung
Länge: Männchen bis zu 4,5 m, Weibchen etwas kleiner.
Zähne: bis zu 11 Paar konische Zähne im Ober- und Unterkiefer, allerdings insgesamt oft nur 32 Zähne.
Körper: rundlich, mit Fettfalten, keine Rükkenflosse, die Brustflossen sind breit und kurz und rollen sich an den Spitzen nach oben ein, die Fluke hat eine leicht gerundete Hinterkante.
Kopf: im Verhältnis zur Körpergröße klein, aber mit vergrößerter Stirn oder Melone, die während der Geräuschproduktion ihre Gestalt verändert. Der Hals ist klar umrissen und beweglich.
Kälber: bei der Geburt etwa 1,5 m lang und blaugrau, ähnlich wie die Narwal-Kälber. Die dunklere Farbe verblaßt langsam, bis die Tiere mit 5 oder 6 Jahren die Geschlechtsreife erlangen.

Verbreitung und Lebensraum
Die eigentliche Heimat der Weißwale sind die flachen Gewässer, Flüsse und Mündungsgebiete der Arktis, obwohl es während des ganzen Jahres auch im St.-Lorenz-Strom und im Nordpazifik (bis hinunter zur Cook- und Yakutat-Bucht in Alaska) Weißwal-Gruppen gibt.

Lebensweise
Weißwale wandern in kleinen Gruppen von 2 bis 3 Tieren, im Sommer dagegen bilden sie Herden von Hunderten, ja sogar Tausenden von Tieren, die weit in einige der großen, nördlichen Flüsse hinaufschwimmen. Im Yukon-Fluß sind sie 960 km im Landesinneren gesehen worden, im Amur-Fluß in Asien fast 2.000 km stromaufwärts. 1966 schwamm ein verirrter Weißwal den Rhein hinauf und versetzte Deutschland in Aufregung.
Trotz ihrer langen Reisen und gelegentlichen Wanderungen sind Weißwale lang-

Schwanz
Rücken: Seitenansicht des Rückenbuckels
Kopf: Seitenansicht mit Brustflosse

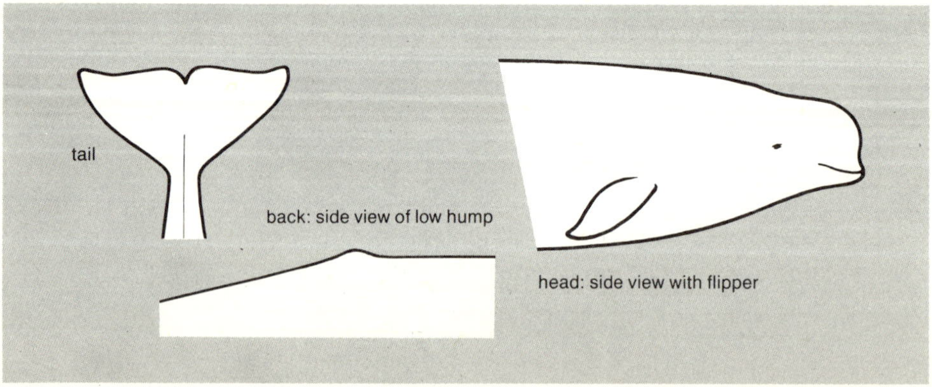

same Schwimmer, mit einer Schwimmgeschwindigkeit von weniger als 8-10 km/h, dies läßt sie zu einer leichten Beute der Schwertwale (75) werden. Auch Eisbären greifen sich gelegentlich einen Weißwal, nachdem sie an schmalen Eisspalten darauf gelauert haben, daß die Wale zum Atmen an die Oberfläche kommen.

Nahrung
Eine große Vielfalt an Fischen, Krebstieren und Tintenfischen, z. B. Lodde, Sandaal, Köhler, verschiedene Dorscharten, Lachs, Krabben und Kraken.

Vermehrung
Die Geburten finden nach einer Tragzeit von etwa 14 Monaten hauptsächlich im Sommer statt. Die Kälber saugen etwa 20 Monate. Der Reproduktionszyklus dauert ungefähr drei Jahre.

Bestand
Die Gesamtpopulation wird auf 62.000 bis 88.000 Tiere geschätzt. Weißwale dienen als Existenzgrundlage der Eingeborenen im größten Teil ihres zirkumpolaren Verbreitungsgebietes.

W. Hoek

J.P. Sylvestre

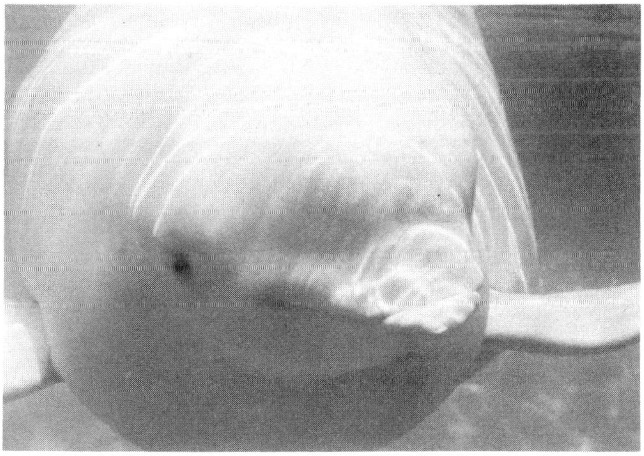

(Oben) Weißwale treffen sich in der Cunningham-Bucht, nahe Somerset Island, in der kanadischen Arktis. (Unten) Ein in Gefangenschaft lebender Weißwal beguckt sich neugierige Besucher.

35 Ganges-Delphin

Ganges River Dolphin (Susu)
Platanista gangetica

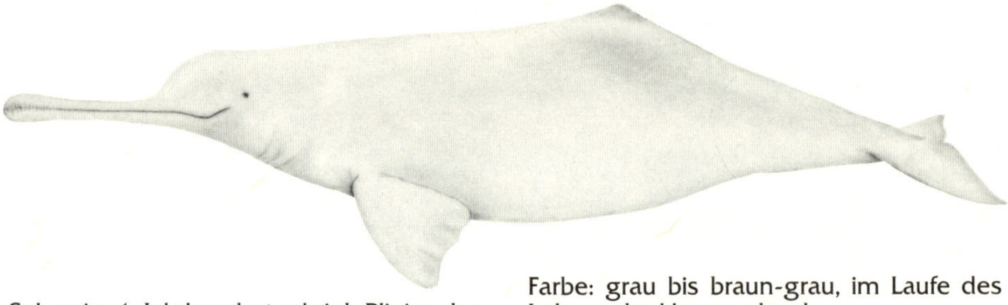

Schon im 1. Jahrhundert schrieb Plinius der Ältere über einen besonderen „Fisch" im indischen Ganges, der einen Schnabel habe wie ein Delphin.

Andere Namen
Ganges susu; Gangetic dolphin, blind river dolphin.

Besondere Merkmale
Kommt nur im Ganges-Brahmaputra-Meghna-Flußsystem vor. Langer, schmaler Schnabel, breite Brustflossen, keine Rükkenflosse, statt dessen niedriger Kamm oder Buckel.

Beschreibung
Länge: bis zu 2,5 m.
Zähne: 27-33 Paar scharfe Zähne im Ober- und Unterkiefer.

Kopf: Seitenansicht, bei der die Zähne am Schnabelende sichtbar sind
Kopf: Ventralansicht
Kopf: Dorsalansicht mit Blasloch

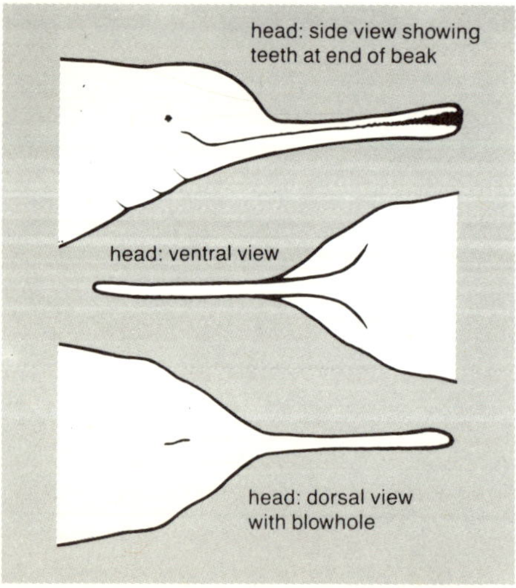

Farbe: grau bis braun-grau, im Laufe des Lebens dunkler werdend.
Körper: plump, mit breiten, langen, rechteckigen Brustflossen. Langer Schnabel, der bei den Weibchen länger ist. Leichter Anstieg zum Rückenkamm hin.
Kälber: bei der Geburt etwa 70 cm lang.

Verbreitung und Lebensraum
Von den Gezeitengrenzen bis zu den Vorbergen des Himalaya, im Ganges-Brahmaputra-Mehgna-Flußsystem in Indien, Bangladesch und Nepal.

Lebensweise
Normalerweise allein oder in Paaren, es werden aber auch zerstreute Gruppen von 5-10 Tieren gemeldet. Die Ganges- und Indus-Delphine (36) sind die einzigen marinen Säugetiere, deren Augen keine Linsen haben. Anatomische Untersuchungen ergaben, daß ihre Augen zur Lichtwahrnehmung fähig, ansonsten aber fast blind sind. Wie andere Flußdelphine auch setzen sie zum Fischfang die Echopeilung ein. Sie jagen am Abend oder in der Nacht, am Tag sind sie weniger aktiv. Die normale Schwimmgeschwindigkeit liegt bei 4,5-6,5 km/h, sie schwimmen, wie die Indus-Delphine auch, auf der Seite und springen gelegentlich aus dem Wasser.

Nahrung
Fische und Krabben.

Vermehrung
Tragzeit: ungefähr 1 Jahr. Die meisten Geburten finden im April/Mai statt.

Bestand
Nach Schätzungen aus dem Jahr 1976 gibt es 4.000 bis 5.000 Ganges-Delphine. Die gelegentlich in Fischnetzen gefangenen Tiere werden meist wieder freigelassen. Die Verringerung geeigneten Lebensraumes ist ein zunehmendes Problem.

36 Indus-Delphin

Indus River Dolphin (Susu)
Platanista minor (auch P. indi)

Bis zum Jahr 1971, als die Wissenschaftler Pilleri und Gihr einige leichte anatomische Unterschiede zwischen Indus- und Ganges-Delphin feststellten, wurden die beiden für eine Art gehalten.

Andere Namen
Indus susu.

Besondere Merkmale
Kommen nur im Indus vor; langer, schmaler Schnabel, breite Brustflossen, keine Rückenflosse, statt dessen niedriger Kamm oder Buckel.

Beschreibung
Länge: bis zu 2,5 m.
Zähne: 27-33 Paar scharfe Zähne im Ober- und Unterkiefer.
Farbe: grau bis braun-grau, im Laufe des Lebens dunkler werdend.
Körper: plump, mit breiten, langen, rechteckigen Brustflossen. Langer Schnabel, der bei den Weibchen länger ist. Leichter Anstieg zum Rückenkamm hin.
Kälber: bei der Geburt etwa 70 cm lang.

Verbreitung und Lebensraum
Von den Gezeitengrenzen bis zu den Vorbergen des Himalaya (zumindest nach historischen Quellen) im Indus-Flußsystem in Pakistan und Indien.

Lebensweise
Mütter und Kälber scheinen im flacheren Wasser zu bleiben, wo die Strömung nicht so stark ist. Siehe auch Ganges-Delphin (35).

Nahrung
Fische und Krabben.

Vermehrung
Tragzeit: ungefähr 1 Jahr. Die meisten Geburten im April.

Bestand
Die Zahlen nehmen sehr viel schneller ab als beim Ganges-Delphin (35). Die Gründe hierfür sind zum einen die Delphinjäger, zum anderen der Bau von Staudämmen, die den Fluß teilen und somit den Lebensraum der Delphine verändern, wahrscheinlich auch Wanderungsmuster beeinflussen und die Population zerteilen. Die Ausrottung droht.

Ventralansicht eines in Gefangenschaft lebenden Indus-Delphins (Susu).

Steinhart Aquarium, San Francisco

37 Amazonas-Delphin

Amazon River Dolphin (Boutu)
Inia geoffrensis

Diese unbeholfen aussehenden Delphine mit ihrem rosa Körper zeigen sich in vielen der braunen oder schwarzen Nebenflüsse des Amazonas-Stromgebietes.

Andere Namen
Pink porpoise; bouto (Brasilien); bufeo (Lateinamerika); inia (Guarayo).

Besondere Merkmale
Der lange Schnabel, der niedrige Rückenkamm und die Farbe unterscheiden die Amazonas-Delphine von den Amazonas-Sotalia (47), den einzigen anderen im Amazonas vorkommenden Delphinen.

Beschreibung
Länge: 2,5-3 m.
Zähne: 25-35 Paar im Ober- und Unterkiefer.
Farbe: auf dem Rücken sowie auf der Oberfläche des Kopfes und des Schwanzes dunkelgrau, an den Seiten und am Bauch von weiß über rosa-grau bis leuchtend rosa.
Körper: schwerfällig, mit abgerundeter Stirn, großer, breiter Fluke und großen, breiten Brustflossen. Die Finne gleicht eher einem niedrigen Rückenkamm.

Verbreitung und Lebensraum
Stromgebiet des Amazonas und des Orinokos in Südamerika.

Lebensweise
Werden oft in Paaren oder allein gesehen. Am frühen Morgen und späten Nachmittag wandern sie z.T. vom Fluß in die angrenzenden Seen. Manchmal rollen sie sich in flachem Wasser. Es wurden auch einige Sprünge, aber kein Wellenreiten beobachtet. Schwimmgeschwindigkeit 1,5-3 km/h, mit kurzzeitigen Beschleunigungen auf 12-16 km/h.

Nahrung
Verschiedene Fische (einschließlich Katzenfisch/Wels).

Vermehrung
Tragzeit: etwas mehr als 10 Monate.

Bestand
Genaue Zahlen fehlen, aber die Amazonas-Delphine sind immer noch relativ häufig. Einige sind für Aquarien gefangen worden. Es hat vor kurzem eine wissenschaftliche Diskussion über verschiedene Formen dieser Art gegeben, die in unterschiedlichen Abschnitten des Flusses leben und eventuell 2-3 Arten darstellen. Die Unterschiede betreffen u.a.: die Farbe, die Anzahl der Zähne sowie Variationen im Skelett.

Steinhart Aquarium, San Francisco

Amazonas-Delphine (Bouto) in einem kalifornischen Aquarium.

38 La-Plata-Delphin

Franciscana Pontoporia blainvillei

Der kleine La-Plata-Delphin ist der Delphin mit dem längsten Schnabel – im Verhältnis zur Körperlänge – und den meisten Zähnen (ausgenommen bestimmte Stenella-Arten), nämlich bis zu 240 Stück.

Andere Namen
La Plata dolphin, La Plata River dolphin.

Besondere Merkmale
Wenn sichtbar, der lange Schnabel; die hervorstehende dreieckige Rückenflosse, die zwar unter den Flußdelphinen einzigartig ist, könnte dennoch zu Verwechslungen mit anderen Delphinen in diesem Gebiet führen.

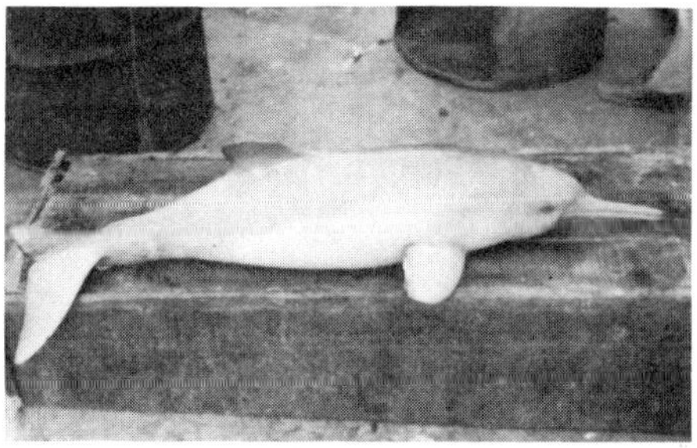

Ein noch nicht ausgewachsenes Männchen der seltenen La-Plata-Delphine, das vor der Küste Uruguays versehentlich von Haifischern gefangen wurde.

Beschreibung
Länge: Männchen etwa 1,5 m; Weibchen etwas größer.
Gewicht: bis zu knapp 55 kg.
Zähne: 50-60 kleine, scharfe Zähne pro Seite und Kiefer, 200-240 insgesamt.
Farbe: blaß-braun oder -grau, auf dem Bauch heller.
Körper: im Unterschied zu anderen Flußdelphinen hat diese Art eine richtige Rükkenflosse und keinen fleischigen Rückenkiel.
Kälber: bei der Geburt etwa 70-75 cm lang.

Verbreitung und Lebensraum
Küstengewässer und Flußmündungsgebiete des südöstlichen Südamerika, von Südbrasilien bis Nordargentinien, besonders im La-Plata-Mündungsgebiet. Im Unterschied zu den anderen Flußdelphinen leben die La-Plata-Delphine nicht in den Flüssen.

Lebensweise
Wenig bekannt; sie scheinen in kleinen Gruppen von bis zu 5 Tieren zu ziehen. Von allen Flußdelphinen besitzen sie das beste Sehvermögen.

Nahrung
Vielzahl von Fischen, u.a. Umberfische und Sardellen, außerdem Kalmare, Kraken und Krabben.

Vermehrung
Tragzeit: etwa 10,5 Monate. Die Kälber saugen 8-9 Monate.

Bestand
Unbekannt, aber nicht zahlreich. Jedes Jahr werden vor Uruguay einige La-Plata-Delphine versehentlich von Hai-Fischern gefangen.

Kopf: Seitenansicht eines erwachsenen Delphins
Kopf: Seitenansicht eines Jungtieres

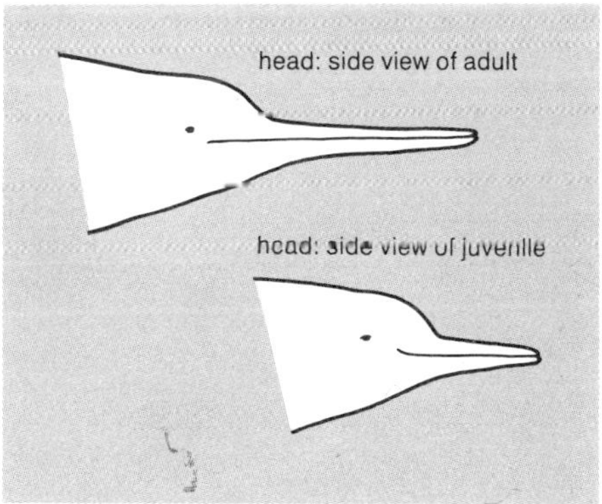

39 Chinesischer Flußdelphin

Chinese River Dolphin (Beiji) Lipotes vexillifer

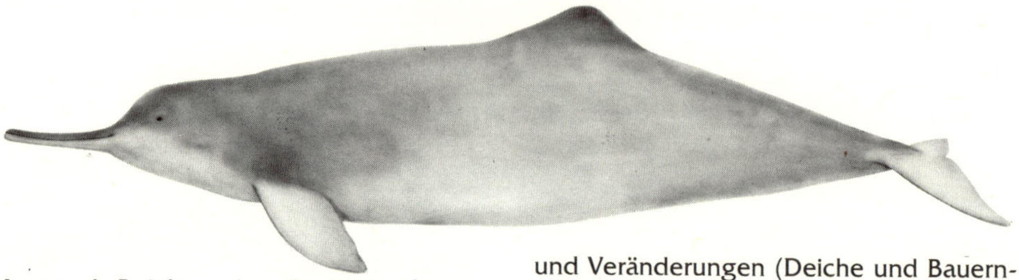

Lange als Reinkarnation einer ertrunkenen Prinzessin verehrt, hat der Chinesische Flußdelphin seit Tausenden von Jahren in der Nähe der Menschen gelebt.

Andere Namen
White fin dolphin, white flag dolphin; pei c'hi (China).

Besondere Merkmale
Kommen nur im Jangtsekiang vor. Der lange Schnabel und die Rückenflosse unterscheiden sie von den Indischen Schweinswalen (44), die keine Rückenflosse besitzen.

Beschreibung
Länge: etwa 2 m.
Gewicht: 135 kg.
Zähne: 31-34 im Unterkiefer, 32-34 im Oberkiefer.
Körper: oben blasses Blaugrau, unten weiß; langes, nach oben gebogenes Rostrum, dreieckige Rückenflosse, kurze, abgerundete Brustflossen.
Kälber: bei der Geburt 80 cm oder länger.

Verbreitung und Lebensraum
Der Jangtsekiang und seine Nebenflüsse sowie der Dongtinghu-See; den See haben sie aufgrund menschlicher Eingriffe und Veränderungen (Deiche und Bauernhöfe entlang des Ufers) eventuell verlassen.

Lebensweise
Wenig bekannt. Gruppengröße variiert zwischen 3-4 und 10-12. Als langsame Schwimmer bleiben sie hauptsächlich in der Strommitte und kommen nur zur Nahrungsaufnahme in die Uferzone. Die Delphine scheinen weit umherzuziehen und die verschiedenen Abschnitte des Flusses aufzusuchen; Untersuchungen im chinesischen Hongho-Gebiet haben gezeigt, daß die Delphine sich dort im späten Frühjahr und frühen Sommer aufhalten. Die Augen sind nur begrenzt funktionsfähig, die Ultraschall-Fähigkeit dieser Art könnte hoch entwickelt sein.

Nahrung
Kleine Fische, aalartige Welse.

Vermehrung
Tragzeit: etwa 10 Monate, Geburten im März/April.

Bestand
Ungewiß. Probleme ergeben sich durch den wachsenden Schiffsverkehr und den versehentlichen Fang von Delphinen in den Netzen der Fischer. 1975 wurden diese Delphine in China unter vollen Schutz gestellt.

Kopf: Seitenansicht mit Schnabel und Brustflosse
Kopf: Dorsalansicht mit Blasloch und Brustflossen

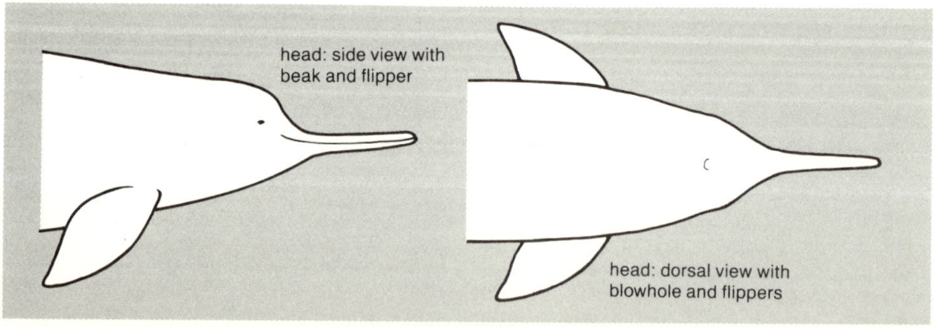

40 Schweinswal

Harbor Porpoise
Phocoena phocoena

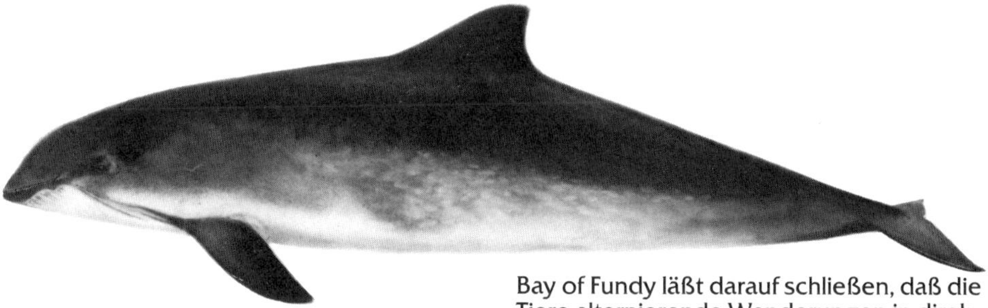

Die alten Römer gaben diesem kleinen Wal den Namen „porcus piscus", was soviel wie Schweinefisch bedeutet. In Ostkanada werden sie auch heute noch „puffing pigs", blasende Schweine, genannt.

Andere Namen
Kleiner Tümmler, Braunfisch, Meerschwein; common porpoise (Großbritannien), marsouin (Frankreich), nezumi iruka (Japan), morskaya svin'ya (UdSSR).

Besondere Merkmale
Kleinster Wal innerhalb seines Verbreitungsgebietes, dreieckige Rückenflosse, Ansatz eines Schnabels.

Beschreibung
Länge: etwa 1,5 m, bis zu 2 m.
Gewicht: 45-60 kg.
Zähne: 19-28 Paar pro Kiefer.
Farbe: auf dem Rücken dunkelgrau bis schwarz, unten heller, vom Maul bis zum Brustflossenansatz zieht sich eine dunkelgraue Linie.
Körper: klein und stämmig, mit winzigen Brustflossen und kleiner, dreieckiger Rückenfinne.
Kopf: ohne Schnabel, Unterkiefer etwas länger als Oberkiefer.
Kälber: 70-90 cm

Verbreitung und Lebensraum
Küstengewässer (einschließlich Buchten, Ästuarien und Tidenkanäle) der gemäßigten und eisfreien borealen Zone der nördlichen Hemisphäre.

Lebensweise
Sehr aktive Tiere; im Gegensatz zu den Delphinen reiten sie allerdings nicht auf den Bugwellen der Schiffe. Es wurden Fluchtgeschwindigkeiten von über 22 km/h festgestellt. Die normale Gruppengröße während der Nahrungsaufnahme liegt bei weniger als 10 Tieren, sie werden aber auch in Gruppen von 50 oder mehr Tieren angetroffen. David Gaskins Arbeit in der Bay of Fundy läßt darauf schließen, daß die Tiere alternierende Wanderungen in direkter Nähe und in einiger Entfernung von der Küste unternehmen, die letzteren während der Wintermonate.

Nahrung
Verschiedene Fische (kleine Dorsche, Hering, Seezunge), Kalmare, Krebstiere. Eine gemeinsame, kooperative Jagd und Nahrungsaufnahme wurde beobachtet.

Vermehrung
Tragzeit: etwa 11 Monate, es gibt Hinweise auf einen zweijährigen Trächtigkeitszyklus. Die Kälber saugen ungefähr 8 Monate.

Bestand
Die Größe des weltweiten Bestandes ist unbekannt, aber besonders in Europa nehmen die Zahlen ständig ab. Dabei liegt die Vermutung nahe, daß die zunehmende Entwicklung und Nutzung der küstennahen Gebiete diesen Rückgang verursacht. Einige Tiere werden versehentlich in Fischernetzen gefangen und getötet. In der Bay of Fundy wurden sehr hohe PCB-Werte in den Geweben und Organen der Schweinswale gemessen.

Schwanz, Kopf: Seitenansicht

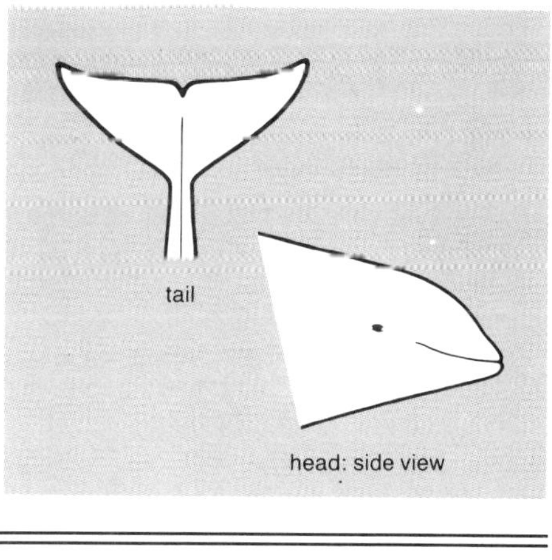

41 Hafenschweinswal **Cochito** Phocoena sinus

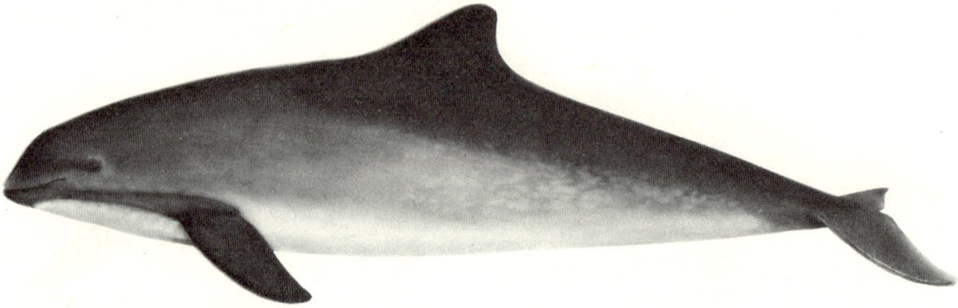

1950 entdeckte der Wissenschaftler Ken Norris an einem mexikanischen Strand, im nördlichen Teil des kalifornischen Golfs, einen ungewöhnlichen Tümmlerschädel. Wie sich herausstellte, handelte es sich um eine neue Art, die Norris dann 1958 zusammen mit William McFarland beschrieb.

Andere Namen
Gulf of California porpoise, vaquita.

Besondere Merkmale
Hafenschweinswale ähneln den Schweinswalen (40), sind innerhalb ihres Verbreitungsgebietes, des nördlichen Golfs von Kalifornien, jedoch die einzigen Schweinswale. Die in diesem Gebiet vorkommenden Großen Tümmler (57) und Delphine (50) sind erheblich größer.

Beschreibung
Länge: (nach den Maßen von zwei ausgewachsenen Weibchen) 1,4 und 1,5 m.
Zähne: 20-21 Paar im Oberkiefer, 18 Paar im Unterkiefer.
Kälber: bei der Geburt etwa 70 cm lang.

Verbreitung und Lebensraum
Bekannt sind die Hafenschweinswale aus den flacheren Gewässern des nördlichen kalifornischen Golfes. Es könnte sein, daß sie früher auch weiter südlich, entlang des mexikanischen Festlandes, vorkamen.

Lebensweise
Unbekannt.

Nahrung
Aus dem Fund eines Magens zu schließen: Fische (z. B. Umberfische) und Kalmare.

Vermehrung
Unbekannt.

Bestand
Genauer Bestand unbekannt, aber sicherlich sehr niedrig. Vor 1975 haben Stellnetzfischer versehentlich Hafenschweinswale gefangen; Schätzungen für die jährliche Zahl dieser Fänge liegen zwischen zehn und Hunderten von Tieren. Darüber hinaus fallen einige Tiere eventuell auch noch anderen Fischereizweigen zum Opfer. Vermutlich schließen das Anstauen des Colorados und die starke Pestizidbelastung im oberen Teil des Golfes ein mögliches Comeback dieser Art von vornherein aus.

Rückenflosse, Kopf: Seitenansicht mit Brustflosse

42 Brillenschweinswal

Spectacled Porpoise
Phocoena dioptrica

Natalie Goodall, die Brillenschweinswale und andere seltene Cetaceen in der Gegend der Tierra del Fuego (Argentinien) untersucht, ist wahrscheinlich der einzige Mensch, der diese Tiere in freier Wildbahn gesehen und erkannt hat.

Andere Namen
Marsopa de anteojos (Argentinien).

Besondere Merkmale
Durch ihre Größe und den schwarzen Rükken ähneln sie den Burmeister-Schweinswalen (43), doch das Weiß der Seiten, des Bauches und der Brustflossen sowie die Form der Finne stellen gute Unterscheidungsmerkmale dar.

Beschreibung
Länge: bis über 2 m.
Zähne: im Oberkiefer 18-23 Paar, im Unterkiefer 16-19 Paar.
Farbe: Rücken schwarz; Bauch weiß, wobei sich das Weiß auf die Seiten ausdehnt und meist auch die Brustflossen einschließt. Schwarze Lippen und Augenbinde. Die weißen Bereiche können sich mit zunehmendem Alter ausdehnen.
Körper: kleiner, gerundeter Kopf. Sowohl die große, dreieckige Rückenflosse als auch die kleinen Brustflossen sind an den Spitzen abgerundet.
Kälber: bei der Geburt etwa 75 cm lang.

Verbreitung und Lebensraum
Bekannt aus dem westlichen Südatlantik einschließlich der in einiger Entfernung von der Küste liegenden Inseln, von Uruguay bis Tierra del Fuego, Argentinien. Außerdem gibt es einige wenige Meldungen von hauptsächlich subantarktischen Inseln im Westpazifik und im Indischen Ozean.

Lebensweise
Unbekannt.

Nahrung
Fische und Kalmare.

Vermehrung
Unbekannt.

Bestand
Unbekannt.

Schwanz, Rückenflosse, Kopf: Seitenansicht mit Brustflosse

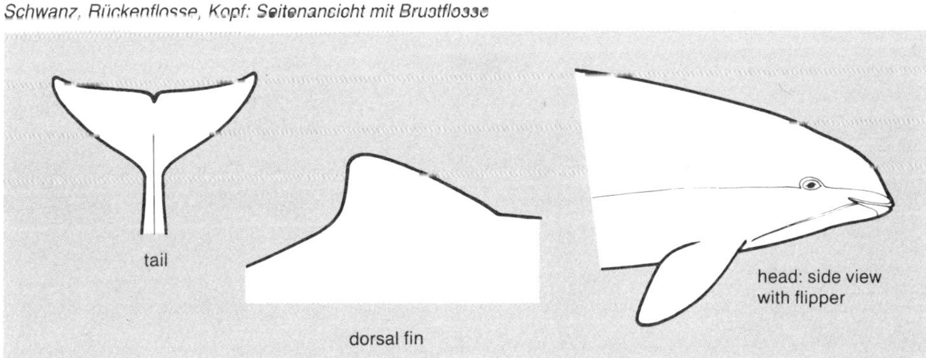

43 Burmeister-Schweinswal

Burmeister's Porpoise
Phocoena spinipinnis

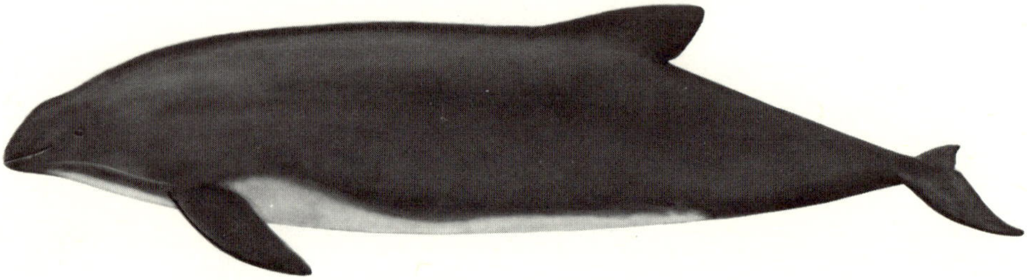

In den 60er Jahren des letzten Jahrhunderts gab der deutsche Entomologe und Direktor des Museums von Buenos Aires, Herman Burmeister, diesém Schweinswal den lateinischen Namen „spinipinnis", was „Finne mit Stacheln" bedeutet. Er bezog sich damit auf die Stacheln oder Zähnchen an der Vorderkante der kleinen, nach hinten weisenden Rückenflosse.

Andere Namen
Black porpoise; marsopa espinosa (Lateinamerika).

Besondere Merkmale
Die stachelige, nach hinten gerichtete Finne.

Beschreibung
Länge: bis zu 1,8 m.
Zähne: 14-19 Paar pro Kiefer.
Farbe: dunkelbraun bis schwarz.
Körper: stämmig, mit schmalerem Kopf und größeren, zugespitzteren Brustflossen als andere Schweinswale.

Verbreitung und Lebensraum
Flache Küstengewässer des südlichen Südamerika von Uruguay bis Peru.

Lebensweise
Angaben von Bernd und Melany Würsig zufolge, die während ihrer Arbeit mit den Schwarzdelphinen (62) vor Patagonien (Argentinien) manchmal Burmeister-Schweinswale beobachten konnten, ziehen diese Wale in Gruppen von 2-8 Tieren. Sie beschreiben Burmeister-Schweinswale darüber hinaus als scheu und zurückhaltend, wie die meisten Schweinswale, und konnten selbst nur einen einzigen Sprung beobachten.

Nahrung
Unbekannt.

Vermehrung
Unbekannt.

Bestand
Genaue Zahlen sind unbekannt, diese Wale könnten jedoch, besonders an der Westküste Südamerikas, noch reichlich vorhanden sein. Peruanische und chilenische Fischer fangen diese Wale und verkaufen das Fleisch auf den peruanischen Märkten.

Schwanz, Rückenflosse, Kopf: Seitenansicht mit Brustflosse

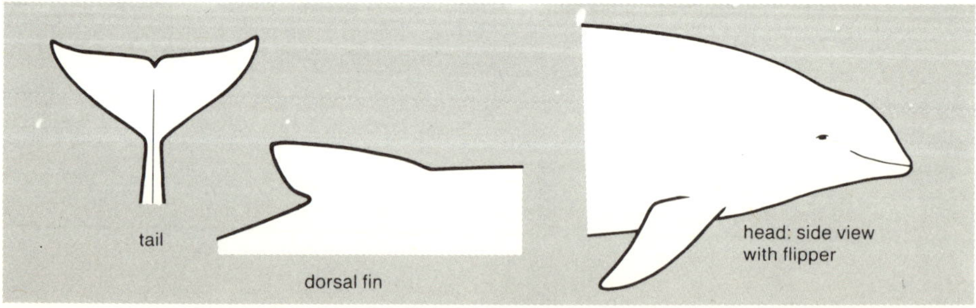

44 Indischer Schweinswal

Finless Porpoise
Neophocaena phocaenoides

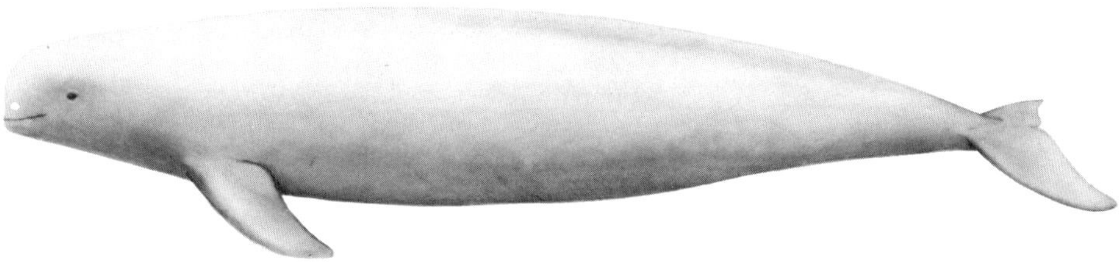

Die Reihe von Beulen oder Buckeln auf dem Rücken der Indischen Schweinswale, die keine Rückenflosse besitzen (s. engl. Name), ermöglicht es den Kälbern, auf dem Rücken ihrer Mütter zu reiten.

Andere Namen
Black porpoise; sunameri (Japan); haichu (China); bhulga (Indien); tabi (Pakistan).

Besondere Merkmale
Keine Rückenflosse, kleine Erhebungen entlang einer niedrigen Rückenleiste, kugeliger Kopf.

Beschreibung
Länge: bis etwa 1,8 m.
Gewicht: bis gut 40 kg.
Zähne: 13-22 Paar pro Kiefer, mit erheblichen individuellen Variationen.
Farbe: blaßgrau (z. T. bläulich) mit weißen Bereichen an Kinn und Kehle.
Körper: stämmig mit rundem Kopf, kein Schnabel, erkennbarer Hals, große Brustflossen.
Kälber: bei der Geburt etwa 60 cm lang, 6,8 kg schwer.

Verbreitung und Lebensraum
Warme Küstengewässer, aber auch Flußmündungen, Flüsse und Seen Ostasiens und Japans.

Lebensweise
2-12 Tiere bilden eine gemeinsame umherziehende Gruppe. In den Seen und Flüssen Chinas hat der Schweizer Biologe Pilleri die Indischen Schweinswale in Begleitung der Chinesischen Flußdelphine (39) beobachtet.

M. Nakajima

Im japanischen Izu-Mito Sea Paradise wird ein Indischer Schweinswal gefüttert.

Nahrung
Kleine Fische, Kalmare, Krabben.

Vermehrung
Tragzeit: ungefähr 11 Monate.

Bestand
Genaue Zahlen sind unbekannt. Die früher sehr intensive Bejagung durch Japanische, indische und chinesische Fischer hat mittlerweile etwas nachgelassen.

Schwanz, Kopf: Seitenansicht mit Brustflosse

45 Dall-Hafenschweinswal

Dall's Porpoise
Phocoenoides dalli

Die schnellen Dall-Hafenschweinswale werden an der Oberfläche meist nur verschwommen wahrgenommen. Typisch für diese Wale ist ein als „rooster tail" („Hahnenschwanz") bezeichnetes Spritzen, das jedoch nicht von der Fluke verursacht wird, sondern durch den beim Durchbrechen der Wasseroberfläche vom Kopf abfließenden Wasserschwall entsteht.

Andere Namen
Dall porpoise, True's porpoise; delfin de Dall (Lateinamerika).

Besondere Merkmale
Die kurze, dreieckige, weiß eingefaßte Rückenflosse, die großen weißen Flanken und der schwarze, fast schnabellose Kopf.

Beschreibung
Länge: bis gut 2 m.
Gewicht: bis knapp 220 kg.
Zähne: je 19-28 Paar im Ober- und Unterkiefer.
Farbe: Schwarz mit auffallenden, weißen Flanken, zudem haben die Fluke und die Rückenflosse einen weißen Rand. Starke Farbvariationen der Finne (die auch ganz schwarz oder ganz weiß sein kann) und der Seiten.
Körper: robust, mit relativ kleinem Kopf (manchmal mit etwas Weiß um die Lippen) und vorstehender Unterlippe. Die dreieckige Rückenflosse ist leicht sichelförmig. Die kleinen Brustflossen sitzen in der Nähe des Kopfes. Dicker, schaftartiger Kiel (vorderer Teil der Schwanzwurzel).
Kälber: bei der Geburt etwa 60-90 cm lang.

Verbreitung und Lebensraum
Hauptsächlich in den den Küsten vorgelagerten Gewässern des Nordpazifik, von der südlichen Bering-See bis nach Japan und Kalifornien.

Lebensweise
Ziehen in Gruppen von 2-20 Tieren umher, in Nahrungsgebieten sind Gruppen von mehreren hundert Tieren gesehen wor-

Variationen der Fluke (oben) und der Rückenflosse (unten)

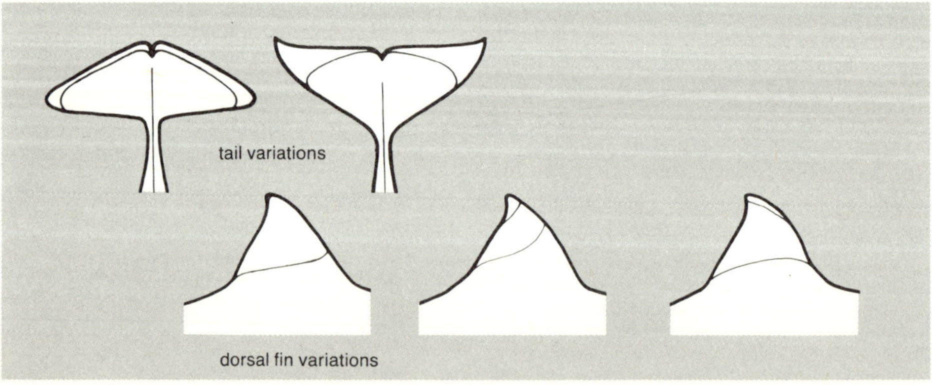

W. Rossiter

David Rugh/Nat'l. Mar. Mam. Lab. NMFS, NOAA

(Oben) Im Puget Sound produziert ein Dall-Hafenschweinswal die charakteristische, als „Hahnenschwanz" bezeichnete Wasserfontäne. (Unton) Ein Dall-Hafenschweinswal in der südlichen Bering-See.

den. Gelegentliche Wellenreiter mit einem hohen Aktivitätsgrad, jedoch selten springend. Obwohl Schwertwale (75) (und Haie) Dall-Hafenschweinswale jagen (nach Beobachtungen des Nahrungsverhaltens und aus Nahrungsanalysen zu schließen), wird auch oft beobachtet, wie Gruppen beider Arten friedlich aneinander vorbeiziehen oder sich Nahrungsgründe teilen.

Nahrung
Schwarmfische (Lodde, Makrele, Hering, Anchovis); Kalmare und andere Tintenfische.

Vermehrung
Tragzeit: etwa 11 Monate, die meisten Geburten finden zwischen Juli und September statt.

Bestand
Es gibt noch etwa 920.000 Tiere. Jährlich werden einige Tausend dieser Wale versehentlich von japanischen Hochseefischern gefangen, die mit Stellnetzen Lachse fangen.

Kopf: Seitenansicht mit Brustflosse und Dorsalansicht mit Blasloch

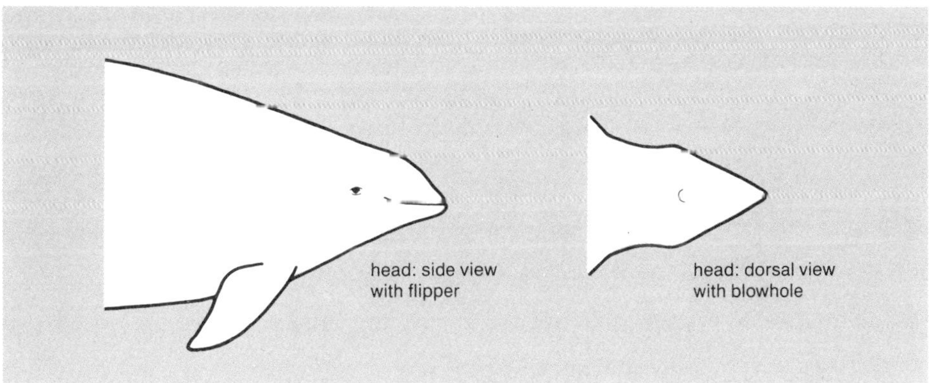

46 Rauhzahndelphin

Rough-Toothed Dolphin
Steno bredanensis

Es wird vermutet, daß vorwitzige Haie manchmal versuchen, diese Delphine anzuknabbern, und dabei dann die für ausgewachsene Rauhzahndelphine charakteristischen hellen, kreisförmigen Narben hinterlassen.

Andere Namen
Langschnabeldelphin; dauphin à long bec (Frankreich); delfín de pico largo (Lateinamerika).

Besondere Merkmale
Langes, schmales Rostrum, das nicht vom übrigen Kopf abgesetzt ist (leicht abfallende Stirn), weiße Lippen, Körper mit vielen kleinen hellen Flecken.

Beschreibung
Länge: bis zu 2,7 m.
Zähne: 20-27 Paar pro Kiefer. Auf die feinen, vertikalen Falten auf den Zähnen bezieht sich der Name dieser Art.
Farbe: anthrazit-grau oder schwarz, manchmal mit einem violetten Schimmer. Die Flecken sind rosa-weiß, ebenso wie die Schnabelspitze und eine oder beide Lippen.
Körper: schlank bis stämmig. Die lange Rückenflosse und die Brustflossen sind gewöhnlich sichelförmig. Große schwarze Augen.

Verbreitung und Lebensraum
Freiwasser der warm-gemäßigten und tropischen Zonen.

Lebensweise
Einige wenige Beobachtungen besagen, daß Rauhzahndelphine in Gruppen von 10-20, aber auch bis zu 50 Tieren umherziehen. Sie reiten gelegentlich auf den Wellen und wandern zusammen mit Schulen anderer tropischer Delphine und mit Grindwalen.

Nahrung
Pelagische Fische und Kalmare, Mollusken.

Vermehrung
Unbekannt.

Bestand
Genaue Zahlen sind unbekannt. Einige werden im Zuge der Thunfischfischerei getötet, und einige wurden für Ozeanarien gefangen. Nachdem sie einst als selten galten, werden sie mittlerweile, besonders um Hawaii herum, öfter auf See erkannt.

Bernd & Melany Würsig

Eine Gruppe von Rauhzahndelphinen.

47 Amazonas-Sotalia

Tucuxi Sotalia fluviatilis

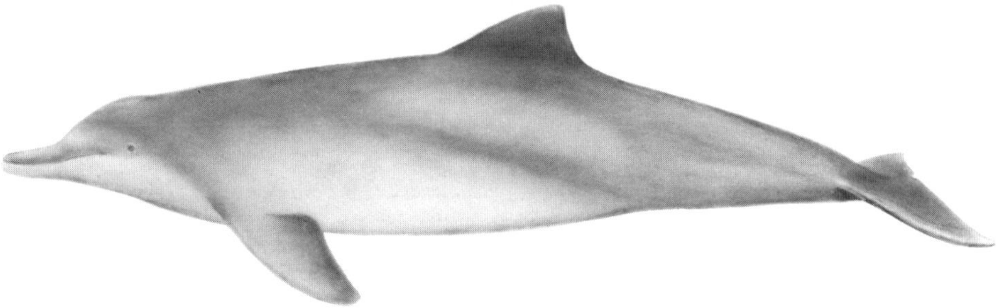

Der Amazonas-Sotalia ist der zweite im Amazonas vorkommende Delphin; er ist kleiner und hat eine mattere Farbe. Er zieht in großen Gruppen umher, ist dem Bootsverkehr gegenüber aber manchmal argwöhnischer als der Amazonas-Delphin (37).

Andere Namen
Tookashee (andere Schreibweise von Tucuxi) und pirayaguara (Tupi- und Yagua-Indianer); buffeo negro (Brasilien).

Besondere Merkmale
Sehr klein; längerer Schnabel und kleinere, weniger gebogene Rückenfinne als beim Großen Tümmler (57) (der in einem Teil des Verbreitungsgebietes ebenfalls vorkommt), aber dunklere Färbung, viel kürzerer Schnabel und größere Rückenflosse als beim Amazonas-Delphin (37). Starke Farbvariationen, die zusammen mit geographischen Trennungen und Größenunterschieden einen Hinweis auf verschiedene Arten geben könnten. Genaue taxonomische Untersuchungen stehen noch aus.

Beschreibung
Länge: bis zu 1,8 m.
Gewicht: bis zu 45 kg.
Zähne: je 26-35 Paar im Ober- und Unterkiefer.
Farbe: variiert stark, oben dunkel (braun, grau oder schwarz) und unten blaß.
Körper: mäßig robust, mit niedriger, geneigter Stirn.

Verbreitung und Lebensraum
Flüsse, Seen und Küstengewässer des nordöstlichen Südamerika.

Lebensweise
Ziehen in Gruppen von 2-25 Tieren, aktive Schwimmer.

Nahrung
Fische, Garnelen, Krebse.

Vermehrung
Tragzeit: etwa 10 Monate.

Bestand
Genaue Zahlen unbekannt, aber relativ häufig.

Schwanz, Rückenflosse, Kopf: Seitenansicht

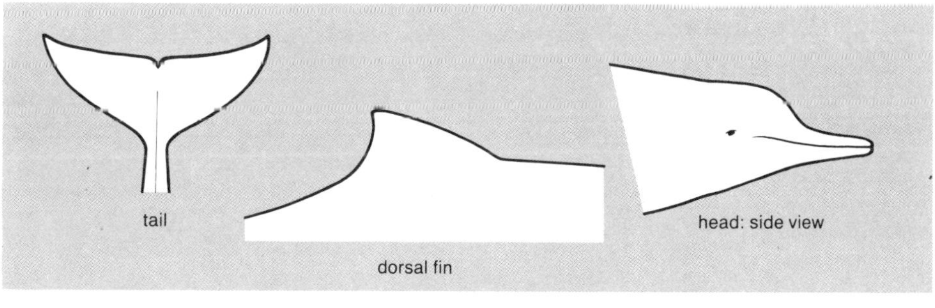

48 Chinesischer Weißer Delphin

Indo-Pacific Humpbacked Dolphin Sousa chinensis

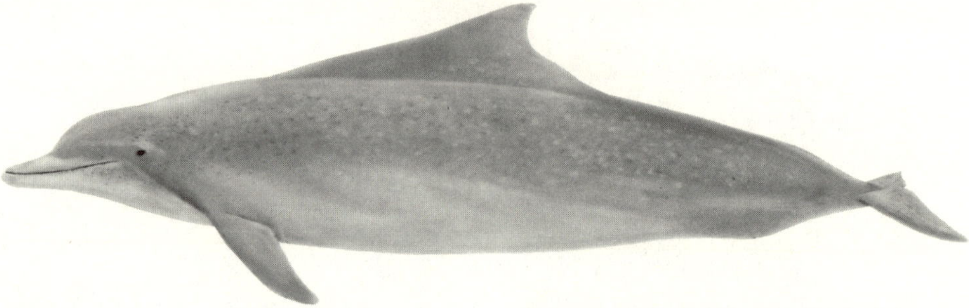

Diese noch wenig untersuchten Delphine kommen in drei Farbvarianten vor: rein weiß, grau und gepunktet. Dabei könnte es sich um eine, aber auch um drei Arten handeln.

Andere Namen
Chinese white dolphin, Bornean white dolphin, speckled dolphin.

Besondere Merkmale
Der Rückenbuckel, bzw. die Rückenfläche mit einer kleinen Rückenflosse darauf. Die östlich von Indonesien lebenden Tiere dieser Art haben eine größere Finne und keine Erhebung auf dem Rücken. Langer Schnabel (viel länger als beim Großen Tümmler (57)).

Beschreibung
Länge: 2-2,8 m.
Gewicht: bis knapp 290 kg.
Zähne: in jedem Kiefer 29-38 Paar.
Farbe: variiert bei den Unterarten stark, von weiß über grau bis gefleckt.
Körper: robust, mit geneigter Stirn und langem, schlankem Schnabel.

Verbreitung und Lebensraum
Küsten- und küstennahe Gewässer sowie Ästuarien des Indischen Ozeans von Südafrika bis Südostasien, Ostchina und Nordaustralien.

Lebensweise
Ziehen in kleinen Gruppen von 2-12 Tieren. Akrobatisch, aber keine Wellenreiter.

Nahrung
Unbekannt.

Vermehrung
Unbekannt.

Bestand
Zahlen sind unbekannt; diese Delphine scheinen aber in einigen Gegenden ihres Verbreitungsgebietes häufig zu sein. Manchmal werden sie von Fischern gefangen.

Ein Chinesischer Weißer Delphin in der Nähe der südafrikanischen Küste.

Rod Wilson/courtesy Graham Ross & David Gaskin

49 Kamerunfluß-Delphin Atlantic Humpbacked Dolphin

Sousa teuszi

Kamerunfluß-Delphine wurden einst für die einzigen vegetarischen Delphine gehalten; sie sollten sich von Seegras, Blättern und Mangrovenkeimlingen ernähren. In diesem oft wiederholten, frühen Bericht wurde auf irgendeine Weise der Schädel eines Delphins mit dem Magen einer westafrikanischen Seekuh zusammengebracht. Im Gegensatz zu den Seekühen leben die Kamerunfluß-Delphine jedoch nicht vegetarisch, sondern von Fisch.

Andere Namen
Cameroon dolphin.

Besondere Merkmale
Die kleine Rückenflosse steht auf einer Erhebung oder einem Absatz.

Beschreibung
Länge: bis zu 2,5 m.
Zähne: 26-31 Paar pro Kiefer.
Farbe: Rücken und Flanken schiefergrau, Bauch blaßgrau.
Körper: robust, mit geneigter Stirn und langem, schlankem Schnabel.

Verbreitung und Lebensraum
Tropische Küstengewässer Westafrikas.

Lebensweise
Vor Mauretanien treiben sie gemeinsam mit den Großen Tümmlern (57) und den Fischern die Meerbarben zusammen. Die Fischer schlagen mit Stöcken aufs Wasser, um die Delphine zu mobilisieren, die dann wiederum die Fische auf die Küste zu und in die Netze der Fischer treiben.

Nahrung
Fisch, u. a. Meerbarben.

Vermehrung
Unbekannt.

Bestand
Genaue Zahlen fehlen, aber wahrscheinlich gebietsweise häufig.

Schwanz, Varianten der Rückenfinne
Kopf: Seitenansicht eines Jungtieres (oben) und eines erwachsenen Delphins (unten)

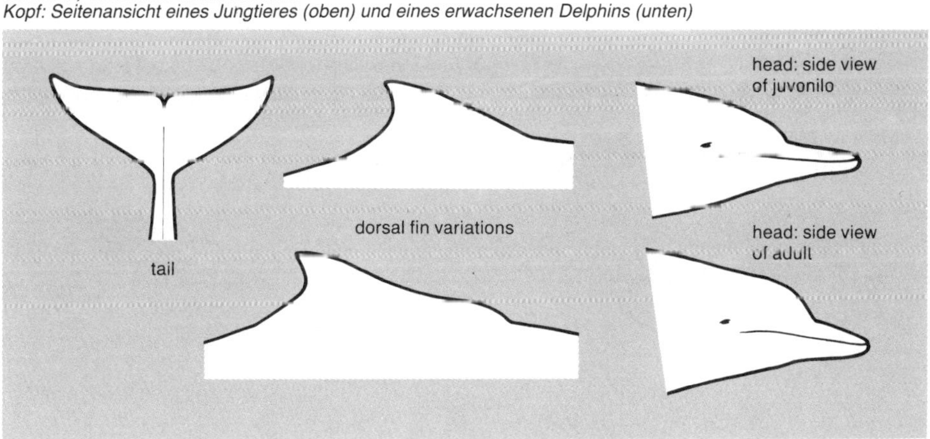

50 **Delphin** **Common Dolphin** Delphinus delphis

Diese Art inspirierte schon Aristoteles und die alten Griechen und wurde als erste „Delphin" genannt. Und immer noch reiten die Delphine auf den Bugwellen der Schiffe, im Mittelmeer und in den meisten Gegenden der gemäßigten und tropischen Weltmeere.

Andere Namen
Saddleback, white-bellied porpoise, crisscross dolphin; delfín commun (Lateinamerika); delfino (Italien); tobi iruka (Japan).

Besondere Merkmale
Zickzackmuster auf den Seiten, wobei der vordere Teil gelbbraun oder braun und der hintere Teil grau ist; die über diesem Muster liegende schwarze Kappe ist auf der Höhe der Rückenflosse zu einer Spitze ausgezogen und bildet so einen V-förmigen Sattel.

Beschreibung
Länge: bis zu 2,5 m.
Zähne: im Ober- und Unterkiefer je 40-55 Paar kleine, scharf zugespitzte Zähne.
Körper: schlank, mit deutlich abgesetztem Schnabel und großer, gebogener Rückenflosse.

Verbreitung und Lebensraum
Tropische und warm-gemäßigte Gewässer der Weltmeere, küstennah und im Freiwasser.

Lebensweise
Die Schulen der Delphine bestehen aus vierzig bis mehreren tausend Tieren. Die Delphine sind so erpicht auf das Wellenreiten, daß sie oft von weit her auf die Schiffe zukommen und diesen dann sehr lange folgen. Einige Wissenschaftler/innen vermuten, daß der Ursprung dieses Verhaltens in dem auch heute noch zu beobachtenden Reiten auf den Bugwellen der großen Bartenwale liegt.

Nahrung
Fische (Anchovis, Stint, Anglerfisch, Sardine, Hering) und Kalmare.

Vermehrung
Tragzeit: 10-11 Monate. Die Kälber saugen 4 Monate. Die Kühe können jedes Jahr ein Kalb gebären.

Schwanz, Rückenflosse, Kopf: Seitenansicht mit Brustflosse

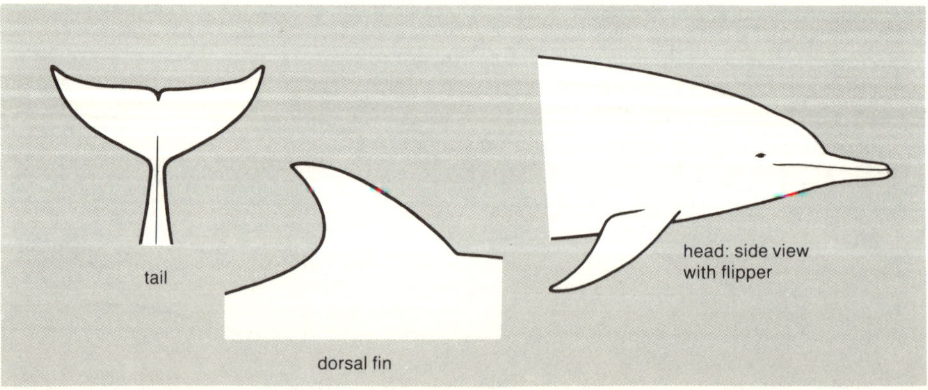

Bestand
Der Gesamtbestand ist unbekannt, aber die Delphine sind häufig: Die Schätzungen für den östlichen tropischen Pazifik belaufen sich auf 900.000, die für den westlichen Nordatlantik auf 17.500 Tiere. Im östlichen tropischen Pazifik werden viele Delphine, zusammen mit anderen Delphinarten, versehentlich von den Thunfischfischern gefangen. Im Schwarzen Meer wurden bis zur Mitte der 60er Jahre, als der Bestand stark verringert war, jährlich bis zu 120.000 Delphine von sowjetischen Fischern getötet.

Antonio M. Teixeira

Esteve Grau

Delphine vor der portugiesischen Küste (oben) und im westlichen Mittelmeer (links). (Unten) Die Delphine wandern in großen Herden, wie hier vor der kalifornischen Küste in der Nähe von San Diego.

Stephen Leatherwood

51 Ostpazifischer Delphin

Spinner Dolphin
Stenella longirostris

Der schlanke, athletisch wirkende Delphin, der im Englischen den Namen „Spinner“ (Kreisel) trägt, beeindruckt durch seine charakteristischen hohen Drehsprünge.

Andere Namen
Spinner, long-beaked dolphin, spinner porpoise; delfín tornillon oder delfín churumbelo (Lateinamerika); hashinaga iruka (Japan).

Besondere Merkmale
Der Ostpazifische Delphin unterscheidet sich von anderen kleinen Delphinen durch die aufrechte, dreieckige Rückenflosse der ausgewachsenen Männchen, die schwarze Spitze des Schnabels und der Lippen und durch seine drehende Bewegungsweise. Im Atlantik übertrifft der Ostpazifische Delphin seine Schwesterart, den Clymene-Delphin (55), sowohl an Körperlänge als auch in der Länge des Schnabels und der Flossen.

Beschreibung
Länge: etwa 1,5-2,1 m, wobei die Männchen etwas länger sind.
Zähne: 45-65 Paar pro Kiefer.
Körper: schlank; langer Schnabel mit schwarzer Spitze, große Variationsbreite hinsichtlich der Körperform und des Farbmusters. Es gibt mindestens vier geographisch getrennte Formen dieser Delphinart im östlichen tropischen Pazifik. (1) die costaricanische Form ist die größte, (2) die östliche Form ist die kleinste. Beide Formen sind dunkelgrau mit Aufhellungen im Bereich der Kehle, im Genitalbereich und hinter den Flossen, deren Ausmaß allerdings sehr unterschiedlich sein kann. Die ausgewachsenen Männchen beider Formen haben eine sehr aufrechte, dreieckige Rückenflosse, die manchmal nach vorne gebogen ist; ebenfalls auffällig ist der ventrale Kiel. (3) Die weißbäuchigen nördlichen und südlichen Ostpazifischen Delphine sind hinsichtlich ihrer Größe und ihres Farbmuster besonders variabel, aber im allgemeinen haben weißbäuchige und die (4) hawaiische Form einen dunkelgrauen Rücken, hellgrauen Flanken und einen weißen Bauch. Die hawaiische Form zeigt die am stärksten sichelförmige Rückenflosse und besitzt fast keinen postanalen Hügel (Kiel).

Verbreitung und Lebensraum
Tropische Ozeane, hauptsächlich im Freiwasser.

Lebensweise
Die Tiere leben in Gruppen von mehreren hundert Tieren, oft in Gemeinschaft mit Schlankdelphinen (52) oder anderen ozeanischen Delphinen. Der Ostpazifische Delphin dreht sich bei einem Sprung tatsächlich 2-7mal um seine Körperlängsachse.

Nahrung
Anglerfische und andere Fische; Kalmare.

Vermehrung
Tragzeit: ungefähr 10 1/2 Monate.

Bestand
Im östlichen Pazifik gibt es wahrscheinlich noch einige hunderttausend Exemplare dieser Art.

52 **Schlankdelphin** **Spotted Dolphin** Stenella attenuata

Mehr als alle anderen Delphine sollten die Schlankdelphine die Walbeobachter beim Essen von Thunfisch-Sandwichen zum Nachdenken anregen.

Andere Namen
Spotter, spotted porpoise; delfín machado oder delfín pintado (Lateinamerika); arari iruka (Japan).

Besondere Merkmale
Eine ausgeprägte Fleckung, die abhängig von Alter und geographischer Lage stark variiert. Keine starke Streifung. Gebogene Rückenflosse (im Gegensatz zur aufrechten, dreieckigen Rückenfinne des Ostpazifischen Delphins). Geteilter Schnabel mit weißer Spitze.

Beschreibung
Länge: bis zu 2,4 m.
Zähne: im Ober- und Unterkiefer je 34-48 Paar.
Farbe: stahlgrauer Rücken und blasser Bauch mit ausgeprägter Fleckung. Starke Variationen in Abhängigkeit von Alter und Gebiet.
Körper: relativ robust, mit langem Schnabel und gekrümmter Rückenflosse. Unterschiede in Größe und Körpergestalt haben zur Identifizierung mehrerer Formen in verschiedenen Gegenden geführt. Die Trennung unterschiedlicher Arten schien bisher jedoch noch nicht gerechtfertigt.
Kälber: bei der Geburt unter 90 cm lang, ungefleckt. Sie durchlaufen mehrere Farbstadien, bei einer Länge von etwa 1,5 m entwickeln sich dunkle Flecken auf dem Bauch, es folgen Flecken auf dem Rücken. Die Bauchflecken werden mit der Zeit heller und vermischen sich mit dem Grau des Bauches.

Verbreitung und Lebensraum
Tropische und warm-gemäßigte Zonen der Weltmeere, sowohl in direkter Nähe als auch in einiger Entfernung von der Küste.

Lebensweise
Die zentralamerikanische Küstenform zieht gewöhnlich in Gruppen von weniger als 100 Tieren. Die in größerer Entfernung zur Küste lebenden Formen sammeln sich oft zu Gruppen von mehr als tausend Tieren, häufig vergesellschaftet mit den Ostpazifischen Delphinen (51). Sehr oberflächenaktiv, in einigen Gegenden auch wellenreitend. Störungen durch Thunfisch-Fischer könnten dieses Wellenreiten in einigen Gegenden vermindert haben. William F. Perrin und andere haben diese Delphinart genau studiert, um die Gründe für die oftmals tödliche Gemeinschaft mit dem Gelbflossen-Thunfisch herauszufinden. In den frühen 70er Jahren starben jährlich mehr als 100.000 Schlankdelphine. Neue Techniken und Gesetze haben die Zahl der durch die Thunfischfischerei im östlichen tropischen Pazifik vernichteten Delphine (aller Arten) auf 20.000 im Jahr reduziert – das ist zwar eine Verbesserung, aber die Zahl ist immer noch zu hoch.

Nahrung
Fische und Kalmare.

Vermehrung
Tragzeit: etwa 11 1/2 Monate.

Bestand
Im östlichen tropischen Pazifik wird ihre Zahl auf zwei Millionen geschätzt. Die Gesamtzahl für alle Ozeane ist unbekannt.

53 Blau-Weißer-Delphin

Striped Dolphin
Stenella coeruleoalba

Blau-Weiße-Delphine sind zwar keine ausgesprochenen Wellenreiter, dafür enthält ihr akrobatisches Repertoire Rückenschwimmen und Radschlag rückwärts, die normalen Delphinsprünge und verschiedene „Schwanzarbeit".

Andere Namen
Streaker, streaker porpoise, whitebelly, euphrosyne dolphin; dauphin bleu-et-blanc (Frankreich), suji iruka (Japan), delfín listado (Lateinamerika).

Besondere Merkmale
Eine Blesse zieht von den hellen Flanken nach hinten oben, über die dunkle Kappe hinüber auf die Rückenflosse zu. Auf jeder Seite laufen zwei schwarze Linien vom Auge über die Flanken zum Anus und vom Auge zu den Brustflossen.

Beschreibung
Länge: 1,8-2,3 m, bis zu 2,7 m.
Zähne: 45-50 Paar pro Kiefer.

Schwanz und Rückenflosse

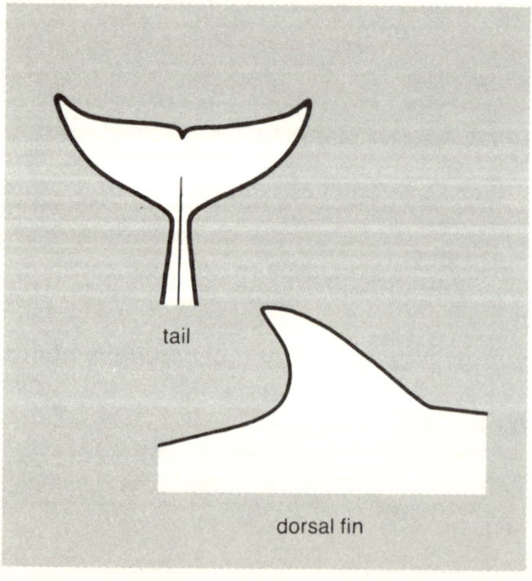

Farbe: die Rückenseite vom Schnabel bis zum Schwanz einschließlich der Brustflossen ist dunkel- bis blaugrau. Die Bauchseite ist weiß mit blaßgrauen Flanken. Die schwarze Augenbinde und die Streifenmuster auf den Flanken sind etwas variabel.
Körper: schlank, mit deutlich abgesetztem Schnabel und großer, gebogener Rückenfinne.
Kälber: bei der Geburt etwa 90 cm lang, mit dem gleichen Farbmuster wie ausgewachsene Tiere.

Verbreitung und Lebensraum
Tropische und warm-gemäßigte Gewässer der Weltmeere, hauptsächlich im Freiwasser.

Lebensweise
Diese Delphine ziehen in Gruppen von mehreren hundert Tieren. Vor Japan, wo sie untersucht wurden, gibt es eine saisonale Nord-Südwanderung und drei Paarungszeiten: Januar bis Februar, Mai bis Juni und September bis Oktober. Die Population findet sich in „Paarungsschulen" von etwa 225 und „Nicht-Paarungsschulen" von etwa 750 Tieren zusammen. Die Kälber bleiben drei Jahre bei ihren Müttern in den Paarungsschulen, aber es gibt auch Schulen mit heranwachsenden Delphinen.

Nahrung
Fische, Krabben, Kalmare.

Vermehrung
Tragzeit: etwa 12 Monate. Die Kälber saugen etwa 1 1/2 Jahre.

Bestand
Die Anzahl an Blau-Weißen-Delphinen im östlichen tropischen Pazifik wird auf mehr als zwei Millionen geschätzt. Weltweite Schätzungen fehlen. Einige dieser Delphine fallen regelmäßig der Gelbflossen-Thunfischfischerei zum Opfer.

54 Atlantischer-Gefleckter-Delphin

Atlantic Spotted Dolphin Stenella plagiodon

In der Karibik nähern sich diese Delphine häufig den Tauchern, schwimmen um sie herum und begleiten sie oft für längere Zeit.

Andere Namen
Spotter, spotted porpoise, Gulf Stream spotted dolphin.

Besondere Merkmale
Punkte und der abgegrenzte Schnabel mit der weißen Spitze; helle Blesse, die sich von den Flanken her ausbreitet; robuster und mit einer weniger deutlichen (blasseren) Kappe als der Schlankdelphin (52), dennoch sind diese beiden Arten auf See schwer zu unterscheiden.

Beschreibung
Länge: bis zu 2,4 m.
Zähne: etwa 28-37 Paar pro Kiefer.
Körper: robust, abgesetzter Schnabel mit weißer Spitze, gebogene Rückenflosse.
Kälber: werden ohne Flecken geboren, sind oben grau und unten weiß.

Verbreitung und Lebensraum
Tropischer Atlantik.

Lebensweise
Ziehen in Gruppen von 20-50, manchmal bis zu mehreren hundert Tieren.

Nahrung
Kalmare, Fische.

Vermehrung
Unbekannt.

Bestand
Genaue Zahlen sind unbekannt. Einige dieser Delphine wurden für Ozeanarien gefangen.

Rückenflosse, Kopf: Seitenansicht mit Brustflosse

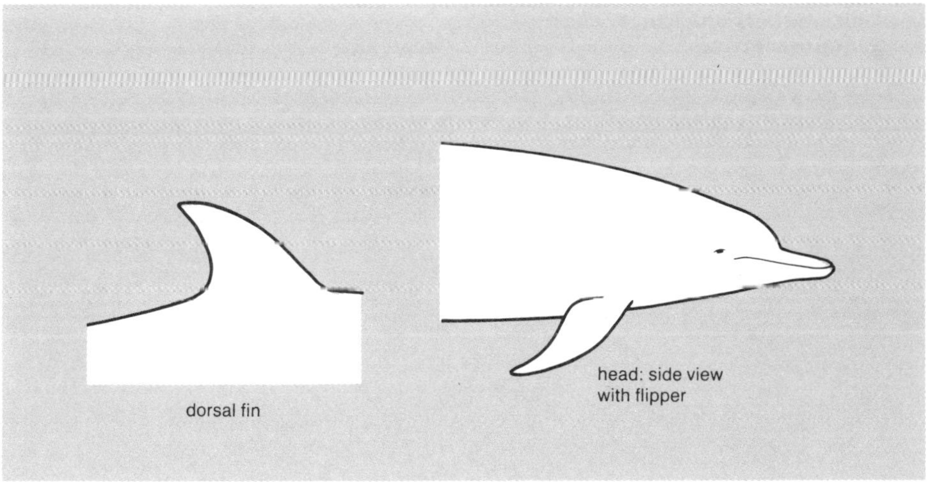

55 Clymene-Delphin **Clymene Dolphin** Stenella clymene

Diese kleinen tropischen Delphine, die erst 1977 als eigenständige Art anerkannt wurden, ähneln den Ostpazifischen Delphinen (51), haben jedoch einen kürzeren Schnabel und Kopf sowie kürzere Brustflossen. Außerdem sind sie in ihrem Vorkommen auf den tropischen Atlantik beschränkt.

Andere Namen
Short-snouted spinner dolphin.

Besondere Merkmale
Große Rückenfinne. Der deutlich abgesetzte Schnabel mit der schwarzen Spitze ist kürzer als bei Ostpazifischen Delphinen. Auch mit dem dunkelgrauen Rücken, den blaßgrauen Flanken und dem weißen Bauch ähneln sie der Schwesterart, allerdings zieht das Dunkelgrau unterhalb der Rückenflosse etwas tiefer auf die Flanken hinab. Andere geringfügige Unterschiede: Während die Kanten der zwischen Auge und Flippern verlaufenden Streifen bei den Ostpazifischen Delphinen parallel verlaufen, laufen sie bei den Clymene-Delphinen am Auge zusammen.

Beschreibung
Länge: 1,8 m.
Zähne: im Ober- und Unterkiefer je 38-49 Paar.
Körper: schlank, aber kürzer und breiter als der des Ostpazifischen Delphins. Die etwa 15 cm hohe Rückenflosse ist leicht sichelförmig.

Verbreitung und Lebensraum
Tropischer und subtropischer Atlantik; im Freiwasser.

Lebensweise
Es wurden zwar einige Drehsprünge beobachtet, diese sind aber nicht so hoch und ausgeprägt wie beim Ostpazifischen Delphin.

Nahrung
Unbekannt.

Vermehrung
Unbekannt.

Bestand
Unbekannt.

Rückenflosse, Kopf: Seitenansicht mit Brustflosse

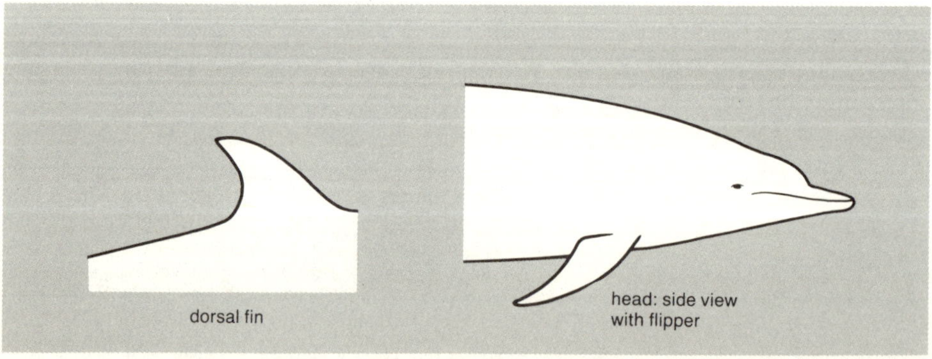

56 Borneo-Delphin **Fraser's Dolphin** Lagenodelphis hosei

In den frühen 70er Jahren wurde der Borneo-Delphin das erste Mal lebend gesehen. Vorher war diese Art nur durch einen einzigen Kadaver bekannt, der 1895 an den Strand von Sarawak (Malaysia) gespült worden war.

Andere Namen
Sarawak dolphin; Sarawaku iruka (Japan).

Besondere Merkmale
Der Borneo-Delphin hat wie der Blau-Weiße-Delphin (53) an den Seiten Streifen und lebt in tropischen Meeren in einiger Entfernung von der Küste. Der Borneo-Delphin ist jedoch robuster, hat kleinere Brustflossen, eine kleinere Finne und einen sehr kurzen Schnabel.

Beschreibung
Länge: bis zu 2,7 m.
Zähne: pro Kiefer 34-44 Paar.
Farbe: komplexes Muster, mit blaugrauem Rücken, rosa-weißem Bauch und graugelben Streifen auf der Seite, die von weißlichen Streifen eingefaßt sind.
Körper: robust, dreieckige bis leicht sichelförmige Rückenflosse.

Verbreitung und Lebensraum
Tropische und warm-gemäßigte Zonen der Weltmeere.

Lebensweise
Es wurden Gruppen von 500 und mehr Tieren gemeldet. Sie sind schnelle Schwimmer und meiden den Kontakt mit Booten.

Nahrung
Die in einigen Mägen gefundenen Fische, Krabben und Kalmare weisen darauf hin, daß diese Delphine sehr tief tauchen können.

Vermehrung
Unbekannt.

Bestand
Unbekannt. Im Zuge der Gelbflossen-Thunfischjagd werden auch immer wieder einige Borneo-Delphine gefangen.

Schwanz, Varianten der Rückenflosse
Kopf: Seitenansicht mit Brustflosse

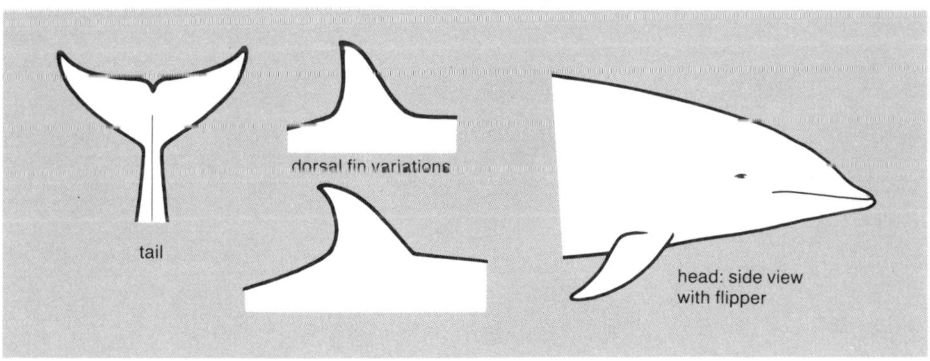

57 Großer Tümmler **Bottlenose Dolphin** Tursiops truncatus

Die großen Tümmler, die schon als Film- und Fernsehstars sowie aus Freizeitparks bekannt sind, sind in freier Wildbahn neugierige Wellenreiter – sie sind die Cetaceen, die den Namen „Freunde der Menschen" wohl am ehesten verdient haben.

Andere Namen
Common porpoise, black porpoise (Thunfischfischer), gray porpoise; delfín naríz de botella (Lateinamerika); taiseiyo bandō iruka (Japan).

Besondere Merkmale
Ein relativ kurzer Schnabel mit einer deutlichen Falte an der Basis; die Rückenflosse ist hoch, sichelförmig und breit an der Basis; die Farbe variiert, ist aber im allgemeinen oben grau und unten blaßgrau. Diese und andere Variationen zwischen verschiedenen, geographisch getrennten Populationen sind Ausgangspunkt taxonomischer Diskussionen.

Beschreibung
Länge: 3-4 m.
Zähne: 20-26 je Oberkieferhälfte, 18-24 je Unterkieferhälfte.
Körper: robust. Das Grau des Rückens geht kontinuierlich in die helle Unterseite über, wobei es viele Farbabstufungen gibt. Zwei Linien ziehen von jedem Auge zum Rostrum, außerdem verbindet eine breitere Linie bzw. ein Streifen das Blasloch mit der Schnabelbasis.
Kälber: bei der Geburt 1,2 m lang.

Verbreitung und Lebensraum
Gemäßigte Breiten der Weltmeere. Küstennahe und küstenferne Populationen leben getrennt; einige wandern, andere bleiben das ganze Jahr über in einem Gebiet.

Lebensweise
In Identifikationsstudien, die sich die individuellen, natürlichen Spuren an der Rückenflosse zunutze machten, wurde damit begonnen, Gruppenstrukturen aufzudekken. Die Gruppen sind nach Alter und Geschlecht getrennt, wobei es allerdings einige Vermischungen gibt. Manchmal verändert sich die Gruppengröße im Tagesverlauf; am frühen Morgen und späten Abend sind die Gruppen klein, während des Tages jedoch groß. Manchmal steigt

Schwanz, Rückenflosse, Kopf: Seitenansicht mit Brustflosse

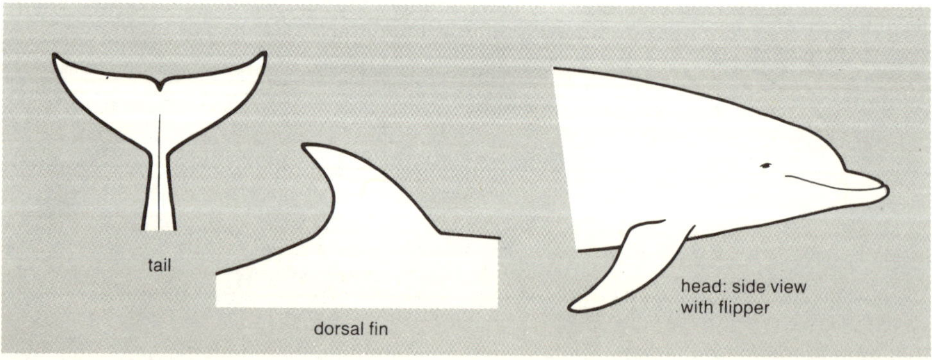

die Gruppenstärke auch mit zunehmender Wassertiefe. Gefangenschaftsstudien haben gezeigt, daß die Großen Tümmler gut an der Luft sehen können, die Fähigkeit zur Echoortung besitzen und ein großes Spektrum an Lauten erzeugen, wobei sie auch ein Talent zur Nachahmung zeigten. Gegenwärtige Studien in Hawaii konzentrieren sich darauf, zwei gefangenen Delphinen mit Hilfe von akustischen und gestischen Techniken Sprache beizubringen.

Nahrung

Sehr opportunistisch: Fische, Krabben, Krebstiere, Tintenfische. Manchmal ernähren sie sich von den Abfällen der Fischerboote und von den Organismen, die durch die Schiffsbewegung an die Oberfläche gebracht werden. Es kommt auch vor, daß sie Fische auf den Strand treiben und sie bis auf schlammige Bänke verfolgen. Zur Rückkehr ins Wasser wird der Schwanz benutzt.

Susan Shane

Vermehrung

Tragzeit: etwa 12 Monate. Die Kälber saugen 12-18 Monate.

Bestand

Der Weltbestand ist nicht bekannt, wird aber nicht als gefährdet eingestuft.

Susan Shane

(Oben und links) Große Tümmler vor der Küste von Port Aransas, Texas. Beachten Sie die dunkle Augenregion und den abgewetzten Schnabel. (Unten) Springende Große Tümmler in der Sarasota Bay in Florida.

Rancall Wel s/Earthwatch

58 Weißseitendelphin

Atlantic White-Sided Dolphin
Lagenorhynchus acutus

Vor Neuengland und Ostkanada halten sich die Weißseitendelphine oft in der Gesellschaft von Finn- (5) und Buckelwalen (7) zur Nahrungsaufnahme auf. Wenn die Wale dann weiterziehen, folgen ihnen die Delphine, wobei sie z.T. auf den Bugwellen der Wale reiten.

Andere Namen
Nordischer Delphin; lag, jumper (Neufundland); dauphin à flancs blancs (Frankreich, Québec), springhval (Norwegen).

Besondere Merkmale
Schmaler, weißer Fleck auf der Seite, der mit einem gelben oder gelbbraunen, in der Nähe der Fluke auf die Rückenleiste zulaufenden Fleck in Verbindung steht. Kurzer, schwarzer Schnabel, schwarzer Rücken.

Beschreibung
Länge: 2-2,8 m.
Zähne: 30-40 Paar kleine, spitze Zähne pro Kiefer.
Farbe: Rücken, Schnabeloberseite, Schwanz und Brustflossen schwarz, Bauch und Schnabelunterseite weiß. Die grauen Flanken tragen weiße und gelbe bzw. gelbbraune Flecken.
Körper: robust, Schnabel kurz, Rückenfinne und Brustflosse scharf zugespitzt.
Kälber: bei der Geburt etwa 1,2 m lang.

Verbreitung und Lebensraum
Kühlere Gewässer gemäßigter Breite des Nordatlantik.

Lebensweise
Ziehen gewöhnlich in Gruppen von etwa 50, oft aber auch bis zu 500 Tieren umher. Schnelle Schwimmer; regelmäßige, als „breaching“ bezeichnete Sprünge.

Nahrung
Kleine pelagische Fische, Kalmare.

Vermehrung
Tragzeit: 11 Monate. Die im Juni und Juli geborenen Kälber saugen etwa 18 Monate. Die Kühe können etwa alle zwei Jahre ein Kalb gebären.

Bestand
Gesamtbestand unbekannt; die nordwestatlantische Population wird auf 24.000 Tiere geschätzt.

Springende Weißseitendelphine in den Gewässern der Stellwagen Bank, vor der Küste von Massachusetts.

Jane M. Gibbs

Bruce M. Wellman

59 Weißstreifendelphin

Pacific White-Sided Dolphin
Lagenorhynchus obliquidens

Diese akrobatischen Delphine sind für viele pazifische Ozeanarien gefangen worden. Anstatt auf der Bugwelle zu reiten, surfen die Weißstreifendelphine manchmal im Kielwasser der Schiffe.

Andere Namen
Lag, hookfin porpoise, white-striped dolphin; kama iruka (Japan); delfín lagenorringo (Lateinamerika).

Besondere Merkmale
Große, gebogene Rückenflosse, die an der Vorderkante dunkel und an der Hinterkante hell ist. Kurzer, dunkler Schnabel, weiße oder hellgraue „Hosenträger" auf dem oberen Teil der Flanken, hellgraue Bereiche auf den vorderen Flanken, die sich bis zum Rostrum ziehen.

Beschreibung
Länge: bis zu 2,3 m.
Zähne: 24-31 Paar im Unterkiefer, 23-32 Paar im Oberkiefer.
Farbe: schwarzer Rücken mit hellgrauen Flanken und weißem Bauch.
Kälber: bei der Geburt 75-90 cm lang.

Verbreitung und Lebensraum
Gemäßigte Zone des Nordpazifik, im allgemeinen im Freiwasser.

Lebensweise
Normalerweise in Gruppen von 15-50, manchmal bis zu einigen tausend Tieren. Bei Gelegenheit in Gesellschaft mit Nördlichen Glattdelphinen (68) und Rundkopfdelphinen (70). Klatschen bei der Nahrungsaufnahme manchmal mit dem Kopf oder Schwanz aufs Wasser.

Nahrung
Kalmare, Hering, Sardinen, Anchovis.

Vermehrung
Tragzeit: etwa 10-12 Monate. Die Kälber werden normalerweise im Sommer geboren.

Bestand
Für den östlichen Nordpazifik wird der Bestand auf 30.000-50.000 Tiere geschätzt. Für den westlichen Nordpazifik liegen keine Schätzungen vor.

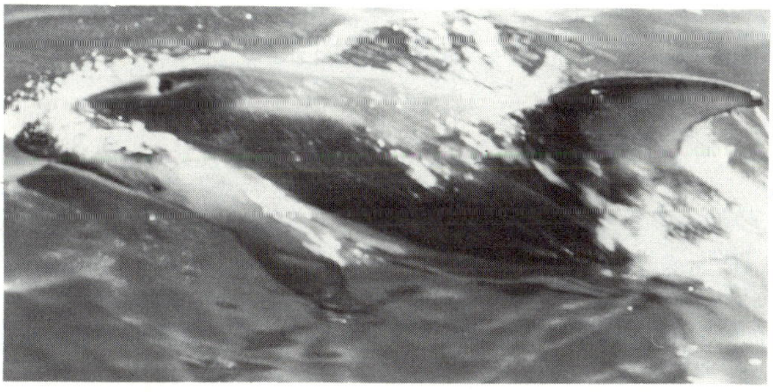

Jay Burdick/Whalewatch Orange County

Ein Weißstreifendelphin vor der Küste Südkaliforniens.

60 Peale-Delphin **Peale's Dolphin** Lagenorhynchus australis

Diese schwarzgesichtigen Delphine, die Walbeobachter selten zu sehen bekommen, sind in der Magellan-Straße und im Beagle-Kanal in der Nähe von Tierra del Fuego, an der Südspitze Südamerikas, relativ häufig.

Andere Namen
Peale's Tümmler; blackchin dolphin; delfín austral (Lateinamerika).

Besondere Merkmale
Im Gegensatz zum doppelten Streifen der Schwarzdelphine (62) zieht bei diesen Delphinen nur ein einfacher Streifen über die hintere Flanke; einfarbige Rückenflosse, völlig schwarzes Gesicht. Nur vor der Südspitze Südamerikas anzutreffen.

Beschreibung
Länge: bis gut 2 m.
Zähne: 30 pro Kieferhälfte.
Farbe: Rücken, Brustflossen, Fluke und Kopf dunkel; vorderer Flankenbereich, Bauch und Streifen (von der Finne bis zur Fluke) hell.
Körper: robust.

Verbreitung und Lebensraum
Die kälteren, küstennahen Gewässer Südamerikas.

Lebensweise
Ziehen in Gruppen bis zu 8 Tieren; Wellenreiter.

Nahrung
Unbekannt.

Vermehrung
Unbekannt.

Bestand
Genaue Bestandszahlen sind unbekannt, in Teilen ihres Verbreitungsgebietes werden sie als häufig beschrieben. Einige Delphine werden von Fischern vor Chile gefangen und manchmal als Krabbenköder verwendet.

Schwanz, Rückenflosse, Kopf: Seitenansicht mit Brustflosse

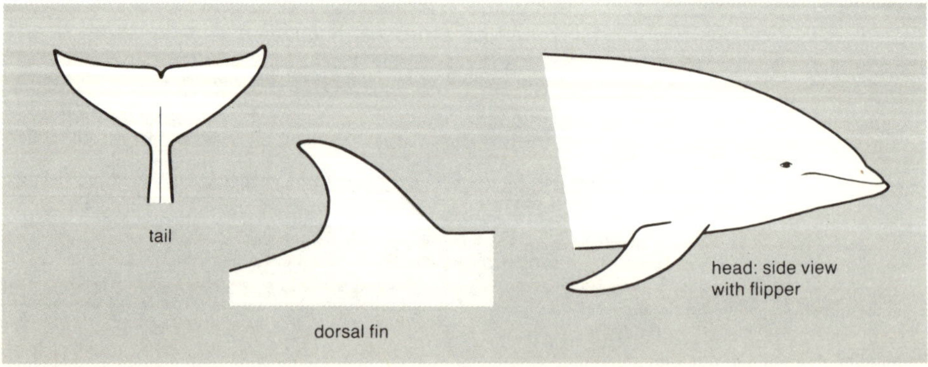

61 Stundenglas-Delphin

Hourglass Dolphin
Lagenorhynchus cruciger

Das Farbmuster dieser selten anzutreffenden, südlichsten Lagenorhynchus-Art sieht aus wie die sich schneidenden Parabeln eines Stundenglases.

Andere Namen
Southern white-sided dolphin; delfín cruzado (Lateinamerika).

Besondere Merkmale
Die weißen Flecken auf den Flanken haben etwa die Form eines Stundenglases; anders als bei den Peale-Delphinen (60) und den Schwarzdelphinen (62) ist der Bereich hinter den Brustflossen nicht hellgrau, sondern schwarz. Sie sind nur in antarktischen und subantarktischen Gewässern anzutreffen.

Beschreibung
Länge: bis zu 1,8 m.
Zähne: etwa 28 Paar in beiden Kiefern.
Farbe: bis auf den weißen Bauch und zwei große weiße Bereiche auf den Flanken ist der Körper schwarz.
Körper: robust, mit niedriger, breit ansetzender Rückenflosse. Die Brustflossen sind länger und stärker gekrümmt als bei anderen Arten dieser Gattung.

Verbreitung und Lebensraum
Kalte Gewässer der südlichen gemäßigten und der antarktischen Zone, in einiger Entfernung von der Küste.

Lebensweise
Eifrige Wellenreiter mit gelegentlichen Drehsprüngen.

Nahrung
Kalmare.

Vermehrung
Unbekannt.

Bestand
Genaue Angaben fehlen.

Ein Stundenglas-Delphin in der Antarktis.

Peter Beamish

62 Schwarzdelphin

Dusky Dolphin
Lagenorhynchus obscurus

In den 70er Jahren lebten die Biologen Bernd und Melany Würsig auf der Halbinsel Valdés, Argentinien, um dort die Nahrungsstrategien und die soziale Organisation der Schwarzdelphine zu studieren.

Andere Namen
Dunkler Delphin; Fitzroy's dolphin.

Besondere Merkmale
Abgesehen von der Südspitze Südamerikas, wo auch die Peale-Delphine (60) auftreten, sind die Schwarzdelphine (mit der großen Rückenflosse und dem kleinen Schnabel) in ihrem Verbreitungsgebiet die einzigen Vertreter der Gattung Lagenorhynchus. Die beiden Arten lassen sich durch die normalerweise zweifarbige Finne der Schwarzdelphine sowie das – für diese Gattung einzigartige – schwarze Gesicht der Peale-Delphine unterscheiden.

Beschreibung
Länge: bis gut 2 m.
Gewicht: 135 kg.
Zähne: 24-36 Paar pro Kiefer.

Ein springender Schwarzdelphin vor der Küste Patagoniens, Argentinien.

Bernd & Melany Würsig

Farbe: Rücken und Schnauze blaugrau; dunkler Streifen, vom Auge zur Brustflosse ziehend; Flipper und Fluke dunkel, Rückenfinne normalerweise zweifarbig. Individuelle Variationen möglich.
Körper: den Weißstreifendelphinen (59) sehr ähnlich, allerdings ist das Rostrum der Scharzdelphine länger, die Rückenflosse ist größer, gerader, und die Zweifarbigkeit der Finne ist nicht so auffallend.

Verbreitung und Lebensraum
Gemäßigte Zone der südlichen Hemisphäre, oft nahe am Strand.

Lebensweise
Bei ihren Untersuchungen auf der Halbinsel Valdés kamen die Würsigs zu dem Ergebnis, daß die Größe der Gruppen nichtfressender Delphine zwischen 6-15 Tieren liegt, bei der Nahrungsaufnahme dagegen wachsen die Gruppen bis zu einer Stärke von 300 Tieren an. Im Verlaufe des Tages konnte außerdem eine allgemeine Bewegung zum tieferen Wasser hin und ein Ansteigen der Gruppengröße beobachtet werden – wahrscheinlich steht dies im Zusammenhang mit der Nahrungsaufnahme. Auch die Geschwindigkeit ist davon beeinflußt: während sie sonst durchschnittlich bei 6,5 km/h lag, wurden beim Fressen bis zu 15 km/h erreicht. Dadurch, daß diese Delphine ihre Beute nahe der Wasseroberfläche zusammentreiben, werden viele Seevögel angelockt.

Nahrung
Südliche Anchovis, Kalmare.

Vermehrung
Tragzeit: etwa 11 Monate.

Bestand
Unbekannt, aber wahrscheinlich nicht gefährdet.

63 Weißschnauzendelphin

White-Beaked Dolphin
Lagenorhynchus albirostris

Diese größten Vertreter der Gattung Lagenorhynchus, die sich meist von Schiffen fernhalten, sind um Neufundland herum als „squid-hounds" ("Kalmar-Jagdhunde") bekannt.

Andere Namen
Lag, squid-hound (Neufundland); dauphin à nez blanc (Frankreich/Québec); hvidnaese (Norwegen).

Besondere Merkmale
Kurzer, gewöhnlich weißer Schnabel; auffälliger ist jedoch der weiße Fleck auf der Seite, der sich bis auf den Rücken ausdehnt. Gräulicher Sattelfleck, der aus einiger Entfernung weiß aussieht. Nur im nördlichen Nordatlantik anzutreffen.

Beschreibung
Länge: bis zu 3 m.
Zähne: je etwa 22-28 Paar im Ober- und Unterkiefer.
Farbe: auf der Rückenseite mit Ausnahme des Schnabels und des grauen Sattelflecks schwarz. Am Bauch und Schnabel weiß, auf den Flanken unterschiedliche weiße, graue oder schwarze Flecken.
Körper: robust mit großer, gebogener Rückenflosse und kurzem Schnabel; scharf zugespitzte Brustflossen.

Verbreitung und Lebensraum
Kühlere Gebiete der gemäßigten Zone des Nordatlantik bis zur Eisgrenze. Nördlichste Art der Gattung Lagenorhynchus.

Lebensweise
Diese Delphine ziehen normalerweise in Gruppen von bis zu 25 Tieren umher. Vor Neufundland und im St.-Lorenz-Golf wurden allerdings auch schon Gruppen von bis zu 1.500 Tieren gesichtet.

Nahrung
Kalmare, Dorsch, Lodde, Krebstiere.

Vermehrung
Unbekannt.

Bestand
Genaue Zahlen fehlen, aber wahrscheinlich nicht gefährdet.

Richard Sears/MICS

Springende Weiß-schnauzendelphine.

64 Commerson-Delphin

Commerson's Dolphin
Cephalorhynchus commersoni

Auf seiner Reise um die Welt Mitte des 18. Jahrhunderts entdeckte Philibert Commerson diesen Delphin in der Magellan-Straße und nannte ihn wegen seiner ins Auge fallenden schwarz-weißen Färbung „le Jacobin" (der Jakobiner).

Andere Namen
Jacobiter; piebald porpoise, Jacobite; jacobita oder delfín de Magallanes (Lateinamerika).

Besondere Merkmale
Auffallende Färbung: der Kopf und die Rükkengegend von der Finne bis zur Fluke sind schwarz, der Rest des Körpers sowie ein Kehlfleck sind weiß. Begrenztes Verbreitungsgebiet im Südatlantik und südlichen Indischen Ozean.

Beschreibung
Länge: bis zu 1,7 m.
Zähne: 29-30 kleine, spitze Zähne in jeder Kieferhälfte.
Körper: untersetzt, mit abgerundeter Rükkenflosse. Die Brustflossen sind ebenfalls abgerundet und haben eine fast ovale Form.

Verbreitung und Lebensraum
Hauptsächlich in unmittelbarer Nähe der südamerikanischen Atlantikküste, vom Golfo San Matias bis nach Tierra del Fuego, besonders in der Magellan-Straße. Außerdem: Falklandinseln, Süd-Georgien, Kerguélen-Inseln (südlicher Indischer Ozean).

Lebensweise
Normale Gruppengröße 2-4, bis zu 10 Tieren. Oft wurden synchrone Atem- und Tauchmuster beobachtet.

Nahrung
Kalmare, Euphausidaceen, verschiedene Fische. In Südargentinien wurden sie beim Jagen und Fressen im Flachwasser in der Nähe von Häfen oder Stränden sowie in Seetangfeldern beobachtet.

Vermehrung
Die im Januar neugeborenen Kälber sind völlig braun. Die Jungtiere sind schwarz und grau, wobei das Grau mit zunehmendem Alter in Weiß übergeht.

Bestand
Genaue Zahlen fehlen, aber in ihrem Verbreitungsgebiet sind sie anscheinend häufig. Einige Tiere wurden für Ozeanarien gefangen. Jährlich werden auch ein paar dieser Delphine versehentlich von Fischern in ihren Netzen gefangen.

R.N.P. Goodall

Dieses junge Jakobiter-Weibchen wurde an der Küste der Tierra del Fuego versehentlich in einem Fischernetz gefangen.

65 Weißbauchdelphin

Black Dolphin
Cephalorhynchus eutropia

Die seltenen Weißbauchdelphine wurden bisher nur von den Fischern, die sie vor der chilenischen Küste versehentlich in ihren Netzen gefangen haben, genauer gesehen.

Andere Namen
Chilean dolphin; delfín negro oder delfín chileno (Lateinamerika).

Besondere Merkmale
Erscheint auf See völlig schwarz – dunkler als der Burmeister-Schweinswal (43) – mit einer Rückenflosse, die im Vergleich zu der dornigen, dreieckigen Finne des Burmeister-Schweinswales niedrig und abgerundet wirkt.

Beschreibung
Länge: etwa 1,2 m, bis zu 1,5 m.
Gewicht: ungefähr 55 kg.
Zähne: im Ober- und Unterkiefer je 28-31 Paar.
Farbe: Rücken und Flanken schwarz, Bauch weiß.
Körper: klein und stämmig.

Verbreitung und Lebensraum
Kalte Küstengewässer Chiles und der Tierra del Fuego.

Lebensweise
Weißbauchdelphine ziehen in Gruppen von bis zu 14 Tieren umher. Sie sind scheu und halten sich von Booten fern.

Nahrung
Unbekannt.

Vermehrung
Unbekannt.

Bestand
Bestandszahlen unbekannt, aber selten.

Schwanz, Rückenflosse, Kopf: Seitenansicht mit Brustflosse

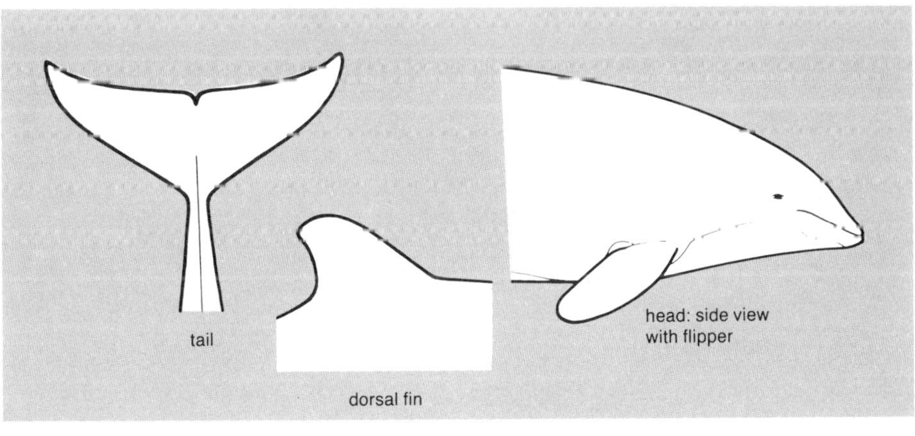

66 Heaviside-Delphin

Heaviside's Dolphin
Cephalorhynchus heavisidei

1827 brachte Kapt. Haviside (nicht Heaviside) den Schädel und die Haut dieses seltenen südafrikanischen Delphins mit nach England.

Andere Namen
Keine.

Besondere Merkmale
Die geringe Größe und die niedrige, dreieckige Rückenflosse sind innerhalb dieses Verbreitungsgebietes eindeutige Merkmale.

Beschreibung
Länge: 1,2-1,4 m.
Zähne: 25-30 pro Kieferhälfte.
Farbe: Kopf und Rücken schwarz; das Weiß des Bauches zieht in fingerförmigen Ausläufern auf die hintere Flanke und auf beiden Seiten um die Brustflossen herum.
Körper: klein und stämmig.

Verbreitung und Lebensraum
Südafrikanische Küstengewässer vom Kap der Guten Hoffnung bis zum Cape Cross.

Lebensweise
1969 wurden drei Heaviside-Delphine gefangen, und während sie noch lebten, konnten ihre Lautäußerungen aufgezeichnet werden: Sie erzeugten weder Schreie noch Pfeiftöne, sondern lediglich Klicks und pulsierende Laute.

Nahrung
Basierend auf wenigen Beobachtungen: Kalmare und bodenlebende Fische.

Vermehrung
Unbekannt.

Bestand
Genaue Zahlen fehlen, aber mit Sicherheit nicht zahlreich. Es gibt immer wieder einige Tiere, die in den Netzen der Reusenfischer vor Südafrika ertrinken.

Schwanz, Rückenflosse, Kopf: Seitenansicht mit Brustflosse

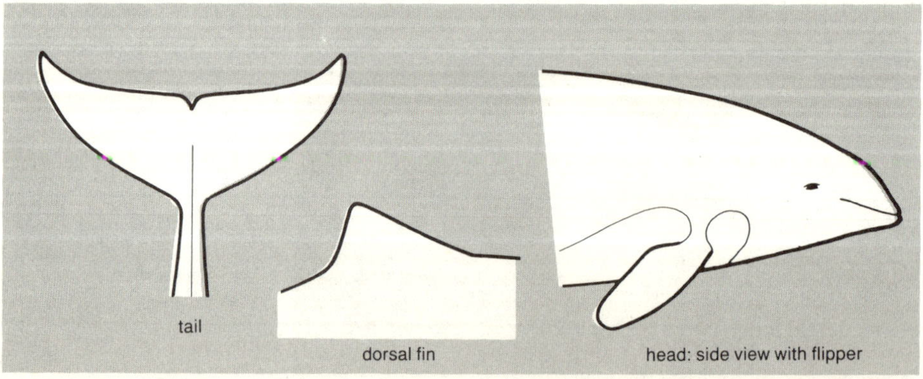

67 Hector-Delphin

Hector's Dolphin
Cephalorhynchus hectori

Die in Neuseeland beheimateten Hector-Delphine, die bekanntesten der Gattung Cephalorhynchus, sind Wellenreiter und zeigen ihre Kunststücke manchmal auch in Ozeanarien.

Andere Namen
Little pied dolphin.

Besondere Merkmale
Die blaßgraue oder weiße Scheibe auf der Stirn; abgerundete Rückenflosse; nur um Neuseeland herum anzutreffen.

Beschreibung
Länge: 1,2-1,5 m.
Zähne: 26-32 kleine Zähne in jeder Kieferhälfte.
Farbe: komplexes Muster mit einigen Variationen; die Seiten des Kopfes, Brustflossen, Rückenflosse und Fluke sind völlig schwarz, die Kinnspitze dunkel. Der Rükkenbereich ist blaßgrau mit leichtem rosa oder braunem Schleier, die Bauchseite ist weiß, nur zwischen den Flippern breitet sich die dunkle Pigmentierung aus. Die weiße Bauchfläche ist auf den hinteren Flanken fingerförmig ausgezogen.
Körper: kurz und stämmig, abgerundete Brustflossen.

Verbreitung und Lebensraum
Küstennahe Gewässer Neuseelands, oft in Ästuarien und tiefen Meeresarmen.

Lebensweise
Gruppen von 2-8 Tieren, selten 20 oder mehr.

Nahrung
Thunfisch, Dorsch, Sandhimmelsgucker (Bodenfisch), Kalmare.

Vermehrung
Die Kälber haben eine blasse Farbe, die Hauptgeburtszeit scheint im frühen (südlichen) Sommer zu liegen.

Bestand
Bestandszahlen unbekannt, aber in ihrem Verbreitungsgebiet häufig. Jährlich werden einige in Netzen steckengebliebene Delphine gemeldet.

Alan N. Baker

Ein Hector-Delphin fliegt durch das Wasser der Cloudy Bay in Neuseeland.

68 Nördlicher Glattdelphin Northern Right Whale Dolphin

Lissodelphis borealis

Diese „glatten Delphine des Nordwindes", wie ihr wissenschaftlicher Name sie beschreibt, rasen in Gruppen von 15-200 Tieren durchs Wasser. Sie schwimmen hintereinander her und springen ganz und gar aus dem Wasser heraus, um dann nach einem sechs Meter weiten Flug wieder einzutauchen.

Andere Namen
Nördlicher Glattwaldelphin; kiti demi iruka (Japan); delfín de liso (Lateinamerika).

Besondere Merkmale
Sie sind die einzigen Delphine im Nordpazifik, die keine Rückenflosse haben.

Beschreibung
Länge: Männchen bis zu 3 m; Weibchen bis zu 2,3 m.
Zähne: im Ober- und Unterkiefer je 37-49 Paar scharf zugespitzte Zähne.
Farbe: fast ganz schwarz, mit variierendem weißen Muster auf dem Bauch und einem weißen Fleck nahe der Unterkieferspitze.
Körper: lang und schlank, sich zur schmalen Schwanzwurzel hin verjüngend. Weder Kiel noch Flosse auf dem Rücken; kurzer Schnabel ohne Stirn oder Kinn; schmale Fluke.
Kälber: bei der Geburt 80-100 cm lang.

Verbreitung und Lebensraum
Gemäßigte Bereiche des Nordpazifik; im Freiwasser.

Lebensweise
Wandern oft in Gruppen von über hundert Tieren, häufig in Gesellschaft mit Weißstreifendelphinen (59). Schnelle Schwimmer: es wurden Geschwindigkeiten bis zu 40 km/h gestoppt. Reiten gelegentlich auf den Bugwellen von Schiffen und anderen Walen, besonders von Finn- (5) und Grauwalen (1).

Nahrung
Kalmare und Anglerfische.

Vermehrung
Die Kälber werden wahrscheinlich zu Beginn des Frühjahres geboren.

Bestand
Unbekannt.

Kenneth C. Balcomb

Eine Gruppe springender Nördlicher Glattdelphine vor Santa Rosa Island in Südkalifornien.

69 Südlicher Glattdelphin

Southern Right Whale Dolphin
Lissodelphis peroni

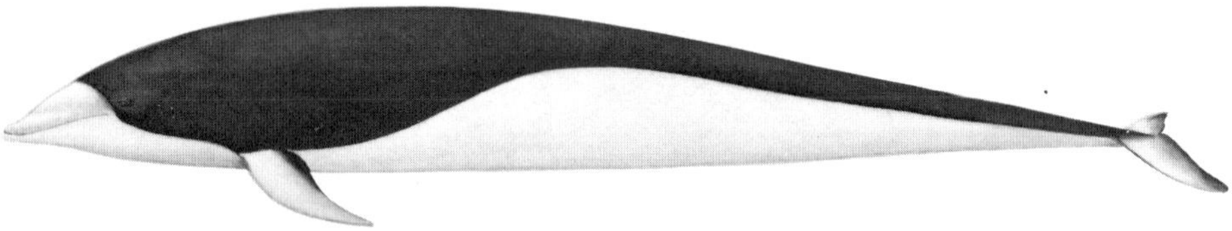

Den südlichen Glattdelphinen fehlt, ebenso wie ihren nahen Verwandten, den Nördlichen Glattdelphinen (68), die Rückenflosse. Keine der beiden Arten ist mit den Glattwalen verwandt: Diese Delphine sind geschmeidige, schnelle, glatthäutige, bezahnte Cetaceen – also das genaue Gegenteil der Glattwale.

Andere Namen
Südlicher Glattwaldelphin; delfín de liso (Lateinamerika).

Besondere Merkmale
Im südlichen Ozean die einzigen Delphine, die keine Rückenflosse haben.

Beschreibung
Länge: 1,8-2,4 m.
Zähne: 44-49 pro Kieferhälfte.
Farbe: Rücken schwarz bis purpurbraun; Bauch, Brustflossen und Unterseite der Fluke weiß.
Körper: schlank, schmale Schwanzwurzel, weder Kiel noch Rückenflosse, kurzer Schnabel ohne Stirn oder Kinn, schmale Fluke.

Verbreitung und Lebensraum
Küstenferne Gewässer der südlichen gemäßigten und der subantarktischen Zone.

Lebensweise
Wandern in Gruppen von 3 bis 200-300 Tieren, oft zusammen mit Schwarzdelphinen (62) und Grindwalen. Scheinen Schiffe zu meiden. Nach den Aussagen von Cruickshank und Brown, die diese Art vor Südafrika beobachtet haben, ermöglichen die Farbunterschiede auf den Brustflossen, dem Kopf und dem Körper eine individuelle Unterscheidung der Tiere.

Nahrung
Anglerfische, Kalmare.

Vermehrung
Unbekannt.

Bestand
Bestandszahlen unbekannt, aber anscheinend häufig.

Südliche Glattdelphine rasen durch die küstenfernen Gewässer Südafrikas.

P.E. Malan/courtesy R.A. Cruickshank

70 **Rundkopfdelphin** **Risso's Dolphin** Grampus griseus

„Pelorus Jack" nannten die Neuseeländer den freundlichen Rundkopfdelphin, der um die Jahrhundertwende herum 24 Jahre lang die Schiffe begrüßte und über den Pelorus-Sund begleitete – bis er mit mehreren Schußwunden tot aufgefunden wurde.

Andere Namen
Risso's Delphin, Gestreifter Delphin; delfín de Risso (Lateinamerika); dauphin de Risso (Frankreich); hana gondō kujira (Japan).

Besondere Merkmale
Vernarbte weiße oder graue Haut, stumpfer Kopf, große, gebogene Rückenflosse.

Beschreibung
Länge: 3-4 m.
Zähne: 7 Paar oder weniger im Unterkiefer, keine im Oberkiefer.
Farbe: weiß bis silbergrau, mit Ausnahme der dunklen Rückenfinne, der Fluke und der Außenseite der Brustflossen. Dunkler Fleck ums Auge herum, Kratzspuren und ovale Narben als Folge von Kämpfen mit Kalmaren.
Körper: robust, mit großer, gebogener Finne. Der Kopf ist stumpf, ohne Schnabel. Lange zugespitzte Brustflossen. Die breite Fluke ist tief eingekerbt.
Kälber: bei der Geburt etwa 1,5 m lang und einheitlich hellgrau. Bei den jugendlichen Delphinen wird die Haut fast schwarz, bevor sie sich dann wieder aufhellt.

Verbreitung und Lebensraum
Tropische und warm-gemäßigte Gewässer der tiefen Weltmeere.

Lebensweise
Gruppen von weniger als 12 bis zu einigen hundert Tieren. Akrobatisch.

Nahrung
Kalmare; kaum Fisch.

Vermehrung
Unbekannt.

Bestand
Unbekannt, aber wahrscheinlich zahlreich. Hauptsächlich in Japan fallen einige Tiere den vom Strand aus operierenden Walfängern zum Opfer oder werden für Ozeanarien gefangen.

Ein Rundkopfdelphin im japanischen Izu-Mito Sea Paradise.

M. Nakajima

71 Irawadi-Delphin **Irrawaddy Dolphin** Orcaella brevirostris

Diese hell-blaugrauen Delphine mit ihrem den Weißwalen ähnelnden Gesicht bewohnen die Flüsse, Seen und Küstengewässer vom Golf von Bengalen bis nach Neuguinea und Nordaustralien.

Andere Namen
Mahakam River dolphin oder pesut mahakam (Indonesien); lumba lumba (Malaysia).

Besondere Merkmale
Kugeliger Kopf, kleine abgerundete Brustflossen. Wenn er die Oberfläche des schlammigen Flußwassers durchbricht, sieht der Körper grau, ja sogar weiß aus. Der Indische Schweinswal (44), der in den gleichen Gewässern vorkommt, ist viel kleiner und hat keine Rückenflosse.

Beschreibung
Länge: etwa 1,8-2,4 m.
Zähne: 12-15 Paar im Unterkiefer; 17-19 Paar im Oberkiefer.
Körper: stämmig, Rückenfinne und Brustflossen klein und abgerundet. Stumpfer, schnabelloser Kopf mit einer großen Melone.
Kälber: bei der Geburt knapp 65 cm lang.

Verbreitung und Lebensraum
Süßwasserflüsse, Seen und flache Küstengewässer Südostasiens, vom Golf von Bengalen bis Nordaustralien.

Lebensweise
Schwimmen in Gruppen von 3-10 Tieren. Spucken beim „Ausschauhalten" („spyhopping") oft Wasser aus dem Maul. Die Gründe für dieses Verhalten konnten noch nicht geklärt werden; in indonesischen Ozeanarien wurden Delphine so trainiert, daß sie dieses Verhalten auf Befehl vorführen.

Nahrung
Fisch.

Vermehrung
Tragzeit: etwa 1 Jahr.

Bestand
Bestandszahlen unbekannt, aber offensichtlich innerhalb des Verbreitungsgebietes recht häufig.

Tas'an/Jaya Ancol Oceanarium

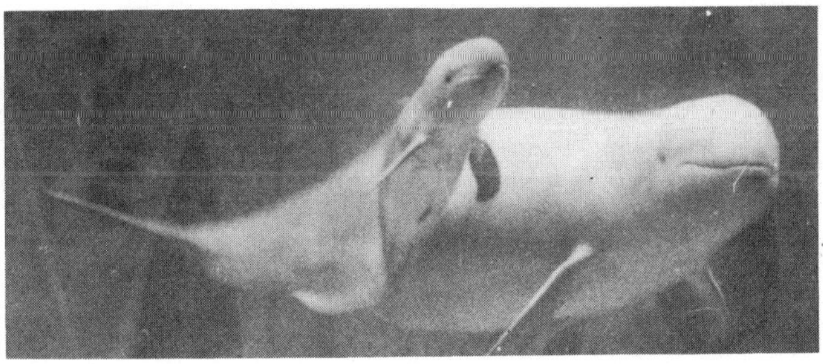

Die Geburt eines Irawadi-Delphins in einem Ozeanarium in Jakarta, Indonesien.

72 Breitschnabeldelphin

Melon-Headed Whale
Peponocephala electra

Gefangenschaftsbeobachtungen und die spärlichen Begegnungen in freier Wildbahn haben gezeigt, daß diese seltenen Delphine recht aggressiv sind – ähnlich wie die Zwerggrindwale (73), mit denen sie oft verwechselt werden.

Andere Namen
Electra dolphin, Hawaiian blackfish, many-toothed blackfish; kazuha gondō kujira (Japan).

Besondere Merkmale
Breitschnabeldelphine sind erheblich kleiner als Kleine Schwertwale (74), aber von den Zwerggrindwalen sind sie auf See fast nicht zu unterscheiden. Aus sehr kurzer Entfernung werden eventuell die zugespitzteren Brustflossen und der Bauchkiel sichtbar. Die Schnauze ist ebenfalls etwas stärker zugespitzt.

Beschreibung
Länge: 1,8-2,4 m, bis zu 2,8 m.
Zähne: klein und zahlreich, im Unterkiefer 21-24 Paar, im Oberkiefer 22-26 Paar.
Farbe: schwarz, die Haut auf den Lippen ist weißlich. Am Bauch heller, um die Genital- und Analöffnung herum weiß. Auf der Brust zwischen den Flippern befindet sich ein ankerförmiger grauer Fleck.
Körper: schlank, mit einem abgerundeten Kopf, der zu einer stumpfen Spitze hin abfällt, der Schnabel ist nicht deutlich abgesetzt. Auffallende, sichelförmige Rückenflosse.
Kälber: bei der Geburt gut 1 m lang und 15 kg schwer. (Die Angaben stammen von einem männlichen Kalb, das in einem Thunfischnetz gefangen wurde).

Ein seltener, an der australischen Küste gestrandeter Breitschnabeldelphin.

Queensland Museum/Michael M. Bryden

Verbreitung und Lebensraum
Tropische und subtropische Bereiche der Weltmeere.

Lebensweise
Bei den wenigen Beobachtungen, die in freier Wildbahn möglich waren, wurden die Delphine in großen Gruppen von bis zu 500 Tieren angetroffen. Die meisten Kenntnisse über die Breitschnabeldelphine stammen von gestrandeten Tieren.

Nahrung
Fisch, Kalmare.

Vermehrung
Unbekannt.

Bestand
Unbekannt. Bis zum Jahr 1963, als in Japan ein lebendes Exemplar gefangen wurde, war diese Art nur durch Skelette bekannt. 1965 schwamm eine Herde von etwa 500 Tieren in die Suruga-Bucht bei Honshu; etwa 250 Tiere wurden gefangen und konnten, bevor sie von den Anwohnern aufgegessen wurden, von Wissenschaftlern genau untersucht werden. Als Ergebnis dieser Arbeit wurde 1966 die neue Gattung Peponocephala beschrieben.

73 Zwerggrindwal **Pygmy Killer Whale** Feresa attenuata

Es gibt Berichte über in Gefangenschaft lebende Zwerggrindwale, die Delphine, mit denen sie im gleichen Becken lebten, angegriffen und getötet haben. Sie scheinen also das Etikett „Killer" („Mörder") viel eher zu verdienen als der größere und besser bekannte „Killer Whale" (Schwertwal (75)).

Andere Namen
Blackfisch; orca pigméo (Lateinamerika); yume gondō kujira (Japan).

Besondere Merkmale
Bedeutend kleiner als Kleine Schwertwale (74), aber von den Breitschnabeldelphinen (72) auf See fast nicht zu unterscheiden. Aus kurzer Entfernung könnten die stärker abgerundeten Flossenspitzen und die rundere Nasenspitze auffallen.

Beschreibung
Länge: etwa 2,3 m, bis zu 2,8 m.
Zähne: oben und unten in jeder Reihe 8-13 Zähne.
Farbe: schwarz oder dunkelgrau, oft mit einer Kappe. Der weiße Bauchbereich dehnt sich manchmal bis auf die Flanken aus. Die weiße Mundregion umfaßt die Lippen und manchmal auch das Kinn (das sieht dann wie ein weißer „Spitzbart" aus).
Körper: schlank, mit gerundetem Kopf und ohne Schnabel. Auffallende, sichelförmige Rückenflosse.

Verbreitung und Lebensraum
Subtropische und besonders tropische Gewässer der Weltmeere.

Lebensweise
Gruppen von 5-10 bis zu 50 Tieren, selten mehr.

Nahrung
Unbekannt, es gibt jedoch Berichte darüber, daß Zwerggrindwale andere Delphinarten, besonders deren Jungtiere, jagen.

Vermehrung
Unbekannt.

Bestand
Unbekannt, wird selten gesichtet.

Robert L. Pitman/Stephen Leatherwood

Zwerggrindwale reiten auf der Bugwelle eines Forschungsschiffes.

74 Kleiner Schwertwal

False Killer Whale
Pseudorca crassidens

Die Kleinen Schwertwale stehen erst seit kurzem mit den Schwertwalen (75) auf der Liste der Wale, die zumindest manchmal andere Wale fressen. Kürzlich wurden nämlich Kleine Schwertwale vor Hawaii dabei beobachtet, wie sie ein junges Buckelwalkalb angriffen und töteten.

Andere Namen
Unechter Schwertwal, Kleiner Mörder; Pseudorque (Frankreich), oki gondō kujira (Japan), orca falsa (Lateinamerika).

Besondere Merkmale
Völlig schwarz, mit Ausnahme eines blassen, ankerförmigen Flecks auf der Brust. Leicht abfallende Stirn. In besonderer Weise gebogene, lange Brustflossen, die auf halber Länge einen buckelähnlichen Ellbogen haben. Große Rückenfinne in der Körpermitte.

Beschreibung
Länge: Männchen bis zu 5,5 m, Weibchen bis knapp 5 m.
Zähne: 8-11 große Zähne pro Kieferhälfte.
Farbe: völlig schwarz mit einer dunkelgrauen, ankerförmigen Markierung auf der Brust.
Körper: lang und schlank mit einer leicht abfallenden Stirn. Unterschiedlich ausgeprägte Rückenfinne, aber meistens groß (bis zu 40 cm) und gebogen. Die Fluke ist an den Enden zugespitzt.
Kälber: bei der Geburt 1,5-1,8 m lang, heller grau.

Verbreitung und Lebensraum
Küstenferne, tropische und warm-gemäßigte Gewässer der Weltmeere.

Lebensweise
Sehr gesellig in Gruppen von 2-50 Tieren, manchmal auch bis zu 200 und mehr. Die potentielle Gruppengröße zeigt eine Strandung von 800 Kleinen Schwertwalen 1946 in La Plata, Argentinien. Dieses war die größte jemals registrierte Massenstrandung von Cetaceen. Die Schwimmgeschwindigkeit dieser Wale, die sich oft Schiffen nähern, auf deren Bugwellen sie reiten, wird auf 22-26 km/h geschätzt. Manchmal werden sie zusammen mit Großen Tümmlern (57) gesehen.

Schwanz, Rückenflosse, Kopf: Seitenansicht mit Brustflosse

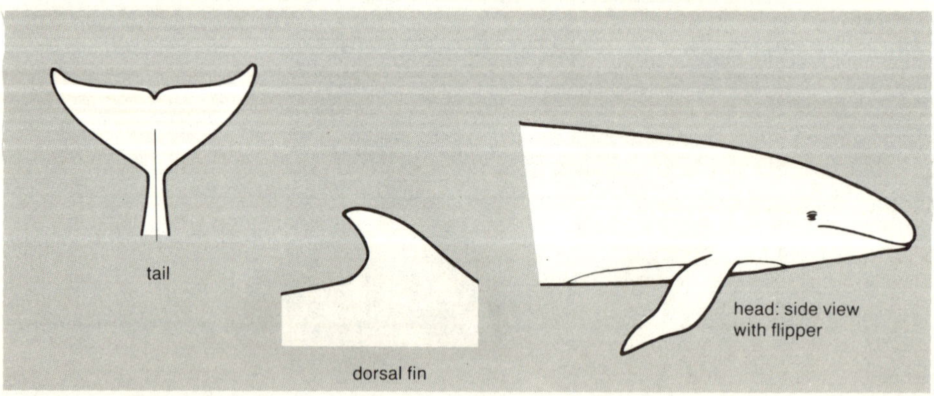

Nahrung
Kalmare; pelagische Fische (Gelbflossen-Thunfisch, Bonita); gelegentlich Delphine und offensichtlich kranke oder junge Bukkelwale.

Vermehrung
Kälber werden zu jeder Jahreszeit geboren.

Bestand
Genaue Bestandszahlen fehlen. Einige Tiere werden von Kleinwalfängern und für Ozeanarien gefangen.

Stephen Leatherwood

(Oben) Ein springender Kleiner Schwertwal im Sea Life Park, Hawaii. (Unten) Kleine Schwertwale rasen durch die Gewässer des östlichen tropischen Pazifik.

Robert L. Pitman/courtesy Stephen Leatherwood

75 Schwertwal

Killer Whale Orcinus orca

Im 18. Jahrhundert gaben spanische Walfänger ihnen den Namen „Wal-Mörder“, nachdem sie beobachtet hatten, wie Schwertwale in Gruppen jagten, große Bartenwale überwältigten und sich dann über deren Lippen und Zungen hermachten.

Andere Namen
Mordwal, Mörder, Butzkopf; Orca, killer, blackfish; épaulard (Québec); spaekhogger (Norwegen); hahyrna (Island); kosatka (UdSSR); sakamata (Japan); orca (Lateinamerika).

Besondere Merkmale
Die große Rückenflosse – bei Männchen bis zu 1,8 m lang und aufrecht, bei Weibchen und heranwachsenden Männchen bis zu 60 cm lang und sichelförmig. Der weiße Augenfleck, der hinter und über dem Auge liegt, die weißen Flanken und der weiße Bauch sind deutlich gegen den übrigen, glänzend schwarzen Körper abgesetzt.

Beschreibung
Länge: Männchen im Durchschnitt 7 m, bis zu knapp 10 m; Weibchen etwa 6 m, bis zu 8,5 m.
Gewicht: bis zu 8 t.
Zähne: 10-13 Paar konische Zähne pro Kiefer.
Körper: robust, mit konischem Kopf, manchmal mit der Andeutung eines Schnabels. Große Rückenflosse, die in ihrer Form variiert. Große, ruderförmige Brustflossen (bei Männchen 2-3mal größer als bei Weibchen).
Kälber: bei der Geburt gut 2 m lang und 200 kg schwer; sie haben keinen Sattelfleck, Bauch und Augenfleck sind während der ersten Monate rosa-orange oder gelbbraun.

Schwanz, Rückenflosse eines Weibchens oder eines noch nicht ausgewachsenen Männchens
Kopf: Seitenansicht mit Brustflosse

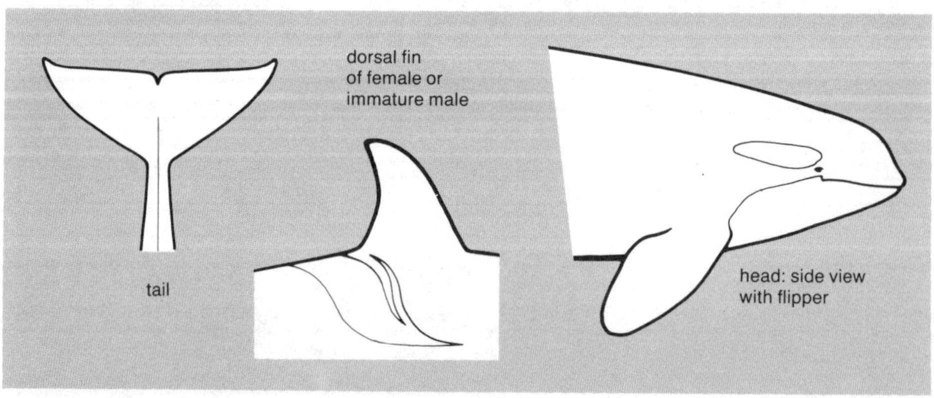

Verbreitung und Lebensraum
Weltmeere, besonders kühlere küstennahe Gewässer, aber auch im Freiwasser.

Lebensweise
Ziehen in Schulen von 5-20 (bis zu 50) Tieren umher, es handelt sich dabei um dauerhafte, feste Gruppen, die aus Männchen, Weibchen und Jungtieren bestehen. Jede Schule hat ihren eigenen Dialekt und ihr eigenes, besonderes Lautinventar. Die Schulen ziehen oft für einige Stunden oder Tage in Großgruppen von mehr als 100 Walen. Die Reisegeschwindigkeit der einzelnen Schulen liegt bei 3-4 Knoten (5,5-7,5 km/h), während sie in Großgruppen bei 5-6 Knoten (etwa 9-11 km/h) liegt. Die Höchstgeschwindigkeit wird auf 25, manchmal fast 30 Knoten (55,5 km/h) geschätzt. Um ganz und gar aus dem Wasser herauszuspringen, muß ein Schwertwal eine Ausgangsgeschwindigkeit von 36 km/h erreichen.

Nahrung
Fisch (Lachs, Dorsch, Hering usw.), marine Säugetiere (Seehunde, Seelöwen, mindestens 25 Wal- und Delphinarten), Kalmare, Vögel, Lederschildkröten.

Vermehrung
Tragzeit: etwa 14 Monate. Kälber saugen mindestens ein Jahr, vielleicht auch zwei Jahre. Im nordwestlichen Pazifik gebären die Kühe im Durchschnitt alle zehn Jahre ein Kalb (einige allerdings auch alle drei Jahre).

Bestand
Gesamtbestand unbekannt, aber offensichtlich nicht gefährdet. In einigen Gegenden vor Norwegen, Japan und in der Antarktis ist die lokale Dichte durch die Jagd der Kleinwalfänger reduziert. Vor British Columbia, Washington, Japan und Island hat es einige Lebendfänge für Ozeanarien gegeben.

Peter Thomas

(Oben) Ein ausschauhaltender Schwertwal vor Vancouver Island. (Unten) Ein spielender Schwertwal legt sich auf die Seite und spritzt mit seinem Schwanz.

Graeme Ellis/courtesy Michael A. Bigg

76 Gewöhnlicher Grindwal

Long-Finned Pilot Whale
Globicephala melaena

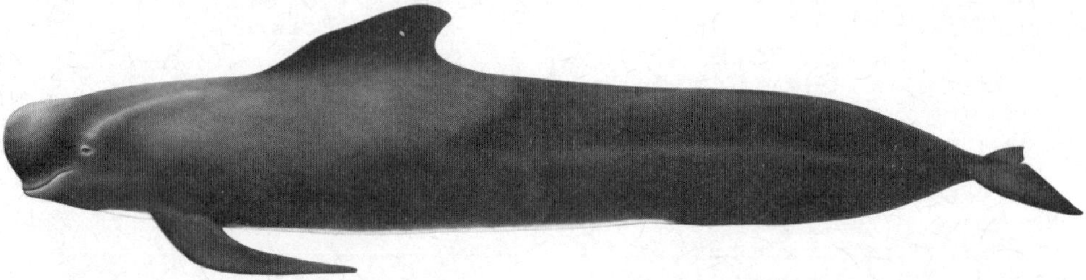

Auf ihren Wanderungen in großen Herden von Hunderten, ja sogar Tausenden von Tieren scheinen die Gewöhnlichen Grindwale einem Führer oder Piloten zu folgen.

Andere Namen
Schwarzwal; Pothead, blackfish; chaudron (Frankreich), calderon oder ballena piloto (Lateinamerika).

Besondere Merkmale
Robuster Körper mit knolligem Kopf. Mit Ausnahme eines hellen, ankerförmigen Flecks auf der Brust sind sie schwarz. Niedrige Rückenflosse mit breiter Basis, im vorderen Körperbereich; lange, schmale Brustflosse. Im Nordatlantik kann die Länge der Flipper dazu dienen, den Gewöhnlichen vom Indischen Grindwal (77) zu unterscheiden: die Länge der Brustflossen erwachsener Gewöhnlicher Grindwale entspricht mindestens einem Fünftel der Körperlänge; bei Indischen Grindwalen ist es nur ein Sechstel der Körperlänge. Diese Unterschiede sind unmöglich auf See festzustellen, allerdings ist die Überlappung der Verbreitungsgebiete beider Arten auch nicht sehr groß. (Einige Überschneidungen in diesen und anderen feinen „Unterschieden" – besonders im Nordpazifik – führen sogar zwischen Taxonomen zu ständiger Verwirrung und Diskussionen.)

Gewöhnlicher Grindwal im westlichen Mittelmeer.

Carola Sampera

Beschreibung
Länge: im Durchschnitt etwa 4 m, bis zu 6 m, Männchen größer als Weibchen.
Zähne: je Kiefer 7-12 Paar.
Körper: robust, mit knolligem Kopf (bei ausgewachsenen Männchen quadratisch) und niedriger, dicker Rückenfinne.
Kälber: bei der Geburt etwa 1,7 m lang.

Verbreitung und Lebensraum
Kühlere Gewässer der gemäßigten Zonen der Weltmeere, küstennah und im Freiwasser (es gibt einige taxonomische Kontroversen).

Lebensweise
Der kanadische Biologe David E. Sergeant untersuchte Sommergruppen Gewöhnlicher Grindwale vor Neufundland. Er fand heraus, daß in den großen Herden zweimal soviele Bullen wie Kühe vertreten sind, wobei ein oder mehrere Bullen den Harem „kontrollieren". Dies Bullen haben oft Narben, die von den Kämpfen um die Weibchen herrühren.

Nahrung
Kalmare, Fische (falls keine Kalmare erreichbar sind).

Vermehrung
Tragzeit: 15-16 Monate. Die Kälber saugen etwa 20 Monate. Die Kühe gebären im Durchschnitt einmal in dreieinhalb Jahren.

Bestand
Bestandszahlen unbekannt. Diese Art wurde im Nordatlantik vor Norwegen und Neufundland sehr stark von Walfängern verfolgt.

77 Indischer Grindwal

Short-Finned Pilot Whale
Globicephala macrorhynchus

Die Indischen Grindwale sind ihren Namensvettern sehr ähnlich, aber auf tropische und warm-gemäßigte Bereiche der Weltmeere beschränkt. Sie sind ebenfalls sehr sozial, wenn ihre Gruppen normalerweise auch etwas kleiner sind als die der Gewöhnlichen Grindwale.

Andere Namen
Schwarzwal, Pothead, blackfish; calderon oder ballena piloto (Lateinamerika); kobire gondō kujira (Japan).

Besondere Merkmale
Robuster Körper mit knolligem Kopf. Schwarz, mit Ausnahme eines hellen, ankerförmigen Flecks auf dem Bauch. Rükkenflosse niedrig und mit breiter Basis, im vorderen Bereich des Körpers. Lange, schmale Brustflossen, allerdings kürzer als beim Gewöhnlichen Grindwal (76).

Ein springender Indischer Grindwal vor Santa Catalina Island in Kalifornien.

Susan Strane

Beschreibung
Länge: Männchen bis zu 5,5 m, Weibchen bis zu 4 m.
Zähne: im Ober- und Unterkiefer je 7-9 Paar.
Körper: robust, mit knolligem Kopf (bei ausgewachsenen Männchen quadratisch); niedrige, dicke Rückenflosse.
Kälber: bei der Geburt etwa 1,4 m lang.

Verbreitung und Lebensraum
Tropische und warm-gemäßigte Gewässer der Weltmeere, küstennah und im Freiwasser.

Lebensweise
Indische Grindwale wandern in kleinen Gruppen oder in Herden von mehreren hundert Tieren, die aus festorganisierten Untergruppen von erwachsenen Männchen, Kühen und Kälbern sowie heranwachsenden Walen bestehen. Sie bilden oft lange Reihen, bei den die Tiere Seite an Seite liegen – wahrscheinlich ein Jagdmanöver. Für die meisten Gruppen scheint das Vorhandensein von Kalmaren die Wanderungen zu bestimmen, aus den küstennahen Gewässern Südkaliforniens und anderen Gegenden sind aber auch „Dauerbewohner" bekannt. Die Herden sind anfällig für Massenstrandungen.

Nahrung
Kalmare, verschiedene Fische.

Vermehrung
Tragzeit: wahrscheinlich 15-16 Monate. Die Kälber saugen 1-2 Jahre. Die Kühe gebären höchstens alle drei Jahre.

Bestand
Bestandszahlen fehlen. Einige Tiere fallen dem Walfang zum Opfer oder werden für Ozeanarien gefangen.

J. Michael Williamson/Pelagic Systems Research

Ein blasender Buckelwal schwimmt neben einem Walbeobachtungsboot in der Massachusetts Bay.

Teil 3

Die Orte

Anmerkungen zu den folgenden Abschnitten

Arten

Die dem Artnamen nachgestellte Zahl bezieht sich auf die Reihenfolge, in der die Arten in Teil 2 beschrieben sind, und ermöglicht so ein schnelles Auffinden der Information. „Häufige“ Arten können von Aussichtspunkten, angebotenen Touren, Fähren oder Kreuzfahrten aus beobachtet werden. Andere Arten, die in den küstenfernen Gewässern des entsprechenden Landes häufig vorkommen, aber für den Besucher nicht erreichbar sind, wurden als „sporadisch“ bzw. „selten“ aufgeführt oder ganz weggelassen. Andererseits wurden die seltenen Glattwale, die in bestimmten Gebieten mit Sicherheit auftreten, für diese wenigen Gegenden als „häufig“ eingestuft. Der entscheidende Faktor ist hierbei also die Zugänglichkeit der Wale für die Beobachter. Genauere Informationen über Jahreszeiten und Orte finden sich in den Abschnitten Aussichtspunkte und/oder Touren.

Aussichtspunkte

Aussichtspunkte an Land sind mit dem Auto oder über Wanderwege erreichbar. Das Auftauchen von Walen kann selten garantiert werden, aber Geduld und manchmal auch wiederholte Besuche werden früher oder später erfolgreich sein. Ein Fernglas ist gewöhnlich ebenso unerläßlich wie ruhige See (weitere Hinweise gibt es im Anhang 1).

Touren

Es werden die kommerziellen Walbeobachtungstouren sowie die naturkundlichen Touren erwähnt, bei denen die Begegnung mit Walen und Delphinen zumindest einen Teilaspekt des Programms darstellt, und bei denen die Besucher sich auf eine Begegnung mit diesen Tieren verlassen können. Die Preise – wenn andere Angaben fehlen, in $ US – können sich natürlich ändern.

Fähren und Fahrten

Es werden Fähren und Schiffe mit regelmäßigem Fahrplan aufgenommen, von denen aus Wale und Delphine regelmäßig, wenn auch zufällig, gesichtet werden. Meist ermöglichen die Fähren und Überfahrten höchstens einen kurzen Blick auf die Cetaceen. Diese Gelegenheiten sind besonders in solchen Gebieten von Interesse, wo es ansonsten nur wenige oder gar keine Touren oder Aussichtspunkte gibt.

Wetter/Wasser

Im allgemeinen ist ruhiges Wasser besser als leicht gekräuseltes und leicht gekräuseltes Wasser besser als bewegtes. Wenn die Wellen anfangen, Schaumkronen zu tragen, wird das Walbeobachten sehr schwierig. Sonnige Tage sind gut zum Fotografieren, aber bedeckte Tage – ohne das Glitzern des Wassers – eignen sich besser zum Beobachten.

Gesetze/Richtlinien

Verschiedene Staaten haben besondere Gesetze und Richtlinien für Walbeobachter erlassen. Über die US-amerikanischen und kanadischen Gesetze und Richtlinien informiert ein Abschnitt am Ende der Beschreibungen zu dem jeweiligen Land. Beachten Sie außerdem die Allgemeinen Richtlinien zum Walbeobachten im folgenden Abschnitt.

Ozeanarien

Ein Besuch in einem Ozeanarium oder Delphinarium ist zwar nicht das, was man eigentlich unter „Walbeobachten" versteht, aber dafür kann man bei den Vorführungen die verschiedenen Arten von Delphinen und Schwertwalen näher betrachten. Bei vielen Walbeobachtern wurde das erste Interesse an Cetaceen durch die Begegnung mit gefangenen Delphinen geweckt. Außerdem sind Ozeanarien oft gute Informationsquellen in bezug auf das örtliche Vorkommen von Walen und Delphinen, und einige veranstalten sogar eigene Walbeobachtungstouren.

Museen

Die meisten Küstenstädte haben irgendwo eine Walausstellung, ein paar Wal- oder Delphinmodelle, vielleicht auch ein aufgestelltes Skelett eines am Ort gestrandeten Tieres. Die größte Walausstellung der Welt befindet sich im Britischen Museum in London: dort ist den Cetaceen eine ganze Ausstellungshalle gewidmet. Die nordamerikanischen und alle übrigen Walausstellungen bleiben deutlich hinter der Londoner Walabteilung zurück. Dafür hat England, besonders im Vergleich zu Nordamerika, vor seiner Küste wenige lebende Wale und Delphine oder zumindest wenig Möglichkeiten, diese marinen Säuger zu beobachten.

Weitere Informationen

Touristenbüros sind wertvolle Informationsquellen: in Kalifornien halten sie z. B. aktuelle Broschüren über Waltouren bereit. Oft haben sie kostenlose Straßenkarten, Broschüren über National- und Naturparks (wo es viele Walaussichtspunkte gibt) sowie Informationen über Museen, Ozeanarien, Hotels, Campingplätze und Restaurants. Die meisten Länder unterhalten Touristenbüros in New York, Toronto, London und anderen großen Städten in aller Welt. Die Adressen dieser Büros, sofern sie nicht in diesem Buch aufgeführt sind, erhalten Sie über das nächste Konsulat (oder eine öffentliche Bücherei).

Allgemeine Richtlinien zum Walbeobachten

Es besteht kein Zweifel daran, daß einige Walbeobachter die Wale manchmal belästigen. Ein Teil der Störungen entsteht durch Unwissenheit: Ein aufgeregter Bootsführer versucht immer näher an den Wal heranzukommen, bis er sich schließlich fast über dem Tier befindet, oder er fährt in engen, schnellen Kreisen um das Tier herum. Oft ist die Belästigung jedoch unbeabsichtigt – wenn zum Beispiel ein Boot über einen untergetauchten Wal fährt, zum Erstaunen des Wals und der Schiffsbesatzung.

Ein Teil der Belästigung ist sicherlich unvermeidbar, wenn wir überhaupt Wale beobachten wollen. Die Frage ist nur, wieviel davon ein Wal aushält? Sind die Störungen ein ernsthaftes Problem oder ein unabdingbares Nebenprodukt des Walbeobachtens? Auf diese Fragen gibt es keine einfachen Antworten, so daß sie auch in Zukunft Gegenstand heftiger Diskussionen sein werden. Im letzten Jahrzehnt haben die Regierungen einiger Staaten und Länder begonnen, Gesetze aufzustellen. Dies gilt besonders für die USA (siehe hierzu Vereinigte Staaten: Gesetze/Richtlinien).

Der 1972 erlassene U.S. Marine Mammal Protection Act (Akte zum Schutz mariner Säugetiere) war zwar nicht daraufhin konzipiert, Wale vor den Walbeobachtern zu schützen, aber er verbietet ganz allgemein die Störung mariner Säugetiere. In den populären Walbeobachtungsgebieten, wie etwa vor Hawaii und Kalifornien, hat der National Marine Fisheries Service, die Behörde also, der die Durchsetzung des obigen Gesetzes obliegt, versucht, die Störungen zu definieren und spezielle Regeln aufzustellen (siehe hierzu Hawaii und Kalifornien: Gesetze/Richtlinien.)

Es ist sehr schwierig, allgemeine Richtlinien aufzustellen, die die Gegebenheiten an allen Orten, an denen Wale beobachtet werden, berücksichtigen. Ein beständiges Bemühen um die Tiere ist eine Grundlage, reicht aber noch nicht aus. Die Richtlinien müssen den örtlichen Bedingungen angepaßt sein und zeigen infolgedessen große Unterschiede. So scheint zum Beispiel das Walbeobachten vom Land aus völlig unschädlich zu sein, obwohl lärmende Beobachter sehr wohl eine Störung für die Wale darstellen können, die sich in der Nähe des Strandes ausruhen oder scheuern. Ruhe ist gewöhnlich eine Grundvoraussetzung für das Beobachten von Tieren. Auf See scheinen vielen Walarten jedoch die Walbeobachtungsboote mit laufender Maschine lieber zu sein als die plötzlich und unangekündigt in Kajaks oder Segelbooten „auftauchenden" Walbeobachter.

Gewissenhafte Walbeobachter haben sich vorher über die Art, die sie beobachten wollen, informiert und kennen ihr Verhaltensspektrum. Sie haben es nicht eilig, nahe an den Wal heranzukommen. Sie freuen sich daran, das ungestörte Verhalten aus einiger Entfernung zu beobachten und geben dem Wal damit die Möglichkeit, von selbst näher zu kommen. Wenn sie sich in der Nähe eines Wales befinden, was allen Walbeobachtern leicht einmal passiert, geraten sie nicht in Panik. Vielmehr beobachten sie den Wal in Ruhe, versuchen etwaige Anzeichen von Verärgerung zu erspüren und respektieren die Entfernung, die das Tier einzuhalten wünscht. Gewissenhafte Walbeobachter wissen, wie wichtig es ist, gut mit dem Boot umgehen zu können, und kennen die örtlichen Gegebenheiten des entsprechenden Gebietes: Gezeiten, Wetter, Strömungen, Nahrungsverteilung, Wassertiefe usw. Ich empfehle zukünftigen Walbeobachtern nicht, ein Boot zu mieten und allein hinauszufahren, um nach einem Wal Ausschau zu halten. Dazu besteht bei dem großen verfügbaren Angebot von Touren überhaupt keine Notwendigkeit. Und außerdem ist es gerade in populären Walbeobachtungsgegenden wichtig, den Bootsverkehr so gering wie möglich zu halten.

Falls Sie knapp bei Kasse sind, sollten Sie die Wale vom Land, von einem der vielen „sicheren“ Aussichtspunkte aus beobachten, wie etwa an der kalifornischen Küste zur Zeit der Grauwalwanderungen. Falls Sie ein eigenes Boot haben und die Gegend kennen und es dort keine Touren oder zufriedenstellenden Aussichtspunkte gibt – und falls Sie schon eigene Erfahrung mit Walen haben – dann könnte eine eigene Walbeobachtungstour angebracht sein. Eine gute naturkundliche Führung ist jedoch immer noch der schnellste Weg, ein Auge und die entsprechende Sensibilität fürs Walbeobachten zu entwickeln.
Als Ergänzung zu diesen Richtlinien und Empfehlungen: Ihre eigene Sicherheit ist immer am wichtigsten. Das eine Mal, wo Sie die Schwimmweste oder die Sicherheitsanzüge vergessen, könnte gerade das entscheidende Mal sein. Der Kapitän oder Tourenleiter sollte sich stets seiner Verantwortung für die Sicherheit bewußt sein. Ich habe mich bemüht, in dieses Buch nur solche Touren und Kreuzfahrtgesellschaften aufzunehmen, die einen guten Ruf haben. Aber passen Sie trotzdem auf! Falls Sie Zweifel an irgendwelchen Unternehmungen hegen, sollten Sie nicht davor zurückschrecken, Fragen zu stellen. Wenn es um Sicherheit geht, ist übergroße Vorsicht besser als Nachlässigkeit.
Sind die Wale selbst gefährlich? In der mexikanischen Scammons-Lagune hat 1982 ein Grauwal ein kleines Walbeobachtungsboot zum Kentern gebracht. Zwei Umweltschützer starben. Diese seltenen tödlichen Unfälle sind im Vergleich zu den Hunderttausenden von Walbeobachtern statistisch unerheblich, dennoch ist jedes Unglück tragisch. Es sollte uns daran erinnern, daß Wale nun einmal riesige Tiere sind und sogar ein „Ausschauhalten“, ein Sprung oder ein zufälliger Schwanzschlag einige „im Weg stehende“ Boote zum Kentern bringen kann. Das manchmal heftige Werbungsverhalten der Buckelwale zeigt, wie nötig es ist, sich über die Gewohnheiten der Wale zu informieren, ehe man sie selbst beobachtet. Bevor Forscher vor Maui die Buckelwale bei ihren Kämpfen beobachteten, wurde ihr Werbungsverhalten oft als „spielerisch“ beschrieben. Einige spielen aber tatsächlich! Wale und Delphine sind jedoch wilde Tiere. Im Interesse der Sicherheit kann es nützlich sein, sich an all die Bedeutungen zu erinnern, die die „zivilisierten“ Menschen mit dem Wort „wild“ verbinden. Dennoch, im Vergleich zu anderen wilden Tieren verhalten sich Wale den Menschen gegenüber immer noch erstaunlich sanft. Das Außergewöhnlichste dabei ist, und Walbeobachter wissen davon zu berichten, daß einige von ihnen anscheinend sogar freundlich sind.

Ted Cordingley

Vor der Küste von Massachusetts verabschiedet ein Buckelwal die heimfahrenden Walbeobachter mit einem Schlag seiner Schwanzfluke.

Jane M. Gibbs

Dreiste Heringsmöwen versuchen, Futter aus dem Maul eines fressenden Buckelwals zu stehlen.

Vereinigte Staaten: Maine

Arten
Häufig: Finnwal (**5**), Buckelwal (**7**), Zwergwal (**2**), Schweinswal (**40**), Nordkaper (**8**).
Sporadisch: Weißseitendelphin (**58**), Gewöhnlicher Grindwal (**76**).
Selten: Seiwal (**3**), Blauwal (**6**), Weißschnauzendelphin (**63**), Weißwal (**34**), Schwertwal (**75**), Delphin (**50**).

Aussichtspunkte
1 Der östlichste Punkt der Vereinigten Staaten ist gleichzeitig einer der besten Walbeobachtungspunkte an der nordamerikanischen Ostküste: Quoddy Head. Von den Klippen des Quoddy Head State Park aus, in der Nähe des Leuchtfeuers (der Leuchtturm der Küstenwache ist rot-weiß gestreift), lassen sich – in der Reihenfolge der Wahrscheinlichkeit ihres Auftretens – Finnwale, Schweinswale, Zwergwale, Buckelwale und Nordkaper beobachten. Beste Zeit: Ende Juli bis Ende September. Die Anfahrt führt über Maines Küstenstraße Rt. 1. In Whiting biegen Sie ab und fahren etwa 16 km auf der Rt. 189, durch West Lubec hindurch; vor Lubec, bei der Texaco-Tankstelle und dem Wegweiser nach Quoddy Head Light, biegen Sie rechts ab. An der nach weiteren 4,8 km folgenden Gabelung fahren Sie nach links in den Park hinein.
2 Ein anderer Ort, der sich im Sommer gut zum Beobachten von Schweinswalen und gelegentlich auch von Zwergwalen eignet, liegt auf Mt. Desert Island, in der Nähe der Stadt Bar Harbor. Von Bar Harbor kommend nehmen Sie die Rt. 233 nach Somesville, um dann nach links (Süden) auf die Rt. 102 abzubiegen. Die nächste Stadt ist Southwest Harbor. Etwa 1,6 km hinter der Stadt biegen Sie auf die 102A, die an der Küste entlang durch Manset hindurch nach Bass Harbor führt. Mögliche Aussichtspunkte finden sich überall entlang dieser 8 km langen Straße und am Leuchtturm Bass Harbor.
3 Etwas abgelegener ist die winzige vor der Küste liegende Insel Monhegan. Dort sind Schweinswale und gelegentlich Zwerg-, Buckel- und Finnwale zu sehen. Außerdem gibt es hier auch einen großartigen Platz zum Vogelbeobachten. Monhegan kann mit der gebührenpflichtigen Passagierfähre von Port Clyde, etwa 24 km südlich von Rockland (120 km von Bangor), aus erreicht werden. Informationen über den Fährenfahrplan und Unterkunftsmöglichkeiten gibt es bei: Maine Publicity Bureau, 97 Winthrop St., Hallowell, ME 04347 (☎ 207-289-2423).

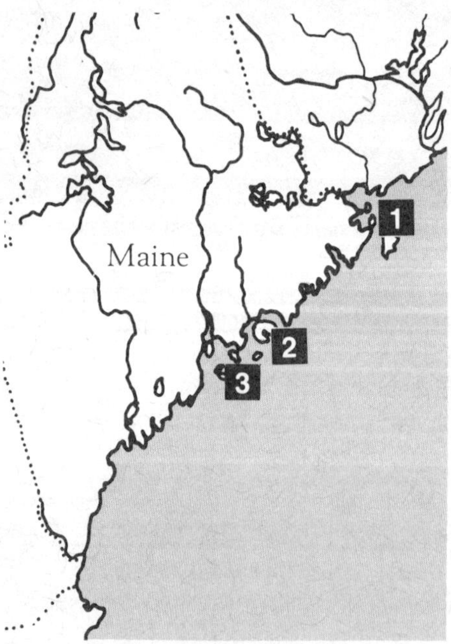

Touren
Die Chance, Nordkaper zu sehen, lockt viele Leute nach Machias, an der Nordostküste von Maine, wo Norm und Nona Famous naturkundlich geleitete Führungen anbieten, um Wale, Seehunde und Seevögel zu beobachten. 3- bis 5tägige Angebote kosten etwa $ 125 pro Tag, einschließlich Verpflegung, Unterkunft in einem Gasthaus und Flugzeugtransport von Bangor aus (2 Stunden entfernt). Die Waltouren werden oft von dem Walforscher Scott Kraus oder einem seiner Kollegen geführt. Walbeobachter verbringen, je nach Wetterlage, 3-4 Tage auf dem Wasser, und die Ausbeute besteht aus Nordkaper, Finn-, Zwerg-, Buckel- und Schweinswalen. Saison: Anfang Aug.-Anfang Okt. Kontaktadresse: Seafarers, Box 428, RFD 1, Machias, ME 04654 (☎ 207-255-8810).

Das „Seafarers"-Pogramm in Machias findet auf der ‚M/V Seafarer' statt, die in dem nahegelegenen Lubec vor Anker liegt. Skipper Butch Huntley bietet von Juli bis Anfang Oktober aber auch Tagestouren an, um die Wale zu beobachten. Die ganztägigen Touren führen in den unteren Teil der Bay of Fundy und in die Gegend der Passamaquoddy Bay und kosten $ 35. Kontaktadresse: Seafarers (s.o.) oder

Louise White

Ein auftauchender Nordkaper in der Bay of Fundy.

Butch Huntley, M/V Seafarer, 9 High St., Lubec, ME 04652 (☎ 207-733-5584).

Von Northeast Harbor aus, auf der Mt.-Desert-Insel (nahe Bar Harbor), veranstaltet „Maine Whalewatch" auf der 13 m langen 'Island Queen' ganztägige, naturkundlich geleitete Wal- und Seevogelfahrten. Das Programm enthält Mt. Desert Rock und Seal Island sowie die Aussicht, Buckel-, Finn-, Zwerg- und Schweinswalen, manchmal auch Nordkapern oder Weißseitendelphinen zu begegnen. Die Saison liegt zwischen Juni und September, Tagestouren gibt es von Juli bis August, Wochenendfahrten nur im Juni und September. $ 20/Person. Reservierungen bei: Maine Whalewatch, c/o Beal and Bunker, Inc., Cranberry Isles, ME 04625 (☎ 207-244-3575/7457). Weitere Informationen bei: Capt. Bob Bowman, Box 78, Northeast Harbor, ME 04662 (☎ 207-244-7429).

Sowohl die Maine Audubon Society als auch Allied Whale (eine nicht-kommerzielle Forschungsgruppe, die mit dem College of the Atlantic zusammenarbeitet, organisieren Walbeobachtungsfahrten zur Stellwagen Bank, Jeffreys Ledge und zur unteren Bay of Fundy. Sie chartern Beobachtungsboote in Maine, New Hampshire und Massachusetts und bringen dann ihre eigenen Naturkundler als Begleiter mit. Die Programme sind ausgezeichnet. Tagestouren mit Allied Whale gibt es an Wochenenden im Frühjahr und Herbst. Kontaktadresse: (1) Allied Whale, c/o College of the Atlantic, Bar Harbor, ME 04609 (☎ 207-288-5051); (2) Maine Audubon Society, Gilsland Farm, 118 US Rt. 1, Falmouth, ME 04105 (☎ 207-781-2330).

Im Juli finden entlang der Küste Maines 7tägige Segel- und Entdeckungsfahrten auf dem 30 m langen Schoner 'Harvey Gamage' statt, die auch das Beobachten von Walen und Delphinen einschließen. $ 440 von Rockland aus. Kontaktadresse: Oceanic Society Expeditions, Fort Mason Center, Bldg. E, San Francisco, CA 94123 (☎ 415-441-1106).

Fähren

Die beiden Autofähren zwischen Maine und Yarmouth, Nova Scotia, erlauben oft einen flüchtigen Blick auf verschiedene Cetaceen.

(1) Die bessere der beiden Fähren ist die Bluenose von Bar Harbor, Maine, nach Yarmouth, Nova Scotia, mit täglich stattfindenden, 6stündigen Fahrten vom 19. Juni – 27. September. Voranmeldung erforderlich. Kontaktadresse: CN Marine, Terminal Supervisor, Bar Harbor, ME 04609 (☎ 800-341-7981 im Osten der USA; 800-432-7344 in Maine) oder CN Marine, Terminal Supervisor, Yarmouth, N.S. B5A 1K0 Canada (☎∅ 902-742-3513).

(2) Die Fähre von Portland, Maine, nach Yarmouth, Nova Scotia, fährt täglich von Mai bis Oktober. Fahrzeit etwa 12 Stunden. Reservierung erforderlich. Kontaktadresse: Prince of Fundy Cruises, Box 4216, Station A, Portland, ME 04101 (☎ 207-775-5616).

Wetter/Wasser
Meistens ist es auf See kalt und oft rauh; Nebel kann auch die Sicht bei den Aussichtspunkten beeinträchtigen. Großer Tidenhub.

Museen
Walausstellung im Gulf of Maine Aquarium, Box 1489, Portland, ME 04104 (☎ 207-772-2321).

In der West Quoddy Marine Research Station, Box 9, Lubec, ME 04652 (☎ 207-733-8895) gibt es ein Besuchszentrum mit Informationen über Walbeobachtungsmöglichkeiten.

Weitere Informationen
Maine Publicity Bureau, 97 Winthrop St., Hallowell, ME 04347 (☎ 207-289-2423). Weitere Informationen über Wale in der unteren Bay of Fundy im Kapitel Kanada: New Brunswick.

Vereinigte Staaten: New Hampshire

Arten
Häufig: Finnwal (**5**), Buckelwal (**7**), Zwergwal (**2**), Weißseitendelphin (**58**), Schweinswal (**40**).
Sporadisch: Gewöhnlicher Grindwal (**76**), Nordkaper (**8**).
Selten: Weißschnauzendelphin (**63**), Delphin (**50**), Großer Tümmler (**57**), Schwertwal (**75**), Weißwal (**34**), Seiwal (**3**), Pottwal (**13**), Rundkopfdelphin (**70**).

Touren
Das Ziel der von New Hampshire und aus benachbarten Häfen in Massachusetts und Maine auslaufenden Walbeobachtungsboote ist normalerweise das Jeffreys Ledge, ein Riff am nördlichen Ende der Stellwagen Bank. Von Mai bis September

Ein aus dem Wasser springender Weißseitendelphin vor der Küste von Massachusetts. Beachten Sie den schmalen weißen Streifen auf seiner Flanke.

Jane M. Gibbs

bieten Smith und Gilmore an Wochentagen 4- bis 6stündige Touren von Hampton Beach aus an. Dort können dann Zwerg- und Buckelwale sowie Weißseitendelphine beobachtet werden. Das Schiff, die 22 m lange 'Seafarer', hat einen Exkursionsleiter an Bord. $10/Person (bei 4stündiger Fahrt); $ 15/Person (bei 6stündiger Fahrt). Kontaktadresse: Smith and Gilmore Fishing Pier, Inc., 3A Ocean Blvd., Hampton Beach, NH 03842 (☎ 603-926-3503).
Zwischen Anfang Mai und Anfang Juni sowie Mitte September und Mitte Oktober bieten Viking of Yarmouth Cruises Wochenendtouren an, die vom Viking Dock in Portsmouth aus starten. Der Naturkundler Scott Mercer leitet diese ganztägigen Touren auf der 33 m langen 'Viking Queen'. Erwachsene $ 20; Kinder $ 10. Kontaktadresse: Viking of Yarmouth Cruises, Viking Dock, Market St., Portsmouth, NH 03801 (☎ 603-431-5500).

Wetter/Wasser
Sogar im Hochsommer ist es windig und kühl; im Frühjahr und Herbst kann es kalt sein.

Weitere Informationen
Office of Vacation Travel, Box 856, Concord, NH 03301 (☎ 603-271-2665).

Vereinigte Staaten: Massachusetts

Arten
Häufig: Finnwal (**5**), Buckelwal (**7**), Zwergwal (**2**), Schweinswal (**40**), Weißseitendelphin (**58**).
Sporadisch: Nordkaper (**8**), Gewöhnlicher Grindwal (**76**).
Selten: Weißschnauzendelphin (**63**), Delphin (**50**), Großer Tümmler (**57**), Schwertwal (**75**), Seiwal (**3**), Pottwal (**13**), Rundkopfdelphin (**70**), Weißwal (**34**), Blau-Weißer-Delphin (**53**).

Aussichtspunkte
Von April bis Oktober gewähren die Sanddünen von Cape Cod, die die Cape Cod Bay überblicken, eine gute Aussicht auf die Finnwalfamilien, die auf ihrer Nahrungssuche in langer Reihe in die Bucht hineinschwimmen. **1** Ein oberhalb des Strandes gelegener Parkplatz, gut 3 km vor dem Ende der von der US Rt. 6 abgehenden Straße, westlich von Wellfleet, bietet eine gute Aussichtsmöglichkeit. **2** Der beste Ort ist gewöhnlich Race Point, nahe Provincetown, an der Spitze von Cape Cod. Folgen Sie der US Rt. 6 bis Race Point Rd. Das Cape Cod National Seashore Visitors' Center in der Nähe der Spitze ermöglicht einen guten Überblick, und die Wissenschaftler dort sollten die neuesten Informationen über Walsichtungen haben. Wissenschaftler vom Provincetown-Zentrum für Küstenforschung haben im Winter und Frühling in dieser Gegend einige Male die seltenen Nordkaper beobachtet. Für die meisten Arten ist jedoch der Sommer die beste Zeit. Neben Finnwalen und eventuell Nordkapern können Sie möglicherweise Buckel-, Zwerg- und Schweinswalen sowie Weißseitendelphinen begegnen. Sowohl der Race Point als auch die Gegend um Wellfleet liegen im Cape Cod National Seashore. Kontaktadresse: Cape Cod National Seashore, South Wellfleet, MA 02663 (☎ 617-349-3785). Sollten Sie selbst Wale sichten, so melden Sie dies bitte beim Center for Coastal Studies (☎ 617-487-3622).

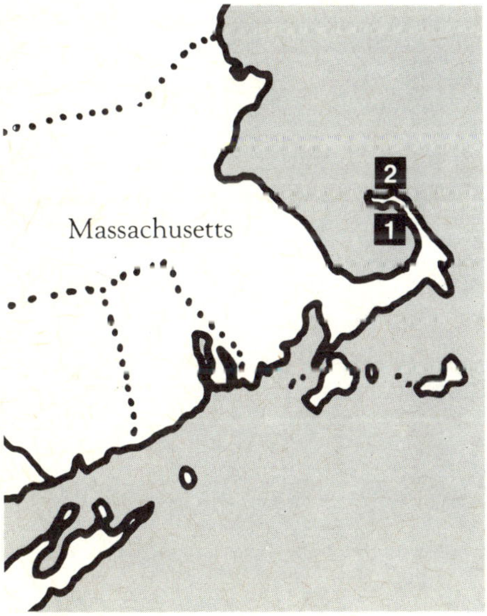

Touren
Die Stellwagen Bank ist der Angelpunkt des Walbeobachtens an der Ostküste. Ihre Popularität für Wale und Walbeobachter hat in New England zur Entwicklung einer starken Industrie geführt, und die Forschung von Biologen, wie etwa Charles „Stormy" Mayo (Provincetown-Zentrum

Ein Buckelwal steht Kopf.

für Küstenforschung), Mason Weinrich (Cetaceen-Forschungsabteilung des Gloucester-Fishermen's Museum) und anderen ist ein wichtiges Nebenprodukt. Die Stellwagen Bank, ein sommerliches Nahrungsgebiet für Cetaceen, ist eine 29 km lange, schmale Bank, deren Südende etwa 11 km nördlich von Provincetown liegt. Die Stellwagen Bank ist von Häfen im östlichen Massachusetts aus leicht erreichbar: Provincetown, Plymouth, Boston, Salem, Gloucester und Newburyport.

In Provincetown: (1) Am 15. April 1975 startete die 'Dolphin III' zu ihrer ersten organisierten Walbeobachtungstour an der Ostküste der USA. Heute sind die 'Dolphin IV' und V, unter dem Kommando von Al und Aaron Avellar, die populärsten Walbeobachtungsboote der Ostküste. Die Fahrten werden von Stormy Mayo und seiner Forschungsgruppe geleitet, sie zeigen Videoaufnahmen von Walen, und gleichzeitig führen sie ihre Forschung fort; so teilt die Öffentlichkeit nicht nur die Walbegeisterung, sondern nimmt zugleich an einer wissenschaftlichen Expedition teil. Von April bis Ende Oktober legt die am MacMillan Pier in Provincetown stationierte Dolphin-Flotte täglich 2-3 Mal ab. Erwachsene $ 12; Kinder $ 10. Kontaktadresse: Capt. Al Avellar, The Dolphin Fleet, MacMillan Pier, Provincetown, MA 02657 (☎ 617-487-1900, außerhalb der Saison: 617-255-3857). Für Fahrplanauskünfte: The Dolphin Fleet, Box 162, Eastham, MA 02642. Fahrten mit der Dolphin-Flotte können auch über Charter-Gruppen, die Exkursionen organisieren, gebucht werden. Die Preise variieren. Es gibt z. T. auch Pauschalangebote, die Unterkunft und Anreise aus anderen Städten enthalten. Die meisten dieser Touren sind öffentlich. Kontaktadresse: (A) Greenpeace New England, 286 Congress St., Boston, MA 02210 (☎ 617-542-8107); (B) The American Cetacean Society New York/New Jersey, Box 232, New Milford; N. J. 07646 (☎ 201-335-1090); (C) Maine Audubon So-

Bill Byrne

Die Fluke eines 'singenden' Buckelwales vor Cape Ann in Massachusetts.

ciety, Gilsland Farm, 118 US Rt. 1, Falmouth, ME 04105 (☎ 207-781-2330); (D) Kay Money, Whale Research & Rescue Fund, Blue Sky Adventures, Box 126, Oak Ridge, NJ 07438 (☎ 201-697-7233); (E) Connecticut Cetacean Society, Box 9145, Wethersfield, CT 06109; (F) Long Island Sound Taskforce of The Oceanic Society, Stamford Marine Center, Magee Avenue, Stamford, CT 06902 (☎ 203-327-9786); (G) Mystic Marinelife Aquarium, Coogan Blvd., Mystic, CT 06355 (☎ 203-536-9631); (H) Nature Center for Environmental Activities, 10 Woodside Ave., Westport, CT 06880 (☎ 203-227-7253); (I) Friends of the Museum of Comparative Zoology, Harvard University, Cambridge, MA 02138 (☎ 617-495-2463); (J) New York Zoological Society, Zoological Park, Bronx, NY 10460 (☎ 212-220-5100).

(2) Von Frühjahr bis Herbst unternimmt die 'Ranger V' täglich zwei halbtägige Touren vom MacMillan Pier aus. Erwachsene $ 10; Kinder $ 8. Kontaktadresse: Jerry Costa, Ranger V, MacMillan Pier, Provincetown, MA 02657 (☎ 617-487-1582). Besucher aus New Jersey können eine Pauschal-Walreise an Bord der 'Ranger IV' buchen; Kontaktadresse: The Marine Mammal Stranding Center, 839 Massachusetts Ave., Atlantic City, NJ 08401 (☎ 609-348-5018).

(3) Die in Plymouth stationierten Princess Cruise Lines bieten ebenfalls halbtägige Touren an (eine pro Tag). Die 28 m lange 'Cape Cod Princess' legt mittags von der Fishermen's Wharf Marina in Provincetown ab, vom 1. Mai-12. Oktober. Erwachsene $ 9,75. Kontaktadresse: Princess Cruise Lines, Mayflower II State Pier, Box 192, Plymouth, MA 02361 (☎ 617-747-2400/487-2274).

In Plymouth: (1) An den Wochenenden von April bis Oktober legen die 'Capt. John & Son' I und II vom Town Wharf im Hafen von Plymouth ab. Im Juli und August gibt es täglich 2 halbtägige Fahrten unter naturkundlicher Führung. Außerdem werden an Bord Filme gezeigt. Erwachsene $ 13; Kinder $ 10. Kontaktadresse: Capt. John Boats, Inc., 117 Standish Ave., Plymouth, MA 02360 (☎ 617-746-2643). (2) Frühjahrs- und Herbstfahrten an Bord der 'Capt. John & Son' können durch Greenpeace gebucht werden. Erwachsene $ 20, Studenten $ 17. Kontaktadresse: Greenpeace New England, 286 Congress St., Boston, MA 02210 (☎ 617-542-8134). (3) Seit 1977 hat das gemeinnützige Web of Life Outdoor Education Center halbtägige Walbeobachtungstouren an Bord der Capt. John & Son veranstaltet, auf denen Dias gezeigt und die von Naturkundlern geleitet wurden. Wochenendtouren nur im Mai, Juni, September und Oktober. Täglich 2 halbtägige Fahrten. Erwachsene $ 13; Kinder $ 12,50. Kontaktadresse: Web of Life Outdoor Education Center, Box 530,

Jane M. Gibbs

(Oben) Ein Buckelwal demonstriert Walbeobachtern vor Massachusetts, wie er mit offenem Maul seine Nahrung aufnimmt. (Unten) Eine mit ihrem Kalb abtauchende Buckelwalkuh in den Gewässern der Stellwagen Bank.

David Wiley

Carver, MA 02330 (☎ 617-866-5353). (4) Die Princess Cruise Lines veranstalten Tagestouren auf der 'Cape Cod Princess', die auf ihrem Weg zur Stellwagen Bank in Princetown anlegt, um weitere Passagiere aufzunehmen. Vom 1. Mai-12. Oktober; Erwachsene $ 13,50. Abfahrt vom Mayflower II State Pier. Kontaktadresse: Princess Cruise Lines, Box 192, Plymouth, MA 02361 (☎ 617-747-2400/487-2274).

In Boston: (1) Seit 1978 leitet J. Michael Wiliamson vom Pelagic Systems Research Walbeobachtungstouren. Die vom Bostoner Hafen ausgehenden Touren an Bord der 26 m langen 'Virginia C II' dauern 8 Stunden. Außerdem gibt es spezielle Fahrten für Schulklassen, die in Salem beginnen. Erwachsene $ 18; Kinder $ 12, Kontaktadresse: J. Michael Williamson, Massachusetts Whale Watch, Box 213, Beverly Farms, MA 01915 (☎ 617-468-7147).
(2) Von Mai bis September gibt es auf der 'Virginia C II' ganztägige Samstagestouren. Erwachsene $ 18; Kinder $ 12. Reservierungen: A.C. Cruise Line, 28 Northern Ave., Boston, MA 02110 (☎ 617-426-8419).
(3) Das New England Aquarium bietet täglich 5stündige Fahrten an. Abfahrt am Aquarium. Erwachsene $ 20; Kinder $ 16 (Mitglieder des Aquariums erhalten eine Ermäßigung). Frühjahr bis Anfang Herbst. Kontaktadresse: New England Aquarium, Central Wharf, Boston, MA 02110 (☎ 617-742-8830).

In Salem: Halbtägige, von Naturkundlern geleitete Touren an Bord der 20 m langen 'New England Star'. Dienstag bis Sonntag, vom Memorial Day (Ende Mai) bis Labor Day (Anfang September); am Wochenende nur im Mai und September. Erwachsene $ 15; Kinder $ 10. Abfahrt vom Kai Pickering Wharf. Kontaktadresse: Salem Whale Watch, Barnegat Transportation, Pickering Wharf, Salem, MA 01970 (☎ 617-745-6070).

In Gloucester: (1) Die Cetaceen-Forschungsabteilung des Gloucester Fishermen's Museum organisiert Walbeobachtungen an Bord der 'Daunty II' oder der 'Miss Gloucester'. Mason Weinrich, Mark Cappellino und andere Naturwissenschaftler sorgen für die wissenschaftliche Hintergrundinformation. Halbtägige Fahrten, zweimal täglich von Mai bis September. Erwachsene $ 15; Kinder $ 12. Kontaktadresse: Gloucester Fishermen's Museum, Cetacean Research Unit, Rogers and Porter Sts., Box 159, Gloucester, MA 01930 (☎ 617-283-1940). (2) Touren auf der 'Daunty II' können auch über Gloucester Sightseeing Cruises, Inc., Cape Ann Whale Watch, 12 Clarendon St., Gloucester, MA 01930 (☎ 617-283-5110) gebucht werden. (3) Fahrten auf der 'Miss Gloucester' können über Capt. Bill's Whale Watch, 9 Traverse St., Gloucester, MA 01930 (☎

Ein Finnwal begegnet an der Jeffreys Ledge, vor der Küste Massachusetts, einem Segelboot.

Jane M. Gibbs

W. Rossiter

Ein wellenreitender Weißstreifendelphin vor Cape Cod.

617-283-6995) gebucht werden. (4) Die Yankee-Flotte fährt von Frühling bis Herbst täglich zwei Touren. Erwachsene $ 15; Kinder $ 10. Abfahrten von Cape Ann Marina. Kontaktadresse: The Yankee Fleet, Gloucester Whalewatch, 75 Essex Ave., Route 133, Box 589, Gloucester, MA 01930 (☎ 617-283-6089). (5) Walbeobachtungstouren von Gloucester aus können auch über Pauschalreiseunternehmen in Connecticut arrangiert werden. Kontaktadresse: New Britain Transportation Co., 257 Woodlawn Rd., Berlin, CT 06037 (☎ 203-828-0511).

In Newburyport (in der Nähe von New Hampshire): An Bord der 21 m langen 'Cetacea' leitet der Naturkundler Scott Mercer ganztägige Exkursionen zur nördlichen Stellwagen Bank und zum Jeffreys Ledge. Täglich außer montags, 2. Juli - Labor Day (Anfang Sept.); an Wochenenden nur im Mai, Juni, September und Oktober. Die Fahrten beginnen am Hilton's Dock, 800 m östlich der Rt. 1, am Merrimack-Fluß. Erwachsene $ 20; Kinder $ 15. Besondere Sonnenuntergangstouren (4 Stunden) kosten $ 15. Kontaktadresse: New England Whale Watch, Inc., Box 825, Hampton, NH 038427 (☎ 603-926-0952). Diese Fahrten können auch über Hilton & Strout, 54 Merrimac St., Newburyport, MA 01950 (☎ 617-465-9885) gebucht werden.

Es gibt u. a. folgende **Studienreisen** zum Walbeobachten an der Stellwagen Bank: (1) Die Segel- und Studienprogramme der Ocean Research und Education Society für Studenten, die beim Erforschen der Wale mithelfen wollen. Die gemeinnützige „ORES", mit Sitz in Gloucester, benutzt das 41 m lange Schiff 'Regina Maris' für ihre regelmäßigen Programme zum Studium der Buckel- und anderer Wale an der Stellwagen Bank. Die Gebühren für ein 12wöchiges Segel- und Studiensemester belaufen sich auf $ 4.900 (einschließlich der Lebenshaltungskosten für die 6 Wochen auf See). Gelegentliche Expeditionen kosten $ 700 für 10 Tage - 2 Wochen. Dabei sind hervorragende Lehrer wie Ken Balcomb, dessen Photoidentifikationsarbeit mit Buckel- und Schwertwalen sehr bekannt ist. Kontaktadresse: The Ocean Research and Education Society, Inc., 19 Harbor Loop, Gloucester, MA 01930 (☎ 617-283-1475). (2) Das Grundstudium für Ozeanographie bei der Sea Education Association umschließt Forschungsfahrten an Bord der 38 m langen 'Westward' zu den Walgebieten des westlichen Nordatlantik. Kontaktadresse: Sea Education Assoc., Inc., Box 6, Woods Hole, MA 02543 (☎ 617-540-3954). (3) Die Academy of the Atlantic veranstaltet im Sommer 2-3wöchige Bildungsfahrten zum Walbeobachten, die Besuche in Walfangmuseen und Forschungszentren sowie 1 Woche Aufenthalt an der Stellwagen Bank einschließen. Für Schüler zwischen 12-16 Jahren. $ 1.675. Paddington Marine Enterprises, Box 108, Truro, MA 02666 (☎ 617-487-2184). (4) Die Schule für Freilandstudien in Cambridge bietet einmonatige Kurse über die Biologie mariner Säugetiere und die Verhaltensökologie von Cetaceen für Anfänger und fortgeschrittene Studenten an. Kontaktadresse: School for Field Studies, 50 Western Ave., Cambridge, MA 02138 (☎ 617-497-9000).

Wetter/Wasser
Zwar ist das Wasser hier milder als an den meisten anderen zur Walbeobachtung geeigneten Orten, aber dennoch sollten Sie auf Wettereinbrüche vorbereitet sein; es kann sogar im Sommer kalt und rauh sein.

Ozeanarien
Große Tümmler im New England Aquarium, Central Wharf, Boston, MA 02110 (☎ 617-742-8830).

Museen
In viktorianischer Pracht aufgestellte Walskelette sind im Museum of Comparative Zoology (Museum der vergleichenden Zoologie), Harvard University, Cambridge, MA 02138 (☎ 617-495-1910) zu sehen.
Kendall Whaling Museum, 27 Everett St., Box 297, Sharon, Ma 02067 (☎ 617-784-5642).
Old Dartmouth Historical Society Whaling Museum, 18 Johnny Cake Hill, New Bedford, MA 02740 (☎ 617-997-0046).

Weitere Informationen
Massachusetts Division of Marketing, 100 Cambridge St., Boston, MA 02202 (☎ 617-727-3201).
In Provincetown: Cape Cod Chamber of Commerce, Hyannis, MA 02601 (☎ 617-362-3225).
In Plymouth: Plymouth County Development Council, Box 1620, Pembroke, MA 02349 (☎ 617-826-3136).
In Boston: Greater Boston Convention and Tourist Bureau, Inc., 15 State St., Boston, MA 02109 (☎ 617 367 9275).
Für Salem, Gloucester und Newburyport: North of Boston Tourist Council, Box 3031, Peabody, MA 01960 (☎ 617-532-1449).

Vereinigte Staaten: New York

Arten
Häufig: Finnwal (**5**), Zwergwal (**2**).
Sporadisch: Buckelwal (**7**), Weißseitendelphin (**58**), Gewöhnlicher Grindwal (**76**), Seiwal (**3**).

Touren
Tägliche Abfahrten der 21 m langen 'Finback One' vom Kai in Montauk auf Long Island. Mai bis September vormittags an Werktagen. Die 6stündigen Fahrten führen bis 32 km vor Montauk, es werden hauptsächlich Finn- und Zwergwale angetroffen. Naturkundler sind an Bord. Erwachsene $ 25; Kinder $ 15. Kontaktadresse: Okeanos Ocean Research Foundation, Box 776, Hampton Bays, NY 11946 (☎☎ 516-728-4522).

Wetter/Wasser
Auf dem Wasser ist es kühl bis kalt; die See kann rauh sein.

Ozeanarien
New York Aquarium, New York Zoological Society, Boardwalk at West 8th St., Seaside Park, Brooklyn, NY 11224 (☎ 212-266-8500).

Museen
Im American Museum of Natural History, Central Park West, 79th St., New York, NY 10024 (☎ 212-873-4225) sind lebensgroße Modelle von Blauwalen und Delphinen ausgestellt.

Weitere Informationen
New York State Department of Commerce, Division of Tourism, 99 Washington Ave., Albany, NY 12245 (☎ 518-474-4116).

Vereinigte Staaten: Maryland

Arten
Häufig: Finnwal (**5**), Delphin (**50**), Großer Tümmler (**57**), Rundkopfdelphin (**70**). Sporadisch: Zwergwal (**2**), Seiwal (**3**), Gewöhnlicher (**76**) und Indischer Grindwal (**77**), Pottwal (**12**), Schwertwal (**75**), Weißseitendelphin (**58**), Atlantischer-Gefleckter-Delphin (**54**), Blau-Weißer-Delphin (**53**), Nordkaper (**8**).

Touren
Vom Talbot Street Pier aus, 1. Block südlich der Brücke der US Rt. 50 in Ocean City, bringt die 20 m lange 'Mariner' Wal- und Vogelbeobachter zum Baltimore Canyon, der fast 100 km vor der Küste an der 183 m Tiefenlinie liegt. Auf der Fahrt unterstützen hervorragende Naturkundler unter der Leitung von Ron Naveen die Besucher beim Beobachten von Walen, Seevögeln, Unechten Karett-Meeresschildkröten und 10 m langen Riesenhaien. Es gibt etwa 15 Tagestouren über das ganze Jahr verteilt (meist samstags, z. T. sonntags), aber die beste Walsaison ist das Frühjahr. 1982-83 wurden auf den meisten Fahrten von April bis Juni Finnwale beobachtet, außerdem wurden Schwertwale, Seiwale und viele Delphinarten gemeldet. Von Juli bis September, wenn der Golfstrom dichter an die Küste kommt, können manchmal tropische Vögel und Delphine (Blau-Weißer- und Atlantischer-Gefleckter-Delphin) beobachtet werden. 11- bis 12stündige Tour, $ 48/Person. Kontaktadresse: Ron Naveen, 2378 Rt. 97, Cooksville, MD 21723 (☎ 301-854-6262).

Wetter/Wasser
Der offene Nordatlantik ist, wenn nicht gerade böig, so doch regelmäßig rauh. So ist es hier kühl bis kalt und manchmal naß.

Museen
Im National Museum of Natural History, Smithsonian Institution, 10th St. and Constitution Ave. NW, Washington, DC 20560 (☎ 202-357-1300) sind u. a. ein lebensgroßes Blauwalmodell, Delphinabgüsse und ein 12 m großer Basilosaurier (ein fossiler Wal) ausgestellt.

Weitere Informationen
Office of Tourist Development, 1748 Forest Dr., Annapolis, MD 21401 (☎ 301-269-3517).

Vereinigte Staaten: Virginia

Arten
Häufig: Großer Tümmler (**57**).

Susan Shane

Aussichtspunkte
1 Von Mai bis November sind Große Tümmler häufig von den Stränden der Virginia-Bucht aus, in der Südostecke des Staates, zu sehen. Im Seashore State Park gibt es gute Campingplätze.

Wetter/Wasser
„Urlaubswetter", das im späten Herbst allerdings recht windig und kühl werden kann.

Weitere Informationen
Virginia State Travel Service, 6 N. Sixth St., Richmond, VA 23219 (☎ 804-786-4484).

Vor der texanischen Küste bei Port Aransas konnten diese Großen Tümmler anhand der Einkerbungen und Narben (hauptsächlich auf der Rückenfinne) individuell identifiziert werden.

Louis Rigley

Große Tümmler in Florida (oben) und beim Wellenreiten vor der texanischen Küste (unten).

Susan Shane

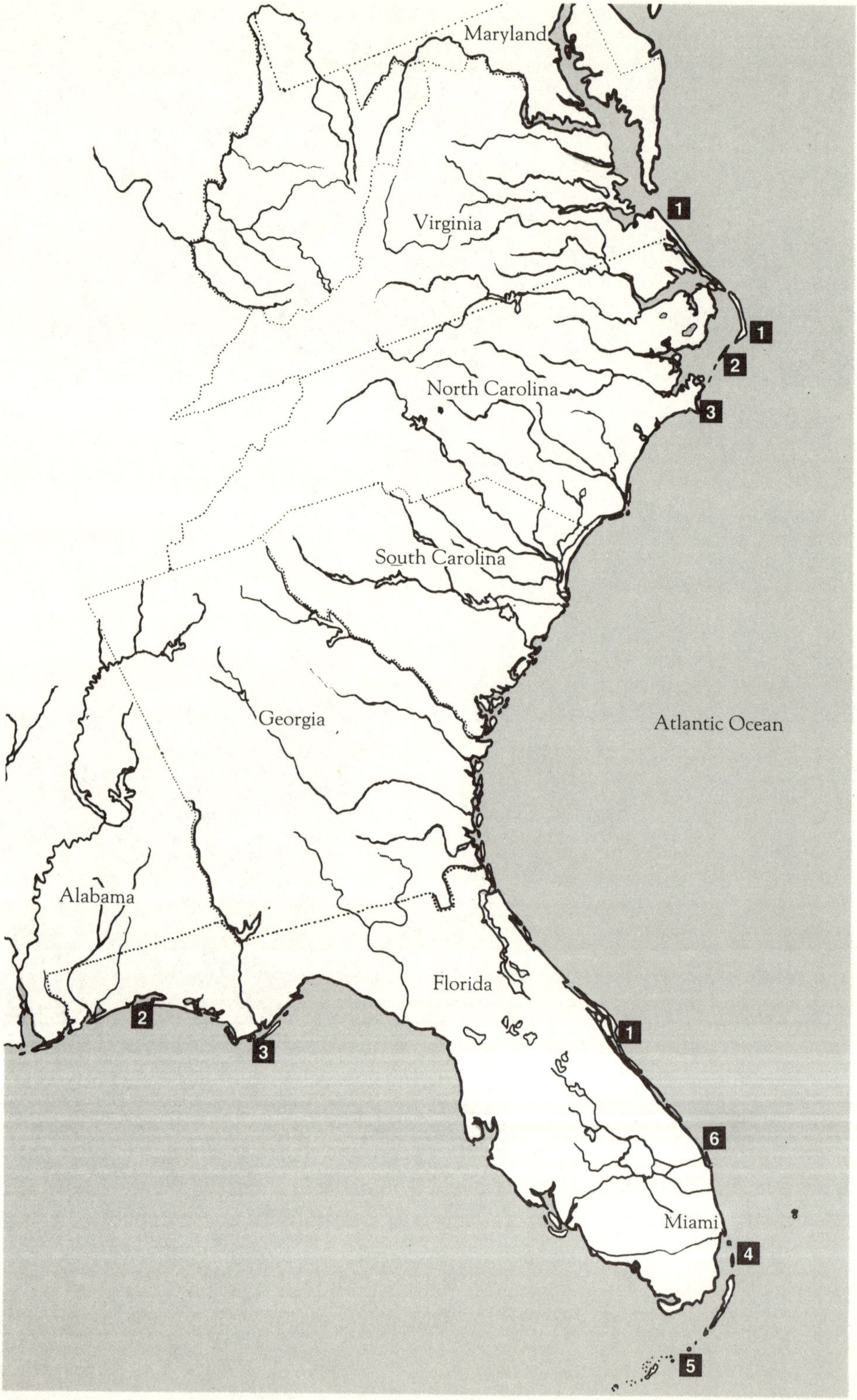
Maryland
Virginia
1
1
2
North Carolina
3
South Carolina
Georgia
Atlantic Ocean
Alabama
Florida
2
3
1
6
Miami
4
5

Vereinigte Staaten: North Carolina

Arten
Häufig: Großer Tümmler (**57**).

Aussichtspunkte
Von Ende März bis November halten sich die Großen Tümmler entlang des Strandes bei **1** Cape Hatteras auf. Im Winter wandert die küstennahe Population manchmal nach Süden, zum Beispiel nach **2** Ocracoke Island, wo die Delphine das ganze Jahr hindurch vom Strand aus zu sehen sind. Sogar noch weiter im Süden gibt es gute Delphinbeobachtungspunkte entlang der sandigen Abschnitte des **3** Cape Lookout National Seashore.
Cape Hatteras National Seashore (der auch die Ocracoke-Insel umfaßt) ist ein sich über drei Inseln erstreckender, 110 km langer offener Strand. Die Inseln sind untereinander und mit dem Festland durch Fähren und Brücken verbunden. Es gibt Motels und Sommerzeltplätze. Kontaktadresse für Karten und Informationen: Superintendent, Cape Hatteras National Seashore, Rt. 1, Box 675, Manteo, NC 27954.
Der im Süden liegende Cape Lookout National Seashore verfügt über keine Straßen und kann nur mit dem Boot erreicht werden. Die Zeltplätze sind einfach und das ganze Jahr über geöffnet. Schreiben Sie an: Superintendent, Cape Lookout National Seashore, Box 690, Beaufort, NC 28516.

Wetter/Wasser
Erstreckt sich von heißen Sonnentagen im Sommer bis zu kühlen, windigen Wintertagen. Für Wetternachrichten wenden Sie sich an die Parkranger.

Museen
Im Hamptoner Mariners Museum, Beaufort, NC 28516 (☎ 919-728-7317), gibt es Informationen über die Geschichte des Küstenwalfangs sowie Schädel des ausgestorbenen Atlantischen Grauwals.

Weitere Informationen
Travel and Tourism Division, Dept. of Commerce, 430 N. Salisbury St., Raleigh, NC 27611 (☎ 919-733-4171).

Vereinigte Staaten: Florida

Arten
Häufig: Großer Tümmler (**57**).
Sporadisch: Atlantischer-Gefleckter-Delphin (**54**), Indischer Grindwal (**77**).

Aussichtspunkte
Der Große Tümmler – Floridas offizielles Salzwasser-Säugetier – ist das ganze Jahr hindurch in der Nähe der Küste anzutreffen, in einigen atlantischen Gebieten sind die Chancen im Winter besonders groß. Brücken und Dämme über binnenländische Wasserwege sowie zwischen den Inseln und dem Festland bieten eine Vielzahl von Aussichtsmöglichkeiten. Zu den günstigsten Gegenden gehören unter anderem: **1** Indian River (ein Teil eines lagunenartigen Küstenwasserweges), zwischen Titusville und Melbourne; **2** Choctawhatchee Bay, in der Nähe von Fort Walton Beach (nördlich der Bucht, an der Rt. 20, gibt es 2 Naturparks mit Campingplätzen); **3** Apalachicola Bay, in der Nähe von Apalachicola (Campmöglichkeit auf der St.-Joseph-Halbinsel); **4** Biscayne Bay, südlich von Miami, einschließlich des Biscayne-Nationalparks; **5** Florida Keys und vom Strand aus beim **6** Jupiter-Leuchtturm, nahe der Jupiter Inlet Colony, 32 km nördlich von West Palm Beach.

Touren
Zwar gibt es keine besonderen Walbeobachtungstouren, aber die Besichtigungsfahrten treffen regelmäßig auf Große Tümmler. Zu den Booten, die häufig Delphine sichten, gehören: (1) Elliot Key Tour Boat über die Biscayne-Bucht, preiswert; am besten an Wintermorgen; Kontaktadresse: Biscayne National Park, Box 1369, Homestead, FL 33030 (☎ 305-247-7275); (2) vom Festland zur Shell-Insel; Kontaktadresse: Fish Hook Shell Island Tours, 4415 Thomas Dr., Panama City, FL 32407 (☎ 904-234-5100); (3) vom Festland zur Shell-Insel: Kontaktadresse: Tropic Star Shell Island Tours, 3605 S. Thomas Dr., Panama City, FL 32407 (☎ 904-235-2809); (4) vom Festland zur Dog-Insel, über den St.-George-Sund; Kontaktadresse: Dog Island Boat Service, Box 737, Carrabelle, FL 32322 (☎ 904-697-3434); (5) Besichtigungstouren Belle of St. Petersburg; Kontaktadresse: Belle of St. Pe-

Randall Wells/Earthwatch

In Florida, in der Nähe von Sarasota, wird ein Großer Tümmler zum Messen und Markieren von einem Netz auf eine Trage verlegt.

tersburg, 400 2nd Ave., St. Petersburg, FL 33701 (☎ 813-866-3002); (6) 3 1/2 Stunden lange Golf-Fahrt; Kontaktadresse: Tin City Queen, 1200 5th Ave., S. Old Marine Marketplace, Naples, FL 33940 (☎ 813-261-4792).
Die Organisation Earthwatch bietet die einmalige Gelegenheit, bei der Erforschung freilebender Großer Tümmler in der Sarasota-Bucht unter der Leitung des Zoologen Randall Wells mitzuhelfen. Das Earthwatch-Programm enthält keine Touren, sondern ermöglicht Amateuren, als zahlende Freilandhelfer an Forschungsprojekten mitzuarbeiten. Das Delphin-Projekt zieht sich über mehrere Jahre hin, mit drei 2wöchigen Einführungskursen während des Sommers. $ 1.290 plus Flugkosten. Kontaktadresse: Earthwatch, 10 Juniper Rd., Box 127, Belmont, MA 02178 (☎ 617-489-3030).

Fähren
Große Tümmler sind auch manchmal auf der Überfahrt vom Festland zur Caladesi-Insel zu sehen. Caladesi Island Ferry, 11 Palmwood Dr., Dunedin, FL 33528.

Wetter/Wasser
Auf küstennahen Bootsfahrten kann es manchmal kühl sein; an den Aussichtspunkten ist es das ganze Jahr hindurch warm bis heiß. Die großen Buchten können bewegt sein.

Ozeanarien
Große Tümmler und Schwertwale:
Miami Seaquarium, 4400 Rickenbacker Causeway, Miami, FL 33149 (☎ 305-361-5705).
Sea World, 7007 Sea World Dr., Orlando, FL 32809 (☎ 305-351-3600).
Nur Große Tümmler:
Gulfarium, Fort Walton Beach, FL 32548 (☎ 904-244-5169).
Gulf World, Box 14004, Panama City Beach, FL 32407 (☎ 904-234-5271).
Marineland of Florida, Rt. 1, Box 122, St. Augustine, FL 32084 (☎ 904-471-1111).
Ocean World, 1701 SE 17th St., Fort Lauderdale, FL 33316 (☎ 305-525-6611).
Theater of the Sea, Inc., Box 407, Islamorada, FL 33036 (☎ 305-664-2431).
Flipper's Key West, 2407 N. Roosevelt Blvd., Key West, FL 33040 (☎ 305-294-8827).
Busch Gardens/The Dark Continent, Box 9185, Tampa, FL 33674 (☎ 813-988-5171).

Weitere Informationen
Florida Dept. of Commerce, Division of Tourism, 107 W. Gaines St., Tallahassee, FL 32304 (☎Tel.: 904-488-7300).

Vereinigte Staaten: Südostalaska

Arten
Häufig: Zwergwal (**2**), Buckelwal (**7**), Grauwal (**1**), Schwertwal (**75**), Dall-Hafenschweinswal (**45**), Finnwal (**5**).
Sporadisch: Schweinswal (**40**), Pottwal (**12**), Weißstreifendelphin (**59**), Seiwal (**3**), Blauwal (**6**).
Selten: Nordkaper (**8**), Baird-Wal (**17**).

Touren
Die Gegend zwischen der Stephens-Passage und dem Frederick-Sund, südlich von Juneau, gehört zu den wichtigsten sommerlichen Nahrungsgründen für Buckelwale in Südostalaska. Das Beobachten von Buckelwalen ist das Hauptziel von 8- und 13tägigen naturkundlichen Fahrten, die von Ende Juni bis August angeboten werden. Zusätzlich gibt es Zwerg und Schwertwale, Dall-Hafenschweinswale und andere Tiere, wie z. B. Adler, zu sehen; außerdem noch Gletscher und verlassene Walfangstationen. Etwa $ 150/Tag; Kontaktadressen: (1) Oceanic Society Expeditions, Fort Mason Center, Bldg. E, San Francisco, CA 94123 (☎ 415-441-1106). (2) Biological Journeys, 1876 Ocean Drive, McKinleyville, CA 95521 (☎ 707-839-0178).
Nature Expeditions International bieten sechs geführte Naturexpeditionen an, bei denen man eventuell Buckelwale und mit Sicherheit Dall-Hafenschweinswale und Zwergwale sehen kann. Die 16tägigen Touren finden von Mitte Juni-Mitte August statt. Zwischen den Fahrten auf der 15 m langen 'M/V Chaik' werden verschiedene Wanderungen unternommen. Zwei Touren legen das Hauptaugenmerk auf die Inland Passage; vier Touren schließen den Mt. Mc Kinley in Zentralalaska und den Katmai-Nationalpark in Südwestalaska mit ein. $ 2.190 $ 2.590 plus Flugkosten. Kontaktadresse: Nature Expeditions International, Box 11496, Eugene, OR 97440 (☎ 503-484-6529).
Wale sind ein Teil des Programms der „Alaskan Odyssey“ auf den Fahrten an Bord der 46 m langen 'Majestic Explorer'. 4 Abfahrten von Mai bis September, mit den besten Walchancen im September. 13 Tage für etwa $ 2.500 plus Flugkosten. Kontaktadresse: Special Expeditions, Inc., 133 E. 55th St., New York, NY 10022 (☎ 212-888-7980); oder Exploration Cruise Lines, 1500 Metropolitan Park Bldg., Olive Way at Boren St., Seattle, WA 98101 (☎ 206-624-8551).
Alaska Discovery, Inc., veranstaltet eintägige bis 2wöchige Kajak- und Kanutouren unter naturkundlicher Leitung, die zu vielen der wichtigsten Wal- und Schweinswalbuchten Südostalaskas führen. Im Sommer gibt es viele Fahrten, von $ 100/Tag aufwärts, plus Flugkosten. Kontaktadresse: Alaska Discovery, Box 26, Gustavus, AK 99826 (☎ 907-697-3431).
Weitere Expeditionen in Südostalaska, die Walbeobachtungen einschließen, werden von folgenden Organisationen angeboten: (1) Wilderness Travel, 1760 Solano Ave., Berkeley, CA 94707 (☎ 415-524-5111); (2) American Museum of Natural History, Central Park W. at 79th St., New York, NY 10024 (☎ 212-873-1440); (3)Ecosummer Canada Expeditions Ltd., 1516 Duranleau St., Vancouver, B.C. V6H 3S4 Canada (☎ 604-669-7741); (4) Ocean Voyages, Inc., 1709 Bridgeway, Sausalito, CA 94965 (☎ 415-332-4681); (5) Glacier Bay Yacht/Seaplane Tours, Box 424, Juneau, AK 99802 (☎ 907-586-6835).

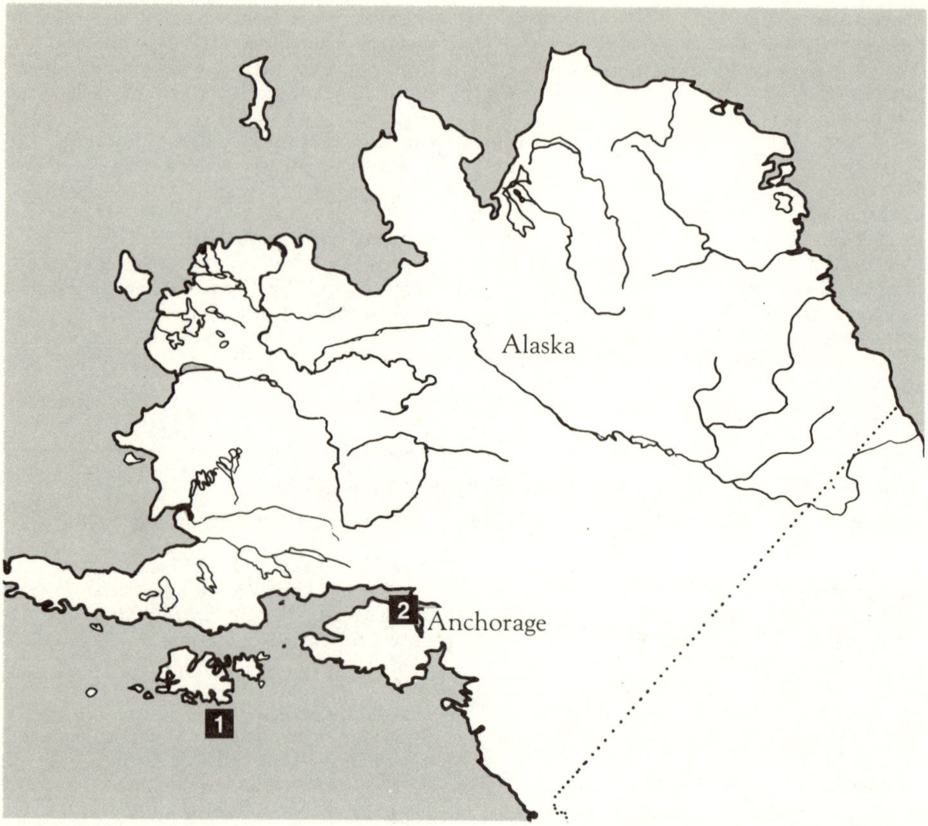

Fähren und Fahrten

Segeljachtgesellschaften, die sommerliche Segeltouren von Kalifornien, Seattle und Vancouver aus durch die Inland Passage nach Südostalaska anbieten, werben oft mit der Möglichkeit, auf Wale und Schweinswale zu treffen. Juli und August sind die besten Walmonate. Kontaktadressen: (1) Canadian Cruise, Ltd., 401-1208 Wharf St., Victoria, B.C. V8W 3B9 Canada (☎ 604-386-3844); (2) Cunard, Box 999, Farmingdale, NY 11737 (☎ 212-661-7777); (3) Holland America Cruises, 2 Penn Pl., New York, NY 10121 (☎ 212-947-8959); (4) Norwegian American Cruises, 3rd Flr., 29 Broadway, New York, NY 10006 (☎ 212-422-3905); (5) Paquet French Cruises, 1370 Ave. of the Americas, New York, NY 10019 (☎ 212-757-9050); (6) Princess Cruises, 2029 Century Park E., Los Angeles, CA 90067 (☎ 213-553-7000); (7) Royal Viking Line, 1 Embarcadero Ctr., San Francisco, CA 94111 (☎ 800-227-4246); (8) Sitmar Cruises-Alaska, 1801 S. Hill St., Los Angeles, CA 90015; (9) Westours, 300 Elliot Ave. W., Seattle, WA 98119 (☎ 206-281-1970); (10) World Explorer Cruises, 3 Embarcadero Ctr., San Francisco, CA 94111 (☎ 415-391-9262).

„Budget Cruises" (preisgünstige Fahrten) werden von der Flotte 'State of Alaska' mit 9 Fährschiffen angeboten. Dieses als 'Alaska Marine Highway' bekannte Fährsystem verbindet die Haupthäfen in Südostalaska mit Prince Rupert, B.C., und Seattle, WA. Von Juli bis August sind Fahrten zwischen Juneau und Petersburg sowie zwischen Petersburg und Sitka eine gute Möglichkeit, Wale zu sichten. Für Fahrplaninformationen: Traffic Mgr., Alaska Marine Hwy. System, Pouch R, Juneau, AK 99811. Reservierungen: (1) Seattle (☎ 206-623-1970); (2) Anchorage (☎ 907-272-4482); (3) Juneau (☎ 907-465-3941).

Wetter/Wasser

Die Sommertemperaturen liegen im Durchschnitt bei 10 Grad C, können aber enorm schwanken. Nebel und Regen verderben oft das Walbeobachten. Die offene See kann rauh sein.

Gesetze/Richtlinien

Für das Glacier Bay National Monument gibt es spezielle Richtlinien. Anfang der

70er Jahre wurde die Glacier Bay als Sommeraufenthalt von 25 Buckelwalen sehr bekannt. Mitte Juli 1978 haben die Wale dann schlagartig die Bucht verlassen und sind seitdem nur gelegentlich zurückgekehrt. Lag die Schuld bei dem ständigen privaten Bootsverkehr und den großen Kreuzfahrtschiffen? Oder haben die Wale einfach woanders bessere Nahrungsgründe gefunden? Die Verwaltung des Nationalparks ist bemüht, die Störung der Wale durch eine Begrenzung des Bootverkehrs zu minimieren. Vom 1. Juni - 31. August ist eine besondere Erlaubnis erforderlich, um die Glacier Bay zu befahren. Kontaktadresse für weitere Information: Glacier Bay National Park, Gustavus, AK 99826 (☎ 907-697-3522).

Museen
Alaska State Museum, Pouch FM, Juneau, AK 99801 (☎ 907-586-9888).

Weitere Informationen
Alaska State Div. of Tourism, Pouch E-28, Juneau, AK 99811 (☎ 907-465-2010).

Ein fressender Grauwal in der Bering-See, aus der Luft fotografiert.

Howard Braham/Nat'l. Mar. Mam. Lab, NMFS, NOAA

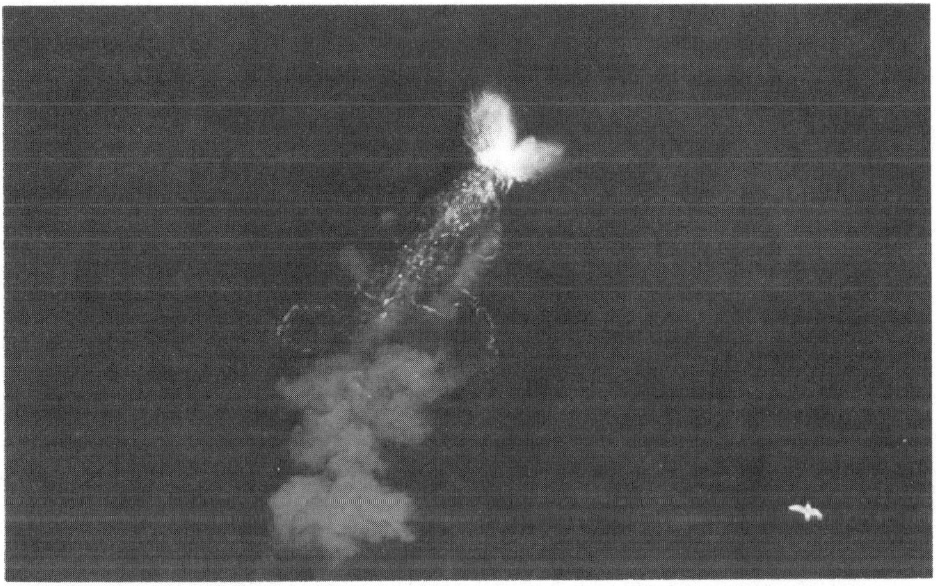

Vereinigte Staaten: Südküste Zentralalaskas

Arten
Häufig: Zwergwal (**2**), Buckelwal (**7**), Grauwal (**1**), Schwertwal (**75**), Dall-Hafenschweinswal (**45**), Schweinswal (**40**), Finnwal (**5**), Weißwal (**34**).
Sporadisch: Pottwal (**12**), Weißstreifendelphin (**59**), Seiwal (**3**), Blauwal (**6**).
Selten: Nordkaper (**8**), Baird-Wal (**17**).

Aussichtspunkte
1 Auf Kodiak Island (per Flugzeug von Anchorage oder mit der Fähre von Homer bzw. Seward zu erreichen) ziehen die wandernden Grauwale im November und Dezember und April bis Mai am Narrow Cape vorbei. Von der 35 km südlich von Kodiak verlaufenden Straße aus führt eine halbstündige Wanderung zu diesem Ort. Kodiak Area Chamber of Commerce, Box 1485, Kodiak, AK 99615 (☎ 907-486-5557).
2 Vom Seward Hwy. aus, zwischen Girdwood und Portage (etwa 56 km südlich von Anchorage), können im Frühjahr während des Hornhecht-Zuges (Mai - Anfang Juni) die Weißwale im Cook Inlet und im Turnagain-Meeresarm beobachtet werden.

Touren
Während des letzten Jahrzehnts haben Jim und Nancy Lethcoe Gästen die Buckelwale und andere Wale des Prince William Sound gezeigt. Von Juni bis September bieten sie mehrere 6tägige Segel- und Walbeobachtungsfahrten an, die von Naturkundlern

geleitet werden. Die Segelboote haben Längen zwischen 7 und 13 m. Es handelt sich nicht um Luxusfahrten, sondern um Naturerlebnisse besonderer Art. Die Preise fangen bei $ 300/Person pro Woche an, wobei die Verpflegung nicht eingeschlossen ist. Es sind auch besondere Buchungen möglich. Kontaktadresse: Alaskan Wilderness Sailing Safaris, Box 701W, Whittier, AK 99693 (☎ 907-338-2134).

Fähren und Fahrten
An Bord der 'M/V Bartlett', die an 5 Tagen in der Woche Autos und Passagiere zwischen Valdez und Whittier befördert, können im Sommer die Wale des Prince William Sound beobachtet werden. Kontaktadresse: Alaska Marine Highway, Box 647, Valdez, AK 99686 (☎ 907-835-4436).

Museen
Im Pratt Museum, Box 427, Homer, AK 99603 (☎ 907-235-8635) gibt es komplett aufgestellte Skelette von Schweinswalen und Bering-See-Schnabelwalen.

Weitere Informationen
Alaska State Div. of Tourism, Pouch E-28, Juneau, AK 99811 (☎ 907-465-2010).

Vereinigte Staaten: Washington

Arten
Häufig: Schwertwal (**75**), Grauwal (**1**), Dall-Hafenschweinswal (**45**), Zwergwal (**2**).
Sporadisch: Schweinswal (**40**).

Aussichtspunkte
Von Juni - September ist San Juan Island eines der besten Walbeobachtungsgebiete der Welt. Anreise mit der anderthalbstündigen Autofähre von Anacortes, Washington oder Sidney, British Columbia. Für in Friday Harbor ankommende Fußgänger gibt es ein Auto oder Fahrrad zu mieten. Die Entfernungen sind relativ kurz: 11-13 km bis zu den besten Aussichtspunkten im Westen oder Süden der Insel. Zuerst sollten Sie im Wal-Museum in Friday Harbor vorbeischauen, wo auf einer großen Karte die neuesten Walsichtungen eingetragen sind. Auf der Bailer Hill Rd., die in die West Side Rd. übergeht, gelangen Sie zur Westseite der Insel. Die besten Orte zum Anhalten sind **1** entlang der West Side Rd., **2** im San Juan County Park, **3** in der Nähe von Deadman's Bay, direkt südlich vom Leuchtturm Lime Kiln (auch gut für Schweinswale und Dall-Hafenschweinswale). Außerdem: **4** Das American Camp im San Juan National Historic Park an der Südspitze der Insel. Hier besteht auch die Möglichkeit, Zwergwale zu sichten.
An der äußeren Küstenlinie dauern die Wanderungen der Grauwale von Ende Oktober - Dezember und Februar - Mai, sind von März bis Mai aber am besten zu beobachten. Von Norden nach Süden gibt es folgende gute Aussichtspunkte: **5** der Cape Flattery Viewpoint, der über den von Neah Bay (105 km westlich von Port Angeles) kommenden Hwy. 112 und einen 800 m langen Weg nach Land's End erreicht werden kann (Makah Cultura & Resource Center hat Ausstellungen über den Walfang); **6** Cape Alava und Sand Point, am Ende von zwei getrennten, 5 km langen, von Ozette ausgehenden Pfaden, 105 km westlich von Port Angeles (in gutem Zustand, Teil des Olympic-Nationalparks; auch gut im Herbst); **7** die Gegend um Kalaloch (ebenfalls ein Teil des Olympic-Nationalparks), am Hwy. 101 von Ruby Beach zur Südgrenze des Parks, bietet gute Aussichtsmöglichkeiten von der Straße aus, die oberhalb einer Reihe von Stränden entlang führt, oder auch von der Bücherei der Kalaloch Lodge aus; **8** Point Grenville, am Hwy. 109 auf dem Quinalt-Indianer-Reservat; **9** in der Nähe von Moclips und Pacific Beach, am Hwy. 109; **10** in Westport,

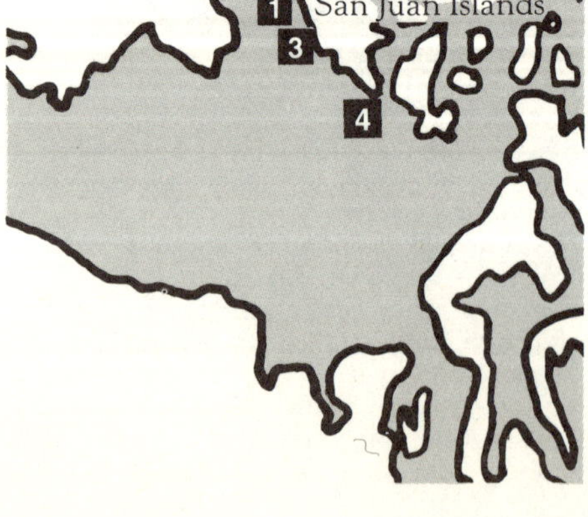

Graeme Ellis/courtesy Michael A. Bigg

(Oben und unten) Fotosequenz von einem aus dem Wasser springenden Schwertwal vor Vancouver Island.

Graeme Ellis/courtesy Michael A. Bigg

von einem neuen 15 m hohen Aussichtsturm am Ozean aus; **11** am Cape Disappointment, von dem Hügel neben dem Leuchtturm und von der langen ins Meer hinausragenden Mole aus – zu erreichen auf der Straße vom Ilwaco (folgen Sie den Schildern nach Fort Canby), die vom Hwy. 101 im südwestlichen Washington abbiegt. Kontaktadresse für Wanderkarten, Camping- und andere Informationen über die Aussichtspunkte #6 und #7: Olympic National Park, 600 E. Park Ave., Port Angeles, WA 98362 (☎ 206-452-4501).

Touren

Von **Westport** aus, an der Westküste, werden an den Wochenenden von März-Mai halbtägige geführte Grauwal-Fahrten für etwa $ 20 angeboten. Außerdem gibt es ganztägige Unternehmungen. (1) Westport Whale Watch, Box 312, Westport, WA 98595 (☎ 206-268-0430 oder, innerhalb von WA, 800-222-0430); (2) Northwest Educational Tours (Salmon Charters, Inc.), Box 545, Westport, WA 98595 (☎ 206-268-9150 oder, innerhalb von WA 800-222-0430); (3) Bran Lee Charters, Westhaven Dr., Westport, WA 98595 (☎ 206-268-9177 oder, innerhalb von WA, 800-562-0163); (4) Cachalot Charters, Box 348, Westport, WA 98595 (☎ 206-268-0323 oder, innerhalb von WA, 800-562-0141); (5) Coho Charters, Westport, WA 98595 (☎ 206-268-0111 oder, innerhalb von WA, 800-562-0177); (6) Deep Sea Charters, Across from Float 6, Westport, WA 98595 (☎ 206-268-9300 oder, innerhalb von WA, 800-562-0151); (7) Ed's Charters, Box 461, Westport, WA 98595 (☎ 206-268-0047 oder, innerhalb von WA, 800-562-0107); (8) Gull Charters, Box 351, Westport, WA 98595 (☎ 206-268-9186 oder, innerhalb von WA, 800-562-0175); (9) Harbor Charters, Box 312, Westport, WA 98595 (☎ 206-268-0169 oder, innerhalb von WA, 800-562-0184); (10) Islander Charters, Westport, WA 98595 (☎ 206-268-9166 oder, innerhalb von WA, 800-562-0147); (11) Neptune Charters, 2601 Westhaven Dr., Westport, WA 98595 (☎ 206-268-0124 oder, innerhalb von WA, 800-562-0165); (12) Ocean Charters, Westport, WA 98595 (☎ 206-268-9144 oder, innerhalb von WA, 800-562-0105); (13) Rainbow Charters, Westport, WA 98595 (☎ 206-268-0124 oder, innerhalb von WA, 800-562-0165); (14) Rogers Sea Charters, Westport, WA 98595 (☎ 206-268-0366); (15) Shamrock Charters, Box 466, Westport, WA 98595 (☎ 206-268-0900 oder, innerhalb von WA, 800-562-0173); (16) Sunrise Charters, Box 592, Westport, WA 98595 (☎ 206-268-0601 oder, innerhalb von WA, 800-562-0143); (17) Westport Charters, Westhaven Dr., Westport, WA 98595 (☎ 206-268-9120 oder, innerhalb von WA, 800-562-0157).

Von **Neah Bay** aus gibt es nur drei Chartermöglichkeiten: (1) Morton's Resort, Box 136, Neah Bay, WA 98357 (☎ 206-645-2250); (2) Makah Resort, Neah Bay, WA 98357 (☎ 206-645-2366); (3) Big Salmon Resort, Neah Bay, WA 98357 (☎ 206-645-2374).

In **Sekiu** (nahe Neah Bay) werden Grauwaltouren von Coho Resort, Hwy. 112 W., Sekiu, WA 98381 (☎ 206-963-2333) angeboten.

In **Ilwaco** 1bieten E. Gilpin, Viking Charters, Star Route, Ilwaco, WA 98624 (☎ 206-777-8236 oder 642-2623) Grauwalfahrten an.

Von Ende Juni - Mitte September werden von Anacortes aus naturkundliche Tagestouren zum Schwertwalbeobachten (auch Zwergwale und Dall-Hafenschweinswale) bei den **San Juan Islands** unternommen. (1) Greenpeace Northwest, 4649 Sunnyside Ave. N., Seattle, WA 98103 (☎ 206-632-4326). 12 Fahrten pro Saison; $ 28, Mittagessen extra. (2) Anchor Excursions, 4250 21st Ave. W., Seattle, WA 98199 (☎ 206-282-8368). Etwa 6 Fahrten pro Saison; der Preis von $ 55 schließt die Verpflegung und den Besuch des Walmuseums in Friday Harbor mit ein. Außerdem 2-3tägige Exkursionen zum Beobachten der Schwertwale für $ 285, einschließlich Übernachtung und einige Mahlzeiten.

Eine einwöchige Beobachtungsfahrt zu den Schwertwalen bei den San Juan Islands mit Besuchen des Walmuseums, täglichen Vorträgen und Diavorführungen wird im September von Ronn Storro-Patterson angeboten. Etwa $ 1.000 (von Friday Harbor aus). Kontaktadresse: Biological Journeys, 1876 Ocean Dr., McKinleyville, CA 95521 (☎ 707-839-0178).

Geführte Kajak-Expeditionen zum Beobachten der Schwertwale bei den San-Juan-Inseln dauern 2-8 Tage und kosten etwa $ 50/Tag, einschließlich aller Ausrüstung und 2 Mahlzeiten am Tag. (1) San Juan Kayak Expeditions, 3090 Roche Harbor Rd., Friday Harbor, WA 98250 (☎ 206-378-4436); (2) Pacific Rim Expeditions, Box 2474, Bellingham, WA 98227 (☎ 206-676-8550); (3) Tide Rip Tours, Box 4143, Bellingham, WA 98225 (☎ 206-733-8077); (4) Northern Lights Expeditions, 8556 Sandpoint Way, NE, Seattle, WA 98115 (☎ 206-524-1662).

„Whale School" und „Advanced Whale Workshop" (für Fortgeschrittene) sind einwöchige, sommerliche Freilandkurse, die von der Moclips Cetological Society in Friday Harbor angeboten und von Universitäten anerkannt werden. Diese ausgezeichneten Studienprogramme konzentrieren sich auf die Naturgeschichte der am Ort vorkommenden marinen Säugetiere. $ 600 schließen Verpflegung und Unterkunft ein. Kontaktadresse: Moclips Cetological Society, Box 945, Friday Harbor, WA 98250 (☎ 206-378-4710).

Fähren und Fahrten
Im August und September werden auf den Washington-State-Fähren, besonders zwischen Anacortes und Sidney, B.C., gelegentlich Schwertwale gesichtet (seltener Zwergwale, Dall-Hafenschweinswale und Schweinswale). Täglich viele Fahrten (mit Zwischenstops in Friday Harbor und einer benachbarten Insel). Kontaktadresse: Washington State Ferries, Colman Dock, Seattle, WA 98104 (☎ 206-464-6400 oder, innerhalb von WA, 800 542 0810/7052 oder, innerhalb Victorias, B.C., 604-381-1551).
Weitere Hinweise auf Fahrten über die Inside Passage zwischen Seattle und Alaska, die durch Schwertwal- und andere Walgebiete führen, finden sich in dem Abschnitt über Südostalaska.

Wetter/Wasser
Während der Grauwalsaison (Winter-Frühjahr) gewöhnlich regnerisch und kalt mit z. T. rauher See. Im Sommer trocken und warm, auf Booten allerdings kalt. Die See um die San-Juan-Inseln herum ist im Sommer relativ ruhig, Exkursionen in die Juan de Fuca Strait dagegen werden sicherlich rauh sein.

Museen
Im Walmuseum gibt es Skelette von Schwert- und anderen Walen, Modelle, Filme und exzellente Ausstellungen, einschließlich einer stets auf dem neuesten Stand gehaltenen Karte über die Walsichtungen in der Umgebung. Das Museum unterhält ein öffentliches Netzwerk zum Aufzeichnen der Sichtungen; deshalb sollten Sie alle Walbeobachtungen über die ständige Wal-Leitung 800-562-8832 (kostenlos) melden. Das Walmuseum ist an der First St., einige Blöcke nördlich vom Fähranleger in Friday Harbor. Kontaktadresse: Moclips Cetological Society, Box 945, Friday Harbor, WA 98250 (☎ 206-378-4710).

Weitere Informationen
Washington State Dept. of Commerce & Economic Development, Gen. Admin. Bldg., Rm. G-3, Olympia, WA 98504 (☎ 206-753-5630).

Vereinigte Staaten: Oregon

Arten
Häufig: Grauwal (**1**).
Sporadisch: Schwertwal (**75**), Schweinswal (**40**), Dall-Hafenschweinswal (**45**).

Aussichtspunkte
Von Dezember bis Mai ziehen die wandernden Grauwale an der Küste entlang; Mitte Februar tritt eine kurze Pause zwischen den Nord- und Südwanderungen ein. Die Wanderung in den Süden ist in der letzten Dezember- und ersten Januarwoche am stärksten, in entgegengesetzter Richtung liegt der Höhepunkt Ende März-April. Während dieser Zeit bietet sich jede Landzunge und fast jeder Küstenweg entlang des Hwy. 101 als Aussichtspunkt an. Im Folgenden sind einige der besonders geeigneten Plätze aufgeführt (von Norden nach Süden): **1** Fort Stevens State Park, zu erreichen über die nördlich von Warrenton verlaufende County Rd., knapp 20 km von Astoria entfernt; **2** Tillamook Head, der über einen guten Weg vom Ecola State Park zu erreichen ist. Der Park liegt nördlich von Cannon Beach, am Hwy. 101; **3** Cape Falcon, über die vom Hwy. 101 abzweigende Straße zum Oswald West State Park und einen gut 3 km langen Weg zu erreichen; **4** Cape Meares neben dem Leuchtturm im Cape Meares State Park, Zugang über eine Straße 16 km westlich von Tillamook; **5** Cape Lookout, erreichbar über einen knapp 5 km langen Wanderweg vom Cape Lookout State Park aus, 24 km südwestlich von Tillamook; **6** Cascade Head, erreichbar über eine Nebenstraße des Hwy. 101, etwa 13 km nördlich von Lincoln City, und einen 5 km langen Wanderweg; **7** Cape Foulweather, eine hohe Klippe in der Nähe von Rocky Creek Wayside, vom Hwy. 101 abgehend; **8** Yaquina Head, 45 m hinter der vom Hwy. 101 abzweigenden Straße zum Leuchtturm, 5 km nördlich von Newport; **9** Cape Perpetua, Kliff mit Parkplatz am Yachats Ocean Road Wayside auf dem Hwy. 101, 5 km südlich von Yachats; **10** Heceta Head neben dem Leuchtturm, neben dem Hwy. 101, etwa 24 km südlich von Yachats; **11**

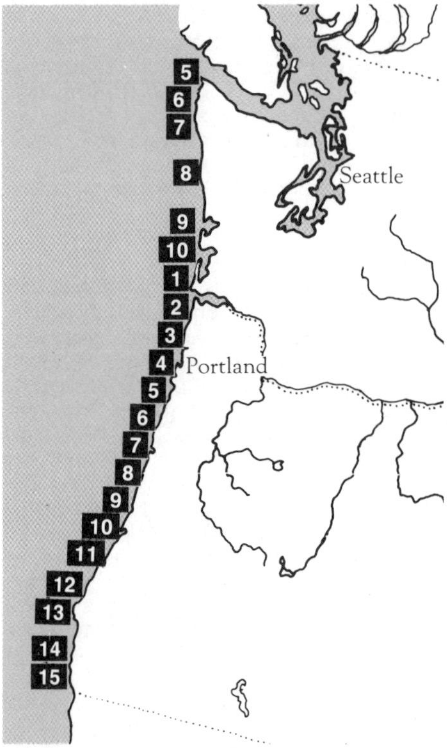

Cape Arago, im Cape Arago State Park, erreichbar über eine 22 km westlich von Coos Bay vom Hwy. 101 abzweigende Straße; 12 Cape Blanco (Oregons westlichster Punkt), in der Nähe des Leuchtturms im Cape Blanco State Park, etwa 10 km vom Hwy. 101 und (insgesamt) 16 km von Port Orford entfernt; 13 Cape Sebastian, erreichbar über den Cape Sebastian State Park, vom Hwy. 101 aus über kurzen Wanderweg; 14 im Samuel H. Boardman State Park, einschließlich Cape Ferrelo, gibt es zwischen Pistol River und Brookings am Hwy. 101 mehrere Aussichtspunkte; 15 der Sporthaven Park in Brookings bietet einen Strand und Campingplatz an der Südseite der Einmündung des Chetco-Flusses. Kontaktadresse für Informationsblätter über kostenlose Grauwalbeobachtungsmöglichkeiten: Marine Science Center, Oregon State University, Marine Science Dr., Newport, OR 97365 (☎ 503-867-3011).
Weitere Informationen über rund 70 küstennahe, an der Straße liegende Aussichtspunkte, hauptsächlich in State Parks, bei: State Parks & Recreation Division, 525 Trade St., SE, Salem, OR 97310 (☎ 503-378-6305).

Touren
Das Grauwalbeobachten in Oregon ist fast nur von gemieteten Booten aus möglich, obwohl einige Chartergesellschaften in den Spitzenzeiten, also von März bis Mai, 1- bis 3stündige Fahrten veranstalten.

In der San Ignacio Lagoon in Mexiko versuchen Walbeobachter, eine „freundliche“ Grauwalmutter mit ihrem Kalb zu streicheln.

H & M Landing

Von **Garibaldi** aus (an der Tillamook-Bucht) werden regelmäßige, naturkundlich geleitete Touren von Trollers Charters, Vandecoevering Fisheries, Box 452, Garibaldi, OR 97141 (☎ 503-322-3666/3796) angeboten.
Von **Tillamook** aus arrangiert Joe's Deep Sea Fishing, Mooring Basin Rd., Tillamook, OR 97141 (☎ 503-322-3395) Chartertouren.
In **Depoe Bay** bieten Tradewinds Ocean Sportfishing, Box 123, Depoe Bay, OR 97341 (☎ 503-765-2345) regelmäßige Fahrten und Chartertouren an.
In **Newport** bietet das Oregon Museum of Science & Industry im Frühjahr halbtägige Fahrten an; die anderen Touren gehen hauptsächlich von Chartergesellschaften aus: (1) Oregon Museum of Science & Industry, 4015 SW Canyon Rd., Portland, OR 97221 (☎ 503-222-1500); (2) Sea Gull Charters, 343 SW Bay Blvd., Newport, OR 97365 (☎ 503-265-7441); (3) Newport Tradewinds, 653 SW Bay Blvd., Newport, OR 97365 (☎ 503-265-2101); (4) Newport Sportfishing, 1000 SE Bay Blvd., Newport, OR 97365 (☎ 503-265-7558).
Von **Winchester Bay** aus sind Wal-Chartertouren erhältlich über: Thompson Charters, Box 722, Winchester Bay, OR 97467 (☎ 503-271-3133).
Von **Charleston** aus, an der Coos Bay: B & B Charters, Charleston Boat Basin, Charleston, OR 97420 (☎ 503-888-4139).
In **Harbor** (auf der anderen Flußseite von Brookings, in SW Oregon) sind regelmäßige Fahrten geplant: Leo's Sporthaven Marina, Box 2215, Harbor, OR 97415 (☎ 503-4 69-3301).

Wetter/Wasser
Während der Grauwalsaison von Dezember - Mai ist es kalt und oft regnerisch und rauh auf dem Wasser. Vom Wetter her sind die besten Tage im Frühjahr. Für das Beobachten von niedrigen Standorten aus ist ruhiges Wasser eine Grundvoraussetzung. Ein bedeckter Himmel ist zudem oftmals günstiger als Sonnenschein, weil dann das Wasser nicht so glitzert.

Museen
Walfanggeräte und andere Materialien sind im Tillamook County Pioneer Museum, 2016 2nd St., Tillamook, OR 97141 (☎ 503-842-4553).

Weitere Informationen
Oregon Travel Information Section, 101 Transportation Bldg., Salem, OR 97310)☎ 503-378-6309).

Vereinigte Staaten: Kalifornien – Norden & Mitte

Arten
Häufig: Grauwal (**1**), Weißstreifendelphin (**59**), Buckelwal (**7**), Blauwal (**6**), Nördlicher Glattdelphin (**68**), Dall-Hafenschweinswal (**45**), Schweinswal (**40**).
Sporadisch: Finnwal (**5**), Zwergwal (**2**), Seiwal (**3**), Schwertwal (**75**), Kleiner Schwertwal (**74**), Rundkopfdelphin (**70**), Indischer Grindwal (**77**), Delphin (**50**).

Aussichtspunkte
Die Grauwale kommen fast nur auf ihren Wanderungen durch kalifornische Gewässer. Sie werden allerdings ausgesprochen herzlich begrüßt, wenn man bedenkt, daß sie sich nur auf der „Durchreise" befinden. Hunderttausende von Kaliforniern und Besuchern aus aller Welt beobachten jedes Jahr, wie die Wale vorbeiziehen – oftmals von an der Küste gelegenen Aussichtspunkten aus. Die von Dezember bis Mai gehende Saison hat zwei Höhepunkte, Anfang Januar während der Südwanderung und im März während der Nordwanderung. Einige Orte eignen sich besser, um die Südwanderung zu beobachten, andere sind besser für die Nordwanderung. Im folgenden einige der zugänglichen Aussichtspunkte, von Norden nach Süden: **1** Point St. George, etwa 8 km nordwestlich von Crescent City, in der Nähe des Leuchtfeuers St. George Reef. **2** Aussichtspunkt Crescent Beach, am 800 m südlich von Crescent City gelegenen Strand; **3** Patrick's Point State Park am Hwy. 101, vom steilen Aussichtspunkt am Rocky Point (Camping. ☎ 707-677-3570); **4** Vista Point, 22 km nördlich von Eureka am Hwy. 101, gegenüber vom Arcata-Flugplatz; **5** Mac Kerricher State Park, 5 km nördlich von Fort Bragg am Hwy. 1. Besonders günstig sind die grasbewachsenen Klippen am Laguna Point, 400 m hinter dem Parkplatz am westlichen Ende der Mill Creek Rd. (Camping; an Wochenenden von Rangern geführte Walprogramme; im März findet in der Veterans Hall in Fort Bragg das Mendocino Coast Whale Festival mit Filmen, Ausfahrten, Walausstellungen und Weinproben statt; ☎ 707-964-3153); **6** Mendocino Headlands State Park, außerhalb von Mendocino vom Hwy. 1 abgehend,

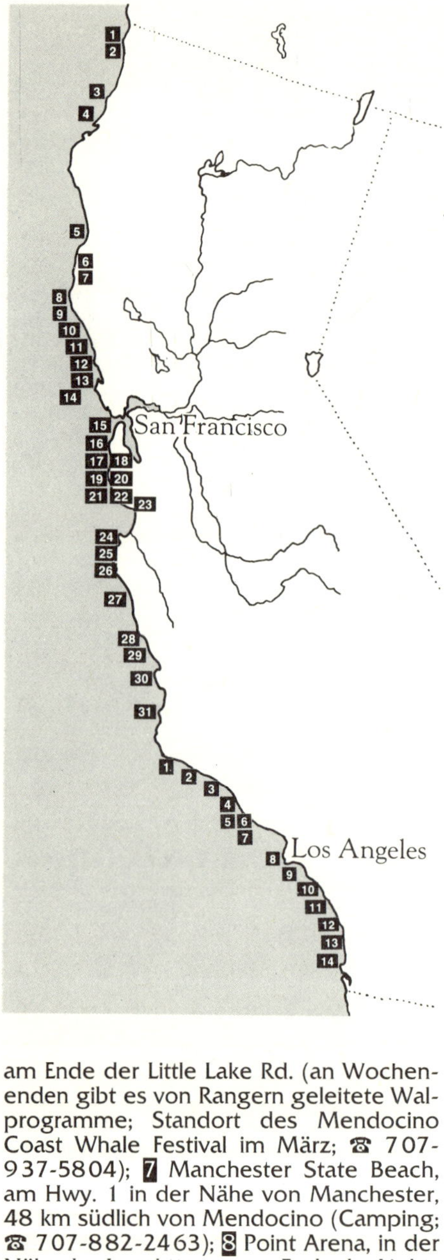

am Ende der Little Lake Rd. (an Wochenenden gibt es von Rangern geleitete Walprogramme; Standort des Mendocino Coast Whale Festival im März; ☎ 707-937-5804); 7 Manchester State Beach, am Hwy. 1 in der Nähe von Manchester, 48 km südlich von Mendocino (Camping; ☎ 707-882-2463); 8 Point Arena, in der Nähe des Leuchtturms, am Ende der Lighthouse Rd. vom Hwy. 1 abzweigend, 5 km nördlich der Stadt Point Arena; 9 Gualala Point im Gualala Point County Park, am Hwy. 1, eineinhalb Kilometer südlich von Gualala und etwa 176 km nördlich von San Francisco; 10 Salt Point, im Salt Point State Park, 800 m hinter dem Parkeingang vom Hwy. 1 abbiegen, knapp 150 km nördlich von San Francisco (Camping; beste Zeit Februar bis April; ☎ 707-847-3221); 11 Stillwater Cove County Park am Hwy. 1, 5 km nördlich von Fort Ross (Camping; ☎ 707-847-3245); 12 Fort Ross State Historic Park, etwa 16 km nördlich von Jenner am Hwy. 1 (☎ 707-865-2391); 13 Bodega Head, vom Hwy. 1 abbiegen bis zum Ende der Westside Rd., westlich von Bodega Bay, südlich der Sonoma Coast State Beaches (Parkplatz, Camping); 14 Point Reyes National Seashore, etwa 70 km nördlich von San Francisco über den Hwy. 1 in der Nähe des westlichen Endes des Sir Francis Drake Hwy. Besonders geeignete Orte sind der alte Leuchtturm (10-16.30 Uhr, Donnerstag-Montag, am besten 1.-15. Januar), die Gegend um Chimney Rock (am besten Mitte März), Tomales Point (Mitte Mai gibt es die besten Chancen, Walkühe und Kälber zu beobachten) und Point Reyes Beach South (das Besucherzentrum in der Nähe des Leuchtturms hält Wal-Information bereit; von Dezember - April gibt es geführte Walprogramme; eintägige Walbeobachtungsseminare im Januar; Kontaktadresse für weitere Informationen über das Wetter und eventuelle Walaktivitäten: Point Reyes National Seashore, Point Reyes, CA 94956; ☎ 415-669-1534/Seminare 663-1200); 15 das Cliff House in San Francisco, in der Nähe des Golden Gate Park, am Nordende des Great Hwy. und der Point Lobos Ave.; 16 Gray Whale Cove State Beach, am Hwy. 1, 16 km südlich von San Francisco (Parkplatz); 17 Klippen oberhalb des Montara State Beach, 19 km südlich von San Francisco vom Hwy. 1 abbiegen (Parkplatz; am besten Februar bis April; ☎ 415-726-9278); 18 Half Moon Bay State Beach in Half Moon Bay, zu erreichen über den Venice Blvd. oder die Young Ave., vom Hwy. 1 abgehend. Besonders günstig ist das Gebiet zwischen Venice Beach und Roosevelt Beach (Parkplatz; ☎ 415-726-9278); 19 San Gregorio State Beach, von den Klippen nördlich und südlich des Parkplatzes, knapp 18 km südlich von Half Moon Bay vom Hwy. 1 abzweigen; 20 Klippen im Año Nuevo State Reserve, am New Year's Creek vom Hwy. 1 abbiegen (wegen des begrenzten Zuganges zu der nahegelegenen Elefantenrobben-Kolonie ist eine Reservierung erforderlich; ☎ 415-879-0228); 21 Pebble Beach/Bean Hollow State Beach, 25 km südlich von Half Moon Bay vom Hwy. 1 abgehend. Beste Aussichtsmöglichkeit von einem 3 km langen Fußweg zwischen den beiden Stränden (Parkplatz; ☎ 415-726-9278); 22 Greyhound Rock, der Strandzugang geht vom Hwy. 1 ab, gut 50 km südlich von Half Moon Bay; 23 Davenport, 60 km südlich von Half Moon Bay am Hwy. 1. Besonders geeignet sind die am Highway liegenden

Jim Darling/WCWRF

Vor Vancouver Island zeigt ein abtauchender Grauwal seine Fluke.

Kliffs gegenüber von der Walfängertaverne (Whaler tavern); **24** Point Piños am Ocean View Blvd. in Pacific Grove, fast am Ende der Lighthouse Ave. (westlichste Landung am Südende der Montery Bay); **25** Point Lobos State Reserve, südlich von Carmel am Hwy. 1, und die an der Straße gelegenen Aussichtspunkte auf dem 30 km nach Süden führenden Weg bis nach Point Sur (Parkplatz; ☎ 408-624-4909); **26** Garrapata Beach, 11 km südlich von Carmel am Hwy. 1 (Parkplatz; samstags geführte Walprogramme); **27** Julia Pfeiffer Burns State Park, 60 km südlich von Carmel am Hwy. 1 (Camping, Parkplatz; an Wochenenden im Januar und Februar gibt es geleitete Walprogramme); **28** San Simeon State Beach, 8 km südlich von San Simeon vom Hwy. 1 abzweigen (Camping; im November finden die San Simeon „Whaling Days" ("Walfangtage") statt; ☎ 805-927-3500); **29** Leffingwell Landing und Moonstone Beach Dr. Lookout in Cambria, vom Nordende des Moonstone Beach Dr. bis 400 m südlich von der Kreuzung mit dem Hwy. 1; **30** Montana de Oro State Park, 16 km südlich von Morro Bay, zu erreichen von Los Osos über die Pecho Valley Rd. Besonders geeignet ist Point Buchon (gelegentlich finden hier geführte Walprogramme statt); **31** Point Sal am Point Sal State Beach, vom Hwy. 1 abgehend, am Ende der Brown- und Pt. Sal-Straße, etwa 16 km westlich von Guadeloupe in der Gegend um Santa Maria.

Kontaktadresse für weitere Informationen über die 270 State Parks und Strände (ein kompletter Führer für die kalifornischen Parks kostet $ 2): Dept. of Parks and Recreation, Box 2390, Sacramento, CA 95811 (☎ 916-445-6477). Für genauere Informationen über Walführungen sollten Sie die oben angegebenen Nummern der einzelnen Parks oder das Department für Parks und Freizeit anrufen (☎ 916 445 4624).

Touren

Während der Winter-/Frühjahrswanderung der Grauwale werden in den meisten kalifornischen Häfen Touren oder Charterfahrten angeboten. Die Dauer dieser Fahrten liegt zwischen 2 und 8 Stunden. Von Norden nach Süden gibt es unter anderem folgende Angebote:

Von **Crescent City** aus werden Chartertouren durch den Crescent City Harbor District, 101 Citizens Dock, Crescent City, CA 95331 (☎ 707-464-6174) vermittelt.

In **Eureka** bieten (1) The Becky, 1133 King Salmon, Eureka, CA 95501 (☎ 707-442-8212) und (2) King Salmon Charters, 1125 King Salmon, Eureka, CA 95501 (☎ 707-442-FISH) Grauwaltouren an.

In **Fort Bragg** gibt es, mit Ausnahme der Zeit des Mendocino Coast Whale Festival im März, nur Charterfahrten. (1) Anchor

Jim Darling/WCWRF

In der Nähe von Vancouver Island steckt ein Grauwalkalb seinen Kopf aus dem Wasser.

Charter Boats, 780 N. Harbor Dr., Box 0002, Fort Bragg, CA 95437 (☎ 707-964-4889/4542); (2) Sportsman's Dock, 32100 N. Harbor Dr., Fort Bragg, CA 95437 (☎ 707-964-2619/7671); (3) Jerry's Charters, 102 S. Main, Fort Bragg, CA 95437 (☎ 707-964-2410); (4) Yacht Incredible, 510A Cypress St., Fort Bragg, CA 95437 (☎ 707-964-0201); (5) Noyo Store, 32450 N. Harbor Dr., Fort Bragg, CA 95437 (☎ 707-964-9138); (6) Lady Irma, Box 103, Fort Bragg, CA 95437 (☎ 707-964-3854); (7) Helipad Aviation, Inc., Box 1563, Ukiah, CA 95482 (☎ 707-468-5510; während des Mendocino Coast Whale Festival werden auch Hubschrauberflüge angeboten).

Grauwalfahrten in der Gegend der **San Francisco Bay** legen (sofern nichts anderes vermerkt ist) in Sausalito oder am Pillar Point, nördlich der Half Moon Bay (südlich von San Francisco am Hwy. 1) ab. Die Fahrten finden von Ende Dezember bis Ende April, hauptsächlich an Wochenenden, statt. Einige Veranstalter bieten allerdings auch in der Woche tägliche Touren oder Charterfahrten an. Neben wandernden Grauwalen können manchmal auch Schweinswale und Dall-Hafenschweinswale beobachtet werden. Von Naturkundlern geleitete, zweieinhalbstündige Exkursionen kosten etwa $ 20 (Ermäßigungen für Gruppen, Kinder, Senioren und Mitglieder von Umweltschutzgruppen oder Museen). Die ersten drei der angeführten Touren sind die populärsten. (1) The Whale Center, 3929 Piedmont Ave., Oakland, CA 94611 (☎ 415-654-6621); (2) Oceanic Society, Bldg. E, Fort Mason Center, San Francisco, CA 94123 (☎ 415-474-3385); (3) Sierra Club, 6014 College Ave., Oakland, CA 94618 (☎ 415-658-7470; die 7stündigen Touren fangen im St.-Francis-Yachthafen an); (4) Marine Mammal Fund, Bldg. E, Fort Mason Center, San Francisco, CA 94123 (☎ 415-775-4636; die Fahrten beginnen an der Bodega Bay); (5) Captain John's, Box 155, Half Moon Bay, CA 94019 (☎ 415-728-3377); (6) American Cetacean Society, 210 Garces St., San Francisco, CA 94123 (☎ 415-239-60 11); (7) Marin Adventures, Marin Community College, Kentfield, CA 94904 (☎ 415-485-9581); (8) Coyote Point Museum, San Mateo, CA 94401 (☎ 415-342-7755); (9) YMCA Point Bonita Center, Bldg. 981, Fort Barry GGNRA, Sausalito, CA 94965 (☎ 415-561-7656); (10) Biological Journeys, 1007 Leneve Pl., El Cerrito, CA 94580 (☎ 415-527-9622).

Die vom Hafen in **Santa Cruz** ausgehenden Fahrten zum Beobachten der Grauwalwanderung dauern 3 Stunden und kosten $ 12-$ 16. (1) Shearwater Journeys, Box 7440, Santa Cruz, CA 95061 (☎ 408-425-8111; von Naturkundlern geleitet; es gibt auch Abfahrten von Monterey); (2)

Buckelwale beim gemeinsamen Fressen.

Tom's Fisherman's Supply, Inc., 2210 E. Cliff Dr., Santa Cruz, CA 95062 (☎ 408-476-2648). Von Santa Cruz ausgehende Chartertouren, die auch Grauwalbeobachtung ermöglichen, sind u. a.: (3) Stagnaro Charter Boats, Municipal Wharf, Santa Cruz, CA 95062 (☎ 408-423-2020); (4) The Mariner Charters, 413 Lake Ave., Santa Cruz, CA 95062 (☎ 408-475-5411; Segelboote); (5) Witchcraft Charters, Box 2835, Santa Cruz, CA 95063 (☎ 408-462-0844; Segelboote).

Von **Monterey** aus gibt es an fast allen Tagen von Ende Dezember bis April (der beste Monat ist Januar) anderthalb- bis sechsstündige Grauwalfahrten. Je nachdem, wie lang die Fahrten sind, ob Naturkundler an Bord sind und um was für ein Boot es sich handelt, liegen die Preise zwischen $ 8 und $ 30. (1) Shearwater Journeys, Box 7440, Santa Cruz, CA 95061 (☎ 408-425-8111); (2) Greenpeace, Bldg. E, Fort Mason Center, San Francisco, CA 94123 (☎ 415-425-1446); (3) Nature Explorations, 2253 Park Blvd., Palo Alto, CA 94306 (☎ 415-324-8737); (4) Princess Monterey Cruises, 39 Fisherman's Wharf, Monterey, CA 93940 (☎ 408-372-BOAT/372-2203); (5) Chris' Fishing Trips, 48 Fisherman's Wharf, Monterey, CA 93940 (☎ 408-375-5951); (6) Randy's Fishing Trips, 66 Fisherman's Wharf, Monterey, CA 93940 (☎ 408-372-7440); (7) Sam's Fishing Fleet, Inc., 84 Fisherman's Wharf, Monterey, CA 93940 (☎ 408-372-0577); (8) Frank's Fishing Trips, 96 Fisherman's Wharf, Monterey, CA 93940 (☎ 408-372-2203).

In der **Morro Bay** fahren die Boote von Dezember - Februar täglich zum Grauwalbeobachten hinaus. Erwachsene $ 8; Kinder $ 5. Virg's Fish'n, 1215 Embarcadero, Morro Bay, CA 93442 (☎ 805-772-1222/2216).

Außerhalb der Grauwalsaison führen verschiedene Exkursionen zum **Gulf of the Farallones**, westlich von San Francisco. Die Farallones und die angrenzenden Gewässer, die zum Pt. Reyes-Farallon Islands National Marine Sanctuary gehören, beherbergen eine große Population mariner Säugetiere und Seevögel. Hier besteht die Möglichkeit, Buckel-, Blau-, Zwerg-, Sei-, Schwert- und Grauwale sowie verschiedene Schweinswale und Delphine zu sehen. Von Ende Mai bis Oktober gibt es, gewöhnlich an Wochenenden, ganztägige Fahrten von verschiedenen Häfen in der Gegend um San Francisco aus. Alle werden von Naturkundlern geleitet und kosten etwa $ 40. (1) The Whale Center, 3929 Piedmont Ave., Oakland, CA 94611 (☎ 415-654-6621); (2) Oceanic Society, Bldg. E, Fort Mason Center, San Francisco, CA 94123 (☎ 415-474-3385); (3) Natural Excursions, 4990 Shoreline Hwy., Stinson Beach, CA 94970 (☎ 415-868-1221).

Die Shearwater Journeys in Santa Cruz bieten das ganze Jahr hindurch viele Touren

zum Beobachten von Walen, Seehunden und Seevögeln an, die zum **Monterey Seavalley**, zur **Cordell Bank** (mit einer außergewöhnlichen Vielfalt an Meeressäugern) und in die **Monterey Bay** führen. Weißstreifendelphine und Dall-Hafenschweinswale können das ganze Jahr hindurch angetroffen werden; die beste Zeit für Bukkel- und Blauwale ist Ende Juli bis Anfang September. Außerdem gibt es Rundkopfdelphine, Nördliche Glattdelphine und die seltenen Baird- und Cuvier-Schnabelwale. Ganztägige Touren kosten $ 25-36 und stehen unter naturkundlicher Führung. Die 11 oder 17 m langen Boote fahren vom Fisherman's Wharf in Monterey ab. Kontaktadresse: Shearwater Journeys, Box 7440, Santa Cruz, CA 95061 (☎ 408-425-8111).
Der Marine Mammal Fund, Bldg. E, Fort Mason Center, San Francisco, CA 94123 (☎ 415-775-4636) bietet im September und Oktober von Bodega Bay aus Fahrten zur **Cordell Bank** an.

Wetter/Wasser
Während der Grauwalwanderungszeit ist es oft kalt, und die See ist meist rauh; bei sehr rauhem Wetter finden die Touren im allgemeinen nicht statt. Besonders vor Nordkalifornien und von den Aussichtspunkten aus können Regen und Nebel die Sicht beeinträchtigen. Für das Beobachten von den Aussichtspunkten aus sind die Morgen am besten geeignet, weil der Wind dann noch keine Schaumkronen erzeugt hat.

Gesetze/Richtlinien
Siehe bei Kalifornien-Süden.

Ozeanarien
In Marine World Africa U.S.A., Marine World Pkwy., Redwood City, CA 94065 (☎ 415-591-7676) sind Schwertwale und Große Tümmler zu sehen.
Weißstreifendelphine gibt es im Steinhart Aquarium, California Academy of Sciences, Golden Gate Park, San Francisco, CA 94118 (☎ 415-221-5100).

Museen
In der California Academy of Sciences, Golden Gate Park, San Francisco, CA 94118 (☎ 415-221-5100) sind einige Wale ausgestellt.

Weitere Informationen
Sie erhalten die neuesten Informationen über viele Walbeobachtungstouren, wenn Sie einen adressierten und frankierten Umschlag an das California Office of Tourism, Dept. WW, Suite 200, 1030 13th St., Sacramento, CA 95814 (☎ 916-322-1396) schicken.
Für San Francisco bis Südoregon: Redwood Empire Assoc., 1 Market Pl., Spear St. Tower, Suite 1001, San Francisco, CA 94105 (☎ 415-543-8334).
Für die Küste bei Mendocino: Fort Bragg-Mendocino Coast Chamber of Commerce, Box 1141, Fort Bragg, CA 95437 (☎ 707-964-3153). Für die Gegend der San Francisco Bay: San Francisco Convention & Visitors Bureau, 201 Third, Suite 900, San Francisco, CA 94103 (☎ 415-974-6900).
In Santa Cruz: Santa Cruz County Convention & Visitors Bureau, Box 1476, Santa Cruz, CA 95061 (☎ 408-423-6927).
Für die Gegend um Monterey: Monterey Peninsula Chamber of Commerce & Visitors & Convention Bureau, Box 1770, Monterey, CA 93940 (☎ 408-649-3200).

Vereinigte Staaten: Kalifornien – Süden

Arten
Häufig: Grauwal (**1**), Weißstreifendelphin (**59**), Indischer Grindwal (**77**), Großer Tümmler (**57**).
Sporadisch: Buckelwal (**7**), Finnwal (**5**), Zwergwal (**2**), Seiwal (**3**), Blauwal (**6**), Schwertwal (**75**), Kleiner Schwertwal (**74**), Nördlicher Glattdelphin (**68**), Rundkopfdelphin (**70**), Dall-Hafenschweinswal (**45**), Delphin (**50**).

Aussichtspunkte
Das moderne Zeitalter des Walbeobachtens vom Boot und von Aussichtspunkten aus begann in der Gegend um San Diego. Ende der 40er Jahre unseres Jahrhunderts begannen Carl Hubbs und seine Studenten, vom Campus des Scripps-Instituts für Ozeanographie in La Jolla aus, die wandernden Grauwale zu beobachten und zu zählen. Seit Ende der 50er Jahre gab es dann regelmäßig von Naturkundlern geleitete Fahrten, die sich langsam über ganz Kalifornien ausdehnten und schließlich sogar Nordkalifornien und andere Küsten erreichten. Die Grauwalsaison erstreckt sich von Januar bis April, vor allem Januar - Februar (Abweichungen werden genannt).
Von Norden nach Süden gibt es folgende Aussichtspunkte: **1** Gaviota State Beach,

vom Hwy. 101 abgehend, knapp 50 km nordwestlich von Santa Barbara (beste Zeit Februar - April; Camping); **2** Arroyo Burro Beach County Park und Shoreline Park, in Santa Barbara vom Hwy. 101 abbiegen (beste Zeit Februar - April; Parkmöglichkeit am Steilufer); **3** Pitas Point, knapp 10 km nördlich von Ventura vom Hwy. 101 abzweigen; **4** Ventura, vom Aussichtsturm im Park neben Island Packers am Spinnacker Dr.; **5** Anacapa Island, zu erreichen mit der Fähre von Ventura zu den Channel Islands; **6** Point Mugu Rock und Point Mugu State Park, etwa 19 km südlich von Ventura vom Hwy. 1 abbiegen (Camping); **7** Point Dume, etwa 11 km nordwestlich von Malibu am Hwy. 1; **8** Palos Verdes einschließlich Point Vicente County Park und Marineland of the Pacific, in der Nähe von Long Point, am Palos Verdes Dr. W. (durch's Fernrohr sehen, Diashow über Wale, in Gefangenschaft gehaltene Meeressäuger; ☎ 213-377-1571); **9** Point Fermin Park, neben dem Leuchtturm am Südende der Gaffey St. in San Pedro, im Stadtbezirk von Los Angeles (die Landstation wird seit 1971 vom Cabrillo Marine Museum betrieben; Walausstellungen, Filme und Gruppenvorträge nach Vereinbarung; ☎ 213-548-7562; das Walzentrum ist von Anfang Januar bis Ende März geöffnet); **10** am Corona Del Mar State Beach von den Klippen am Ocean Blvd., südlich von Newport Beach vom Hwy. 1 abbiegen; **11** Blue Lantern Lookout Park in Dana Point, am Fuße der vom Hwy. 1 abgehenden Blue Lantern St., 29 km südlich von Newport Beach (an allen Februarwochenenden findet das „Festival der Wale" mit Paraden, Filmen, Ausstellungen und Waltouren statt; ☎ 714-498-2591); **12** Torrey Pines State Beach and Reserve, westlich der N. Torrey Pines Rd., gut 3 km nördlich vom Campus des Scripps-Instituts für Ozeanographie in La Jolla; **13** Point La Jolla, vom Küstenwanderweg und von den Aussichtspunkten am La Jolla Blvd. in La Jolla aus (beste Zeit Dezember - Februar); **14** Point Loma, 16 km westlich vom Stadtzentrum San Diegos am Catalina Blvd., beim verglasten Observatorium des Cabrillo National Monument oder beim „Whale Overlook", etwa 90 m südlich vom alten Leuchtturm (die Station ist mit naturkundlichen Rangern besetzt, die Fragen beantworten; das Besucherzentrum ist täglich von 9-17.15 Uhr geöffnet; Münzfernglas; Cabrillo National Monument, Box 6670, San Diego, CA 92106; ☎ 619-293-5450).

Kontaktadresse für weitere Informationen über die State Parks und Strände: Dept. of Parks and Recreation, Box 2390, Sacramento, CA 95811 (☎ 916-445-6477); Sondernummer für Walprogramme: 916-445-4624).

Touren

In **Santa Barbara** dauert die Beobachtungssaison für Grauwale von Ende Januar

Ein aus dem Wasser springender Indischer Grindwal vor Santa Catalina Island in Kalifornien.

Susan Shane

bis Anfang Mai. Die zweieinhalbstündigen Touren liegen oft an Wochenenden und kosten ab $ 12.50 (Kinder $ 8; Schulklassen $ 5 pro Kind). Die meist auf der 27 m langen 'Condor' stattfindenden Fahrten können über folgende Adressen gebucht werden: (1) Sea Landing, Breakwater, Santa Barbara, CA 93109 (☎ 805-963-3564); (2) Santa Barbara Museum of Natural History, 2559 Puesta Del Sol Rd., Santa Barbara, CA 93105 (☎ 805-682-4711/2212); (3) American Cetacean Society, Box 20204, Santa Barbara, CA 93120 (805-687-3255).

In **Ventura** gibt es von Ende Dezember bis Ende März halb- und ganztägige Fahrten zum Beobachten der Grauwalwanderung. Manche Touren finden sogar täglich statt. Die Fahrten bieten manchmal auch die Möglichkeit, Grind- und andere Wale sowie viele Delphine zu sichten. Kontaktadressen: (1) Island Packers, 1867 Spinnaker Dr., Ventura, CA 93001 (☎ 805-642-1393); (2) Fisherman's Quay Sportfishing, 1591 Spinnaker Dr., Ventura, CA 93001 (☎ 805-644-3594); (3) Ventura Sportfishing Landing, 1500 Anchors Way, Ventura, CA 93001 (☎ 805-644-7363); (4) Dave Willhite's Sportfishing Yacht Charters, 446 Alpine Ct., Ventura, CA 93004 (☎ 805-647-3161).

Die von **Oxnard** (südlich von Ventura) ausgehenden Walexkursionen dauern 2-3 Stunden und kosten $ 10. Kontaktadresse: Capt. Jack's Landing, 4151 S. Victoria Ave., Channel Islands Harbor, Oxnard, CA 93030 (☎ 805-985-8511).

In der **Gegend von Los Angeles** gibt es täglich zweieinhalbstündige Touren zum Beobachten der Grauwalwanderung von San Pedro, Redondo Beach, Long Beach und Marina Del Rey aus. Die Saison erstreckt sich von Weihnachten bis Mitte April, und außer auf Grauwale treffen die Boote auch manchmal auf Weißstreifendelphine, Finn-, Grind- und Schwertwale. (1) Das Cabrillo Marine Museum und die American Cetacean Society unterstützen die meisten Touren auf den von 4 Häfen ablegenden 14 Booten. Sie stellen die Naturkundler zur Verfügung und haben ihr Programm besonders auch auf Schulklassen ausgerichtet; sie können täglich bis zu 2.000 Kindern eine Begegnung mit den Walen ermöglichen. Der Preis für organisierte Gruppen liegt an Werktagen bei $ 4,25/Person. Cabrillo Whalewatch, 3720 Stephen White Dr., San Pedro, CA 90731 (Tel. für Informationen: 2 13-8 32-44 44; für Reservierungen: 8 32-24 76). Für Einzelreservierungen oder Wochenendfahrten wenden Sie sich bitte an die Adressen (2) bis (5); die Preise liegen zwischen $ 4 und $ 8. (2) Catalina Cruises, Berth 95-96, Box 948, San Pedro, CA 90733 (☎ 213-547-0802/8 32-45 21); (3) Ports O'Call Sportfishing, Berth 79, San Pedro, CA 90731 (☎ 213-547-9916); (4) 22nd Street Skipper's Landing, 141-22nd St., San Pedro, CA 90731 (☎ 213-832-8304); (5) Redondo Sportfishing, 233 N. Harbor Dr., Redondo Beach, CA 90277 (☎ 213-372-2111); (6) Queen's Wharf Sportfishing, Berth 55, Long Beach, CA 90802 (☎ 213-432-8993); (7) Fisherman's Village, 13763 Fiji Way, Marina Del Rey, CA 90291 (☎ 213-827-5097).

In **Newport Beach** (südlich von Los Angeles) legen die Touren zu den Grauwalwanderungen vom Balboa Pavilion ab, und zwar vom 26. Dezember bis Anfang April. Auf den täglich stattfindenden, 2 1/2stündigen Fahrten können manchmal auch andere Wale, besonders Weißstreifendelphine, Große Tümmler und Grindwale beobachtet werden. Wochentags: Erwachsene $ 7; Kinder $ 5. Am Wochenende: Erwachsene $ 8; Kinder $ 5. (1) die Orange-County-Gruppe der American Cetacean Society unterstützt die Walbeobachtungstouren und stellt Führungen für die Boote der unter (2) und (3) aufgeführten Fahrten bereit. Außerdem veranstalten sie für Schulen und andere Gruppen anschauliche Walvorträge und haben ein Programm entwickelt, um Bootseigentümer über mögliche Störungen der Wale zu informieren. Kontaktadressen: Whalewatch/Orange County, 400 Main St., Balboa, CA 92661 (☎ 714-675-9881); (2) die 23 m lange 'Western Pride' wird von Davey's Locker Sportfishing, 400 Main St., Balboa, CA 92661 (☎ 714-673-1434) betrieben; (3) das 35 m lange Schiff 'Catalina Holiday' operiert für Catalina Passenger Service, 400 Main St., Balboa, CA 92661 (☎ 714-673-5245); (4) weitere Chartermöglichkeiten bei Burns Charters, 2602 Newport Blvd., Newport Beach, CA 92663 (☎ 714-675-2867).

Von **Dana Point** aus gibt es von Januar bis März täglich Walbeobachtungstouren, die 2-3 Stunden oder auch länger dauern. Kontaktadresse: Dana Wharf Sportfishing, 34675 Golden Lantern, Dana Point, CA 92629 (☎ 714-496-5794).

In **Oceanside** (auf halbem Weg zwischen Los Angeles und San Diego) gibt es vom 26. Dezember bis zum 15. März täglich 2stündige Touren. Kontaktadresse: Helgren's Oceanside Sportfishing Trips, Inc., 315 Harbor Dr. S., Oceanside, CA 92054 (☎ 619-722-2133).

Die Walbeobachtungszeit in **San Diego** dauert von Weihnachten bis März, mit ihrem Höhepunkt im Januar. Die Fahrten

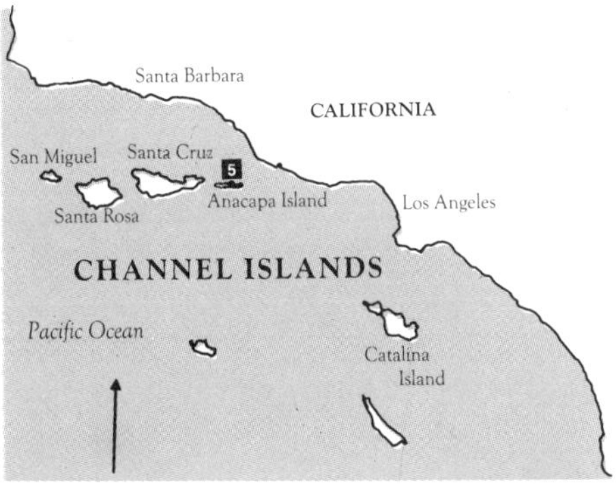

dauern 2-3 Stunden, bei Chartertouren auch länger. Einige ganztägige Fahrten führen während der Nordwanderung der Grauwale bis zu den Coronado Islands. Die Preise für Erwachsene auf den regulären Touren beginnen bei $ 7. (1) Der Grauwal-Pionier Raymond Gilmore, der seit 1959 Touren geleitet hat, arbeitet immer noch für das San Diego Natural History Museum. Hauptsächlich an Wochenenden, vom 26. Dezember bis zum 22. Januar. Kontaktadresse: San Diego Natural History Museum, El Prado in Balboa Park, Box 1390, San Diego, CA 92112 (☎ 619-232-3821); (2) H & M Landing, 2803 Emerson St., San Diego, CA 92106 (☎ 619-222-1144, in Los Angeles: 2 13-6 26-80 05); (3) Fisherman's Landing, 2838 Garrison St., San Diego, CA 92106 (☎ 619-222-0391); (4) Seaforth Sportfishing, 1717 Quivira Rd., San Diego, CA 92109 (☎ 619-224 3383); (5) Point Loma Sportfishing, 1403 Scott St., San Diego, CA 92106 (☎ 619-223-1627); (6) Islandia Sportfishing, 1551 W. Mission Bay Dr., San Diego, CA 92109 (☎ 619-222-1164); (7) Fish'n Cruise, 4215 Narragansett, San Diego, CA 92107 (☎ 619-222-2464); (8) Baja Frontier Tours, 3863 Cactusview Dr., San Diego, CA 92105 (☎ 619-262-2003).

Längere Walexkursionen (4-12 Tage) führen zu den kalifornischen **Channel Islands** und den in der Nähe liegenden Inseln vor der Nordküste der mexikanischen Baja-Halbinsel. Die Preise liegen zwischen $ 80 und $ 140/Tag, Abfahrt von San Diego oder Ventura. Alle Fahrten stehen unter naturkundlicher Leitung. (1) Kontaktadresse für 4tägige Grauwaltouren nach San Martin und zu anderen abgelegenen Baja-Inseln: Pacific Sea-Fari Tours, 530 Broadway, Suite 1224, San Diego, CA 92101 (☎ 619-226-8224); (2) Kontaktadresse für 7tägige Segelexkursionen zu den Channel Islands im Februar und März, zum Beobachten der Grauwalwanderung sowie anderer Meeres- und Landsäugetiere: Oceanic Society Expeditions, Fort Mason Center, Bldg. E, San Francisco, CA 94123 (☎ 415-441-1106); (3) 8tägige naturhistorische Expeditionen zu den Channel Islands, deren Programm auch die Beobachtung von Grau- und anderen Walen sowie Delphinen einschließt, werden veranstaltet von: Nature Expeditions International, Box 11496, Eugene, OR 97440 (☎ 503-484-6529); (4) 7- bis 12tägige Segelexpeditionen nach Santa Catalina und zu den Channel Islands schließen von Ende Dezember - März auch Walbeobachtungen mit ein. Ocean Voyages, 1709 Bridgeway, Sausalito, CA 94965 (☎ 415-332-4681). (Weitere 1- bis 2wöchige, von San Diego ausgehende Touren zu den Paarungs- und Wurflagunen der Grauwale entlang der Baja California sind unter 'Mexiko: Die Lagunen der Baja California' beschrieben.)

Wetter/Wasser
Während der Grauwalwanderungen kühl und z. T. rauhe See. An den Aussichtspunkten warm bis heiß.

Gesetze/Richtlinien
Der National Marine Fisheries Service, die Behörde, die mit dem Schutz der Wale beauftragt ist, hat für das Walbeobachten der Grauwale vor der Küste Kaliforniens bestimmte Richtlinien aufgestellt. Flugzeuge sollten nicht unter 300 m fliegen, solange sie sich in einer horizontalen Entfernung von 100 m von einem Grauwal befinden. Für Bootsführer gibt es fünf Anhaltspunkte: Schiffe sollten sich (1), solange sie parallel oder in einer Entfernung von bis zu 100 m zu einem Grauwal fahren, nicht schneller als dieser bewegen; (2) wenn sie sich parallel zu oder zwischen zwei Gruppen von Grauwalen, bzw. in einer Entfernung von 100 m befinden, die Geschwindigkeit des langsamsten Tieres nicht überschreiten; (3) wenn sie einem Grauwal folgen, parallel zu diesem fahren oder sich innerhalb einer Entfernung von bis zu 100 m befinden, eine konstante Geschwindigkeit beibehalten; (4) niemals einen ausgewachsenen Wal von einem Kalb trennen; (5) nicht versuchen, die Tiere zusammenzutreiben oder zu jagen.
Die NMFS-Richtlinien schließen mit dem Versuch, jede Handlung, die „die normalen Verhaltensmuster eines Grauwales ernsthaft unterbricht", als Störung zu definieren. Solche Unterbrechungen äußern sich im Verhalten eines Wales als „plötzliche Änderung der Richtung oder Geschwindigkeit; Fluchtversuche in Form von längerem Tauchen, Kursänderungen unter Wasser, Ausatmen unter Wasser; ausweichende Schwimmuster wie etwa das schnelle Da-

Allan A. Schoenherr

Ein vertrauliches Zusammentreffen mit einem „freundlichen" Grauwal in der San Ignacio Lagoon in Mexiko.

vonschwimmen an der Wasseroberfläche; oder die Bemühungen einer Kuh, ihr Kalb gegen ein Boot oder einen menschlichen Beobachter abzuschirmen, indem sie mit dem Schwanz auf das Wasser peitscht oder durch andere Bewegungen versucht, ihr Kalb zu schützen."

Kontaktadresse für weitere Informationen über die ständig sich ändernden NMFS-Richtlinien: National Marine Fisheries Service, Southwest Region, 300 S. Ferry St., Terminal Island, CA 90731 (☎ 213-548-2518).

Ozeanarien

Im Marineland of the Pacific gibt es Schwertwale, einen Grindwal und mehrere Weißstreifendelphine und Große Tümmler zu sehen (Box 937, Rancho Palos Verdes, CA 90274, ☎ 213-377-1571).

Sea World, 1720 South Shores Rd., San Diego, CA 92109 (☎ 619-234-3153) zeigt Schwertwale und Große Tümmler.

Museen

Das Cabrillo Marine Museum, 3720 Stephen White Dr., San Pedro, CA 90731 (☎ 213-548-7562) bietet eine Walausstellung und regelmäßige, auf Wale bezogene Programme an.

Walausstellungen zeigt auch das San Diego Natural History Museum, El Prado im Balboa Park, Box 1390, San Diego, CA 92112 (☎ 619-232-3821).

Weitere Informationen

Für San Diego: San Diego Convention & Visitors Bureau, 1200 3rd Ave., Suite 824, San Diego, CA 92101 (☎ 619-232-3101).

Für Los Angeles: Greater Los Angeles Visitors & Convention Bureau, 505 S. Flower St., Level B, Los Angeles, CA 90071 (☎ 213-488-9100).

Für Ventura: Ventura Visitors & Convention Bureau, 785 S. Seaward Ave., Ventura, CA 93001 (☎ 805-648-2075).

Für Santa Barbara: Santa Barbara Conference & Visitors Bureau, Box 299, Santa Barbara, CA 93102 (☎ 805-965-3023).

Vereinigte Staaten: Hawaii-Inseln

Arten

Häufig: Buckelwal (**7**), Großer Tümmler (**57**), Ostpazifischer Delphin (**51**), Schlank-Delphin (**52**), Kleiner Schwertwal (**74**), Indischer Grindwal (**77**).

Sporadisch: Pottwal (**12**), Rauhzahndelphin (**46**).

Selten: Brydewal (**4**), Finnwal (**5**), Zwergpottwal (**13**), Breitschnabeldelphin (**72**), Zwerggrindwal (**73**), Cuvier-Schnabelwal (**15**), Blainville-Schnabelwal (**24**).

Aussichtspunkte

Auf den hawaiischen Inseln sind hauptsächlich Buckelwale zu beobachten, die jedes Jahr in diese Gewässer kommen, um sich zu paaren und ihre Kälber großzuziehen. Die Saison erstreckt sich von Dezember - April, mit einem Höhepunkt im Februar/März. Andere Cetaceen, besonders Große Tümmler und Ostpazifische Delphine, halten sich fast das ganze Jahr über hier auf.

Auf der Insel Maui kann man fast an jedem Punkt der Westseite gut Wale beobachten. Von Norden nach Süden am Hwy. 30 entlang: **1** am Kaanapali Beach Resort, nördlich von Lahaina, sind besonders die zum Meer hinaus liegenden Zimmer des 4.-12. Stocks von 8 Luxushotels geeignet, aber auch vorgelagerte Punkte am Strand, wie etwa die Sheraton Bar oder das Rusty Harpoon Restaurant im Einkaufszentrum Whaler's Village; **2** Lahaina Shores Hotel, Kimo's Restaurant und der Parkplatz Lahaina Civic Center an der Front St. in Lahaina; **3** Klippen hinter dem Hauptladen in Olawalu (nehmen Sie den vom Hwy. 30 abbiegenden Sandweg bis zur Spitze); **4** Papawai-Point-Aussichtspunkt, ein Rastplatz am Hwy. 30, gut 3 km westlich von Maalaea Harbor. Weiter nach Süden entlang Maui's-Kihei-Küste am Hwy. 31: **5** Kalama Park, gegenüber vom Kihei Town Center; **6** Westin Wailea Hotel und Hotel Inter-Continental Maui sowie der Makani Coffee Shop und Lanai Terrace Dining Room im Inter-Continental in Wailea.

Auf Lanai können Sie gut an der Nordostküste Buckelwale beobachten, besonders von **7** Shipwreck Beach und östlich davon, zu erreichen über den Hwy. 440, 27 km vom auf der anderen Inselseite gelegenen Flugplatz entfernt.

Auf Hawaii selbst können die Buckelwale während der Saison manchmal vom **8** Hwy. 270 aus, an der nördlichen Lee-Küste zwischen Lapakahi State Historical Park (nördlich von Kawaihae) und Upolu Pt., beobachtet werden. Dieser und die folgenden Orte, die sich in Richtung Süden an der Lee-Küste anschließen, ermöglichen manchmal auch den Blick auf Ostpazifische Delphine und Große Tümmler und etwas seltener auf Zwerggrindwale und Indische Grindwale: **9** Kiholo Bay; **10** Keahole Pt. und **11** Kealakekua Bay, in der Nähe des Capt. Cook Monument. Auf Kauai gibt es entlang der Südwestküste der Insel, besonders **12** vom Hwy. 50 zwischen Ke-

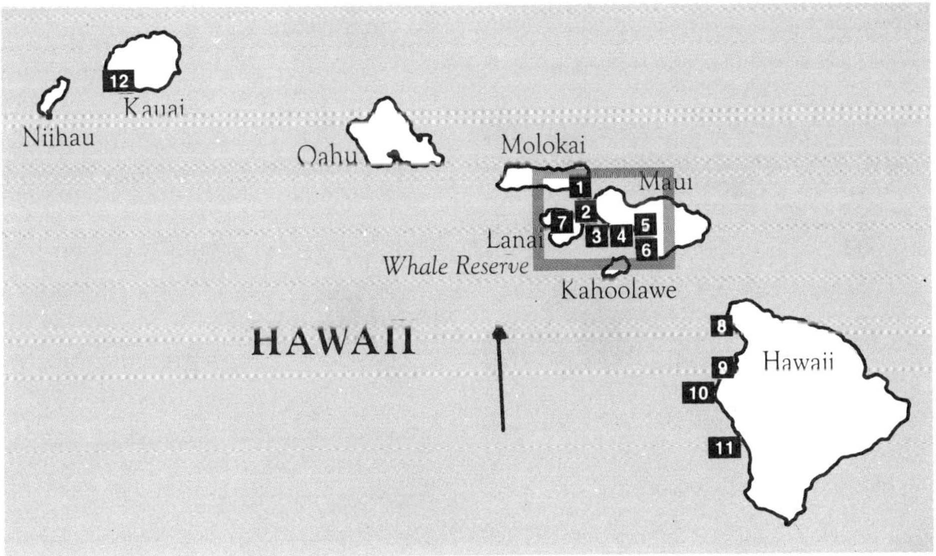

kaha und Hanapepe, recht gute Aussichtsmöglichkeiten auf Buckelwale und Delphine.

Touren

Schon in den 50er Jahren versammelten sich die Wailupe Whale Watchers in Oahu, um das aufregende Schauspiel der zurückkehrenden Buckelwale gemeinsam zu erleben. Obwohl die vielen Tourenboote, die vom Kewalo Basin auf Oahu auslaufen, manchmal auf Ostpazifische Delphine und Große Tümmler und (gelegentlich im Winter) auf Buckelwale stoßen, hat sich im letzten Jahrzehnt das westliche Maui, und ganz besonders **Lahaina**, als das Zentrum des Walbeobachtens herauskristallisiert. Dort kann man losbummeln und sich eine Waltour aussuchen. Von Ende Dezember bis Ende April liegen die Boote in Lahaina entlang der Wharf St. gegenüber dem Pioneer Inn aufgereiht. Jedes Boot informiert auf einem Schild über tägliche Abfahrtszeiten, Preise und das Reservierungsbüro. 1983 lagen die Preise für eine 2-3stündige Fahrt zwischen $ 15-30. Kontaktadressen: (1) Aloha Activity Center (mit der 21 m langen 'Kaulana'), Bldg. C, 2435 Kaanapali Pkwy., Lahaina, HI 96761 (☎ 808-667-9564); (2) Greenpeace, Front St., Lahaina, HI 96761 (☎ 808-667-2059); (3) 'Lin Wa' Cruises, Berth #3, Wharf St., Lahaina, HI 96761 (☎ 808-661-3392/667-9266); (4) Hawaiian Reef Divers, 129 Lahainaluna Rd., Lahaina, HI 96761 (☎ 808-667-7647); (5) Seabird Cruises, 120 Dikkenson St., Lahaina, HI 96761 (☎ 808-661-3643); (6) 'Mareva' (12 m lange Schalupe), Slip 63, Wharf St., Lahaina, HI 96761 (☎ 808-667-7013); (7) Pacific Whale Foundation ('Aikane II'), Azeka Place, Suite 302, Kihei, HI 96753 (☎ 608-879-6530).

In **Kihei**, südlich von Lahaina auf Westmaui, gibt es unter anderem folgende tägliche Walbeobachtungstouren: (1) Ocean Activities Center, Box 1082, Kihei, HI 96753 (☎ 808-879-4485); (2) Unicorn Tours, Azeka Place, Suite 301, Kihei, HI 96753 (☎ 808-879-6333); (3) Kihei Sea Sports (auf der 15 m langen 'Sea Sport'), Kihei, HI 96753 (☎ 808-879-1919).

Auf der Insel **Hawaii** werden keine Walbeobachtungstouren angeboten, aber Segel- und Besichtigungsfahrten entlang der Lee- (Kona-) Küste treffen oft auf Wale und Delphine. Kontaktadresse: Kona Activities Center, Box 1035, Kailua-Kona, HI 96740 (☎ 808-329-3171).

Längere Expeditionen (Januar - April) zum Beobachten der hawaiischen Buckelwale, ab $ 100/Tag: (1) 7tägige Segeltouren an Bord der 11 m langen 'Stacked Deck', angeboten von Oceanic Society Expeditions, Fort Mason Center, Bldg. E, San Francisco, CA 94123 (☎ 415-441-1106); (2) 14tägige Hawaii-Fahrten mit 1-2 Tagen Walbeobachtung: Nature Expeditions International, Box 11496, Eugene, OR 97440 (☎ 503-484-6529); (3) 8tägige Segeltour mit Ronn Storro-Patterson und Ron Le Valley, die sich auf die Buckelwale konzentriert: Biological Journeys, 1876 Ocean Dr., McKinleyville, CA 95521 (☎ 707-839-0178).

Chris Newbert leitet im Juni einwöchige Freitauchfahrten, die es den Tauchern ermöglichen, entlang der hawaiischen Kona-Küste Unterwasseraufnahmen von Delphinen und Grindwalen zu machen. Kontaktadresse: Oceanic Society Expeditions, Fort Mason Center, Bldg. E, San Francisco, CA 94123 (☎ 415-441-1106).

Wetter/Wasser

Tropisch; auch auf dem Wasser ist die Sonnenbestrahlung sehr intensiv und Sonnenschutz (Hüte, etwas zum Überziehen und Sonnencreme) unbedingt erforderlich. Eine rauhe See kann das Beobachten der Wale vom Land aus verhindern, glücklicherweise befinden sich jedoch die meisten Walbeobachtungsmöglichkeiten in geschützten Buchten und Kanälen.

Gesetze/Richtlinien

Folgendes Verhalten verstößt gegen die hawaiische Auslegung des Marine Mammal Protection Act zum Schutze der Buckelwale:

(1) Boote, Schwimmer und Taucher

– die sich in den gekennzeichneten Wurf- und Aufzuchtgebieten vor Lanai und Maui (siehe Karte) einem Buckelwal dichter als 300 m nähern,

– die sich in allen anderen innerhalb einer 200 Meilenzone liegenden Gewässern Hawaiis dichter als 100 m einem Buckelwal nähern,

– die in einem Abstand von 100-300 m schneller fahren als ein Buckelwal oder wiederholt ihre Fahrtgeschwindigkeit verändern,

– die Wale zusammentreiben oder jagen, oder einen Wal von einem Kalb trennen.

(2) Flugzeuge, die in einer horizontalen Entfernung von 300 m von einem Wal niedriger als 300 m fliegen. Ebenfalls verboten ist es, an Wale heranzugleiten, sie einzukreisen oder sie in geringer Höhe zu überfliegen.

(3) Allgemein: Jede andere Handlung, die das normale Verhalten der Wale grundsätzlich stört, was sich zum Beispiel in einer plötzlichen Richtungs- oder Geschwindigkeitsänderung des Wals, in ver-

Greg Silber/WCWRF

(Oben) Ein das Wasser peitschender Buckelwalschwanz vor Hawaii. (Unten) Beim Abtauchen dieses hawaiischen Buckelwales werden die von Schwertwalzähnen stammenden Spuren an seiner Fluke sichtbar, die eine individuelle Identifizierung ermöglichen.

Jim Darling/WCWRF

längerten Tauchzeiten, in Unterbrechung des Paarens oder Säugens, in Schwanzhieben zum Schutz des Kalbes gegen Boote oder menschliche Beobachter und/oder dem Verlassen einer einstmals gutbesuchten Gegend äußern kann.
Eine Kopie der detaillierten Regeln (die immer wieder Änderungen unterliegen) ist erhältlich durch: Western Pacific Program Office, National Marine Fisheries Service, Box 3830, Honolulu, HI 96812 (☎ 808-946-2181).

Ozeanarien
Im Sea Life Park, Makapuu Point, Waimanalo, Oahu, HI 96795, werden Große Tümmler und Ostpazifische Delphine gezeigt.

Museen
Schauen Sie sich die Walfilme und Walfangartikel an, und erkundigen Sie sich nach den neuesten Walsichtungen auf der zum Walfangmuseum umgebauten 'Carthaginian II'. Dieser vollausgerüstete Nachbau einer Barke aus dem 19. Jh. ist in Lahaina Harbor an der Wharf St., gegenüber dem Point Inn, vertäut und täglich von 9-16.30 Uhr geöffnet. The Lahaina Restoration Foundation, Box 338, Lahaina, HI 96761 (☎ 808-661-8527).
Ein Pottwalskelett und weitere Walfangprodukte sind im Whalers' Village und Museum in Kaanapali, einer Freilichtausstellung an einem Einkaufszentrum in der Nähe von Lahaina, zu sehen.

Weitere Informationen
Hawaii Visitors Bureau, 801-2270 Kalakana Ave., Honolulu, HI 96815 (☎ 808-923-1811).

Vereinigte Staaten: Gesetze/Richtlinien

Der Marine Mammal Protection Act von 1972 ist ein Bundesgesetz, das unter dem US-Gesetz stehenden Personen (oder sich in Übersee befindenden US-Bürgern) verbietet, sich marine Säugetiere anzueignen. Das Aneignen ist definiert als „Belästigen, Jagen, Fangen, Töten oder Versuch des Belästigens, Jagens, Fangens oder Tötens.“ Lediglich Eskimos, Aleuten und Indianer des Nordpazifischen und Arktischen Ozeans dürfen Meeressäuger für den Lebensunterhalt jagen, solange die vorhandene Anzahl dies verkraften kann. Zudem kann das Fangen durch eine besondere Erlaubnis gestattet werden, so zum Beispiel für wissenschaftliche Untersuchungen, eine öffentliche Ausstellung (in Ozeanarien) und gelegentlich für kommerzielle Fischfangunternehmungen.
Der National Marine Fisheries Service (NMFS) ist die Bundesbehörde, die den Act durchzusetzen versucht, die Sonderrechte verteilt und die Regeln und Richtlinien für ein Management der Meeressäuger veröffentlicht. Unter diesen Regeln und Richtlinien gibt es spezielle Anweisungen für das Walbeobachten in Kalifornien und Hawaii. Beachten Sie die Ausführungen unter „Gesetze/Richtlinien“ bei diesen Staaten. Für das Walbeobachten in anderen Gegenden sind bisher noch keine detaillierten Definitionen eventueller Belästigungen entwickelt worden.
Für weitere Informationen über den Marine Mammals Protection Act von 1972, einschließlich der gegenwärtigen Interpretationen, dem Status der Arten und Neuigkeiten über Forschung und Management sollten Sie sich an den MMPA Annual Report (Jahresbericht) halten, der über das Office of Protected Species and Habitat Conservation, NMFS, Washington, DC 20235 USA erhältlich ist.

Kanada: Neufundland – Osten & Mitte

Arten
Häufig: Buckelwal (**7**), Finnwal (**5**), Gewöhnlicher Grindwal (**76**), Zwergwal (**2**), Schweinswal (**40**), Weißseitendelphin (**58**), Weißschnauzendelphin (**63**).
Sporadisch: Seiwal (**3**), Blauwal (**6**), Schwertwal (**75**), Pottwal (**12**).
Selten: Nordkaper (**8**), Weißwal (**34**), Nördlicher Entenwal (**18**).

Aussichtspunkte
Früher oder später wird jeder ernsthafte Walbeobachter einmal nach Neufundland fahren. Die steilen Klippen der fast 9.000 km langen Küste (sechseinhalbmal so lang wie die kalifornische Küste) ermöglichen eine gute Aussicht auf die Wale. Die Saison für kleine Wale – Schweinswale, Weißschnauzendelphine und Weißseitendelphine – erstreckt sich vom Frühjahr bis zum Herbst. Buckel-, Finn- und Zwergwale kommen von April bis Oktober vor. Der genaue Aufenthaltsort der Wale hängt vom Nahrungsangebot ab. Buckel-, Zwerg- und Finnwale fressen Lodde, einen kleinen, silbrigen Fisch, der mit dem Stint verwandt ist. Grindwale fressen Kalmare. So braucht man nur einen neufundländischen Fischer zu fragen, der bestimmt weiß, wo es Lodden und Kalmare gibt. Stellt er dann gar fest, daß er mit Walbeobachtern spricht, wird er vielleicht von seinen Problemen mit Buckel- oder Zwergwalen erzählen, die sich in seinen Netzen verfangen haben. Die neufundländische Walforschung macht sich viele Gedanken über diese Tiere. Forscher versuchen, die Wale zu befreien, ohne die Netze zu zerstören. Zwar ertrinken manche der Wale dabei, aber die Forscher lernen dennoch eine Menge Neues. Außer den Fischern erteilen auch die Walforschungsgruppe an der Memorial University of Newfoundland in St. John's (☎ 709-753-5495) und die Ceta Research Inc. in Trinity (☎ 709-464-3269) Auskünfte über das gegenwärtige Walvorkommen um Neufundland herum.
Einer der besten Plätze, um Buckelwale beim Fressen zu beobachten, ist in der Nähe von **1** St. Vincent's in der St. Mary's Bay. Von St. John's aus führt der Trans-Canada Highway (Hwy. 1) über den Hwy. 90 (in südlicher Richtung) nach St. Vincent's. Hinter Holyrood Pond befindet sich ein

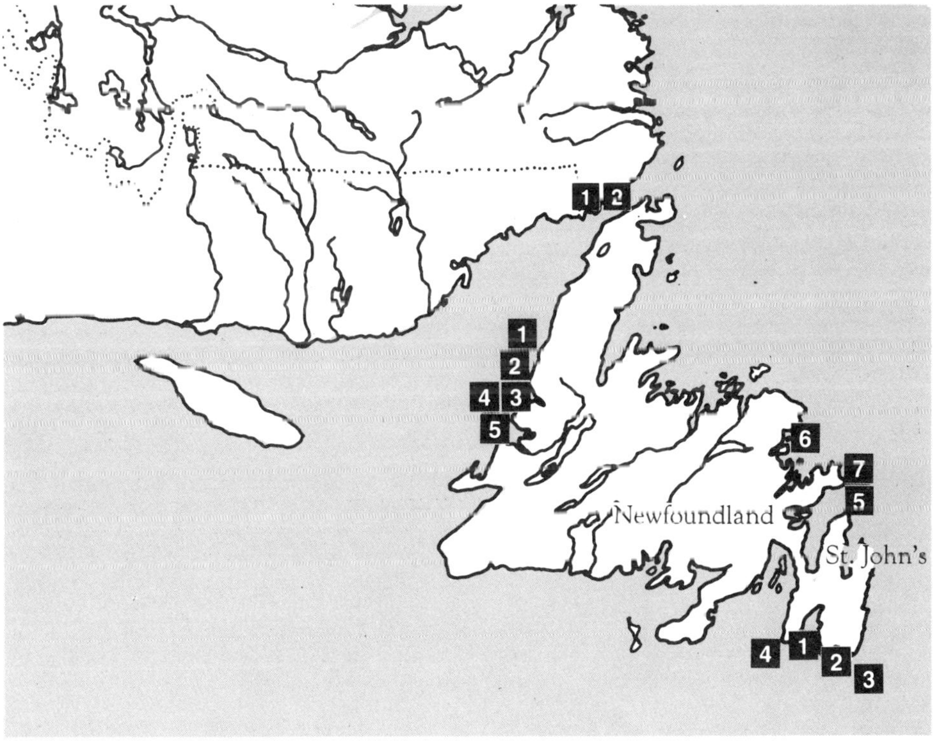

Whale Research Group

Vor Neufundland hat ein Buckelwal sich in einem Netz verfangen und streckt nun seinen Kopf aus dem Wasser.

langer Sandstrand – insgesamt etwa zwei Autostunden von St. John's entfernt. Zur Laichzeit der Lodden (Mitte Juni - Mitte Juli) kommen die Buckelwale bis auf 18-20 Meter an den Strand heran.

In der Nähe von St. John's (etwa 30 Autominuten entfernt) liegt 2 Holyrood Arm, dort gibt es im Sommer Kalmare und Grindwale. Von St. John's nehmen Sie den Trans-Canada Hwy. bis zum Hwy. 62, biegen rechts ab und folgen der Beschilderung nach Holyrood, wobei Sie am Hwy. 60 links abbiegen. Hinter Holyrood liegt Holyrood Arm, der südlichste Meeresarm der Conception Bay. Falls keine Grindwale zu sehen sind, sollten Sie in Holyrood oder im nahen Lakeview nach den Kalmaren fragen, denn ihre Sammelplätze ändern sich von Jahr zu Jahr.

Weitere Orte auf der Avalon-Halbinsel, an denen im Sommer Grind-, Buckel- und Zwergwale sowie verschiedene Delphine zu beobachten sind: 3 Cape Race, bei dem Dorf Cape Race, 130 km südlich von St. John's fahren Sie auf dem geschlungenen Hwy. 10 bis in das Dorf Portugal Cove South, dann von der Abzweigung nochmals knapp 20 km bis Cape Race. 4 Cape St. Mary's, beim Seevogel-Schutzgebiet (zweitgrößte Tölpelkolonie Nordamerikas) an der südwestlichen Spitze der Avalon-Halbinsel, etwa 200 km von St. John's entfernt. 5 Bay de Verde, am nördlichen Ende der Conception Bay am Hwy. 70, ungefähr 180 km von St. John's entfernt.

Gute Orte zum Walbeobachten sind während des Sommers im östlichen Zentral-Neufundland zum Beispiel 6 außerhalb des alten Dorfes Salvage am östlichen Ende des Hwy. 310, der vom Trans-Canada Hwy. abgeht, knapp 90 km östlich von Gander gelegen; und 7 um Cape Bonavista herum, in den Dörfern Newman's Cove und Elliston, einige Kilometer abseits vom Hwy. 230 und etwa 280 km östlich von Gander.

Touren

Der Walforscher Peter Beamish hat sich Ende der 70er Jahre dem Waltourismus zugewandt. Seit dieser Zeit hat Beamish's Ocean Contact Menschen aus aller Welt bei der Begegnung mit neufundländischen Walen begleitet. Beamish und seine Frau Chris führen den Dorfgasthof, in dem sich auch das „Whale-Watcher"-Hauptquartier des abgelegenen Fischerhafens von **Trinity** an der Trinity Bucht befindet. Walbeobachter wandern gerne um die Bucht herum, genießen Mahlzeiten in familiärer Atmosphäre, erfreuen sich an abendlichen Walfilmen und vielen lebendigen Walen. Tagestouren auf einem 11 m langen Segelboot oder auf größeren Motor- und Segelbooten, die Schlauchboote hinter sich herziehen (für nähere Beobachtungen). Zudem stehen Kajaks mit Bodenfenstern für Unterwasserbeobachtungen zur Verfügung. Einwöchige Touren von St. John's aus kosten, je nach Jahreszeit, zwischen CA $ 885 und CA $ 1.085. Es können auch Ganz- oder Halbtagstouren gebucht werden. Walsaison von Juni bis Ende September. Kontaktadresse: Ocean Contact Ltd., Box 10, Trinity, Trinity Bay, Nfld. A0C 2S0 Canada (☎ 709-464-3269).

Nahe dem **Terra Nova National Park**, in Eastport an der Bonavista-Bucht, gibt es täglich geführte Touren zur Beobachtung von Walen, Seevögeln und anderen Sehenswürdigkeiten. Ungefähr CA $ 4 Person/Stunde. Adresse: Brent Marsh, Ocean Recreation Ltd., Box 3, Site 24, R.R. #1, Eastport, Nfld. A0G 1Z0 Canada (☎ 709-677-2620).

In **St. John's** veranstalten Harbour Charters halbtägige Walbeobachtungs- und Besichtigungstouren für CA $ 18. Adresse: Capt. C. E. Anonsen, Harbour Charters, 22 Pilot's Hill, St. John's, Nfld. A1C 3M2 Canada (☎ 709-754-1672).

In **Southern Harbour**, einem Dorf knapp 140 km westlich von St. John's, bietet Lady Carla Charters ein- und mehrtägige Sommerexkursionen zu den Inseln der Placentia Bay an, die auch Walbeobachtungen einschließen. Etwa CA $ 30/ Stunde für bis zu 6 Teilnehmer. Adresse: Lady Carla Charters, Box 77, Southern Harbour, Placentia Bay, Nfld. A0B 3H0 Canada (☎ 709-463-8589).

Der Pelley Inn in **Springdale,** etwa zwei Fahrstunden von Gander entfernt, bietet tägliche Boot- und Flugzeugtouren, Wochenendausflüge und einwöchige Ferien in der Notre Dame Bay und der White Bay an. Dabei werden oft Wale gesichtet. Adresse: Pelley Inn, Springdale, Nfld. A0J 1T0 (☎ 709-673-3931).

Für längere, expeditionsmäßige und von Naturkundlern geführte Touren können Sie sich an folgende Adressen wenden: (1) Canadian Nature Tours, FON Conservation Centre, 355 Lesmill Road, Don Mills, Ont. M3B 2W8 Canada (☎ 416-444-8419); (2) Biological Journeys, 1876 Ocean Dr., McKinleyville, CA 95521 USA (☎ 707-839-0178).

Die Ocean Research and Education Society bietet einmalige Segel- und Studienprogramme für Studenten an, die an der Walforschung teilnehmen wollen. Diese nichtkommerzielle Bildungseinrichtung, die ihren Sitz in Gloucester, Massachusetts hat, besitzt einen 48 m langen Dreimaster, die 'Regina Maris', mit der auf regelmäßigen Touren nach Neufundland die Buckelwale und andere Wale beobachtet werden. Die Gebühren für ein 12wöchiges Segel- und Studiensemester betragen $ 4.900, die Lebenshaltungskosten für die 6wöchige Segeltour sind eingeschlossen. Die anderen sechs Wochen finden in einem am Strand gelegenen Klassenraum in Gloucester statt. Manchmal gibt es besondere Expeditionen zum Preis von $ 700 für 10 Tage bis 2 Wochen. Diese zeichnen sich durch hervorragende Betreuer aus und liefern mit ihren Programmen wichtige Beiträge zur wissenschaftlichen Walforschung. Adresse: The Ocean Research Society, Inc., 19 Harbor Loop, Gloucester, MA 01930 USA (☎ 617-283-1475).

Fähren und Fahrten

Die meisten der neufundländischen Wale lassen sich von preiswerten 'CN Marine'-Fähren beobachten, die zwischen North Sydney, Nova Scotia und Argentia – 130 km westlich von St. John's – verkehren (18stündige Fahrt, dreimal wöchentlich im Sommer). Außerdem gibt es auch Verbindungen zwischen Argentia und Channel-Port-aux-Basques, Nfld. Entlang der entlegenen Südküste fährt eine seltener verkehrende Fähre viele Dörfer an. Kontaktadresse: CN Marine Reservations Bureau, Box 250, North Sydney, N.S. B2A 3M3 Canada (☎ 902-742-3513, oder in Maine: 800-432-7344; aus den restlichen USA 800-341-7981).

Kürzere Überfahrten, die ebenfalls Walbeobachtungen ermöglichen, sind zum Beispiel (1) Ramea-Burgeo-Grey River Ferry mit ständigem Betrieb an der Südküste (☎ 709-625-2241); (2) St. Brendan's Ferry, im Sommer täglich zwei Touren von Burnside, in der Nähe des Terra Nova National Park (☎ 709-884-5964); (3) die Fogo Island Ferry über den Hamilton Sound, im Sommer fünfmal wöchentlich (☎ 709-266-2407).

Wetter/Wasser

Im Sommer zieht es oft naß und kalt vom Wasser herüber. Auch Nebel ist ein Problem.

Museen

Wal-Ausstellung im Neufundland-Museum, 285 Duckworth St., St. John's, Nfld. A1C 1G9 Canada (☎ 709-737-2460).
Verlassene Wal-Fabrik in Dildo, Trinity Bay.

Weitere Informationen

Department of Development, Tourism Branch, Box 2016, St. John's, Nfld. A1C 5R8 Canada.

Kanada: Neufundland – Westen

Arten
Häufig: Finnwal (**5**), Gewöhnlicher Grindwal (**76**), Zwergwal (**2**), Schweinswal (**40**), Weißseitendelphin (**58**), Weißschnauzendelphin (**63**).
Sporadisch: Buckelwal (**7**), Blauwal (**6**).
Selten: Schwertwal (**7**), Seiwal (**3**), Pottwal (**12**), Nordkaper (**8**), Weißwal (**34**).

Aussichtspunkte
Im Gros Morne National Park, 2 Fahrtstunden vom Stephenville-Flugplatz oder etwa 4 Fahrtstunden von der Fähre in Channel-Port-aux-Basques, gibt es verschiedene recht gute Aussichtspunkte zum Beobachten von Walen und Delphinen. Besonders günstig ist die Zeit von Juni bis Anfang August, wenn die Wale ihrer Nahrung bis in die küstennahen Gewässer folgen. **1** Cow Head, zu erreichen nach einem 3 km langen Marsch in westlicher Richtung von dem Dorf Cow Head aus, das neben dem Hwy. 430 liegt; **2** Green Point und **3** Lobster Cove Head, vom Hwy. 430 abgehend; **4** Salmon Point, zwischen Rocky Harbour und Bonne Bay, etwa 800 m Fußweg vom Hwy. 430 ab; und **5** Green Garden, zu erreichen über einen 3 km langen, markierten Weg vom Hwy. 431 aus. Kontaktadresse: Gros Morne National Park, Box 130, Rocky Harbour, Nfld. A0K 4N0 Canada (☎ 709-458-2417).

Touren
Im Gros Morne National Park werden im Sommer Besichtigungstouren angeboten, die manchmal auch Walbeobachtungen einschließen. 2stündige Touren für CA $ 15/Person. Kontaktadresse: Reg Williams, Bontours, Norris Point, Nfld. A0K 3V0 Canada (☎ 709-458-2730).
Im Sommer können Wal-Charterfahrten für CA $ 25/Stunde oder CA $ 250/Tag arrangiert werden. Kontaktadresse: (1) Scott Shears, Gros Morne Boat Charters, Rocky Harbour, Nfld. A0K 4N0 Canada (☎ 709-458-2425); (2) Leslie Hiscock, Norris Point, Nfld. A0K 3V0 Canada (☎ 709-458-2733).

Fähren und Fahrten
Die regelmäßig zwischen Norris Point und Woody Point im Gros Morne National Park verkehrende Bonne-Bay-Fähre erlaubt manchmal gute Wal- und Delphinsichtungen (☎ 709-458-2414).
Die CN-Marine-Fähre zwischen North Sidney, Nova Scotia, und Channel-Port-aux-Basques stellt eine weitere Möglichkeit dar. Kontaktadresse: CN Marine Reservations Bureau, Box 250, North Sydney, N.S. B2A 3M3 Canada (☎ 902-742-3513, oder in Maine: 800-432-7344, von den übrigen USA: 800-341-7981).

Museen
Im River of Ponds Provincial Park, am Hwy. 430 nördlich vom Gros Morne National Park, gibt es eine Walausstellung.

Kanada: Neufundland – Labrador

Arten
Häufig: Buckelwal (**7**), Finnwal (**5**), Gewöhnlicher Grindwal (**76**), Zwergwal (**2**), Schweinswal (**40**), Weißseitendelphin (**58**), Weißschnauzendelphin (**63**).
Sporadisch: Weißwal (**34**), Narwal (**33**), Seiwal (**3**), Blauwal (**6**), Schwertwal (**75**), Pottwal (**12**), Nördlicher Entenwal (**18**).

Aussichtspunkte
Im Sommer, besonders von Juni bis Juli, schwimmen große Wale durch die nur 18 km breite Strait of Belle Isle, die Neufundland von Labrador und dem östlichen Québec trennt. Zu erreichen über die Autofähre in St. Barbe, auf der nördlichen Halbinsel von Neufundland. Die Fähre fährt nach Blanc-Sablon, Québec, wo der 80 km lange, mit Schotter belegte Labrador-Highway (Hwy. 510) beginnt. Wenn Sie in Richtung Osten nach Labrador hineinfahren, sollten Sie sich einen Platz an der Straße suchen, der einen ungehinderten Blick auf die Strait erlaubt, zum Beispiel bei **1** L'Anse-au-Clair, eineinhalb Kilometer von der Fähre entfernt, oder **2** Amour Point, etwa 13 km entfernt, an der Straße, die direkt hinter Forteau Bay eine Biegung macht. Ein kleiner Provincial Park am Pinware River könnte als Ausgangscamp dienen.

Fähren und Fahrten
Die saisonale Strait-of-Belle-Isle-Fähre, die zwischen St. Barbe, Neufundland, und Blanc-Sablon, Québec, verkehrt, eignet sich besonders im Juni und Juli sehr gut zum Beobachten der großen Wale. Die Überfahrt dauert 80 Minuten.
CN Marine betreibt zwei Fähren zwischen Lewisporte (55 km nordwestlich von Gander) und Goose Bay, Labrador. Es sind günstige Fahrten, die zudem die wichtigsten Walgebiete überqueren. Sogar Nördliche Entenwale, Weißwale und Narwale werden manchmal gesichtet. Wahrscheinlicher sind Buckel-, Finn- und Zwergwale sowie viele Delphine – als Zugabe gibt es auch im Sommer Eisberge, eine großartige Küste und wahrscheinlich rauhes Wetter. Die 'Sir Robert Bond' läuft im Sommer zweimal in der Woche aus und ist 30-36 Stunden unterwegs. Eine Fahrt kostet CA $ 38,75; Kabine gegen Aufpreis. Die andere, kleinere Fähre hält an 20-25 entlegenen Orten entlang der Route und braucht fünfeinhalb Tage. Eine Tour kostet CA $ 65, zusätzlich $ 10/Tag für eine Koje (Einwohner werden bevorzugt). Von Goose Bay gibt es die Möglichkeit, mit einem Flugzeug zum Ausgangspunkt zurückzukehren. Kontaktadresse: CN Marine Reservations Bureau, Box 250, North Sydney, N.S. B2A 3M3 Canada (☎ 902-742-3513, oder in Maine: 800-432-7344; von den übrigen USA: 800-341-7981).

Kanada: Nova Scotia

Arten
Häufig: Finnwal (**5**), Buckelwal (**7**), Gewöhnlicher Grindwal (**76**), Zwergwal (**2**), Schweinswal (**40**), Weißseitendelphin (**58**).

Aussichtspunkte
Die Gegend um Digby Neck, im Südwesten Nova Scotias, ist im Spätsommer ein regelmäßig besuchter Nahrungsplatz für Buckel- und Finnwale. Es gibt unter anderem folgende Aussichtspunkte: **1** „Northern Light" (ein am Ort gebräuchlicher Name) an der Nordspitze von Brier Island, etwa eineinhalb Kilometer nördlich von Westport; **2** an der Küste der Bay of Fundy, etwa 800 m westlich von Freeport am Südwestende von Long Point (gegenüber von Northern Light auf Brier Island); **3** der Leuchtturm an der Südwestspitze von Brier Island. Der erstgenannte Ort ist der beste; die ersten beiden eignen sich auch

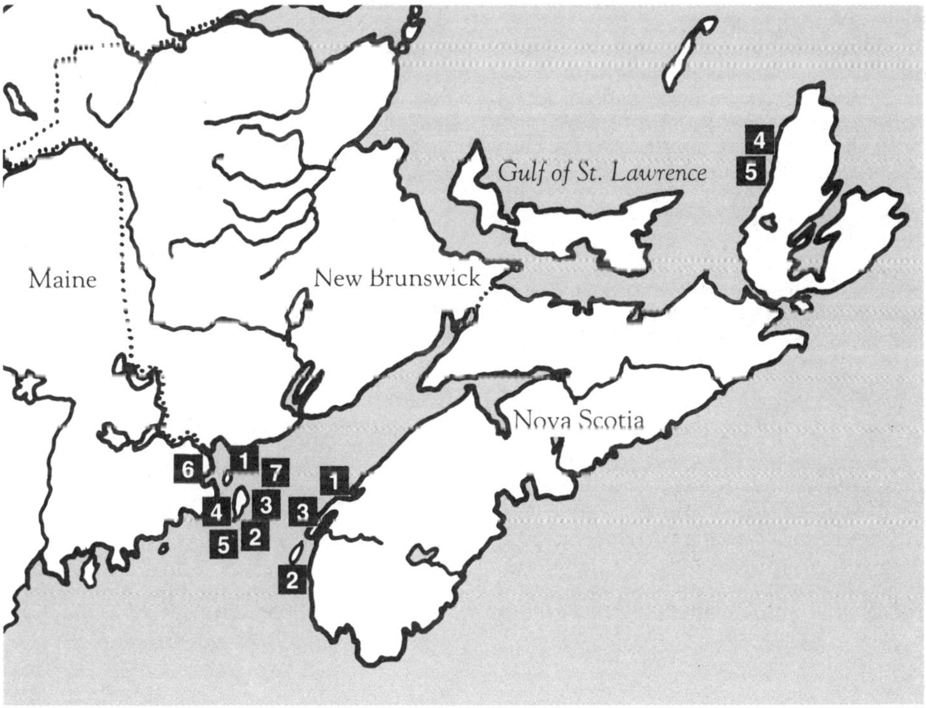

gut zum Beobachten von Schweinswalen. Um Gewöhnliche Grindwale zu beobachten, sollten Sie zum anderen Ende der Provinz, nach Cape Breton Island fahren. Auf der Seite von Cape Breton Highlands National Park, die zum St.-Lorenz-Golf zeigt, gibt es zwei Beobachtungsmöglichkeiten. Folgen Sie dem Cabot Trail nach Norden zum Nationalpark. Am **4** French Mountain Lookoff (vor French Mountain) und am **5** Skyline Trail kann man im Juli und August am besten Grindwale beobachten (hängt vom Kalmare-Vorkommen ab). Es besteht auch die Chance, Finnwale zu sichten. Kontaktadresse: Cape Breton Highlands National Park, Ingonish Beach, Cape Breton, N.S. BOC 1L0 Canada (☎ 902-285-2270).

Touren

Im Juli und August bietet Capt. Bill Crawford auf seiner 12 m langen 'Bonnie Maureen III' täglich drei Walfahrten an. An drei von vier Tagen werden Grind- und manchmal auch Finnwale gesichtet. Im Juni, September und Oktober finden die Fahrten seltener statt und konzentrieren sich dann vor allem auf Kormorane, Trottellummen und Tölpel sowie die Meereshöhlen des **Cape Breton Highlands National Park**. Die 3stündigen Touren beginnen am Government Wharf in Cheticamp Harbour, gegenüber der Kirche. CA $ 15/Person. Kontaktadresse: Cheticamp Boat Tours, Box 10, Grand Etang, Cape Breton, N.S. BOE 1L0 Canada (☎ 902-224-3376).

Gute Walbeobachtungsmöglichkeiten gibt es auch oft auf einer vogelkundlichen Tour nach Nova Scotia (und New Brunswick), die normalerweise im September von Wings, Inc. angeboten wird. Die von Bangor, Maine, ausgehende 12tägige Fahrt führt zum **Brier Island** in der Digby-Neck-Gegend, außerdem geht es mit einem Boot zu der vor der Küste liegenden Moore Ledge. Hier sind Odinshühnchen, Papageientaucher und Buntfüßige Sturmschwalben, aber auch Finn- und Buckelwale anzutreffen. Die Kosten liegen etwa bei $ 1.030 plus Fahrtkosten. Kontaktadresse: Wings, Inc., Box 74, Northeast Harbor, ME 04662 USA (☎ 207-276-5077).

Die Buckelwale vor der **Südküste von Nova Scotia** sind ein Teil des Programms der Ocean Research and Education Society. Diese in Gloucester (Massachusetts) ansässige, nicht-kommerzielle Bildungseinrichtung bietet 12wöchige Segel- und Studienprogramme an. Die Teilnehmer verbringen sechs Wochen im Klassenzimmer und sechs Wochen auf See, wo sie fotografieren und an der Erforschung der Buckel- und anderer Wale teilnehmen können. Die Gebühr von $ 4.900 enthält alle Lebenshaltungskosten während der Zeit auf See. Kontaktadresse: The Ocean Research and Education Society, Inc., 19 Harbor Loop, Gloucester, MA 01930 USA (☎ 617-283-1475).

Fähren und Fahrten

Vier große Fährrouten nach und von Nova Scotia bieten günstige Möglichkeiten, Wale zu beobachten. Die besten dieser Verbindungen sind in das Canadian National Marine System eingebunden; alle vier Fähren erfordern Reservierungen. (1) Die Fähre von Portland, Maine, nach Yarmouth, Nova Scotia, verkehrt von Anfang Mai bis Oktober täglich auf ihrer 12stündigen Route. Kontaktadresse: Prince of Fundy Cruises, Box 4216, Station A, Portland, ME 04101 USA (☎ 207-775-5616). (2) Vom 19. Juni bis zum 27. September fährt die 'Bluenose' täglich von Bar Harbor, Maine, nach Yarmouth, Nova Scotia. Die Überfahrt dauert 6 Stunden. Kontaktadresse: CN Marine, Terminal Supervisor, Bar Harbor, ME 04609 USA (☎ 800-341-7981 im Osten der USA; 800-432-7344 in Maine) oder CN Marine, Terminal Supervisor, Yarmouth, N.S. B5A 1K0 Canada (☎ 902-742-3513). Regelmäßige Fährverbindungen zwischen Neufundland und dem Festland gibt es von (3) North Sydney, Nova Scotia, nach Channel-Port-aux-Basques, Neufundland. Kontaktadresse: CN Marine Reservations Bureau, Box 250, North Sydney, N.S. B2A 3M3 Canada (☎ 902-742-3513, oder in Maine: 800-432-7344; in den übrigen USA: 800-341-7981).

Wetter/Wasser

Während der sommerlichen Walbeobachtungssaison sind die Tage warm, selten heiß oder feucht, aber kalt auf dem Wasser. Zudem können Nebel und Regen das Beobachten beeinträchtigen.

Museen

Im Nova Scotia Museum, 1747 Summer St., Halifax, N.S. Canada B3H 3A6 (☎ 902-429-4610) wird eine Walausstellung gezeigt.

Weitere Informationen

Nova Scotia Tourism, Box 456, Halifax, N.S. B3J 2R5 Canada (☎ 902-424-5000, oder in Maine: 800-492-0643; in den übrigen USA: 800-341-6096).

Kanada: New Brunswick

Arten
Häufig: Nordkaper (**8**), Finnwal (**5**), Buckelwal (**7**), Zwergwal (**2**), Schweinswal (**40**).
Sporadisch: Weißseitendelphin (**58**), Gewöhnlicher Grindwal (**76**).
Selten: Seiwal (**3**), Blauwal (**6**), Weißschnauzendelphin (**63**), Weißwal (**34**), Schwertwal (**75**).

Aussichtspunkte
Im unteren Teil der Bay of Fundy, eine Autostunde vom nächsten größeren Flugplatz in Saint John entfernt, gibt es, besonders von Juli - Oktober, einen guten Ort zum Beobachten von Schweinswalen, der gelegentlich auch einen Blick auf Finn- und Zwergwale gewährt. Nehmen Sie den Hwy. 1 nach St. George, und biegen Sie an der Kreuzung mit dem Hwy. 772 nach links. Folgen Sie der Straße über Back Bay hinaus bis zum **1** Leuchtturm Green's Point (Letete).
Auf Grand Manan Island, das in eineinhalb Stunden mit einer gebührenpflichtigen Fähre von Blacks Harbour und in insgesamt etwa 3 Stunden von Saint John aus erreichbar ist, gibt es von Ende Juli bis Ende September vier gute Aussichtspunkte für Finn- und Zwerg- sowie Schweinswale: **2** Swallowtail Head und **3** Northern Head, die beide schon von der Fähre aus zu sehen und mittels eines kurzen Spazierganges nach der Ankunft in Northern Head zu erreichen sind; unter der Leitung von David E. Gaskin, Professor an der University of Guelph, haben Wissenschaftler hier Schweinswale untersucht und sind zu dem Schluß gekommen, daß diese Gegend eines der Hauptaufenthaltsgebiete dieser Art darstellt; **4** in Dark Harbour, 8 km von North Head entfernt, an der einzigen in den Westen der Insel führenden Straße gelegen, sind die Finnwale später im Herbst zu sehen als in jedem anderen Gebiet; **5** Southern Head, etwa 25 km von North Head entfernt an der Südspitze der Insel, ist nebliger als die anderen Gebiete.
Auf Deer Island (erreichbar über eine kurze Fährfahrt von Eastport, Maine, oder eine gebührenfreie Fähre von Letete, New Brunswick) nehmen Sie die Straße zur Südspitze der Insel nach **6** Deer Island Point. Der dort befindliche Campingplatz ist gut zum Beobachten der Schweinswale und manchmal auch anderer Wale geeignet, die von Juli - September durch die Westpassage ziehen.
An jedem der oben genannten Orte könnten auch Nordkaper gesichtet werden, aber die beste (wenn auch immer noch ge-

Ein Gewöhnlicher Grindwal schwimmt durch die untere Bay of Fundy.

Nona Famcus Seafarers

Michael Saunders/Tourism New Brunswick

Ein auftauchender Nordkaper in der Nähe von Grand Manan Island in der unteren Bay of Fundy.

ringe) Chance bietet sich am **7** East Quoddy Light, an der Nordspitze von Campobello Island. Während die Insel von Maine aus leicht zu erreichen ist, sind vom kanadischen Festland aus zwei Fähren nötig: erst nach Deer Island, und dann von dort aus nach Campobello Island. Nach 8 km in Richtung Norden auf dem Hwy. 774 gelangen Sie nach East Quoddy Light. Schauen Sie vom Leuchtturm aus nach Osten, in Richtung der entfernt liegenden Inselgruppe „The Wolves". Außer gelegentlich auftauchenden Nordkapern sind zwischen diesen Inseln von Juli - September oft Zwergwale zu sehen, manchmal auch Finn- und Schweinswale.

Touren

Die Wiederentdeckung einer sommerlichen Ansammlung der seltenen Nordkaper in der unteren Bay of Fundy im letzten Jahrzehnt hat unter den nordamerikanischen Walbeobachtern eine „wal-große" Aufregung verursacht. Ganztägige Touren zu diesen seltenen Walen (sowie Finn-, Zwerg- und Schweinswalen) an Bord eines 14 m langen Fischerbootes kosten CA $ 99. Diese Fahrten werden von David E. Gaskin und seinen Forscherkollegen geleitet. 3-, 4- oder 7tägige Unternehmen kosten CA $ 399, $ 549 und $ 989, darin enthalten sind tägliche Expeditionen, hausgemachte Mahlzeiten, bequeme Unterkunft im hundert Jahre alten Marathon Inn auf Grand Manan Island sowie die An- und Abfahrt vom Flugplatz in Saint John. Der Marathon Inn hat vom 1. Mai bis zum kanadischen Thanksgiving geöffnet, die beste Zeit für Walbeobachtungstouren ist vom 1. August - 15. September. Kontaktadresse: James Leslie, Ocean Search, Marathon Inn, Box 129, North Head, Grand Manan Island, N.B. E0G 2M0 Canada (☎ 506-662-8144).

Fähren und Fahrten

Schweins-, Finn- und Zwergwale können von Juli - Oktober an Bord der Autofähre 'M/V Grand Manan' oder 'Lady Manan', die zwischen Black's Harbour, Festland von New Brunswick, und North Head, Grand Manan Island, verkehren, gesichtet werden.

Gelegentlich werden auch Wale auf den Sommer-Fähren zwischen Deer Island und Eastport, Maine, Deer Island und Campobello Island, sowie der gebührenfreien Überfahrt zwischen Deer Island und Letete, auf dem Festland von New Brunswick, gesichtet.

Wetter/Wasser

Der Nebel ist nicht nur ein Hindernis beim Navigieren, er kann auch das Beobachten von den Aussichtspunkten vereiteln. Allerdings ist er oft auf einige Bereiche begrenzt und hebt sich gegen Mittag. September und Oktober sind die nebelfreiesten Monate. Gelegentlicher Sommerregen und eine rauhe See können ebenfalls die Sicht vermindern. Kalt auf dem Wasser. Großer Tidenhub.

Weitere Informationen
Tourism New Brunswick, Box 12345, Fredericton, N.B. E3B 5C3 Canada (☎ 800-561-0123 in Kanada; 800-322-7004 in Maine; 800-343-0812 in den übrigen USA).
Weitere Hinweise über Wale in der unteren Bay of Fundy sind auch unter: Vereinigte Staaten: Maine zu finden.

Kanada: Québec – St.-Lorenz-Strom (Fleuve Saint-Laurent)

Arten
Häufig: Weißwal (**34**), Zwergwal (**2**), Finnwal (**5**), Blauwal (**6**), Schweinswal (**40**).
Sporadisch: Weißseitendelphin (**58**), Gewöhnlicher Grindwal (**76**), Schwertwal (**75**), Buckelwal (**7**).

Aussichtspunkte
Die nahrungsreiche Flußmündung des kalten und tiefen Saguenay-Flusses und die angrenzenden Strände des mächtigen St.-Lorenz-Ästuars locken jeden Sommer eine Vielzahl von Walen an. Unter ihnen befinden sich die für diese Breiten sehr seltenen Weißwale und die in allen Breiten seltenen Blauwale. Mit genügend Geduld können diese Tiere von einem der Aussichtspunkte am Nordufer des St.-Lorenz-Stromes beobachtet werden. Von diesen Aussichtspunkten aus betreiben auch die Wissenschaftler der Arctic Biological Station ihre Studien. Zum Beobachten von Weißwalen (die das ganze Jahr hindurch anwesend, aber von Juli - November am besten zu sehen sind), Zwerg- und Finnwalen (Sommer - Herbst) sowie Hafenschweinswalen sind folgende Orte geeignet: **1** der die Mündung des Saguenay-Fjordes überblickende Pointe Noire am Hwy. 138, etwa 200 km östlich von Québec (Stadt), in der Nähe von Baie-Sainte-Catherine (das Pointe Noire Marine Centre, das von Frühsommer - Mitte Oktober geöffnet ist, hält Weißwalmodelle und Filme bereit; vom Centre führt ein Wanderweg zum Aussichtspunkt; ☎ 418-237-4383; für weitere Informationen über das Centre, örtliche Unterkünfte und Walfahrten: Société Linnéenne Saint-Laurent, C.P. 9880, Ste-Foy, P.Q. G1V 4C5 Canada); **2** Tadoussac, eine 5minütige Fährenfahrt über den Saguenay von Pointe Noire entfernt, neben den Fähranleger.
Die besten Orte zum Beobachten der Blauwale liegen stromabwärts am Nordufer des St.-Lorenz-Stromes (außerdem gibt es hier Schweins-, Finn- und Zwergwale; manchmal sogar Weißwale und die merkwürdigen Buckelwale); **3** bei dem alten, am Fluß stehenden Leuchtturm Cap-

Im St.-Lorenz-Golf benutzen Wissenschaftler die individuellen Pigmentierungsmuster der Haut, um die Blauwale voneinander zu unterscheiden.

Richard Sears/MICS

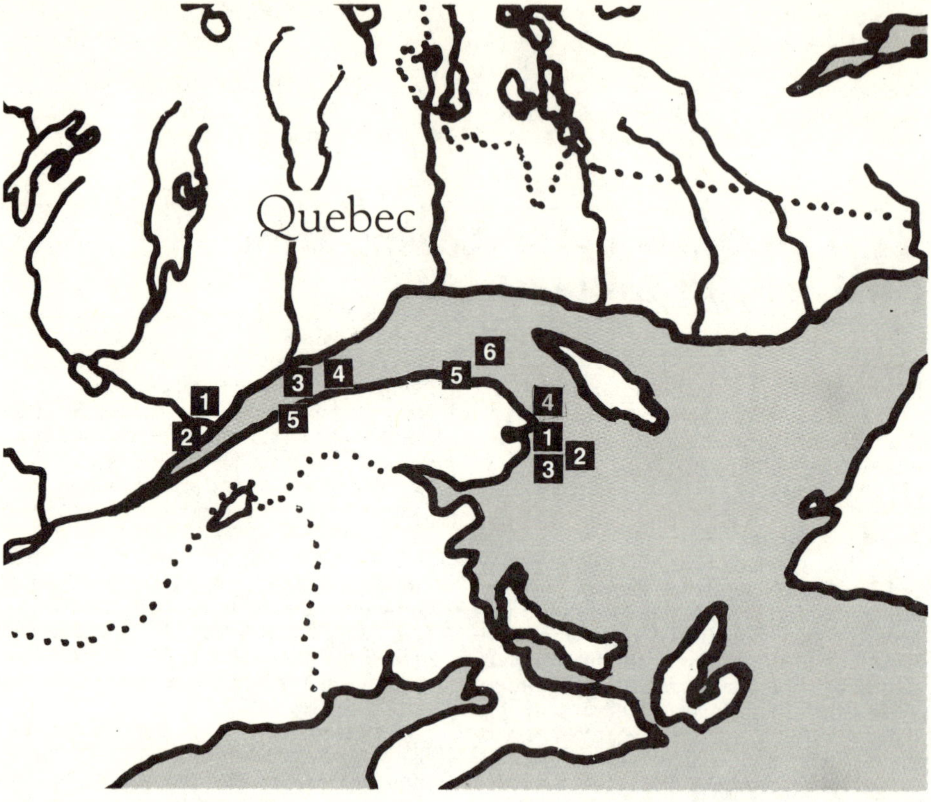

de-Bon-Désir, knapp 20 km von der Tadoussac-Fähre und 1,5 km vom Hwy. 138 entfernt, bei dem Dorf Grandes-Bergeronnes. Sollten Sie sich verirren, fragen Sie in Grandes-Bergeronnes einfach: „Où sont les baleines bleues?“ In den letzten Jahren hat es im August immer ein einwöchiges Festival de la Baleine Bleue gegeben, mit Festzügen, Kunsthandwerk, Walartikeln und Tausenden von Besuchern (das genaue Datum erfahren Sie unter: ☎ 418-235-4491); 4 bei Les Escoumins, 16 km hinter Grandes-Bergeronnes, in der Nähe des Kais und der Lotsenstation (wo die Lotsen für die Fähren aufgenommen werden).

Am Südufer des St.-Lorenz-Stromes ziehen die Weißwale im Spätsommer in der Nähe des Anlegers in 5 Rivière-du-Loup vorbei. Der Ort ist über zwei 1 1/4stündige Fährüberfahrten vom Nordufer aus oder über den Hwy. 20 (Autoroute Transcanadienne) zu erreichen.

Touren

In Kanada begann das kommerzielle Walbeobachten 1971 im St. Lorenz. Die ersten Fahrten wurden von der Zoological Society of Montréal organisiert. Sie bieten immer noch Wochenendtrips an, 4-5 davon liegen im August/September. Die 3 Tage und 2 Nächte dauernden Fahrten von Montréal aus kosten CA $ 225 (Nichtmitglieder zahlen zusätzlich CA $ 15) und enthalten den Transport von Montréal aus, eine 10stündige Fahrt auf dem Fluß, 2 Mahlzeiten auf dem Boot und 2 Übernachtungen im Hotel. Die auf der 34 m langen 'M/V St.-Barnabe', einem ehemaligen US-Marine-Minensuchboot stattfindende Tour wird von Naturkundlern auf Englisch kommentiert. Kontaktadresse: The Zoological Society of Montréal, P.Q. H3A 1V4 Canada (☎ 514-845-8317).

Seit 1979 hat die nicht-kommerzielle Société Linnéenne in Québec dafür gesorgt, daß ein franko-kanadisches Interesse am Walbeobachten entstand, und ist heute zum wichtigsten Tourenorganisator in Québec geworden. Die Naturkundler geben ihre Erklärungen auf Französisch und Englisch. Dabei gibt es Touren unterschiedlicher Art: (1) „Whales in the St. Lawrence“ Version A ist eine 9stündige Fahrt an Bord der 55 m langen 'Gobelet d'Argent'. Von Ende Juli bis Anfang Oktober legt das Schiff mehrmals pro Woche von Trois Pistoles, etwa 269 km von Québec entfernt, ab. Die Tour kostet CA $ 75.

(2) „Whales in the St. Lawrence“ Version B

entspricht Version A, zusätzlich ist eine Übernachtung und die An- und Abfahrt nach Montréal im Preis inbegriffen. Diese 2 Tage und 1 Nacht dauernde Exkursion gibt's ab CA $ 171. (3) "The Saguenay Fjord" umfaßt eine 3stündige Fahrt auf dem St.-Lorenz und am nächsten Tag eine 6stündige Fahrt auf dem Saguenay, beide an Bord der 'Jos Lachance II'. Übernachtung in Tadoussac und An- und Abreise nach Montréal, CA $ 164 und mehr. Ende Juni bis Anfang Oktober. Weißwale sind ein Teil dieser genauen Erforschung des Saguenay-Fjordes. (4) „St. Lawrence Cruises" sind 3stündige Fahrten an Bord der 'Jos Lachance II', die vom 1. August bis Mitte September täglich 1-3mal vom Pier in Tadoussac oder Baie-Ste-Catherine ablegt. Erwachsene CA $ 19, Kinder $ 15. Kontaktadresse für Fahrpläne und Reservierungen: Société Linnéenne Saint-Laurent, C.P. 9880, Ste-Foy, P.Q. G1V 4C5 Canada (☎ 418-237-4383).

Pauschalangebote zum Walbeobachten werden von Ende Juli bis Anfang Oktober von Via Rail angeboten. Sie enthalten eine 9stündige Fahrt auf der 'Gobelet d'Argent', 2 Übernachtungen sowie eine Rückfahrkarte von Montréal (CA $ 225), Québec (CA $ 188) oder Ottawa (CA $ 248). Kontaktadresse: Via Rail Canada Inc., Rail Travel Bureau, Central Station, Montréal, P.Q. H3N 3C3 Canada (☎ 514-871-1331; oder in den örtlichen Büros der kanadischen (Via) oder amerikanischen (Amtrak) Eisenbahngesellschaft). Gelegentliche Angebote für Walbeobachtungstouren auf dem St. Lorenz machen: (1) National Museum of Natural Sciences, Whale Watching Trips, Ottawa, Ont. K1A 0M8 Canada (☎ 613-998-9281); (2) Gerard Iles, 2053 Vendome Ave., Montréal, P.Q. H4A 3M4 Canada (☎ 514-484-8692); (3) Russ Kinne, No. Wilton Rd., New Canaan, CT 06840 USA (☎ 203-966-4900 oder 212-758-3420).

Fähren und Fahrten
Es gibt drei Fähren auf dem St. Lorenz, die von Mitte Juni bis November die Chance bieten, Weißwale, gelegentlich Zwerg-, Blau- und Finnwale sowie Schweinswale zu sehen. (1) Die saisonale 1 1/4stündige Überfahrt über den St. Lorenz von Trois-Pistoles nach Escoumins bietet die besten Chancen, Blauwale zu sehen. CA $ 5,25. (☎ 418-851-1436). Um Weiß- und andere Wale zu sichten, sollten Sie (2) die 75minütige Überfahrt über den St. Lorenz von Rivière-du-Loup nach Saint-Siméon für CA $ 5,25, (☎ 418-867-1272); oder (3) die gebührenfreie 5minütige Fährfahrt über die Saguenay-Flußmündung (ganzjährig) ausprobieren.

Wetter/Wasser
Wenn es auf dem Wasser auch windig und kalt ist, so gibt es doch selten rauhe See. Gelegentlich regnet es. An den am Strand gelegenen Aussichtspunkten kann es im Juli und Anfang August heiß und feucht sein. Im November und manchmal schon Ende Oktober fängt es an zu schneien.

Museen
Musée de la Mer de Rimouski, Point-au-Père, P.Q.
La Halte Côtière de Pointe Noire (Meereszentrum), Baie-Ste-Catherine, P.Q. (☎ 418-237-4383). Kontaktadresse: Société Linnéenne Saint-Laurent, C.P. 9880, Ste-Foy, P.Q. G1V 4C5 Canada (☎ 418-653-8186).

Weitere Informationen
Tourisme-Québec, C.P. 20,000, Québec, P.Q. G1K 7X2 Canada (☎ 514-873-2015).

Kanada: Québec – Nordküste (Côte-Nord)

Arten
Häufig: Blauwal (**6**), Zwergwal (**2**), Finnwal (**5**), Schweinswal (**40**).
Sporadisch. Weißseitendelphin (**58**), Weißschnauzendelphin (**63**), Gewöhnlicher Grindwal (**76**), Buckelwal (**7**), Schwertwal (**75**).

Aussichtspunkte
Der alte Leuchtturm bei **1** Pointe-des-Monts ist großartig geeignet, um auf Blauwale zu warten und sie zu beobachten. Die Blauwale, zusammen mit Zwerg- und Finnwalen, sind hier schon im April und auch noch im November gesichtet worden, am besten eignet sich jedoch der Frühherbst. Von Québec aus nehmen Sie den Hwy. 138 und fahren etwa 500 km nach Godbout (hinter Baie-Comeau). 53 km hinter Godbout biegen Sie rechts ab und fahren auf dieser Straße 11 km bis zum Leuchtturm.

Touren
Seit 1976 erforschen der Biologe Richard Sears und seine Kollegen die Wale an den

J. Michael Williamson/MICS

Ein Blauwal im St.-Lorenz-Golf hebt beim Abtauchen seine Fluke aus dem Wasser.

Nordstränden des St.-Lorenz-Golfes. Die Mingan Island Cetacean Study, die von einem entlegenen franko-kanadischen Fischerdorf aus arbeitet, hat bisher zehn verschiedene Walarten verfolgt und fotografiert. Ihr Hauptaugenmerk haben die Wissenschaftler auf den Blauwal gelegt, dabei konnten einzelne Blauwale anhand ihrer individuellen Farbmuster auf dem Rücken fotografisch identifiziert werden. Einige der Wale sind in aufeinanderfolgenden Jahren in dieses Gebiet zurückgekehrt, wobei sie einen Großteil des Jahres im Golf von St. Lorenz verbringen.

Seit 1981 bietet die Mingan Island Cetacean Study im August und September 10tägige Programme an, die einige Tage Walbeobachten von Zodiak-Schlauchbooten aus sowie Ausflüge zu den Vogelbrutkolonien und anderen örtlichen Sehenswürdigkeiten umfassen. $ 950 plus Flugkosten nach Sept.-Îles. Die Unterkünfte sind zwar nicht luxuriös, aber diese Programme bieten die seltene Chance, sich an der aufregenden Forschung am größten Tier, das es jemals gegeben hat, zu beteiligen. Kontaktadresse: Mingan Island Cetacean Study, Box 518, Meriden, CT 06450 USA oder Station de Recherche des Îles Mingan, C.P. 159, Sept-Îles, P.Q. G4R 4K3 Canada. Diese Touren können auch durch Oceanic Society Expeditions, Fort Mason Center, Bldg. E, San Francisco, CA 94123 USA (☎ 415-441-1106) gebucht werden.

Wetter/Wasser

Während es auf dem Wasser windig und kalt ist, kann es an Sommertagen auf den Aussichtspunkten recht warm werden. Regen kann das Beobachten manchmal beeinträchtigen.

Weitere Informationen

Association Touristique Régionale de Duplessis, Inc., 801 Boul. Laure, C.P. 156, Sept-Îles, P.Q. G4R 4K3 Canada (☎ 418-962-0808).

Kanada: Québec – Halbinsel Gaspé (Gaspésie)

Arten
Häufig: Zwergwal (**2**), Finnwal (**5**).
Sporadisch: Buckelwal (**7**), Blauwal (**6**), Weißseitendelphin (**58**), Weißschnauzendelphin (**63**), Gewöhnlicher Grindwal (**76**), Schweinswal (**40**).

Aussichtspunkte
Im Forillon National Park auf der Halbinsel Gaspé, der den St.-Lorenz-Golf überblickt, gibt es mehrere gute Walbeobachtungspunkte sowie folgende mit einem Nationalpark verbundenen Vorteile: gute Campingplätze, Wanderwege, Besucherzentrum mit Informationen und Hinweisen und die Chance, eine vielfältige Natur zu erleben. Der Forillon National Park (etwa 16 km von der Stadt und dem Flugplatz Gaspé entfernt) liegt gut 1.000 km nördlich von Portland, Maine, und 700 km in östlicher-nordöstlicher Richtung von Québec entfernt. Hwy. 132 führt an der am Wasser liegenden Seite des Nationalparks entlang. Folgen Sie den Hinweisschildern nach Cap Gaspé. Das zum Walbeobachten am besten geeignete Gebiet ist ein 6 km langes Stück Straße (und parallel dazu ein Wanderweg) an der Baie de Gaspé, zwischen Grand-Grève und Cap Gaspé. Obwohl eigentlich jeder Ort hier gut geeignet ist, seien die bewährten Aussichtspunkte (in der Reihenfolge ihrer Popularität) kurz erwähnt: **1** Cap Gaspé, in der Nähe des Leuchtturms am Südostende des Parks; **2** Anse-aux-Sauvages, 3 km vom Cap Gaspé (Parkplatz) entfernt; und **3** Anse-Saint-Georges, 5 km von Cap Gaspé entfernt. Diese drei Aussichtspunkte sind gut gekennzeichnet (franz.: belvédère).
Auf der anderen Seite des Parks, zum St.-Lorenz-Golf hin, gibt es zwei weitere Walbeobachtungsmöglichkeiten: **4** Cap-des-Rosiers ist am Hwy. 132 nahe dem Leuchtturm (frz. phare); **5** Cap-Bon-Ami liegt 6 km weiter an einer Nebenstraße. (Parkplatz, Campingplatz), Kontaktadresse für die Campingreservierung und Informationen über die im Sommer etwa dreimal täglich stattfindenden Bootsfahrten in den Parkgewässern, die regelmäßig auf Finn- und Zwergwale stoßen: Le Directeur, Parc National Forillon, C.P. 1220, Gaspé, P.Q. GOC 1RO Canada (☎ 418-368-5505).
Die Nordküste der Gaspé-Halbinsel, nordwestlich des Nationalparks, bietet ebenfalls die Möglichkeit, zumindest Zwerg- und Schweinswale zu sehen. Halten Sie entlang des 180 km langen Abschnittes des Hwy. 132 zwischen **6** Rivière-au-Renard (am Nordrand des Forillon-Parks) und Ste-Anne-des Monts.

Touren
Seafarers, die in Maine angesiedelte Gesellschaft, die die von Naturkundlern geleiteten Programme zum Beobachten von Walen und Seevögeln in der Bay of Fundy organisiert, plant für den Sommer Fahrten zur Gaspé-Halbinsel. Das 10tägige Programm wird auch zu den Seevögeln von Bonaventure Island und den Walen des Forillon National Park führen. Der ungefähre Kostenpunkt wird bei $ 100 pro Tag plus Flugkosten liegen. Seafarers, Box 428, RFD 1, Machias, ME 04654 USA (☎ 207-255-8810).

Wetter/Wasser
An den Aussichtspunkten ist es im Sommer kühl und windig, aber selten kalt; Nebel und Regen können die Sicht beeinträchtigen.

Weitere Informationen
Association Touristique de la Gaspésie, C.P. 810, Carleton, P.Q. GOC 1J0 Canada ☎ 418 364 7041).

Kanada: British Columbia

Arten
Häufig: Grauwal (**1**), Schwertwal (**75**), Dall-Hafenschweinswal (**45**).
Sporadisch: Zwergwal (**2**), Buckelwal (**7**), Schweinswal (**40**), Weißstreifendelphin (**59**).
Selten: Blauwal (**6**), Finnwal (**5**), Seiwal (**3**), Cuvier-Schnabelwal (**15**), Pottwal (**12**).

Aussichtspunkte
An der Westküste von Vancouver Island, 5 Autostunden von Vancouver (einschließlich Fähre) oder 4 Autostunden von Victoria entfernt, können von Ende November an die wandernden Grauwale beobachtet werden. Am besten geeignet sind März und April. Im Juni sind dann alle wandern-

den Wale vorbeigezogen; alle bis auf die 40-50 Grauwale, die ihr sommerliches Nahrungsrevier vor der Küste von Vancouver Island beziehen. Sie bleiben zumindest so lange, bis die Masse der Grauwale im Herbst und frühen Winter aus der Arktis zurückkehrt, auf ihrem Weg zu den mexikanischen Wurflagunen.

Einige der Aussichtspunkte in der Gegend von Long Beach sind mit dem Auto erreichbar und außerdem mit Teleskopen ausgerüstet: **1** Wickaninnish Centre beim Wickaninnish Beach, auf der vom Hwy. 4 abgehenden Straße nach Tofino etwa 2,5 km (sehen Sie sich den im Zentrum ausgestellten Wal an): **2** Green Point, über einen kurzen Fußweg unterhalb des Campingplatzes in Long Beach erreichbar, abseits vom Hwy. 4; und **3** Radar Hill, einen guten Kilometer vom Hwy. 4 entfernt, am Nordende des Pacific Rim National Park.

Folgende Aussichtspunkte liegen im Long-Beach-Abschnitt des Pacific Rim National Park und sind über 1-3 km lange, gut ausgewiesene Wanderwege erreichbar (von Süden nach Norden von der vom Hwy. 4 abgehenden Straße nach Tofino): **4** Wya Point, am Ende des Halfmoon Bay Trail, der vom Willowbrae Trail abzweigt; **5** Quisitis Point; **6** South Beach, am Ende des South Beach Trail, der vom Wickaninnish Centre aus zu erreichen ist; **7** Box Island, zu erreichen über den Schooner Trail oder vom Nordende des Long Beach aus; **8** Portland Point und **9** Cox Point.

Außerdem gibt es entlang des **10** West Coast Trail (einem Teil des Pacific Rim National Park), zwischen Bamfield und Port Renfrew, viele zum Beobachten der Grauwale geeignete Orte. Dieser Weg sollte aber nur von erfahrenen Wanderern benutzt werden. Während des Sommers veranstaltet der Pacific Rim National Park in Green Point und Box Island kostenlose, naturkundliche Programme über Wale und andere Aspekte des marinen Lebens. Weitere Informationen erhalten Sie am Informationszentrum in der Nähe von Long Beach, 3 km hinter der Ucluelet-Abzweigung vom Hwy. 4, oder schriftlich: Pacific Rim National Park, Box 280, Ucluelet, B.C. V0R 3A0 Canada.

Auf den vor dem nördlichen British Columbia gelegenen Queen Charlotte Islands (die über eine Fähre oder per Flugzeug vom Festland aus zu erreichen sind) sind die vorbeiziehenden Wale von Ende April bis Anfang Juni zu sehen: **11** North Beach, in der Gegend um Rose Point/Rose Spit, im Nordosten von Graham Island, im Tow Hill Provincial Park.

Es ist zwar weniger verläßlich, aber dennoch im Sommer möglich, von den Gulf Islands aus Schwertwale zu beobachten (mit dem Auto erreichbar über die B.C.-Government-Fähre, die mehrmals täglich von Tsawwassen, 35 km südlich von Vancouver, abfährt). Sie sind gelegentlich **12** von Mayne Island, vom Active-Pass-Leuchtturm aus, und **13** von der östlichen Spitze von Saturna Island aus gesehen worden.

Touren

Die meisten Ausgangspunkte der vom **Nordosten von Vancouver Island** ausgehenden Touren sind nicht weiter als eine Tagestour von Vancouver entfernt. An Bord der 18 m langen 'Gikumi' haben Sie die besten Chancen, Schwertwale, Zwergwale und Dall-Hafenschweinswale zu sichten. Die 8stündigen, naturkundlich geleiteten Touren legen an den meisten Tagen von Juli - September in der alten Stadt Telegraph Cove ab. Die CA $ 48 pro Person schließen ein herzhaftes Mittagessen mit ein. Eine Übernachtungs- oder Campingmöglichkeit läßt sich arrangieren. Kontaktadresse: Bill Mackay or Jim Borrowman, Stubbs Island Charters Ltd., Box 303, Port McNeill, B.C. V0N 3J0 Canada (☎ 604-928-3117/3185). Die Gesellschaft plant außerdem noch 6tägige Freiland-Foto-Touren, die ebenfalls gute Chancen zum Beobachten von Schwertwalen bieten werden.

Fahrten an Bord der 'Gikumi', die sich hauptsächlich auf Schwertwale konzentrieren, können auch über Swiftsure Tours als 3-Tages-Reisen von Victoria aus gebucht werden, die Preise beginnen bei CA $ 225. Außerdem werden hier von Ende März bis Mitte April 2-3tägige Grauwal-Reisen angeboten, ab CA $ 100/Tag. Alle diese Touren beginnen in Victoria und enthalten Walbeobachtungen vom Land und Boot sowie aus der Luft. Swiftsure Tours Ltd., 119-645 Fort St., Victoria, B.C. V8W 1G2 Canada (☎ 604-388-4227).

Von **Vancouver** aus gibt es von Ende März bis Anfang April 2tägige geleitete Exkursionen zum Beobachten der Grauwale, im August zum Beobachten der Schwertwale. CA $ 215 schließen den Transport und das Mittagessen ein, aber keine Unterkunft. Die Organisatoren dieser Touren, Ecosummer Canada Expeditions, bieten außerdem noch geführte Kajakfahrten an, die auch Walbeobachten ermöglichen: (1) im August 8tägige Fahrten zu den Schwertwal-Gewässern der Johnstone Strait; (2) im Juni 11tägige Touren an der Westküste von Vancouver Island, die auch Besuche bei den übersommernden Grauwalen einschließen; (3) von Juni bis August 14-15tägige Touren zu den südlichen Queen Charlotte Islands mit gelegentlichen Sichtungen von Delphinen und verschiedenen großen Walen. Die Preise beginnen bei CA $ 80/Tag plus Flugkosten zum Abfahrtsort. Die Fahrten werden von erfahrenen Führern und Naturkundlern geleitet. Kontaktadresse: Ecosummer Canada Expeditions Ltd., 1516 Duranleau St., Vancouver, B.C. V6H 3S4 Canada (☎ 604-669-7741).

Erich Hoyt

Neben dem Boot des Autors taucht ein Schwertwalbulle auf (vor Vancouver Island).

Im August werden weitere Schwertwal-Exkursionen zur **Johnstone Strait** angeboten: (1) Biological Journeys, 1876 Ocean Dr., McKinleyville, CA 95521 USA (☎ 707-839-0178); (2) Oceanic Society Expeditions, Fort Mason Center, Bldg. E, San Francisco, CA 94123 USA (☎ 415-441-1106); (3) The University of British Columbia, Centre for Continuing Education, 5997 Iona Dr., Vancouver, B.C. V6T 2A4 Canada (☎ 604-228-2181).

Weitere Grauwal-Exkursionen und Tagestouren zu den übersommernden und den jährlich wandernden Grauwalen vor der Küste des **Pacific Rim National Park** bieten an: (1) Sub-Tidal Adventures, 1192 Eber, Ucluelet, B.C. V0R 3A0 Canada (☎ 604-726-7061); (2) Safari 11, Box 590, Tofino, B.C. V0R 2Z0 Canada (☎ 604-725-3919); (3) Canadian Princess, Box 939, Ucluelet, B.C. V0R 3A0 Canada (☎ 604-726-7771 oder 598-3366); (4) Whitewater Adventures, Ltd., 105 W. 6th Ave., Vancouver, B.C. V5Y 1K3 Canada (☎ 604-879-6701).

Erich Hoyt

Ein blasender Schwertwalbulle in der Robson Bight, im Norden von Vancouver Island.

Zu den außerdem noch angebotenen Grauwalfahrten in **Ucluelet** und **Tofino** gehören: (1) Suncoast Charters, Box 490, Ucluelet, B.C. V0R 3A0 Canada (☎ 604-726-7725); (2) Rosals Marine Charters, Ucluelet, B.C. V0R 3A0 Canada (☎ 604-726-7119); (3) Bay-Shore Marina, Ucluelet, B.C. V0R 3A0 Canada (☎ 604-726-7515); (4) Loudon Charters, Ucluelet, B.C. V0R 3A0 Canada (☎ 604-726-4280); (5) Barkley Pacific, Box 188, Tofino, B.C. V0R 2Z0 Canada (☎ 604-725-3284); (6) Seaforth Charters, Box 12, Tofino, B.C. V0R 2Z0 Canada (☎ 604-725-3439).

Fähren und Fahrten
Gelegentlich treffen die B.C.-Government-Fähren zwischen Tsawwassen (35 km von Vancouver) und Swartz Bay (30 km von Victoria auf Vancouver Island) und durch die Gulf Islands sowie die 20stündige Fähre von Port Hardy nach Prince Rupert auf Schwertwale und Dall-Hafenschweinswale (seltener Buckel-, Zwerg- oder Schweinswale). Wenn auch das ganze Jahr hindurch von Sichtungen berichtet wird, so sind die Chancen von Juli - September doch am besten. Die Fähren fahren regelmäßig mehrmals täglich. Kontaktadresse für Fahrpläne und Reservierungen: Tourism B.C. (☎ 604-387-1642) oder B.C. Ferry Corp., INFORES, 1045 Howe St., Vancouver, B.C. V6Z 2A9 Canada (☎ 604-386-3431).
Weitere Informationen über Fahrten auf der Inside Passage, zwischen Seattle und Alaska, die ebenfalls durch die Aufenthaltsgebiete der Schwert- und anderer Wale führen, gibt es in dem Abschnitt über Südostalaska.

Wetter/Wasser
Die Winter sind naß und kühl, die Sommer trocken und warm. Sie sollten allerdings immer Ihr Regenzeug dabeihaben. Von September bis Mai führen Südostwinde Wolken, Regen und oft plötzliche Stürme herbei, im Sommer geschieht das sehr selten. An einem normalen Sommertag frischt der Westwind am Nachmittag auf und kann dann bis zu 30-45 Stundenkilometer erreichen, die Morgen sind oft neblig. Tip: Nutzen Sie die ruhigen 1-2 Stunden, wenn die Sonne den Nebel vertrieben hat, die Westwinde aber noch nicht erwacht sind. Entlang der Ostküste von Vancouver Island ist der Nebel nicht so ausgeprägt, und der Wind frischt nicht so stark auf. Vergessen Sie nicht, daß auch an einem heißen Tag im Juli, sollten Sie auf's Wasser fahren, ein Pullover und vielleicht sogar ein Mantel unbedingt notwendig sind. Die Wale sind dann am zahlreichsten, wenn auch die Beobachtungsmöglichkeiten am besten sind, nämlich im Sommer.

Ozeanarien
Schwertwale, Weißwale und Weißstreifendelphine sind im Vancouver Public Aquarium, Stanley Park, Box 3232, Vancouver, B.C. V6B 3X8 Canada (☎ 604-685-3364) zu sehen.
Im Sealand of the Pacific, 1327 Beach Dr., Victoria, B.C. V8S 2N4 Canada (☎ 604-598-3373) werden Schwertwale gezeigt.

Weitere Informationen
Tourism B.C., 1117 Wharf St., Victoria, B.C. V8W 2Z2 Canada (☎ 604-387-1642).

Kanada: Manitoba

Arten
Häufig: Weißwal (**34**).

Aussichtspunkte
Das für seine durch die Stadt wandernden Eisbären berühmte Churchill beherbergt an seiner zerklüfteten Küste und in der außerhalb der Stadt liegenden Flußmündung auch Weißwale. Churchill ist per Flugzeug oder nach einer 30stündigen Zugfahrt von Winnipeg aus zu erreichen. Die Schienen winden sich durch den borealen Wald bis zum Rande der Tundra. Die Weißwale kommen im Juni und ziehen im August, bevor die Eisbären kommen, wieder fort. Ein guter Aussichtspunkte ist **1** Cape Merry, am Ende eines eineinhalb Kilometer langen Weges entlang des Cape Merry Centennial Parkway zum Ostufer der Churchill-Flußmündung. Hier ist der Fluß oft von Weißwalen überfüllt. Auf der anderen Seite des Flusses steht das im 18. Jh. von der Hudson's Bay Company erbaute Prince of Wales Fort. Cape Merry ist auch ein Anlaufpunkt für verschiedene örtliche Bustouren, Preis CA $ 15-20. Kontaktadressen: (1) Churchill Wilderness Encounter, Box 9, Churchill, Man. R0B 0E0 Canada (☎ 204-675-2729/2248); (2) North Star Bus Lines, Box 100, Churchill, Man. R0B 0E0 Canada (☎ 204-675-2629); (3) The Great Canadian Travel Co., 712-504 Main St., Winnipeg, Man., Canada (☎ 204-943-2039).

Touren
Vom Hafen in **Churchill** aus gibt es eine einstündige Weißwal-Tour. Von Anfang Juni bis 1. September tägliche Abfahrten, je nach Wetter und Gezeiten. CA $ 15/Person. Kontaktadressen: (1) Churchill Wilderness Encounter, Box 85, Churchill, Man. R0B 0E0 Canada (☎ 204-675-2729; außerdem werden auch Pauschalreisen von Winnipeg aus angeboten); (2) Sea North Tours, Box 222, Churchill, Man. R0B 0E0 Canada (☎ 204-675-2195).
Von **Winnipeg** aus bietet Via Rail im Sommer 7tägige, begleitete Fahrten an, die auch einen Walbeobachtungsausflug auf dem Churchill River einschließen. Die Preise beginnen bei CA $ 1.175 für einen oberen Liegeplatz. Kontaktadresse: Via Rail Canada, Box 8116, 1801 McGill College, Floor 13, Montreal, P.Q. H3C 3N3 Canada (Reservierungen sind auch durch ein örtliches Via-Rail- oder Amtrak-Büro oder durch ein Reisebüro möglich).
Von Winnipeg aus gibt es zudem mehrere vogelkundliche oder allgemein naturkundliche Touren nach Churchill, die auch die Weißwale berücksichtigen. Die 5- bis 11-tägigen Exkursionen kosten CA $ 100-125/Tag. Kontaktadressen: (1) Canadian Nature Tours, FON Conservation Centre, 355 Lesmill Rd., Don Mills, Ont. M3B 2W8 Canada (☎ 416-444-8419); (2) Questers Tours & Travel, Inc., 257 Park Ave. S., New York, NY 10010 USA (☎ 212-673-3120); (3) Massachusetts Audubon Society, Lincoln, MA 01773 USA (☎ 617-259-9500); (4) Wings, Inc., Box 974, Northeast Harbor, ME 04662 USA (☎ 207-276-5077); (5) North America Nature Expeditions, Suite 104, 1776 Independence Ct., Birmingham, AL 35216 USA (☎ 205-870-5550).
Biological Journeys führen Churchill-Touren im Juli durch. Ronn Storro-Patterson wird Hydrophone dabeihaben, um diese „Kanarienvögel des Meeres" – ein Name, den die ersten Walfänger den Weißwalen gaben – zu belauschen. Kontaktadresse: Biological Journeys, 1876 Ocean Dr., Mc Kinleyville, CA 95521 USA (☎ 707-839-0178).

Wetter/Wasser
Juli und August sind warme Monate; durchschnittliche Höchsttemperaturen bei 16 Grad C. und Tiefsttemperaturen bei -17 Grad C. Rauhes Wetter kann schon mal die Sicht vermindern und eventuell zur Absage einer Tour führen. Es muß mit allem gerechnet werden, aber im allgemeinen sind die Sommer schön, mit einem lange anhaltenden Tageslicht.

Museen
Eskimo Museum, La Verendrye St., Box 10, Churchill, Man. R0B 0E0 Canada (☎ 204-675-2252).
Das Informationszentrum am Bayport Plaza, Churchill, zeigt Modelle, Filme und Diashows über Weißwale. Kontaktadresse: Parks Canada, Manitoba North Historical Sites, Box 127, Churchill, Man. R0B 0E0 Canada (☎ 204-675-8863).

Weitere Informationen
Travel Manitoba, Dept. 3001, Winnipeg, Man. R3C 0V8 Canada (☎ 204-944-3777).

Kanada: Northwest Territories

Arten
Häufig: Weißwal (**34**), Narwal (**33**), Finnwal (**5**), Zwergwal (**2**).
Sporadisch: Grönlandwal (**10**), Blauwal (**6**), Buckelwal (**7**), Pottwal (**12**), Nördlicher Entenwal (**18**), Schweinswal (**40**), Schwertwal (**75**), Weißschnauzendelphin (**63**).

Touren
Das Reisen in den 3,38 Millionen Quadratkilometer großen Northwest Territories ist oft schwierig und teuer, dennoch lockt die Chance, Weiß- und Narwale und sogar die schwer erreichbaren Grönlandwale zu sehen, immer mehr Walbeobachter in Kanadas Norden. Es gibt wenige Touren speziell für Walbeobachter, aber bei vielen der naturkundlich geführten Exkursionen stehen Wale mit auf dem Programm. Canadian Nature Tours bieten jeden Sommer Campingexpeditionen an. Die Fahrten beginnen in **Frobisher Bay** oder **Resolute** (leicht mit dem Flugzeug zu erreichen). 5-Tages-Angebote ab CA $ 1.150 decken alle Kosten. Die Fahrt zum Pond Inlet bietet die beste Chance, einen Narwal zu sehen, und zusätzlich auch Weiß- und andere Wale. Auf der Somerset-Island-Tour werden mit Sicherheit Weißwale angetroffen. Kontaktadresse: Canadian Nature Tours, FON Conservation Centre, 355 Lesmill Road, Don Mills, Ont. M3B 2W8 Canada (☎ 416-444-8419).

Meeres-Kajaktouren mit Walbegegnungen sind eine Spezialität von Ecosummer, einer Gesellschaft, die ausgezeichnete Touren in British Columbia und Alaska veranstaltet, geführt von bekannten Biologen und Anthropologen. Eine gerade entwickelte Unternehmung ist „Northwest Passage by Kayak“; jeden Sommer wird ein anderer Abschnitt überquert. Die Sichtungen von Weiß,- Nar- und möglicherweise Grönlandwalen werden fotografisch und akustisch dokumentiert (mit Hydrophonen). Die als mittelschwer bis anstrengend eingestuften Touren umfassen Wanderungen, das Tragen der Ausrüstung und 5-6 Stunden Paddeln am Tag. Die Ende Juli bis August stattfindenden 18tägigen Fahrten kosten etwa CA $ 2.500, einschließlich des Fluges von **Resolute Bay** aus. Kontaktadresse: Ecosummer Canada Expeditions Ltd., 1516 Duranleau St., Vancouver, B.C. V6H 3S4 Canada (☎ 604-669-7741).

Weitere begleitete Arktistouren mit Naturerlebnissen können über folgende Organisatoren arrangiert werden: (1) Bezal und Terry Jesudason, Box 200, Resolute Bay, N.W.T. X0A 0V0 Canada (☎ 819-252-3875); (2) Jacopie Akpalialuk, Pangnirtung, N.W.T. X0E 0R0 Canada (☎ 819-473-8847); (3) Steve und Norman Komoartuk, Pangnirtung, N.W.T. X0A 0R0 Canada (☎ 819-473-8792).

Die Inuit-Eskimos in den Northwest Territories jagen die Narwale noch als Nahrung.

K. Hay/courtesy W. Hoek

Ganz andere, luxuriöse Kreuzfahrten gibt es unter naturkundlicher Führung in die entlegenen Gebiete, wie etwa die **östliche Artiks** oder die **Hudson Bay**. Sie versprechen ihren Gästen, daß sie die meisten der in dieser Gegend vorkommenden Wale und Delphine sehen werden, einschließlich der Nar- und Weißwale. Mit Zodiak-Schlauchbooten werden Lehrgänge unternommen. Die Programme ändern sich jedes Jahr; 1983 z.B. gab es zwei (30tägige) Exkursionen an Bord der 'M.S. Lindblad Explorer' in die kanadische Arktis; die Preise lagen, je nach Kabine, zwischen $ 7.000 und $ 15.000/Person plus Flugkosten nach Halifax (oder Reykjavik, Island). Kontaktadresse: Salén Lindblad Cruising, Inc., 133 E. 55th St. New York, NY 10022 USA (☎ 212-751-2300).

Wetter/Wasser

Die Bedingungen variieren stark, je nach der Gegend. Die durchschnittlichen sommerlichen Tagestemperaturen liegen in der hohen Arktis knapp über dem Gefrierpunkt, weiter südlich bei etwa 10 Grad plus. Die Tage sind lang (bis zu 24 Stunden) und sonnig, aber Sie sollten auch auf Regen vorbereitet sein. Auf dem Wasser kann es sehr kalt werden. Die Royal Canadian Mounted Police hat ein freiwilliges Reiseregistrationsprogramm für Leute, die in die Wildnis vorstoßen wollen, eingerichtet. Sie sollten sich unbedingt bei der RCMP-Abteilung in der Northwest-Territory-Gemeinde, die Ihrem Ausgangspunkt am nächsten liegt, registrieren lassen.

Weitere Informationen

TravelArctic, Government of the Northwest Territories, Yellowknife, N.W.T. X1A 2L9 Canada.

Kanada: Gesetze/Richtlinien

Im Juni 1982 wurden im Rahmen eines Fischereigesetzes die „Cetacean Protection Regulations" erlassen. Diese Regeln verbieten die Jagd auf Cetaceen in kanadischen Gewässern ohne eine entsprechende Genehmigung. Das „Jagen" wird hier ähnlich interpretiert wie das „Aneignen" im U.S. Marine Mammal Protection Act. Cetaceen jagen bedeutet „auf sie schießen, sie verfolgen, harpunieren, fangen, töten, versuchen zu fangen oder zu töten oder in irgendeiner Weise zu belästigen." Indianer und Inuit-Eskimos sind von dieser Regelung ausgenommen, solange sie die Wale für den eigenen Bedarf jagen; für Grönlandwale brauchen sie allerdings ebenfalls eine Sondergenehmigung. Auch die „Jagd" auf Cetaceen für wissenschaftliche oder erzieherische Zwecke bedarf einer Genehmigung. Für Weiß- und Narwale, die nicht unter diese Regel fallen, gibt es spezielle Richtlinien, die unter anderem die Art und Weise der Weißwaljagd und die Anzahl der Tiere festlegen. Die Weißwale im St.-Lorenz-Strom stehen grundsätzlich unter Schutz.

In bezug auf das Walbeobachten hat die Bundesbehörde für Fischerei und Meere versucht, nationale Richtlinien zu formulieren, in denen Belästigungen definiert werden und die die Sicherheit der Bootsbenutzer gewährleisten sollen. Neben selbstverständlichen Hinweisen, wie z.B.: „Jagen Sie die Wale nicht, und zerteilen Sie keine Gruppen von Walen", empfehlen sie, daß Boote 100 m und Flugzeuge 300 m von den Walen entfernt bleiben. Beim Verlassen eines Walgebietes sollten Boote langsam anfahren und erst in einer Entfernung von 300 m ihre Geschwindigkeit erhöhen. Die Richtlinien werden laufend überarbeitet, und das Department of Fisheries and Oceans ist an Kommentaren von Walbeobachtern und Tour-Organisatoren interessiert. Eine vollständige Kopie dieser Regelungen erhalten Sie über: Director-General, Communications Directorate, Fisheries and Oceans, 240 Sparks St., Ottawa, Ont. K1A 0E6 Canada.

Grönland

Arten
Häufig: Zwergwal (**2**), Finnwal (**5**), Buckelwal (**7**), Pottwal (**12**), Weißwal (**34**), Schweinswal (**40**).
Sporadisch: Seiwal (**3**), Narwal (**33**), Schwertwal (**75**), Gewöhnlicher Grindwal (**76**), Nördlicher Entenwal (**18**), Weißschnauzendelphin (**63**), Weißseitendelphin (**58**).
Selten: Grönlandwal (**10**), Nordkaper (**8**).

Touren
Die 44 m lange 'M/V Nordbrise' unternimmt von Mitte Mai bis Mitte September 19 einwöchige Fahrten entlang der Westküste Grönlands. Die in der Mitte der Saison stattfindende Fahrt nach **Disko Bay** bietet die besten Chancen, auf Wale zu stoßen. Der Kapitän und die Crew kennen sowohl die Fauna als auch die Flora der Gegend. Der Preis von $ 1.750 enthält auch den Anflug von Montreal aus. Kontaktadresse: Greenland Cruises, Inc., 10 Park Ave., New York, NY 10016 USA (☎ 212-683-1145).
Die Canadian Nature Tours bieten geführte Exkursionen an die Westküste an. Die Besucher werden in einem kleinen Dorfhotel untergebracht und machen Tagesausflüge zu Fuß oder mit dem Boot. Die Wale sind nur ein Teilaspekt dieser Natur- und Kulturexkursionen. Daten und Preise sind zu erfahren bei: Canadian Nature Tours, FON Conservation Centre, 355 Lesmill Road, Don Mills, Ont. M3B 2W8 Canada (☎ 416-444-8419).
Salén Lindblad Cruising and Society Expeditions haben oft eine Grönlandtour in ihrem Sommerprogramm, manchmal im Zusammenhang mit Abstechern in die kanadische Arktis (Salén Lindblad) oder nach Norwegen und Island (Society Expeditions). Diese Fahrten treffen mit ziemlicher Sicherheit auf Wale und wellenreitende Delphine. An Bord stehen Naturkundler für die Fragen der Besucher zur Verfügung. 23-28 Tage mit Preisen von $ 7.250 an, plus Flugkosten. Kontaktadressen: (1) Salén Lindblad Cruising, 133 E. 55th St., New York, NY 10022 USA (☎ 212-751-2300); (2) Society Expeditions, 723 Broadway E., Seattle, WA 98102 USA (☎ 206-324-9400 oder 800-426-7794).
Die Ocean Research and Education Society bietet für Studenten manchmal Studienprogramme über die Buckelwale und andere Wale vor der Westküste Grönlands an. Diese Studienkurse bestehen aus einer 6wöchigen Segeltour auf der 44 m langen Dreimastbarke 'Regina Maris' und einem 6-wöchigen Studienaufenthalt in Gloucester, Massachusetts. Die Kosten von $ 4.900 enthalten die Gebühren für die 12 Wochen sowie die Lebenshaltungskosten auf See. Kontaktadresse: The Ocean Research and Education Society, Inc., 19 Harbor Loop, Gloucester, MA 01930 USA (☎ 617-283-1475).

Wetter/Wasser
Die Sommertemperaturen liegen bei 10 Grad C, die Tage sind lang und sonnig, aber das Wetter kann auch sehr schnell umschlagen: Wind, Regen und hohe See.

Weitere Informationen
Dänisches Fremdenverkehrsamt, 2000 Hamburg 1, Glockengießerwal 2 (☎ 040/327803); auch in: 4000 Düsseldorf, Immermannstr. 56 (☎ 0211/358103); und in: 8000 München, Sonnenstr. 27 (☎ 089/555202).

Bermudas

Arten
Häufig: Buckelwal (**7**).
Sporadisch: Gewöhnlicher Grindwal (**76**).

Aussichtspunkte
Von März - Mai (mit der Spitzenzeit im April) ziehen die aus der Karibik kommenden Buckelwale auf ihrem Weg nach Norden an der Südküste von Bermuda vorbei. An einem ruhigen Tag bietet jedes Kliff der Südküste die Möglichkeit, die Wale zu beobachten. Sie sind alle in weniger als einer Autostunde von einer der größeren Städte

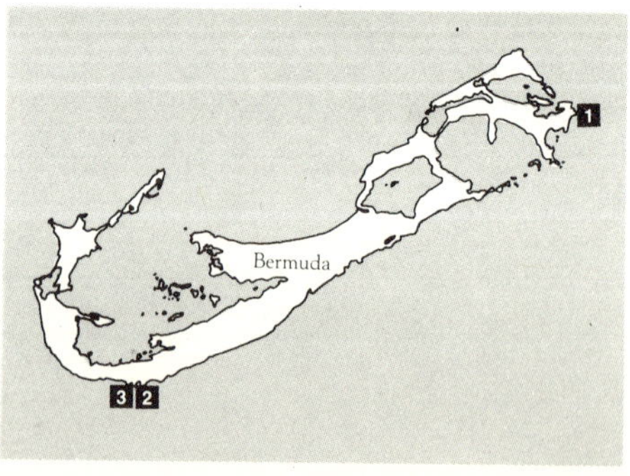

aus zu erreichen. (Beachten Sie: es gibt keine Autovermietung; Sie müssen also teure Taxis oder gemietete Mopeds/Fahrräder benutzen.) Drei der besten Aussichtspunkte sind: **1** St. David's Head, vom Kliff am Ende der Battery Rd. am Ostende von Governors Island; **2** Gibb's Hill Lighthouse, neben der Lighthouse Road in Southampton Parish (von einem 35 m hohen Leuchtturm aus, der der Öffentlichkeit zugänglich ist); **3** Church Bay, ebenfalls in Southampton Parish, von den an der South Rd. liegenden Klippen, die den öffentlichen Strand überblicken.

Touren
Für Mitglieder der Bermuda Zoological Society gibt es manchmal im April 1- bis 2tägige Buckelwalfahrten (die Mitgliedschaft kostet $ 15/Familie). 2tägige geführte Touren kosten etwa $ 95. Kontaktadresse: Bermuda Zoological Society, Box 145, The Flatts, Smith's 3, Bermuda.

Wetter/Wasser
Während es im April am Strand warm ist, kann es auf dem Wasser kalt und rauh sein.

Museen
Das Skelett eines Cuvier-Schnabelwals sowie andere Wal- und Walfangausstellungen sind zu sehen im Bermuda Natural History Museum, Box 145, The Flatts, Smith's 3, Bermuda.

Weitere Informationen
Bermuda Dept. of Tourism, Suite 646, 630 5th Ave., New York, NY 10111 USA (☎ 212-397-7700).

Karibische Inseln

Arten
Häufig: Buckelwal (**7**), Pottwal (**12**), Atlantischer-Gefleckter Delphin (**54**), Großer Tümmler (**57**).
Sporadisch: Indischer Grindwal (**77**), Schwertwal (**75**), Finnwal (**5**), Blau-Weißer-Delphin (**53**), Schlankdelphin (**52**), Delphin (**50**), Ostpazifischer Delphin (**51**).

Touren
Der Höhepunkt der 3-, 4- und 5tägigen Schnorcheltouren an Bord der 23 m langen 'M/V Impossible Dream' ist die Chance, mit einer Schule von freundlichen freilebenden Atlantischen-Gefleckten-Delphinen östlich von Grand Bahama umherzuschwimmen. Die von April bis Oktober stattfindenden Fahrten kosten etwa $ 100/Tag plus Flugkosten nach Hollywood, Florida. Kontaktadresse: Oceanic Society Expeditions, Fort Mason Center, Bldg. E, San Francisco, CA 94123 USA (☎ 415 441 1106); Seaventures International, Inc., Box 3271, Indialantic, FL 32903 USA (☎ 305-723-9312).
Mindestens zwei der wichtigsten Geheimtips für das Beobachten großer und kleiner Cetaceen werden auf ausgedehnten Segelexpeditionen für Studenten angesteuert. Die Silver und die Navidad Bank nordöstlich der Dominikanischen Republik sind ein winterliches Paarungs- und Aufzuchtgebiet der Buckelwale, die ihre Sommer im Nordwestatlantik verbringen. Die Lesser Antilles (die Inseln unter und über dem Winde), besonders die Grenadines einschließlich St. Vincent, gehören ebenfalls zum Überwinterungsgebiet der Buckelwale und sind darüber hinaus ein wichtiges Gebiet für Pottwale und verschiedene Delphinarten. Die meisten Expeditionen enthalten ein Zusammentreffen mit den Bequia und anderen Insel-Walfängern, die immer noch einige kleine Wale und Delphine und gelegentlich auch mal einen Buckel- oder Pottwal von ihren offenen Booten aus fangen.
(1) Die Ocean Research and Education Society (ORES) bietet Segel- und Studienprogramme für Studenten an, die beim Erforschen der Wale mithelfen wollen. Die verschiedenen von Dezember bis April angebotenen Programme zum Studium der Buckelwale und anderer kleiner Cetaceen, die von der nicht-kommerziellen ORES organisiert werden, finden auf der 44 m langen Barke ‚Regina Maris' statt. Das Hauptaugenmerk liegt auf der Silver und der Navidad Bank, aber eine Fahrt führt auch zu den Grenadines. Die Gebühren für ein 12wöchiges Segel- und Studiensemester belaufen sich auf $ 4.900 (enthalten sind die Lebenshaltungskosten für die sechs Wochen auf See, nicht aber für die sechs Studienwochen in Gloucester). Gelegentlich außerhalb dieses Programms stattfindende Buckelwal-Exkursionen zur Silver und zur Navidad Bank kosten etwa $ 700 für 10 Tage bis 2 Wochen. Ausgezeichnete Tourenleiter. Kontaktadresse: The Ocean Research and Education Society, Inc., 19 Harbor Loop, Gloucester, MA 01930 USA (☎ 617-283-1475).

(2) Die Ocean Research & Conservation Association (ORCA) bietet im Winter mehrere 7- bis 14tägige Expeditionen zum Studium der Buckel- und Pottwale sowie des Walfangs auf den Grenadines an. Auf dem 24 m langen Schoner ‚Scaramouche' finden neben der Besatzung und bis zu sieben Naturkundlern jeweils 16 Teilnehmer Platz. Etwa $ 110/Tag, worin die Flugkosten nicht enthalten sind. Kontaktadresse: Great Expeditions, Box 46499, Station G, Vancouver, B.C. V6K 1R4 Canada (☎ 604-734-4948).
(3) Ocean Voyages bieten Segel- und Erkundungsferien in der ganzen Karibik an, die oft auch das Beobachten von Walen und Delphinen einschließen. 8- bis 15tägige Fahrten gibt es das ganze Jahr hindurch, die Grenadines bieten allerdings im Winter die besten Chancen, Wale zu sehen. Etwa $ 85 pro Tag plus Flugkosten. Kontaktadresse: Ocean Voyages, Inc., 1709 Bridgeway, Sausalito, CA 94965 USA (☎ 415-332-4681).

Fähren und Fahrten
Etwa 300 Passagierschiffe fahren das ganze Jahr hindurch durch die Karibik, allein im Januar legen schon 40 Schiffe in Florida ab. Tropische Delphine kommen oft zum Wellenreiten an die Schiffe heran, und manchmal können auch große Wale beobachtet werden. Auf einigen der Kreuzfahrtschiffe weisen die Kapitäne sogar auf Walsichtungen hin. Eine vollständige Liste der Karibikkreuzfahrten erhalten Sie bei: Caribbean Tourism Assoc., 20 E. 46th St., Rm. 1201, New York, NY 10017 USA.

Wetter/Wasser
Tropisch mit regelmäßigen Passatwinden und wenig Regen. Auf dem Wasser kann es kühl und rauh sein.

Ozeanarien
Im Ocean Life Park Aquarium, Boca de Congrejos Isla, Villamar, Isla Verde, San Juan Puerto Rico 00913 USA, werden Große Tümmler gehalten.

Weitere Informationen
Die meisten karibischen Länder unterhalten Touristenbüros in New York, Toronto und London. Eine hilfreiche Quelle für die gesamte Karibik (einschließlich der Adressen der Touristenbüros der einzelnen Länder) ist die Caribbean Tourism Assoc., 20 E. 46th St., Rm. 1201, New York, NY 10017

Bernd Würsig

Delphine reiten auf der Bugwelle der 'Regina Maris'.

USA sowie (für die Inseln unter und über dem Winde einschließlich der Grenadines) die Eastern Caribbean Tourist Assoc., 220 E. 42nd St., New York, NY 10017 USA.

In Deutschland: Caribbean Tourism Association Europe, Zentrales Informationsbüro für die Region Karibik, 6000 Frankfurt 1, Gutleutstr. 45 (☎ 069/23 04 41 44).

Mexiko: Die Lagunen der Baja California

Arten

Häufig: Grauwal (**1**), Großer Tümmler (**57**).

Aussichtspunkte

Jedes Jahr im Dezember kommen in mehreren der großen Lagunen der Südkalifornischen Halbinsel die ersten Grauwale von ihrer über 8.000 km langen Reise von den arktischen Nahrungsgründen an. In den Lagunen, in denen es bis Mitte April auch vom Strand aus viel zu sehen gibt, gebären die Grauwale ihre Jungen und paaren sich oft auch. Viele der Aussichtspunkte können nur über einen Wüstenweg oder von See aus erreicht werden. Zwei gute Punkte liegen allerdings direkt an der Straße. Beide sind in der Nähe der Stadt Guerrero Negro (Hotels, Wohnwagen-Stellplatz) und sind über den (offiziell „Benito Juarez" genannten) Hwy. „Mexico 1" erreichbar. Dieser schmale Hwy. hat viele ‚vados' (Abflußmöglichkeiten für die Wassermassen nach plötzlichen Regengüssen) und wenig Wegbefestigung, aber solange Sie auf der Straße bleiben, weniger als 90 km/h fahren

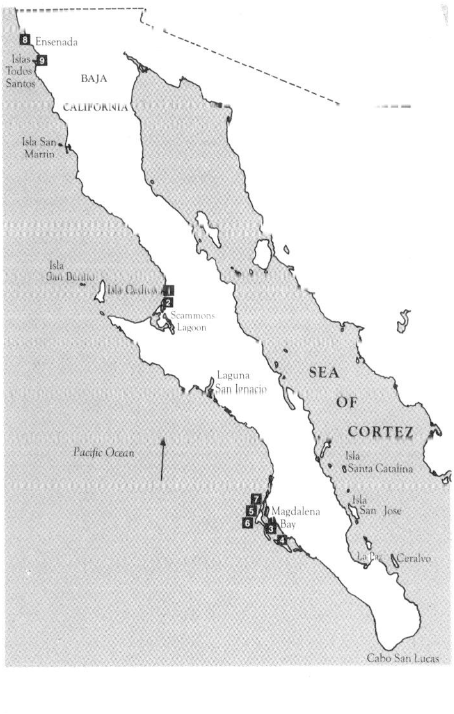

und nicht nachts reisen, sollte alles gutgehen. Guerrero Negro liegt 720 km südlich von San Diego.

1 Um die Wale in der Laguna Guerrero Negro („Lagune des schwarzen Kriegers") vom Strand aus zu beobachten, nehmen Sie vom Mexico 1 die Abfahrt in die Stadt Guerrero Negro und fahren etwa 5 km. Kurz vor der Stadt macht die Straße eine Linksbiegung, 400 m weiter steht ein Stoppschild. Biegen Sie jetzt rechts ab und folgen Sie der Straße 11 km bis zu einem verlassenen Pier. Vor Jahren ist die Lagune hier für die Schiffe, die das Salz aus den Salzwerken der Gegend abholten, ausgebaggert worden, und diese Geschäftigkeit hatte die Wale vertrieben. Als dann die Verladung zu einem anderen Dock verlegt wurde (19 km südlich), kamen die Wale zurück. Bei jedem Gezeitenwechsel schwimmen die Wale dicht am Pier vorbei.

2 Der andere Ort ist „Nursery Inlet" (Kinderstuben-Bucht"), ein Teil der Laguna Ojo de Liebre (Scammon's Lagoon). Von Guerrero Negro aus fahren Sie zurück auf den Mexico 1 und biegen nach rechts (Süden) ab. Nach 8 km weist ein Schild auf den „National Park of Gray Whales" hin. Der hier abzweigende Weg führt durch die Wüste (Vierradantrieb oder Geländewagen sind notwendig). Nach 27 km, die an vielen ‚Salinas' (Salzpfannen) vorbeiführen, erreicht man einen einfachen Campingplatz. Die leichte, die Lagune überblikkende Erhebung ist der Walbeobachtungspunkt.

An der Bahia Magdalena, im südlichen Teil der Halbinsel, gibt es verschiedene Beobachtungspunkte: **3** in der Nähe des Getreidesilos in San Carlos, zu erreichen über die Rt. 22, gut 30 km westlich von Ciudad Constitución (am Mexico 1); **4** bei Punta Sterns, etwa eineinhalb Kilometer Fußweg südlich von San Carlos; **5** in Puerto Lopez Mateos (auf Estero Soledad) vom Fischkonserven-Dock aus, zu erreichen über die unbefestigte Straße, die nördlich der Rt. 22 verläuft, 24 km westlich von Ciudad Constitución; 6) auf Estero Soledad, direkt südlich von Puerto Lopez Mateos (Große Tümmler jagen hier manchmal die Fische bis auf den Strand); 7) im Norden von Boca de Soledad, zu erreichen über eine kurze Straße und einen Fußweg nördlich von Puerto Lopez Mateos.

Außerdem gibt es viele hochgelegene Aussichtspunkte auf den ersten 130 km des Mexico 1, der gebührenpflichtigen Straße zwischen Tijuano und Ensenada, einschließlich der 8 El-Mirador-Abzweigung, gut 30 km nördlich von Ensenada; 9 am Punta Banda Point, an der Straße in der Nähe von la Bufadora, 21 km nordwestlich von Maneadero, südlich von Ensenada vom Mexico 1 abzweigend. Von Dezember – April können die an der Küste entlangziehenden Wale beobachtet werden, wobei sie von Januar bis März am zahlreichsten sind.

Touren

Der Zugang zu den Lagunen wird begrenzt, aber einige wenige kommerzielle Unternehmen haben die Erlaubnis, bestimmte Gebiete zu befahren. In der **Laguna San Ignacio** kommen die neugierigen, als „freundlich" bekannten Grauwale oft an die Boote heran, um sich den Kopf streicheln zu lassen. 7- bis 10tägige, von San Diego ausgehende Fahrten auf der 9 m langen ‚Executive' (und anderen Schiffen) kosten etwa $ 135/Tag. Kontaktadresse: Pacific Sea Fari Tours, 530 Broadway, Suite 1224, San Diego, CA 92101 USA (☎ 619-226-8224).

Baja Expeditions Inc. rüstet Exkursionen in die südlichste Lagune, die **Magdalena Bay**, aus. Einwöchige Fahrten auf der 24 m langen ‚Don José', die von Januar bis Mitte März stattfinden, kosten $ 995 plus Flugkosten. Dann gibt es noch ein ganz besonderes Walbeobachtungsabenteuer: In einer von vielen Walen besuchten Gegend leben die Teilnehmer auf einem vor Anker liegenden Floß und campieren im Freien. Im Februar gibt es diese einwöchigen Exkursionen in der Magdalena Bay. Kontaktadresse: Baja Expeditions, Inc., Box 3725, San Diego, CA 92103 USA (☎ 619-297-0506).

Folgende Organisatoren bieten weitere von Naturkundlern geleitete Fahrten und Expeditionen an, die z.T. die ‚Executive' oder die ‚Don José' benutzen: (1) Baja Adventures, 16000 Ventura Blvd., Suite 200, Encino, CA 91436 USA (☎ 213-906-1826); (2) Pacific Adventures Charter Service, Inc., 2445 Morena Blvd., Suite 200, San Diego, CA 92110 USA (☎ 619-275-4253); (3) Nature Expeditions International, Box 11496, Eugene, OR 97440 USA (☎ 503-484-6529); (4) Oceanic Society Expeditions, Fort Mason Center, Bldg. E, San Francisco, CA 94123 USA (☎ 415-441-1106); (5) H & M Landing, 2803

Das geöffnete Maul dieses Grauwals läßt die vom Munddach aus wachsenden Barten erkennen.

François Gohier

Emerson St., San Diego, CA 92106 USA (☎ 619-222-1144); (6) Fisherman's Landing, 2838 Garrison St., San Diego, CA 92106 (☎ 619-222-0391); (7) North America Nature Expeditions, Suite 104, 1776 Independence Court, Birmingham, AL 35216 USA (☎ 205-870-5550); (8) California Pacific Expeditions, Box 2242, Alameda, CA 94501 USA (☎ 415-521-7914); (9) Biological Journeys, 1876 Ocean Dr., McKinleyville, CA 95521 USA (☎ 707-839-0178); (10) Smithsonian National Associate Program, A&I 1278, Washington, DC 20560 USA (☎ 202-357-2477).

Wetter/Wasser

Während es tagsüber warm bis heiß und trocken ist, kann es nachts recht kühl werden. Die Fahrten zu den Lagunen können kalt und rauh sein. Obwohl es in den Lagunen im allgemeinen ruhiger ist, kann der nachmittags aufkommende Wind auch hier den Aufenthalt in einem kleinen Boot unerfreulich werden lassen.

Gesetze/Richtlinien

Im Januar 1972 erklärte der mexikanische Präsident die Laguna Ojo de Liebre (Scammon's Lagoon) zum Grauwalschutzgebiet – damit war das erste Walschongebiet der Welt entstanden. Heute sind drei Lagunen geschützt, neben der Scammon's Lagoon noch die Laguna Guerrero Negro und die Laguna San Ignacio, so daß hier der Bootsverkehr auf einige wenige Tourenboote mit spezieller Erlaubnis beschränkt ist. Das Walbeobachten vom Strand aus ist erlaubt. Private Boote sind aus den Lagunen verbannt von dem Tag, wo der erste Wal erscheint, bis zu dem Tag, an dem der letzte Grauwal dieses Gebiet wieder verläßt (gewöhnlich von Mitte Dezember bis Mitte April).

Weitere Informationen

State Secretary of Tourism of Baja California c/o Box 2448, Chula Vista, CA 92012 USA (☎ 706-684-2126).

Große Tümmler jagen Fische bis auf den Strand, um sie dann zu fangen. Dieses erstaunliche Verhalten wurde nicht nur in Mexiko beobachtet.

Louis Figley

Mexiko: Vor der Westküste und im kalifornischen Golf (Sea of Cortez)

Arten
Häufig: Finnwal (**5**), Zwergwal (**2**), Blauwal (**6**), Großer Tümmler (**57**), Delphin (**50**), Buckelwal (**7**), Brydewal (**4**), Schwertwal (**75**).
Sporadisch: Grauwal (**1**), Pottwal (**12**), Seiwal (**3**), Indischer Grindwal (**77**), Gewöhnlicher Grindwal (**76**), Kleiner Schwertwal (**74**), Rundkopfdelphin (**70**), Schlankdelphin (**52**), Ostpazifischer Delphin (**51**), Weißstreifendelphin (**59**).
Selten: Hafenschweinswal (**41**), Zwergpottwal (**13**), Cuvier-Schnabelwal (**15**).

Touren
Die Vielzahl der Arten sowie die relativ große Auswahl von Walen und Delphinen in diesem recht gut erreichbaren Gebiet, besonders im Kalifornischen Golf, ist einzigartig. Die hier stattfindenden Touren sind entweder per Flugzeug von Puerto Vallarta, an der Westküste des mexikanischen Festlandes, und La Paz, in Südkalifornien, aus zu erreichen, oder die Touren beginnen sogar direkt in San Diego und beziehen die mehrere Tage dauernde Fahrt um die Baja-California-Halbinsel in ihr Programm mit ein.
Ronn Storro-Patterson und Ron LeValley von Biological Journeys bieten mehrere 7- bis 11tägige Fahrten sehr intensiven Walbeobachtens an, von denen die meisten an Bord der 24 m langen 'Don José' stattfinden: (1) "Blue Whales I" und "Blue Whales II" sind 7tägige Fahrten im Kalifornischen Golf, die in La Plaz beginnen – sie bieten die Chance, mit Blauwalen zu leben. $ 1.000 plus Flugkosten. (2) "Whales, Whales, Whales" umfaßt Blau-, Finn- und viele andere Wale sowie 2 Tage mit den Grauwalen in der Magdalena Bay. Die einwöchige, im März stattfindende Reise führt durch verschiedene Walhabitate, von den Lagunen über gemäßigte Bereiche und den östlichen tropischen Pazifik bis in den Kalifornischen Golf. Etwa $ 1.000 plus Flugkosten. (3) "West Coast Mexico: Humpback Whales" gibt den Teilnehmern die Chance, die Buckelwalgesänge aufzunehmen, und zudem lernen sie noch eines von Mexikos interessanten Vogelquartieren um San Blas herum kennen. Die im Dezember angebotenen 2wöchigen Fahrten kosten $ 950 plus Flugkosten bis nach Puerto Vallarta. (4) "The Sea of Cortez" ist eine im Mai stattfindende 11tägige naturgeschichtliche Kreuzfahrt, auf der Wale und Seevögel beobachtet werden und täglich auf den vielen Inseln gewandert wird. $ 1.350 plus Flugkosten. Kontaktadresse: Biological Journeys, 1876 Ocean Dr., McKinleyville, CA 95521 USA (☎707-839-0178 / 415-527-9622).
Die "Umsegelung der Baja California" ist das Motto der von Special Expeditions, Inc., organisierten Luxuskreuzfahrten an Bord der 44 m langen 'Pacific Northwest Explorer'. Bekannte Naturkundler und Gastvortragende geben Einführungen in das Beobachtetn der Wale, Seehunde und Seevögel (einschließlich der Grauwale in der Magdalena Bay und manchmal der Laguna San Ignacio). Die von Januar bis Mitte März stattfindenden zweiwöchigen Kreuzfahrten beginnen in San Diego und kosten zwischen $ 2.860 und $ 4.290. Kontaktadresse: Special Expeditions, Inc., 133 E. 55th St., New York, NY 10022 USA (☎ 212-888-7980); oder Exploration Cruise Lines, 1500 Metropolitan Park Bldg., Olive Way at Boren St., Seattle, WA 98101 USA (☎ 206-624-8551).
Baja Expeditions, Inc., rüstet Chartergruppen aus: Sierra Club, Scripps Institute of Oceanography, University of Californa Extension und America Cetacean Society. Das ganze Jahr hindurch werden Wal- oder andere naturgeschichtliche Fahrten unterschiedlicher Länge an Bord der 24 m langen 'Don José' angeboten. Kontaktadresse für die Teilnahme an einer der Gruppen oder für das Chartern des Bootes: Baja Expeditions, Inc., Box 3725, San Diego, CA 92103 USA (☎ 619-297-0506).
Ein anderer Ausrüster für regelmäßige, naturkundlich geleitete Touren oder Charterfahrten von Ende Dezember bis April ist der Pacific Adventures Charter Service. Die Reiseroute der 29 m langen 'Executive' umfaßt die Küstengewässer der Westküste, den Kalifornischen Golf und die Lagunen der Baja California. Kontaktadresse: Pacific Adventures Charter Service, 2445 Morena Blvd., Suite 200, San Diego, CA 92110 USA (☎ 619-275-4253).
Weitere naturkundlich geführte Touren mit Walbeobachtungsmöglichkeiten (an Bord der 'Executive', 'Don José' und anderen Schiffen) werden angeboten von: (1) Oceanic Society Expeditions, Fort Mason Center, Bldg. E, San Francisco, CA 94123 USA (☎ 415-441-1106); (2) Baja Adventures, 16000 Ventura Blvd., Suite 200, Encino, CA 91436 USA (☎ 213-906-1826); (3)

Allan A. Schoenherr

Ein „freundlicher" Grauwal bei seinem vielleicht etwas zu freundlichen Spiel in der San Ignacio Lagoon in Mexiko.

Nature Expeditions International, Box 11496, Eugene, OR 97440 USA (☎ 503-484-6529); (4) Pacific Sea Fari Tours, 530 Broadway, Suite 1224, San Diego, CA 92101 USA (☎ 619-226-8224).

Wetter/Wasser
Sonnig und heiß, aber auf dem Wasser sehr angenehm. Die unteren Küstenbereiche sind subtropisch. Regenzeit von Mai - Oktober; im Herbst gibt es manchmal starke südliche 'chubascos', Regenstürme. Winter und Frühjahr sind zum Walbeobachten ideal.

Weitere Informationen
Delegación Federal, Plaza de la Constitución, Entre Belisario Dominguez y 5 de Mayo, La Paz, B.C., Mexico (☎ 21199) oder Delegación Federal, Av. Guanojuato No. 375 Col. Cacho Edificio Longoria, Tijuana, B.C., Mexico (☎ 53663).

Kolumbien: Inland

Arten
Häufig: Amazonas-Delphin (**37**), Amazonas-Sotalia (**47**).

Touren
Von Leticia aus, Kolumbiens südlichster Stadt an der Grenze zu Peru und Brasilien, führen die Naturkundler Ronn Storro-Patterson und Ron LeValley im Juni oder Juli 14tägige Flußfahrten durch, die Aufenthalte in allen drei Ländern umfassen. Dieser unterentwickelte Teil des Amazonas-Beckens bietet viele Vögel (wie z.B. Hornehrvögel und Hoatzins), Fische (es gibt dort mehr Arten als im Atlantischen Ozean), große Säugetiere (Jaguar, Ozelot) und sogar Primaten (Brüllaffen). Die Amazonas-Sotalia und -Delphine sind nur ein Teil der Wildtierparade, aber für Storro-Patterson ein sehr wichtiger. Er zeigt, wie

die Amazonas-Delphine sich an der Wasseroberfläche ausruhen oder ihre langen Schnäbel aus dem Wasser stecken, wobei die rosa leuchtenden Körper in scharfem Kontrast zum schokoladenbraunen Wasser stehen. Die Sotalia sind recht aktiv und rasen umher, und Storro-Patterson hat über sein Hydrophon ihre beim Jagen der Fische ausgestoßenen „Klicks“ aufgenommen. Die Fahrt findet auf kleinen Booten statt, übernachtet wird in Dschungelcamps oder rustikalen Herbergen. $ 1.400 plus Flugkosten. Kontaktadresse: Biological Journeys, 1876 Ocean Dr., McKinleyville, CA 95521 USA (☎ 707-839-0178).

Wetter/Wasser
Feuchtigkeit und Hitze sind allgegenwärtig; die jährlichen Durchschnittstemperaturen liegen bei etwa 28 Grad.

Weitere Informationen
Columbian Government Tourist Office, 140 E. 57th St., New York, NY 10022 USA (☎ 212-826-0660).

Brasilien: Amazonasbecken

Arten
Häufig: Amazonas-Delphin (**37**), Amazonas-Sotalia (**47**).

Touren
Siehe auch: „Kolumbien: Inland“.
Viele halb- bis mehrtägige Bootsfahrten auf dem Amazonas beginnen in Manaus, einer Dschungelstadt mit 500.000 Einwohnern. Obwohl diese Touren nicht unter naturkundlicher Leitung stehen, vermitteln sie doch einen Eindruck vom Dschungel und seiner Fauna und Flora, einschließlich der Amazonas-Delphine und -Sotalia.
Gut zu sehen sind die Delphine an der von Manaus aus 19 km stromabwärts liegenden Einmündung des schwärzlichen Rio Negro in den schlammigen Amazonas. Kontaktadressen für Touren zu dieser „Hochzeit der Gewässer“: (1) Amazon Explorers, Hotel Lord, Rua Marcilio Dias 217, Manaus, Amazonas, Bazil (☎ 092-232-3101); (2) Tropical Hotel Manaus, Praia da Ponta Negra, Manaus, Amazonas, Brazil (☎ 092-234-1165). Andere Agenturen haben in den meisten Hotels Büros, oder fragen Sie an der Rezeption nach Anmeldungsformularen und Informationen.

Fähren und Fahrten
Die Amazonas-Delphine und -Sotalia können auch von der zweimal monatlich zwischen Manaus und Belém verkehrenden regierungseigenen Fähre ENASA aus beobachtet werden. Die Fahrt stromabwärts nach Belém dauert vier Tage, zurück nach Manaus dauert es fünf Tage. Die Preise für die günstigste Klasse beginnen bei $ 30, dann sollten Sie allerdings eine Hängematte mitbringen; für $ 120 fahren Sie Erste Klasse, erhalten einen Privatraum und Mahlzeiten sowie die Möglichkeit, das zum Walbeobachten besser geeignete Oberdeck zu betreten. Kontaktadresse: ENASA, Rua Marechal Deodoro, No. 61, Manaus, Amazonas, Brazil (☎ 092-232-4280) oder ENASA, Av. Presidente Vargas, No. 41, Belém, Pará, Brazil (☎ 091-223-3011).
Auf der 130 Passagiere fassenden 'World Discoverer' gibt es 21- bis 25tägige Luxusfahrten im Amazonasbecken – 3.700 km stromaufwärts, von Belém nach Iquitos in Peru. Die Preise beginnen bei etwa $ 6.000 für ein Doppelzimmer plus Flugkosten. Kontaktadresse: Society Expeditions, 723 Broadway E., Seattle, WA 98102 USA (☎ 206-324-9400).

Wetter/Wasser
Heiß und feucht. Die beste Zeit für Flußexkursionen ist zwischen Juli und Dezember, in den regenärmsten Monaten. Während der von April - Juni dauernden Regenzeit verdreifacht der Amazonas sein Volumen, und die Flußbreite wächst von einem Niedrigwasserdurchschnitt von 2 km auf bis zu 60 km an. Dadurch verteilen sich die Cetaceen stärker, und zudem ist es im Regen schwieriger, sie zu erspähen.

Brasilien: Südosten

Arten
Häufig: Südlicher Glattwal (**9**), Großer Tümmler (**57**).

Aussichtspunkte
Von Juli bis Oktober besuchen die bedrohten Südlichen Glattwale Santa Catarina Is-

land, in der Nähe von Florianópolis, 700 km südlich von São Paulo (zu erreichen mit dem Flugzeug oder über eine gute Straße von São Paulo). Sie können Ihre Basis in einem Hotel in Florianópolis einrichten oder auf der Insel campieren. Dort gibt es folgende Aussichtspunkte: 1 auf Barra da Lagoa kommen die Wale bis auf 30 m an den Strand heran; von Florianópolis aus nehmen Sie die asphaltierte staatliche Straße nach Osten, etwa 8 km über Santa Catarina Island und um die Conceição-Lagune herum zu dem Punkt, wo sie sich ins Meer öffnet; 2 Morro das Pedras, ein hochgelegener Punkt etwa 8 km südlich von Florianópolis, außerdem dort, wo an der Ostseite der Inseln ein Jesuitenkloster steht (Parkplatz).

280 km südlich von Florianópolis (130 km nordöstlich von Pôrto Alegre) liegt der Ferienort Torres, mit einem Aussichtspunkt für Große Tümmler und Südliche Glattwale ganz in der Nähe. Torres erhielt seinen Namen nach den am Meer stehenden Basaltsäulen, die von Juli bis November gut dazu geeignet sind, nach Glattwalen auszuspähen. Die Basaltklippen liegen im 3 State Park of Guarita, einen leichten Spaziergang vom Stadtzentrum entfernt. In der nahegelegenen 4 Flußmündung des Mambituba-Flusses leben das ganze Jahr hindurch Große Tümmler.

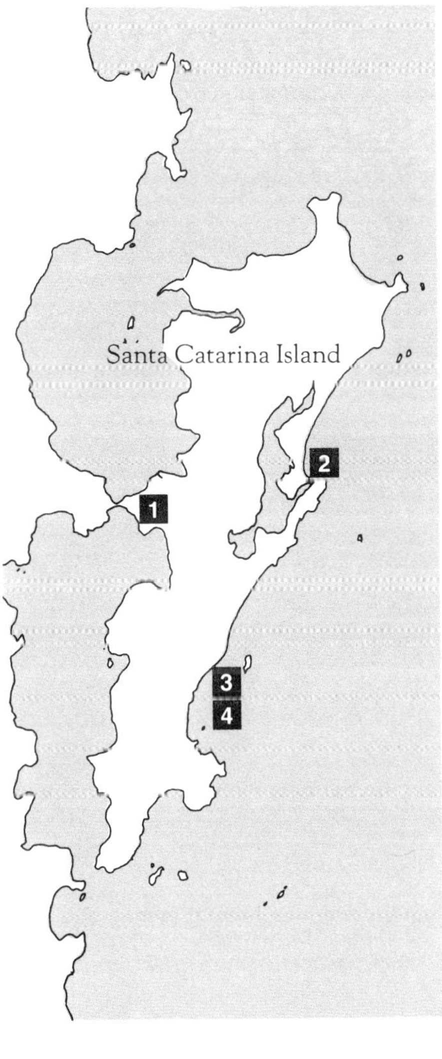

Touren

Im Südosten Brasiliens gibt es keine Touren. Dafür führen die Mitglieder einer Umweltgruppe, die in Pôrto Alegre ihr Hauptquartier hat, Walbeobachter unentgeltlich nach Santa Catarina Island und Torres. Der Sprecher der Gruppe, José Truda Palazzo Jr., wirkte kürzlich bei dem Entwurf eines Gesetzes zum Schutz der Meeressäuger mit, das, falls es bewilligt wird, einzigartig in Lateinamerika und weitreichender als der U.S. Marine Mammals Protection Act sein wird. Palazzo liegt viel daran, das Interesse an Walen und am Walbeobachten zu fördern. Kontaktadresse: José Truda Palazzo Jr., Wildlife Protection Service, 24 de Outubro 1000/2301, Pôrto Alege-RS 90000, Brazil (☎ 22-31-91).

Fähren und Fahrten

Von den Fähren und Passagierschiffen aus, die zwischen São José do Norte und Rio Grande im Süden des Staates Rio Grande Do Sul verkehren, sind das ganze Jahr hin durch Große Tümmler zu sehen. Die Delphine leben in Lagoa dos Patos, und 50 Individuen sind bereits von dem brasiliani-

schen Biologen Hugo P. Castello und der Biologin Maria Cristina Pinedo fotografisch identifiziert worden. Das Passagierboot über die Lagune fährt alle halbe Stunde, die Autofähre zweimal täglich. Das schlechte Winterwetter erschwert die Sicht; die beste Zeit ist von Oktober bis April.

Wetter/Wasser
Auf Santa Catarina Island liegen die milden Tagestemperaturen durchschnittlich bei 21 Grad, und es gibt fast keinen Regen. Der Regen fällt hauptsächlich im Juni und Juli. Das Wasser ist oft klar und relativ ruhig. In Torres, weiter südlich, ist es kühler, das Wasser ist meist dunkel und der Wind stark, besonders während der Walsaison. Delphine können auch während des angenehmeren Sommers, von November bis April, beobachtet werden.

Gesetze und Richtlinien
Ein nationales Gesetz zum Schutz der Tiere verbietet jede grausame Behandlung von Tieren. In der Praxis wird dieses Gesetz jedoch nicht auf Meeressäugetiere angewandt. Deshalb ist Palazzos Gesetzentwurf so wichtig.

Weitere Informationen
Brazilian Tourism Authority, 60 E. 42 St., Suite 1336, New York, NY 10017 USA (☎ 212-286-9600); Embratur, Praça Mauá, 7-10.°, Rio de Janeiro-20.000, Brazil (☎ 021-21066).

Ecuador: Galapagos-Inseln

Arten
Häufig: Großer Tümmler (**57**), Zwergwal (**2**), Ostpazifischer Delphin (**51**), Finnwal (**5**).
Sporadisch: Pottwal (**12**), Brydewal (**4**), Seiwal (**3**), Schwertwal (**75**), Cuvier-Schnabelwal (**15**), Buckelwal (**7**).

Touren
Diese abgelegenen vulkanischen Inseln mit ihrer einzigartigen Fauna und Flora veranlaßten Darwin zur Formulierung seiner Evolutionstheorie. Und auch heute noch machen sie auf jeden Besucher einen starken Eindruck. Dazu gehören Wale und Delphine, allerdings machen sich nur wenige Tourenleiter die Mühe, sie extra aufzusuchen.
(1) „Wenn wir zu den Galapagos-Inseln fahren, sind diese Fahrten extra auf Wale und Delphine zugeschnitten," sagt Ronn Storro-Patterson, der jedes Jahr im Juli 13tägige Fahrten zu den Inseln leitet. Sein Partner, der Vogelkundler Ron LeValley, sorgt für die Ausgeglichenheit des Programms. Diese Expeditionen trafen bereits auf Bryde- und Zwergwale, Ostpazifische Delphine und viele wellenreitende Große Tümmler. $ 1.395 plus Flugkosten. Seit November 1985 gibt es außerdem spezielle von Costa Rica ausgehende Galapagos-Fahrten, die einen 4tägigen Aufenthalt bei den Cocos Islands mit einschließen. Kontaktadresse: Biological Journeys, 1876 Ocean Dr., McKinleyville, CA 95521 USA (☎ 707-839-0178).
(2) Der Zoologe Ron Naveen, dessen "Whales and Seabirds"-Touren vor der Küste Marylands hoch geschätzt werden, leitet außerdem jedes Jahr bis zu vier Fahrten zu den Galapagos-Inseln. Die 2wöchigen Touren konzentrieren sich auf die Seevögel und die Seehundkolonien, während der Fahrten zwischen den Inseln wird jedoch auch viel Zeit auf dem Wasser verbracht. Die beste Zeit, um auf Wale (z.B. Seiwale) zu stoßen, ist von Februar bis Juni. Die 10-14 m langen Jachten befördern pro Fahrt 6-10 Leute. Der Preis von $ 2.026 ist einschließlich der Anflugkosten vom Osten der USA aus. Kontaktadresse: Ron Naveen, 2378 Rt. 97, Cooksville, MD 21723 USA (☎ 301-854-6262).
(3) Nature Expeditions International bietet jedes Jahr fünf allgemein naturgeschichtliche Fahrten zu den Galapagos-Inseln an. Die Naturkundler an Bord sind Biologen oder Geologen. 10-20 Teilnehmer verbringen 2 Wochen damit, an Bord bequemer (nicht luxuriöser) Jachten die aus 11 Inseln bestehende Galapagos-Gruppe zu durchkreuzen und zu erforschen. $ 2.590 plus Flugkosten. Kontaktadresse: Nature Expeditions International, Box 11496, Eugene, OR 97440 USA (☎ 503-484-6529).
(4) Als Spezialität der Ocean Voyages gibt es Expeditionen von 4-10 Leuten, auf kleinen Segelbooten und unter der Leitung von Naturkundlern, die an der örtlichen Darwin Station ausgebildet wurden. Diese 15- bis 22tägigen Touren, die zu den meisten der Inseln führen, sind etwas für Abenteurer. Die Kosten betragen $ 100/ Tag plus Flugkosten. Kontaktadresse: Ocean Voyages, Inc., 1709 Bridgeway, Sausalito, CA 94965 USA (☎ 415-332-4681).

Kontaktadressen für weitere Informationen über naturkundliche Touren und Kreuzfahrten zu den Galapagos-Inseln: (5) Wilderness Travel, 1760 Solano Ave., Berkeley, CA 94707 USA (☎ 415-524-5111); (6) American Museum of National History, Central Park W. at 79th St., New York, NY 10024 USA (☎ 212-873-1440); (7) Society Expeditions, 723 Broadway E., Seattle, WA 98102 USA (☎ 206-324-9400); (8) Questers Tours and Travel, Inc., 257 Park Ave. S., New York, NY 10010 (☎ 212-673-3120); (9) Smithsonian National Associate Program, A&I 1278, Washington, DC 20560 USA (☎ 202-357-2477); (10) Metropolitan Touring, Box 2542, Quito, Ecuador (☎ 524-400); (11) Adventure Associates, 5925 Maple, Suite 116, Dallas, TX 75235 USA (☎ 214-257-6187); (12) Wings of the World Inc., Travel, 653 Mt. Pleasant Rd., Toronto, Ont. M4S 2N2 Canada (☎ 416-482-1223); (13) Oceanic Society Expeditions, Fort Mason Center, Bldg. E, San Francisco, CA 94123 USA (☎ 415-441-1106).

Wetter/Wasser
Auf den am Äquator liegenden Galapagos-Inseln ist es warm, aber nicht zu heiß. Der kühle Humboldt-Strom schafft das ganze Jahr hindurch ein frühlingshaftes Klima.

Gesetze/Richtlinien
Die Galapagos-Inseln sind ein ecuadorianischer Nationalpark, dessen Pflanzen- und Tierwelt unter Schutz steht.

Museen
Die meisten Touren zu den Galapagos-Inseln statten auch der biologischen Forschungsstation an der Academy Bay auf der Insel Santa Cruz einen Besuch ab: Charles Darwin Research Station, Isla Santa Cruz, Galapagos, Ecuador.

Weitere Informationen
Dituris – The Ecuadorian Tourist Commission, Reina Victoria 514 y Roca, Box 2454, Quito, Ecuador.

Argentinien

Arten
Häufig: Südlicher Glattwal (**9**), Schwarzdelphin (**62**), Großer Tümmler (**57**).
Sporadisch: Schwertwal (**75**), Gewöhnlicher Grindwal (**76**), Rundkopfdelphin (**70**), Burmeister Schweinswal (**43**).

Vor Comodoro Rivadavia im argentinischen Patagonien schwimmen Commerson-Delphine auf ein Walbeobachtungsboot zu.

Jorge Mermoz/courtesy Bernd Würsig

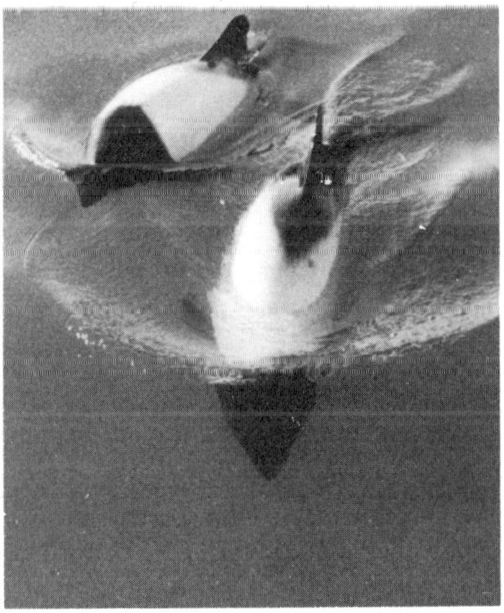

Aussichtspunkte
Die Península Valdés – die patagonischen Klippen, bei denen die Glattwale von Mitte Juli bis November in die Nähe des Ufers kommen, um sich zu paaren und ihre Jungen zu gebären und aufzuziehen – ist entlegen, aber dennoch erreichbar. Die Halbinsel liegt etwa 1.200 km südlich von Buenos Aires an der Nationalstr. 3 (Ruta Nacional No. 3), sie ist auch per Flugzeug (bis nach Trelew) zu erreichen. Von Trelew fahren Sie etwa 72 km in nordöstlicher Richtung nach Puerto Madryn (wo die Wale manchmal vom Pier aus zu sehen sind) und nehmen dann die nach Osten führende Teerstraße zur Península Valdés und zu den vielen guten auf den Kliffs gelegenen Aussichtspunkten, die zwischen 65 und 160 km entfernt sind: **1** Playa de las Ballenas, 13 km südlich von Punta Norte am offenen Atlantik; gut geeignet zum Beobachten von Schwertwalen sowie Elefantenrobben; **2** Reserva Faunística Provincial Caleta Valdés (Naturreservat), ein schmaler Meeresarm, in dem die Glattwale manchmal Zuflucht suchen. Der Aussichtspunkt liegt auf der äußersten Landzunge, südlich von Playa de las Ballenas; **3** Puerto Pirámides, eine Stadt an dem geschützten

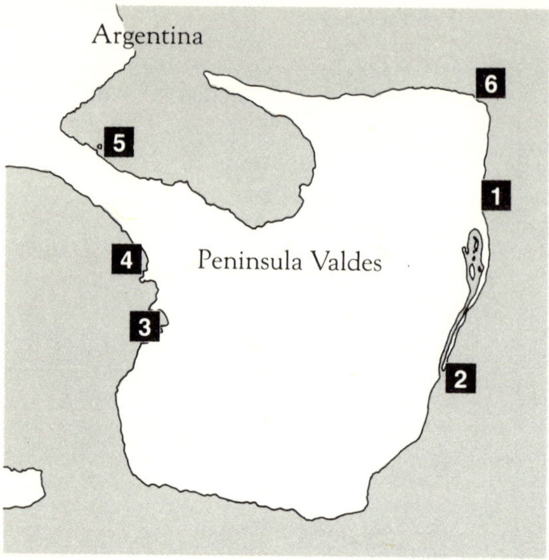

Golfo Nuevo, auf dem halben Wege nach Punta Norte, wo die Glattwale nahe ans Ufer kommen (manchmal sind sie vom Speisesaal des Argentine Automobile Club Inn aus zu sehen); 4 Reserva Faunística Provincial Punta Pirámides, eine südliche Seelöwenkolonie, in deren Nähe sich die Glattwalkühe mit ihren Kälbern oft zusammenfinden. 8 km südlich von Punta Pirámides; 5 Reserva Faunística Provincial Isla de los Pajaros, im Golf San José, wo Glattwale und Schwarzdelphine oft nah an einer kleinen Insel vorbeiziehen, die mit nistenden Seevögeln bevölkert ist. Etwa 64 km von Puerto Madryn entfernt; 6 Reserva Faunística Provincial Punta Norte, eine Kolonie südlicher Elefantenrobben am offenen Atlantik, mit vorbeiziehenden Schwertwalen, Delphinen und gelegentlich auch Glattwalen. Etwa 170 km von Puerto Madryn entfernt.

Touren

Das Beobachten der Glattwale vom Boot aus ist nur auf dem Golfo Nuevo erlaubt. Örtliche, von Puerto Madryn und Puerto Pirámides ausgehende Touren unter qualifizierter Leitung müssen sich nach den Regeln richten, die die Chubut-Abteilung für Tourismus und Naturschutz erlassen hat. Kontaktadresse: Dirección de Conservación del Patrimonio Turístico, 9120 Puerto Madryn, Chubut, Argentinien.

Questers Worldwide Nature Tours bieten 22tägige naturgeschichtliche Fahrten nach Patagonien an, die einen 5tägigen Aufenthalt bei der Península Valdés mit ihren Glattwalen, Seelefanten und Seevögeln einschließen. Die November-Touren treffen gerade noch auf die schon im Aufbruch befindlichen Wale. $ 2.245 plus etwa $1.300 Flugkosten von New York. Kontaktadresse: Questers Tour & Travel, Inc., 257 Park Ave. S., New York, NY 10010 USA (☎ 212-673-3120).

10- bis 14tägige Meeressäuger-Touren, die sich im September und Oktober hauptsächlich auf die Glattwale konzentrieren, werden von Ricardo M. Mandojana, Wurzburg AH, APO NY 09801 USA geleitet.

Biological Journeys, 1876 Ocean Dr., McKinleyville, CA 95521 USA (☎ 707-839-0178) veranstalten im Oktober 30tägige Wal- und naturgeschichtliche Expeditionen.

Wetter/Wasser

Kalt und windig, sogar auf den Aussichtspunkten. Auf dem Wasser kann es rauh sein. Außer für die im März anwesenden Schwertwale liegt die Walsaison im südlichen Winter im Frühjahr (Juli bis November). Der Oktober ist im Hinblick sowohl auf die Wale als auch aufs Wetter die beste Zeit.

Gesetze/Richtlinien

Im Dezember 1974 erklärte die Provinz Chubut den Golfo San José zum ständigen Schutzgebiet für Glattwale. 1983 wurde das Walbeobachten vom Boot aus mit folgenden Auflagen auf dem Golfo Nuevo erlaubt: (1) in einer Entfernung von 100 m von einem Wal muß der Motor abgestellt werden; (2) Boote dürfen sich in flachen Gewässern befindlichen Walen und (3) Walkühen mit Kälbern nicht nähern; (4) Boote müssen qualifizierte Führer an Bord haben (die Qualifikation und Verantwortlichkeit der Führer wird von der Chubut-

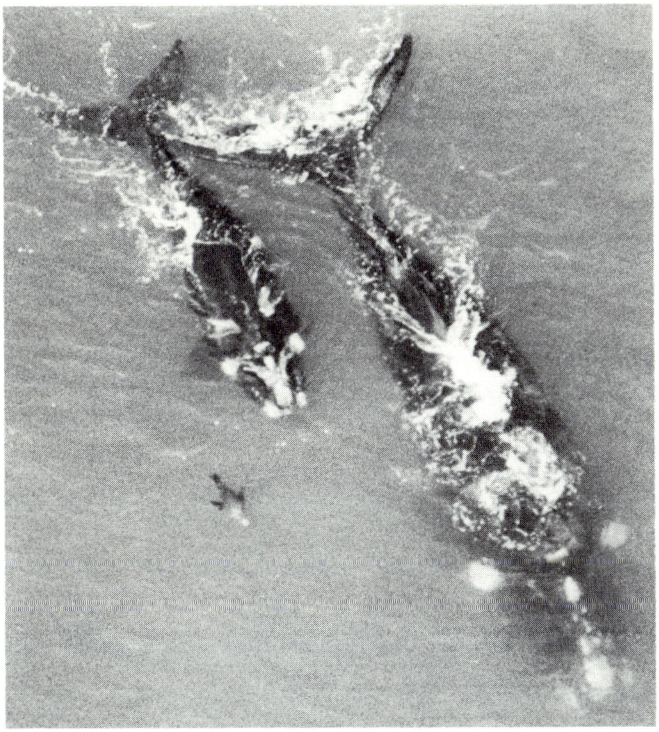

M.A. Scelzo/R. Bastida

(Oben) Eine dicht unter der Wasseroberfläche schwimmende Südliche Glattwalmutter mit ihrem Kalb vor der argentinischen Halbinsel Valdés. Beachten Sie den daneben schwimmenden kleinen Seelöwen. (Unten) Fotosequenz der Schwanzbewegung eines abtauchenden Südlichen Glattwals.

M.A. Scelzo/R. Bastida

M.A. Scelzo/R. Bastida

Tourismus-Behörde bestimmt). Für genauere Informationen können Sie sich an die Stellen wenden, die diese Richtlinien erlassen haben: (1) Dirección de Conservación del Patrimonio Turístico, 9120 Puerto Madryn, Chubut, Argentinien; (2) Instituto Nacional de Investigación y Desarrollo Pesquero, Casilla de Correo 175, 7600 Mar del Plata, Argentinien.

Weitere Informationen
Dirección Nacional de Turismo, Calle Suipacha 1111, Buenos Aires, Argentinien (☎ 31-2745).

Chile

Arten
Häufig: Pottwal (**12**), Commerson-Delphin (**64**), Peale-Delphin (**60**), Delphin (**50**).
Sporadisch: Blauwal (**6**), Finnwal (**5**), Seiwal (**3**), Brydewal (**4**), Gewöhnlicher Grindwal (**76**), Großer Tümmler (**57**), Rundkopfdelphin (**70**), Burmeister-Schweinswal (**43**), Stundenglas-Delphin (**61**), Schwarzdelphin (**62**), Südlicher Glattdelphin (**69**), Schwertwal (**75**).
Selten: Brillenschweinswal (**42**), Weißbauchdelphin (**65**), Südlicher Entenwal (**18**), Cuvier-Schnabelwal (**15**), Buckelwal (**7**), Südlicher Glattwal (**9**).

Touren
Es gibt zwar keine Walbeobachtungstouren, aber die Kreuzfahrten durch die Magellan-Straße ermöglicht es Wal-Freunden, seltene Cetaceen zu sehen, die es nirgendwo anders auf der Welt gibt. Die „Santa liners", eine Flotte luxuriöser Passagierschiffe (100 Passagiere, 20.000 t), die auch einige Fracht befördern, verkehren das ganze Jahr hindurch zwischen Valparaiso, Chile und Buenos Aires, Argentinien. Die Fahrt dauert 7 Tage. Obwohl auch in einiger Entfernung von der chilenischen Küste z.T. große Wale angetroffen werden, ist die 36stündige Fahrt durch die Magellan-Straße doch der Höhepunkt. Während dieser Passage kommen manchmal Naturforscher an Bord, und das chilenische Institut von Patagonien hat bisweilen Passagiere dafür engagiert, die Wal- und Delphinsichtungen aufzuschreiben. Kontaktadresse: Delta Lines, 2700 Stewart St., Tower, 1 Market Plaza, San Francisco, CA 94106 USA (☎ 415-777-8300).
Segelexpeditionen nach Südchile an Bord der 12 m langen 'Equinoccio II' erforschen die Fjorde und Inseln mit ihren Walen und Delphinen sowie ausgeprägtem Vogelreichtum. Die im Januar und Februar angebotenen 14- und 21tägigen Reisen kosten $1.275 und $ 1.775, plus Flugkosten. Kontaktadresse: Ocean Voyages, Inc., 1709 Bridgeway, Sausalito, CA 94965 USA (☎ 415-332-4681).

Das Auge eines Glattwals hat die Größe einer Grapefruit. Beachten Sie die Schwielen, die aussehen wie eine Augenbraue.

Ricardo M. Mandojana

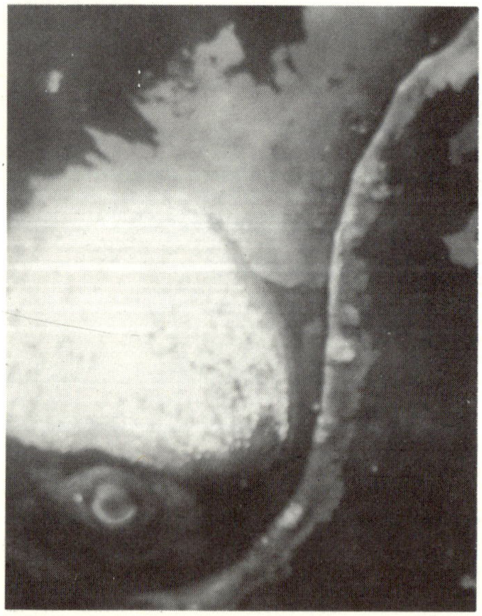

Ein auftauchender Südlicher Glattwal vor der Península Valdés in Patagonien.

François Gohier

Wetter/Wasser
Oft sehr rauh und sehr naß, besonders bei der Fahrt durch die Magellan-Straße. Einige Wale und Delphine können das ganze Jahr hindurch angetroffen werden, aber vom Wetter her eignet sich der südliche Sommer am besten zum Walbeobachten. Es kann dennoch kalt und naß sein.

Weitere Informationen
Servicio Nacional de Tourismo, CAS. 14082, Santiago, Chile (☎ 60474).

Europa

Europas Küsten sind in Sachen Walbeobachtung ein reines „Entwicklungsland". Obwohl es einige Plätze gibt, an denen regelmäßig Wale und Delphine beobachtet werden können, ist das Angebot an kommerziellen Touren sehr begrenzt. Nur sehr langsam setzt sich auch in Europa diese neue „Mode" aus Amerika durch. Die noch Walfang betreibenden Länder Norwegen, Island und die Färöer-Inseln haben meist noch nie etwas von Walbeobachtungen gehört. Dabei könnten gerade in diesen Ländern Touren durchgeführt werden, bei denen das Sichten von Walen garantiert werden könnte. Doch für die alten Walfänger hat der Prozeß des Umdenkens noch nicht begonnen. Sie haben noch nicht begriffen, daß der Wal ihnen eine große Chance bietet: aus dem Walfang auszusteigen, bevor es zu spät ist, und mehr und unblutiges Geld durch das Angebot von Walbeobachtungstouren zu verdienen. Diese Arbeit ist auch um vieles leichter als der traditionelle Walfang.

Die Umweltschutzorganisationen haben erst 1986 damit begonnen, diese Länder davon zu überzeugen, daß Walbeobachtung ein ertragreiches Geschäft sein kann. Bislang ohne Erfolg, doch je öfter Touristen nach solchen Touren fragen, desto größer wird die Chance, daß man erkennt, wo der Trend der Zukunft liegt.
Anschriften von Organisationen, an die Sie Meldungen über Walbeobachtungen im europäischen und außereuropäischen Raum schicken sollten:
Gesellschaft zum Schutz der Meeressäugetiere e.V. (GSM), Postfach 348, 2000 Hamburg 55 (☎ 040-868774). Umweltstiftung WF Deutschland, Sophienstr. 44, 6000 Frankfurt.
Meldungen über Waljagd und Verkauf von Walfleisch bitte an:
Greenpeace Deutschland e.V., Hohe Brücke 1, 2000 Hamburg 11 (☎ 040-3612080).

Dänemark

Arten:
Schweinswal (**40**).

Touren
Bislang keine reinen Walbeobachtungstouren. Besonders im Frühjahr und Herbst lassen sich aber im ganzen Land über Jachtcharter-Gesellschaften Fahrzeuge mieten. Die aussichtsreichsten Gegenden: die Fahrwasser südlich von Fünen, die Gewässer um die Insel Seeland und der Bereich von Middelfart.

Wetter
Delphine können nur bei völlig ruhigem Wetter bis Windstärke 2 beobachtet werden. Kaltes und windiges Wetter ist aber hier sehr häufig. Beste Jahreszeit Mai/Juni und September.

Weitere Informationen
Bei Sichtungen von Delphinen oder Walen (unwahrscheinlich) möchte eine Wissenschaftlergruppe in Dänemark unter Angabe der Art, der Anzahl und des ungefähren Gebietes benachrichtigt werden. Ihre Anschrift:
Carl-C. Kinze, Europ. Cetacean Soc., Zoologisk Museum, Universitet København, DK 1850 København.

Färöer-Inseln

Arten
Finnwal (**5**), Schwertwal (**75**), Grindwal (**76**), Großer Tümmler (**57**), Entenwal (**18**).

Touren
Obwohl die Färöer-Inseln das wohl walreichste Gebiet der Nordhalbkugel sind, gibt es hier noch keine Fahrten für Walbeobachtungen. Die Einheimischen sind bisher noch nicht auf den Einfall gekommen, damit Geld zu verdienen.

Wetter
Rauh, wechselhaft und kühl.

Weitere Informationen
Auf den Färöer findet mehrmals im Jahr das große Grindwalschlachten statt. Die Tiere werden mit Booten in eine Bucht getrieben und in einer Art „Blutrausch“ während eines Volksfestes abgeschlachtet. Das Fleisch wird nur noch zu einem geringen Teil verwertet.

Island

Arten
Finnwal (**5**), Blauwal (**6**), Seiwal (**3**), Zwergwal (**2**), Schwertwal (**75**).

Touren
In Island gibt es offiziell noch keine Walbeobachtungstouren. Aber sicherlich wird bei entsprechender Nachfrage die Touristenzentrale in Reykjavik solche Touren organisieren (vorher brieflich anmelden). 60 km nordöstlich von Reykjavik gibt es eine große Walfangstation.

Norwegen

Arten
Häufig: Zwergwal (**2**), Schwertwal (**75**).
Sporadisch: Finnwal (**5**).

Touren
In Norwegen selbst gibt es noch keine Touren. Mit Sicherheit lassen sich während der Saison (Mai bis Juli) mit kleinen Fischerbooten besonders auf den Lofoten Touren organisieren. Man muß nur fragen.

Die schwedische Gruppe „NORCA-Nordic Whale Project“, Aponjärgatan 4 D, S 413 02 Göteborg, Schweden, veranstaltet regelmäßig Touren zu den Lofoteninseln mit einem Kutter oder mit trailbarem Boot und Autos.

Wetter
Rauh und häufig stürmisch. Im Sommer aber viele stille und mäßig warme Tage.

Museen
Walfangmuseum in Sandefjord.

Frankreich

Arten
Häufig: Blau-Weißer-Delphin (**53**), Delphin (**50**), Großer Tümmler (**57**).
Sporadisch: Finnwal (**5**), Rundkopfdelphin (**70**).

Fähren und Fahrten
Die küstennahen Gewässer der Provinz Var (zwischen **Marseille** und **Nizza** sind ganzjährig Nahrungsgründe für verschiedene Delphinarten, besonders für Blau-Weiße-Delphine. Während des Sommers, besonders im Juli, suchen Finnwale in den küstenfernen Gewässern zwischen Nizza und Korsika nach Nahrung. Zusammen mit Delphinen sind sie manchmal von den Autofähren aus zu sehen, die zwischen Nizza und Bastia bzw. Calvi auf Korsika (5,5-9

Stunden) und zwischen Toulon oder Marseille und Bastia oder Calvi verkehren. Das 4.-Klasse-Deck ist im Sommer zwar überfüllt, eignet sich zum Walbeobachten aber am besten. Kontaktadresse: Societé Nationale Maritime Corse-Mediterranée (SNCM), 3, ave. Gustave V, Nice, France (☎ 89-89-89).

In der **Bretagne**, am äußersten Westzipfel des Pointe Du Raz kann man seit sechs Jahren in einer Bucht Delphine in freier Natur beobachten. Die Tiere sind sehr zutraulich und inzwischen eine Touristenattraktion. Sie kommen völlig freiwillig in Landnähe und sollen sogar mit badenden Kindern spielen. Die Beobachtung kann ohne Schwierigkeiten von Land aus durchgeführt werden. Boote lassen sich in nahegelegenen Orten mieten.

Wetter/Wasser
Auf See kann es zwar kühl und bewegt sein, aber während des Sommers ist es selten kalt oder rauh.

Ozeanarien
Im Marineland Côte D'Azur, avenue Mozart, 06600, Antibes, France (☎ 93-33-49-49) gibt es Schwertwale und verschiedene Delphine zu sehen.

Museen
Viele Wal- und Delphinmodelle sind im Musée National d'Histoire Naturelle, 57, rue Cuvier, Paris V[e], France ausgestellt.
Musée Océanographique de la Rochelle, 28, rue Albert 1er, 17000 La Rochelle, France (☎ 46-45-17-87).

Weitere Informationen
Französisches Verkehrsbüro, 6000 Frankfurt, Postfach 10128, Kaiserstr. 12 (☎ 069-740551); Auskunftsbüro Düsseldorf, 4000 Düsseldorf, Berliner Allee 26 (☎ 0211-80375).

Portugal

Arten
Häufig: Großer Tümmler (**57**), Delphin (**50**), Blau-Weißer Delphin (**53**).

Aussichtspunkte
Wenn es auch einige Delphine an der Costa da Galé (südlich von Lissabon zwischen Cabo Espichel und Cabo de Sines) gibt, so ziehen die meisten doch eine sichere Entfernung von der Küste vor und leben vielfach entlang der 90 m Tiefenlinie. Um Delphine von Land aus zu sehen, sollten Sie zum Rio Sado fahren. Im Flußmündungsgebiet des Sado lebt eine ständige Population von Großen Tümmlern, die von den Biologen A.M. Teixeira, R. Duguy und E. Hussenot untersucht worden sind. Als erste in Europa haben sie angefangen, die Delphine anhand von Einkerbungen an der Rückenflosse fotografisch zu identifizieren. Von Lissabon aus nach Süden fahrend nehmen Sie die Hauptstraße nach Setúbal, das etwa 40 km entfernt ist. **1** Setúbal hat einen geschäftigen Hafen am Rio Sado, dennoch ist es manchmal möglich, die Delphine dabei zu beobachten, wie sie auf den Bugwellen der herankommenden Schiffe reiten. Besser geeignet ist die **2** nördliche Spitze der Peninsula de Tróia, die nur eine kurze Fährfahrt von Setúbal entfernt liegt. Es ist möglich, aber unnötig, das Auto mitzunehmen. Die Delphine kommen an den Strand neben dem Fähranleger, der nach Setúbal hinüber weist. Ein anderer Platz zum Sitzen und Beobachten ist auf der anderen Seite der Flußmündung am Strand von **3** Comenda. Dieser Ort ist von Setúbal aus nach Westen über die Nebenstraße zu den Strandorten Figueirinha und Galapos erreichbar. Comenda ist der der Flußmündung am nächsten gelegene Strand. Die meiste Forschung an den Delphinen wird im frühen Herbst betrieben, doch andere Studien berichten, daß die Delphine auch in anderen Jahreszeiten hier sind.

Fähren und Fahrten
Die Fähre von Setúbal nach Tróia überquert den Teil des Mündungsgebietes, in dem die Delphine regelmäßig zu sehen sind.

Wetter/Wasser
Besonders vom Frühjahr bis zu Beginn des Herbstes sind die Bedingungen zum Warten und zum Beobachten der Delphine sehr idyllisch. Wird der Wind zu stark, kann die Sicht beeinträchtigt sein.

Gesetze/Richtlinien
Delphine sind durch das gegenwärtige portugiesische Gesetz vor Störungen/Belästigungen geschützt.

Museen
Vasco da Gama Aquarium, Avenida Marigi-nal, Dafundo, 1495 Lisboa, Portugal.

Weitere Informationen
Direcçao-Geral do Turismo, Avenida António Augusto de Aguiar, 86-1000 Lisboa, Portugal (☎ 57-50-86). Portugiesisches Touristik-Amt, 6000 Frankfurt 1, Kaiserstr. 66 (☎ 069-234097).

Madeira

Arten
Häufig: Pottwal (**12**).
Sporadisch: Schwertwal (**75**), Buckelwal (**7**), verschiedene Delphinarten.

Touren
Die Gesellschaft zum Schutz der Meeressäugetiere (GSM) und der Internationale Tierschutzfond (IFAW) haben erst kürzlich einen „Nationalpark für Meeressäugetiere" um Madeira errichtet, der 200.000 Quadratkilometer groß ist. Noch werden keine Touren angeboten, weil die Pottwale durch die erst jetzt beendete Jagd noch zu scheu sind. In einigen Jahren rechnet man damit, daß sich die Tiere an den Menschen gewöhnt haben, und wird dann Walbeobachtungstouren einführen.

Besonderheiten
Das alte Fort in der Stadt Maico wird derzeit zu einem Walfangmuseum und einer Außenstelle der GSM umgebaut.

Gibraltar

Arten
Häufig: Delphin (**50**), Blau-Weißer-Delphin (**53**), Pottwal (**12**), Grindwal (**76**).
Sporadisch: Großer Tümmler (**57**), Finnwal (**5**), Schwertwal (**75**).

Touren
In den vergangenen Jahren hat der ehemalige Fischer Mike Lawrence von April bis November fast täglich 2 1/2stündige Delphinfahrten veranstaltet. Er traf dabei auf Herden von bis zu 1.000 Tieren. Die Touren legen morgens von Shepherd Marina ab und kosten £ 7,50. Kontaktadresse: Mike Lawrence, 'Dolphin Safari', Shepherd Marina, Gibraltar (☎ 010-350-71914).

Die Fähren von Algericas nach Ceuta und Tanger bieten die billigsten und recht erfolgsträchtigen Walbeobachtungsmöglichkeiten. Jüngere Walfans können den erweiterten Interrail-Paß verwenden, der auch für die Fähren gilt. Für Gruppen gibt es Ermäßigungen.

Wetter/Wasser
Am Morgen ist es kühl, aber gewöhnlich ruhig auf dem Wasser, gegen Mittag wird es bewegter.

Weitere Informationen
Gibraltar Tourist Office, Cathedral Square, Box 303, Gibraltar.

Griechenland

Arten
Häufig: Delphin (**50**).
Sporadisch: Großer Tümmler (**57**), Blau-Weißer-Delphin (**53**).

Touren
Es gibt zwar keine fahrplanmäßigen Touren, aber Charterfahrten zu den Inseln treffen regelmäßig auf Delphine. Es ist schon faszinierend, die wellenreitenden Delphine in der geistigen Heimat des Walbeobachtens zu sehen, dort wo Aristoteles von mehr als 2.000 Jahren die Dephine beobachtete und seine Entdeckungen niederschrieb. Jim und Nancy Lethcoe aus Alaska, die im Winter 1982/83 Delphine beobachteten, empfahlen die Chartergesellschaft Iris Yacht Charters, 38, Akti Possidonos, Piraeus, Griechenland (☎ 4173-690). Es gibt aber auch noch viele andere Unternehmen. Sehen Sie in den von Reisebüros oder dem griechischen Touristenbüro bereitgestellte Listen nach, oder schauen Sie in den speziellen Ausgaben der großen Segelmagazine nach.

Fähren und Fahrten
Zahlreiche zwischen den Inseln verkehrende Fähren, Frachter und Kreuzfahrtschiffe bieten die Möglichkeit, Delphine zu beobachten. Das griechische Touristenbüro oder Reiseagenturen verfügen über detaillierte Listen. Kleine Fähren zu den Cycladen und zu den ägäischen Inseln entlang der türkischen Küste, besonders nach Rhodos, Samos und Lesbos (wo auch Aristoteles arbeitete), bieten preisgünstige Fahrten durch die Delphin-Gebiete. Die meisten Fahrten beginnen in Piraeus, dem Hafen Athens. Kontaktadresse: Piraeus Central Port Authority (☎ 4511-311).

Wetter/Wasser
Im Sommer subtropisch; im Winter mild, wobei es auf dem Wasser kühl oder gar kalt sein kann.

Weitere Informationen
Griechische Zentrale für Fremdenverkehr, 6000 Frankfurt, Neue Mainzer Str. 22 (☎ 069-236561/63); oder in: 2000 Hamburg 13, Abteistr. 33 (☎ 040-454498); oder in: 8000 München 2, Pacellistr. 2 (☎ 089-222035/36)

Südafrika

Arten
Häufig: Südlicher Glattwal (**9**), Großer Tümmler (**57**), Chinesischer Weißer Delphin (**48**), Schwarzdelphin (**62**).
Sporadisch: Schwertwal (**75**), Delphin (**50**).

Aussichtspunkte
Von Mai bis November, mit einem Schwerpunkt im September, kommen die Südlichen Glattwale in die flachen Buchten von Table Bay (bei Cape Town) bis zur Algoa Bay (weiter östlich, bei Port Elisabeth). Orte mit guten, höher gelegenen Aussichtspunkten sind unter anderem (von Westen nach Osten): **1** das oberhalb der Clifton Bay gelegene Clifton, an der Rt. M6, gut 6 km von Cape Town entfernt; **2** Llandudno, abseits der Rt. M6, nördlich von Hout Bay; **3** Hout Bay, 19 km südlich von Cape Town, einschließlich der Aussichtspunkte entlang des Chapman's Peak Drive; **4** Simonstown, **5** Fish Hoek, **6** St. James, **7** in der Nähe von Steenbras River Mouth und **8** um Koeël Bay herum – alles an der False Bay, südlich von Cape Town gelegen; **9** Hermanus an der Walker Bay, vom Bergaussichtspunkt oberhalb der Stadt aus (hervorragend); **10** neben dem alten Hafen in De Kelders, an der Südostseite der Walker Bay; **11** Cape Infanta, in der Nähe der Stadt Infanta-on-River, etwa 240 km östlich von Cape Town; **12** Mossel Bay.
In der Plettenberg Bay sind die Chinesischen Weißen Delphine sogar noch häufiger als Große Tümmler und können hier

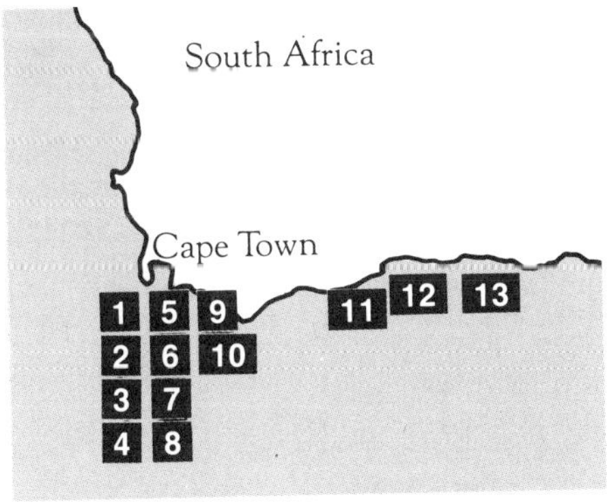

das ganze Jahr hindurch in der Nähe des Strandes (in der entsprechenden Saison zusammen mit Glattwalen) beobachtet werden. Ein günstiger Aussichtspunkt sind die **13** Klippen von Robberg, einer zerklüfteten, fast 6 km langen Halbinsel, die die Südwestgrenze der Plettenberg Bay bildet. Von diesem besonderen Walbeobachtungspunkt aus wurden auch schon Schwertwale, Delphine und die seltenen Zwergglattwale gesichtet.

Wetter/Wasser
Es kann kalt sein, allerdings selten an den Aussichtspunkten. Eine rauhe See kann die Aussichtsmöglichkeiten einschränken. Die durchschnittlichen Höchsttemperaturen im September (Glattwal-Saison) liegen bei 21 Grad.

Gesetze/Richtlinien
Das Gesetz 90, das am 5. Dezember 1980 in Kraft trat, verbietet das Fangen oder Töten von Walen und Delphinen in südafrikanischen Gewässern. Vom 1. Juni bis 30. November, der Aufzuchtzeit der Glattwale, sind Boote und Flugzeuge aufgefordert, mindestens 300 m Abstand zu halten. Kontaktadresse für weitere Informationen: Dolphin Action and Protection Group, Box 156, Hout Bay 7872, Capetown, South Africa (☎ 70-3182).

Ozeanarien
The Aquarium and Dolphinarium, Box 736, 2 West St., Durban, Natal, South Africa, zeigt Große Tümmler und Schwarzdelphine.
Im Port Elizabeth Museum and Ozeanarium, Beach Road, Humewood, Port Elizabeth 6000, South Africa gibt es Große Tümmler zu sehen.

Weitere Informationen
Satour, Private Bag X164, 0001 Pretoria, South Africa (☎ 012-28-3800).

Sri Lanka

Arten
Häufig: Blauwal (**6**), Pottwal (**12**), Brydewal (**4**), Ostpazifischer Delphin (**51**), Großer Tümmler (**57**).
Sporadisch: Blau-Weißer-Delphin (**53**), Schlankdelphin (**52**), Rundkopfdelphin (**70**), Irawadi-Delphin (**71**), Chinesischer Weißer Delphin (**48**).

Aussichtspunkte
Einer der ganz besonderen Geheimtips für das Beobachten von großen Walen und Delphinen wurde kürzlich vor der Ostküste Sri Lankas entdeckt. 1979 deklarierte die Internationale Walfangkommission das Walschutzgebiet Indischer Ozean. 1981 finanzierte die niederländische Sektion des World Wildlife Fund eine längere Forschungsfahrt durch den Indischen Ozean. Anfang 1983 wurde Trincomalee auf Sri Lanka zum Stützpunkt weiterer Studien, weil hier die großen Wale so dicht vor der Küste vorkommen. Die Delphine sind das ganze Jahr hindurch dort; die großen Wale zumindest zeitweise. Die letzte Studie erstreckte sich über den Zeitraum von Januar bis April, Ende April waren die meisten der großen Wale fortgezogen. Der beste Ort, **1** Swami Rock, liegt etwa eineinhalb Kilometer nordöstlich von Trincomalee, an dem Militärgebiet Fort Frederick. Stellen Sie sich auf den Unterstand neben dem Hindutempel, und schauen Sie nach Osten in die Bay of Bengal.

Touren
Anfang 1983 begann von Trincomalee aus das Walbeobachten in einem begrenzten Umfang auf gecharterten Fischerbooten. Die Sri Lankan National Aquatic Resources Agency beabsichtigt, das Walbeobachten zu überwachen und zu regulieren und dabei die Interessen der Walbeobachter, Fischer, Wissenschaftler und nicht zuletzt der Wale gegeneinander abzuwägen.

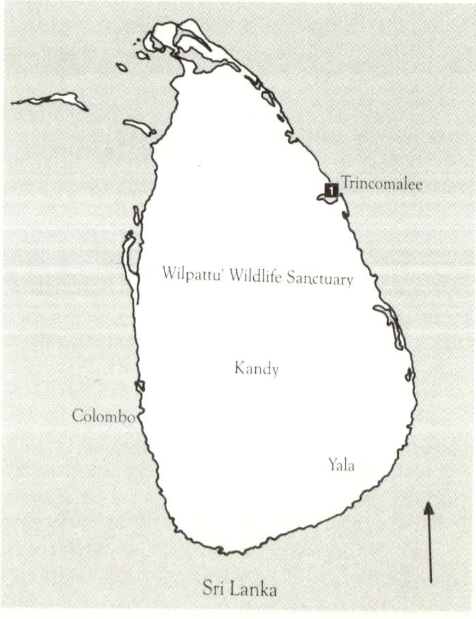

Der Walforscher Stephen Leatherwood leitet im März eine 10tägige Expedition, um die Wale und Delphine von Land aus, aus der Luft und auf dem Wasser zu beobachten. Kontaktadresse: Oceanic Society Expeditions, Fort Mason Center, Bldg. E, San Francisco, CA 94123 USA (☎ 415-441-1106).

Wetter/Wasser
Tropisch.

Gesetze/Richtlinien
Die National Aquatic Resources Agency hat die Gewässer vor der Küste von Trincomalee kürzlich zum Schutzgebiet für Wale erklärt.

Museen
Colombo National Museum, P.O.B. 854, Albert Crescent, Colombo 7, Sri Lanka.

Weitere Informationen
Ceylon Tourist Board, Box 1504, 41, Glen Aber Pl., Colombo 4, Sri Lanka (☎ 89585). Ceylonesisches Fremdenverkehrsamt, Europäische Zentrale, 6000 Frankfurt, Untermainanlage 5 (☎ 069-239221/24).

(Oben) Ein dicht bei seiner Mutter schwimmendes Pottwalkalb im Indischen Ozean, vor der Küste Sri Lankas. Beachten Sie die Schwielen auf der Rückenfinne. (Unten) Eine Gruppe von Pottwalen liegt an der Wasseroberfläche, die Stirn haben sie aus dem Wasser gehoben. Die Bedeutung dieses Verhaltens ist noch unbekannt.

Japan

Arten
Häufig: Zwergwal (**2**), Brydewal (**4**), Finnwal (**5**), Pottwal (**12**), Indischer Grindwal (**77**), Blau-Weißer-Delphin (**53**), Großer Tümmler (**57**), Weißstreifendelphin (**59**), Kleiner Schwertwal (**74**), Rundkopfdelphin (**70**).

Touren
Walbeobachtungen in Japan? „Die Möglichkeiten sind verblüffend", sagt Ronn Storro-Patterson von Biological Journeys. Die meisten der Walfänger finden ihre Wale, indem sie von der japanischen Küste aus Ausschau halten, z.B. nach Zwergwa-

len, Brydewalen, Pottwalen. Die Pottwale wandern im Frühjahr an der Küste entlang nach Norden, und in dem Tempo, in dem sie vorbeiziehen, nimmt eine Walfangstation nach der anderen ihren Betrieb auf. Die für die Walfänger leicht erreichbaren Pottwale sind auch für Walbeobachter ein lohnendes Ziel, und das sechs Monate im Jahr. Während eines Besuchs in Japan hat Storro-Patterson einen Fischer angeheuert, der ihn zu den Walen hinausfahren sollte. Anschließend organisierte er die erste kommerzielle Walbeobachtungstour nach Japan. Er meint, daß es wichtig sei, nicht gegen den Walfang zu protestieren, sondern ein japanisches Fischerboot zu mieten und Wale zu beobachten und damit Aufmerksamkeit zu erregen. „Die Neugierde der Japaner könnte geweckt werden, wenn sie sehen, daß die Amerikaner bereit sind, für das Walebeobachten Geld zu bezahlen.“ Storro-Patterson gibt zu, daß es schwierige Situationen geben könne, aber er hat es sich in den Kopf gesetzt, die Japaner davon zu überzeugen, daß Wale ein lohnendes Beobachtungsobjekt sind. Er hat nicht die Absicht, ein Walfangboot für seine Tour zu mieten, aber er sieht den Zeitpunkt voraus, wo die Walfänger als Bootsführer der Beobachtungsboote eingesetzt werden. Weithergeholt? Das Walfang-Moratorium der Internationalen Walfangkommission war für 1986 geplant, und die Vereinigten Staaten scheinen gewillt zu sein, dieses Moratorium mit Hilfe von Wirtschaftssanktionen durchzusetzen. Diese Sanktionen verbieten u.a. Fischimporte und schränken die Fischereirechte innerhalb der amerikanischen 200-Meilen-Zone ein, beides Maßnahmen, die die japanische Wirtschaft sehr viel stärker bedrohen als ein Ende des Walfangs. Kontaktadresse für weitere Informationen und die Chance, an diesen neuen Walbeobachtungstouren teilzunehmen: Biological Journeys, 1876 Ocean Dr., McKinleyville, CA 95521 USA (☎ 707-839-0178).

Ozeanarien

Die bestehenden japanischen Ozeanarien könnten mithelfen, den Übergang Japans von einer walfangenden zu einer walbeobachtenden Nation zu erleichtern. Dort gibt es Schwertwale, Indische Grindwale und verschiedene Delphinarten (vor allem Große Tümmler) zu sehen.

Kamogawa Sea World, 1464-18 Higashicho, Kamogawa City, Chiba-Prefecture 296, Japan.

Shirahama World Safari, Nishimuro-Gun, Shirahama, Wakayama-Prefecture, Japan.

Taiji Whale Museum, Taiji, Wakayama-Prefecture, Japan (Ozeanarium und Walfangmuseum).

Izu-Mito Sea Paradise, Numazu-City, Shizuoka-Prefecture, Japan.

Weitere Informationen

Kontaktadresse für Karten und allgemeine Touristeninformationen:

Japan National Tourist Organization at 6-6, Yurakucho 1-chome, Chiyoda-ku, Tokyo, Japan (☎ 03-502-1461).

Japanische Fremdenverkehrszentrale JNTO, 6000 Frankfurt 1, Biebergasse 6-10 (☎ 069-20353).

Australien

Arten

Häufig: Buckelwal (**7**), Südlicher Glattwal (**9**), Großer Tümmler (**57**).

Sporadisch: Zwergwal (**2**), Finnwal (**5**), Pottwal (**12**), Schwertwal (**75**), Gewöhnlicher Grindwal (**76**).

Aussichtspunkte

Wandernde Buckelwale (und andere kleine Cetaceen) sind von Juni bis Oktober vor der Ostküste zu sehen: **1** Cape Byron, vom Pacific Hwy. abgehend, nördlich der Byron Bay in New South Wales, etwa 140 km südlich von Brisbane; **2** Pt. Lookout, in der Nähe des Leuchtturms an der Nordostspitze von North Stradbroke Island, das über eine Fähre (Tagestour) von Brisbane aus zu erreichen ist.

Die Südlichen Glattwale können während der Wintermonate (Juli – September) beobachtet werden, wenn die Weibchen in die Nähe der Südküste kommen, um dort zu kalben. Regelmäßige Sichtungen gibt es am **3** Logan's Beach in der Nähe von Warrnambool, 240 km westlich von Melbourne. Die oberhalb des Strandes auf einer hohen Düne gelegene Walbeobachtungsplattform wurde 1982 von ca. 50.000 Walbeobachtern besucht; außerdem sind die Glattwale von folgenden Orten an der Südküste Victorias aus zu sehen, die weniger als eineinhalb Autostunden von Melbourne entfernt sind: **4** Anglesea; **5** Point Lonsdale; **6** Inverloch.

7 In Monkey Mia, einem entlegenen Ferienort an der Shark Bay, etwa 760 km

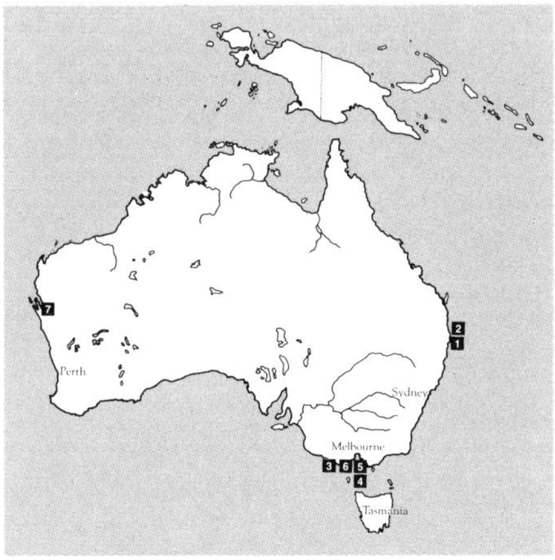

nördlich von Perth, sind von April bis Oktober fast täglich Große Tümmler zu sehen (von November bis März unregelmäßiger). Seit 1966 gibt es in Monkey Mia eine Gruppe von bis zu 12 Delphinen, die sich regelmäßig Schwimmern annähern, sich anfassen und füttern lassen und manchmal mit den Schwimmern spielen.
Für Auskünfte über lokale oder saisonale Vorkommen von Walen, besonders von Glattwalen, sollten Sie sich an die staatlichen Fischerei- oder Umweltbehörden wenden oder an den Australian National Parks and Wildlife Service, Head Office, G.P.O. Box 636, Canberra, A.C.T. 2601 Australia (☎ 062-46-6211).

Wetter/Wasser
An den Winter-Aussichtspunkten der Südküste ist es kühl. In den Walgegenden der Ost- und Westküste (in der Nähe von Brisbane und Monkey Mia) ist es das ganze Jahr hindurch warm bis heiß.

Gesetze/Richtlinen
Dem Frost Report von 1978 zufolge – einer unabhängigen Studie über Wale und Walfang, die unter dem Vorsitz von Sir Sydney Frost angefertigt wurde – verwandelte sich Australien von einem Walfängerland zu einem der stärksten Fürsprecher für Cetaceen. Der Whale Protection Act von 1980 verbietet grundsätzlich das Töten, Fangen, Verletzen oder Stören von Cetaceen innerhalb der australischen Fischereizone.

Einige der seltenen Breitschnabeldelphine sind auf Moncton Island, Queensland (Australien), gestrandet.

Queensland Museum/Michael M. Bryden

Ozeanarien
Große Tümmler gibt es im (1) Marineland of South Australia, Adelaide, South Australia 5024; (2) Warragamba Lion Safari, Sydney, New South Whales; (3) Pet Popoise Pool Pty. Ltd., Coffs Harbour, New South Wales; (4) Atlantis Marine Park, Div. of Yanchep Sun City Pty. Ltd., Yanchep, Western Australia; (5) King Neptune's Park, Port Macquarie, New South Wales.
In Sea World, Box 190, Surfers Paradise, Queensland 4217, sind Große Tümmler, Chinesische Weiße Delphine und Kleine Schwertwale zu sehen.

Museen
Walfangausrüstungen und Modelle sind in Whale World, der ehemaligen Cheynes Beach Whaling Station, Frenchmans Bay, Albany, Western Australia 6334, ausgestellt.
Im South Australian Museum, North Terrace, Adelaide, South Australia 5000, sind Walmodelle ausgestellt.
National Museum of Victoria, 285-321 Russell St., Melbourne, Victoria 3000.
Skelette und Modelle von Schwertwalen sind im Eden Killer Whale Museum, Imlay St., Box 304, Eden, New South Wales 2551 zu sehen.

Weitere Informationen
ATC Australian Tourist Commission, 6000 Frankfurt, Neue Mainzer Str. 22 (☎ 069-235071).

Neuseeland

Arten
Häufig: Delphin (**50**), Großer Tümmler (**57**), Schwarzdelphin (**62**), Hector-Delphin (**67**).
Sporadisch: Schwertwal (**75**), Zwergwal (**2**), Seiwal (**3**), Brydewal (**4**), Finnwal (**5**), Buckelwal (**7**), Südlicher Glattwal (**9**), Pottwal (**12**), Südlicher Glattdelphin (**69**), Kleiner Schwertwal (**74**), Gewöhnlicher Grindwal (**76**). Stundenglas-Delphin (**61**), Rundkopfdelphin (**70**).

Aussichtspunkte
Auf der Südinsel können an der Kaikoura-Küste entlang des Hwy. 1 südlich von Picton das ganze Jahr hindurch gelegentlich Delphine (Schwarzdelphine, Delphine, Große Tümmler und manchmal Hector-Delphine) beobachtet werden. Große Wale sind seltener, aber auch möglich. Der beste Ort sind die **1** Klippen bei Kaikoura Head auf Kaikoura Peninsula, in der Nähe der Kolonie der neuseeländischen Seebären.

Touren
Es gibt zwar keine Walbeobachtungstouren, dafür bieten die Hochseeangel-, Besichtigungs- und Segelbootcharterfahrten gute Möglichkeiten, innerhalb einer Entfernung von 8 - 16 km vom Ufer auf Delphine und große Wale zu treffen.
Auf der **Nordinsel**, in der Bay of Islands, werden von Dezember bis April Angel- und Besichtigungsfahrten angeboten: Game Fishing Charters, Maritime Bldg., Paihia, Bay of Islands, New Zealand (☎ Paihia 27-311). Segelboote gibt es bei: Rainbow Yacht Charters, c/o P.O. Opua, Bay of Islands, New Zealand (☎ Paihia 27-269).
Andere gute Walgebiete im Bereich der Nordinsel, die ebenfalls nur mit Charterfahrten zugänglich sind, sind z.B.: Cavalli Islands, Poor Knights Islands, Hen & Chikkens und die vulkanische White Island in der Bay of Plenty. (Achtung: Schwarz-, Hector- und Südliche Glattdelphine sind an den oben genannten Orten nicht zu sehen, da ihr Verbreitungsgebiet nicht über das im Süden der Nordinsel gelegene East Cape hinausreicht.)
Auf der **Südinsel** sind viele der neuseeländischen Wale und Delphine, einschließlich der Schwarz- und Hector-Delphine, in den südlichen Fjorden des 1.215.000 Hektar großen Fiordland National Park zu sehen.

Dort gibt es viele Besichtigungsfahrten durch den Milford Sound sowie längere Fahrten zum Doubtful Sound und anderen Fjorden. Fiordland Travel, Ltd. (☎ Te Anau 859) oder das THC-Hotelsystem (einschließlich des Milford-Hotels) bieten im südlichen Sommer 3mal täglich eine 2stündige Bootsfahrt durch den Milford Sound an. Weitere Informationen bei: Fiordland National Park, Box 29, Te Anau, New Zealand (☎ Te Anau 829).

In der Gegend der **Marlborough Sounds**, an der Nordspitze der Südinsel, bieten Charterfahrten von Picton aus gute Chancen, Wale und Delphine zu sichten (einschließlich Pottwale das ganze Jahr hindurch und Buckelwale im Winter). Southern Marine Charters, Box 246, Picton, New Zealand.

Im Februar werden Wildnis-Touren angeboten, die auch Bootsfahrten über den **Milford Sound** und zur **Stewart Island** und somit die Chance zum Beobachten von Walen und Delphinen enthalten. Die 22tägigen, von Naturkundlern geleiteten Fahrten kosten $ 1.875 plus Flugkosten. Wilderness Travel, 1760 Solano Ave., Berkeley, CA 94707 USA (☎ 415-524-5111).

Fähren und Fahrten

Einige der besten Möglichkeiten zum Walbeobachten bietet die South Island Ferry zwischen Welligton und Picton. Die Fahrt über die Cook Strait dauert dreieinhalb Stunden (Abfahrt in Wellington vom Aotea-Kai, nördlich der Stadtmitte). Reservierung durch Reisebüros oder das New Zealand Tourist Bureau (☎ Wellington 725-399).

Eine andere preisgünstige Fähre überquert die Foveaux Strait von Bluff auf der Südinsel (43 km von Invercargill entfernt) zu der entlegenen südlichen Stewart Island. Die dreimal in der Woche stattfindende Fahrt dauert zweieinhalb Stunden. Reservierung durch das New Zealand Tourist Bureau.

Wetter/Wasser

Das Klima erstreckt sich von fast tropischen Verhältnissen im Norden bis zu kaltgemäßigten im Süden. Im allgemeinen ist der südliche Sommer am besten fürs Walbeobachten geeignet, auf dem Wasser kann es jedoch das ganze Jahr hindurch kalt und rauh sein, sogar auf den Fährüberfahrten über die Cook Strait und die Foveaux Strait.

Gesetze/Richtlinien

Der New Zealand Marine Mammals Protection Act von 1978 verbietet die Belästigung von Walen in neuseeländischen Gewässern und durch Neuseeländer in der ganzen Welt.

Ozeanarien

Im Marineland of New Zealand, Private Bag, Napier, New Zealand (☎ 58-493) sind Große Tümmler zu sehen.

Museen

Im National Museum of New Zealand, Private Bag, Welligton, New Zealand (☎ 04-859-609) sind Cetaceen ausgestellt.

Weitere Informationen

New Zealand Government Tourist Office, Private Bag, Wellington, New Zealand. Fremdenverkehrsamt von Neuseeland, 6000 Frankfurt 1, Kaiserhofstr. 7 (☎ 069-288189 oder 288180).

Antarktis

Arten

Häufig: Zwergwal (**2**), Finnwal (**5**), Buckelwal (**7**), Seiwal (**3**), Blauwal (**6**), Pottwal (**12**), Schwertwal (**75**), Schwarzdelphin (**62**), Stundenglas-Delphin (**61**), Peale-Delphin (**60**).

Sporadisch: Südlicher Glattwal (**9**), Commerson-Delphin (**64**).

Selten: Südlicher Glattwal (**69**), Südlicher Schwarzwal (**16**).

Touren

Die Antarktis ist das Traumziel für Walbeobachter. Da es hier jedoch an Versorgungseinrichtungen fehlt und dieses sehr labile Ökosystem nicht viel Tourismus ertragen kann, wird die Antarktis dem Durchschnittswalbeobachter unzugänglich bleiben (abgesehen von ein paar Wissenschaftlern). Allerdings gibt es zwei Luxuskreuzfahrtschiffe, die in den vergangenen Jahren damit begonnen haben, eine begrenzte Zahl von Besuchern zur Antarctic Peninsula und zur McMurdo-Basis zu bringen. Auf beiden Schiffen befinden sich bekannte Naturwissenschaftler, die als Leiter fungieren. Bei der Sichtung von Walen und Delphinen verlangsamen die Schiffe ihre Fahrt oder halten an, und manchmal kommen die Wale und Delphine dicht herangeschwommen. Die 12- bis 33tägigen Kreuzfahrten finden von Ende November bis Anfang Februar statt und umfassen meistens auch einen Besuch bei der alten Walfängerstation auf South Georgia Island. Die meisten Passagiere besteigen das Schiff in Punta Arenas, Chile, an der Magellanstraße. Die Preise einer 12tägigen Fahrt an Bord der 'M/S World Discoverer' beginnen bei $ 3.990; 21 Tage auf der 'M/S Lindblad Explorer' kosten ab $ 6.400. Die Flugkosten sind extra. Kontaktadressen: (1) Society Expeditions, 723 Broadway E., Seattle, WA 98102 USA (☎ 206-324-9400 oder 800-426-7729); (2) Salén Lindblad Cruising, 133 E. 55th St., New York, NY 10022 USA (☎ 212-751-2300).

Anhang 1: **Fotoausrüstung, Kleidung und andere nützliche Kleinigkeiten für das Walbeobachten**

Die beste „Ausrüstung" für's Walbeobachten ist ein Paar gute Augen, innere Ausgeglichenheit und eine Menge Geduld. Aber Sie sollten auch die grundlegenden Dinge wie Nahrung, Kleidung und Schutz vor den Elementen nicht vergessen. Wenn Sie auf einer entlegenen Klippe sitzen oder durch kaltes und windiges Seewetter fahren, kann z.B. eine Thermoskanne mit heißem Kaffee oder Tee sehr nützlich sein. Je nach Ihrem fotografischen Interesse sollten Sie auch einige der folgenden Gegenstände beim Walbeobachten dabeihaben.

Schlüssel: J = Ja
N = Nein
O = beliebig

1 – vom Land/von Aussichtspunkten aus
1a in den Tropen
1b in gemäßigten Zonen
1c in polaren Gegenden
2 – von Kreuzfahrt- oder anderen großen Schiffen aus
2a in den Tropen
2b in gemäßigten Zonen
2c in polaren Gegenden
3 – von Segelbooten und kleinen Booten aus
3a in den Tropen
3b in gemäßigten Zonen
3c in polaren Gegenden

Gegenstände	Kommentar	1 a b c	2 a b c	3 a b c
Kamera:				
35 mm Kleinbildkamera	leicht und recht preisgünstig	J J J	J J J	J J J
Großformatkamera	falls Teleobjektive und ein Stativ benutzt werden	O O O	N N N	N N N
Objektive:				
28 mm - 35 mm	Weitwinkel für starke Nahaufnahmen	N N N	O O O	J J J
50 mm	Normalobjektiv für Nahaufnahmen	J J J	J J J	J J J
105 mm 135 mm (oder Zoom)	mittlerer Telebereich: das Zweitbeste für Walaufnahmen	J J J	J J J	J J J
200 mm - 300 mm (oder Zoom)	starker Telebereich: wohl am besten für Walaufnahmen	J J J	J J J	J J J
400 mm +	sehr starkes Tele: muß mit Stativ gebraucht werden	O O O	N N N	N N N
Filter:				
UV oder Skylight	zum Schutz der Linsen vor Spritzwasser (1 pro Linse)	J J J	J J J	J J J
Polfilter	zum Ausschalten der Reflektion auf der Wasseroberfläche	O O O	O O O	O O O

1 – vom Land/von Aussichtspunkten aus
1a in den Tropen
1b in gemäßigten Zonen
1c in polaren Gegenden
2 – von Kreuzfahrt- oder anderen großen Schiffen aus
2a in den Tropen
2b in gemäßigten Zonen
2c in polaren Gegenden
3 – von Segelbooten und kleinen Booten aus
3a in den Tropen
3b in gemäßigten Zonen
3c in polaren Gegenden

Schlüssel: J = Ja
N = Nein
O = beliebig

Gegenstände	Kommentar	1 a b c	2 a b c	3 a b c
Filme:				
Kodachrome 25 oder 64	für Farbdias: feine Körnung, beste Farben	J J J	J J J	J J J
Ektachrome 200 oder 400	für Farbdias: stark gekörnt, aber gut bei starken Teleobjektiven.	0 0 0	J J J	J J J
Kodak Plus-X oder Ilford FP 4	für S/W Aufnahmen: feine Körnung, aber geringe Empfindlichkeit.	0 0 0	0 0 0	0 0 0
Kodak Tri-X oder Ilford HP-5 (auch Ilford XP1)	für S/W Aufnahmen: noch scharf, aber schon empfindlicher.	J J J	J J J	J J J
Anderes:				
Dreifuß-Stativ	Suchen Sie eines, das tragbar, aber trotzdem robust und leicht aufzustellen ist.	J J J	N N N	N N N
Einbein-Stativ	gut für schnelle Aufnahmen	0 0 0	0 0 0	0 0 0
Schulterstütze	erleichtert das Ruhighalten von Kameras mit langen Objektiven	0 0 0	0 0 0	0 0 0
Pinsel, Linsenpapier und -reiniger	zum Sauberhalten der Linsen	J J J	J J J	J J J
Weiches, trockenes Tuch	Um die Kamera von korodierenden Salzwasserspritzern zu säubern.	J J J	J J J	J J J
Kameratasche (Rucksack, Metall oder Fieberglas)	wasserfest und groß genug für alle Fotoutensilien	J J J	J J J	J J J
Nikonos-Unterwasserkamera	Gute Allwetter-Kamera, aber nur für kurze Entfernungen brauchbar.	N N N	0 0 0	0 0 0

Schlüssel: J = Ja
N = Nein
O = beliebig

1 – vom Land/von Aussichtspunkten aus
1a in den Tropen
1b in gemäßigten Zonen
1c in polaren Gegenden
2 – von Kreuzfahrt- oder anderen großen Schiffen aus
2a in den Tropen
2b in gemäßigten Zonen
2c in polaren Gegenden
3 – von Segelbooten und kleinen Booten aus
3a in den Tropen
3b in gemäßigten Zonen
3c in polaren Gegenden

Gegenstände	Kommentar	1 a b c	2 a b c	3 a b c
Kleidung:				
Leichte Baumwollbekleidung	leicht, helle Farben	J O N	J N N	J N N
Wollhosen & -hemden	für kaltes und feuchtes Wetter	N O J	N O J	N O J
Pullover	überall (außer in den Tropen) und oft nützlich	N J J	O J J	O J J
Polarjacke oder Daunenjacke (oder Parka)	In feuchtem Klima ist eine Polarjacke besser geeignet,	N N J	N O J	N O J
Regenzeug mit Mütze und Gummistiefel/Wollsocken	je nach Saison (in einigen gemäßigten Gegenden im Winter, in Polargebieten auch im Sommer)	N O O	N O O	N O O
Wollmütze oder -hut		N O J	N J J	N J J
Sonnenschirm, Schirmmütze	vor allem in den Tropen wichtig	J J O	J J N	J J N
Überlebens- oder Sicherheitsanzug	Zur Sicherheit, falls das Boot sinkt oder Sie hinausfallen	N N N	N O O	N O O
Wanderschuhe		O O O	N N N	N N N
Bordschuhe, Sandalen	mit rutschfester Gummisohle	O O N	J J O	J J N
Handschuhe	Mit beweglichen Fingerhandschuhen kann man auch noch fotografieren.	N O J	N J J	N J J

Schlüssel: J = Ja
N = Nein
O = beliebig

1 – vom Land/von Aussichtspunkten aus
1a in den Tropen
1b in gemäßigten Zonen
1c in polaren Gegenden
2 – von Kreuzfahrt- oder anderen großen Schiffen aus
2a in den Tropen
2b in gemäßigten Zonen
2c in polaren Gegenden
3 – von Segelbooten und kleinen Booten aus
3a in den Tropen
3b in gemäßigten Zonen
3c in polaren Gegenden

Gegenstände	Kommentar	1 a b c	2 a b c	3 a b c
Etc.:				
Sonnenbrille	Sichern Sie Ihre Brille mit einer Halskordel	J J J	J J J	J J J
Sonnencreme	Benutzen Sie in den Tropen einen starken Lichtschutzfaktor (# 15).	J J J	J J J	J J J
Lippenschutz	in den Tropen wichtig.	J J J	J J J	J J J
Fernglas – 7 x 35, 7 x 50 oder 8 x 40	Kaufen Sie das beste, was Sie sich leisten können, wenn möglich mit Gummiüberzug.	J J J	J J J	J J J
Teleskop – 15 x, 20 x oder stärker	mit Stativ benutzen	0 0 0	N N N	N N N
Plastiktüten (klein, durchsichtig)	Schneiden Sie ein Loch in der Größe Ihrer Linse hinein, dann können Sie auch bei Regen fotografieren.	0 0 0	0 0 0	0 0 0
Notizbuch mit Plastikdeckel	zum Aufschreiben von Sichtungen, Skizzen & Notizen (weicher Bleistift)	0 0 0	0 0 0	0 0 0
Medizin gegen Seekrankheit	siehe Anhang 2	N N N	J J J	J J J
Sicherheitsausrüstung (Rettungsweste usw.)	Auf großen Schiffen wird hierfür gesorgt sein, auf kleinen Booten müssen Sie selbst daran denken	N N N	N N N	J J J
Karten, Kompaß		J J J	0 0 0	J J J
Verpflegung, Wasser, Thermoskanne u.ä.	Auf großen Schiffen könnte es überflüssig sein.	J J J	0 0 0	J J J

Denken Sie daran: Das Fotografieren von Schiffen oder kleinen Booten aus erfordert kurze Belichtungszeiten – 1/500 bis 1/1000 Sekunde –, um die Aktionen einzufangen. Das gilt besonders, wenn das Schiff, das Meer und die Wale in Bewegung sind und Sie Teleobjektive benutzen. Einige Fotografen sind der Ansicht, daß sehr empfindliche Filme ihnen einen größeren Spielraum lassen. Andere mögen die körnigen Farben nicht (oder mögen nicht mit s/w-Filmen arbeiten, bei denen auch Aufnahmen mit hochempfindlichen Filmen noch gut aussehen); statt dessen warten sie auf vollen Sonnenschein, eine ruhige See und kooperative Wale.

Anhang 2: **Einige Worte über Seekrankheit**

Wenn die Seekrankheit zuschlägt, wird dem Beobachter schlagartig bewußt, wie fremd und unnahbar die Meereswelt ist, in der die Wale und Delphine leben. Manchmal gelingt es, diese unangenehme Erkenntnis zu vermeiden oder sie doch zumindest etwas abzumildern. Seekrankheit wird durch die Uneinheitlichkeit der im Gehirn ankommenden Signale hervorgerufen. Die Augen machen dem Gehirn eine Meldung, mit der das Innenohr nicht einverstanden ist. Und das Gehirn versucht nun tapfer, die Informationen zu entschlüsseln. Manchmal mißglückt dieser Versuch, dann ist meist der Magen der Leidtragende. Folgende Vorsichtsmaßnahmen können Ihr Befinden auf See vielleicht etwas verbessern – neben den verschiedenen im Handel befindlichen Medikamenten, die rechtzeitig vor Reiseantritt eingenommen werden sollten.

Eine etwas ungewöhnliche Methode zur Verhütung der Seekrankheit ist das von einem New Yorker Mediziner erfundene „seasick strap". Dr. Daniel Shu Jen Choy ist ein enthusiastischer, aber leider oft seekranker Segler. Aufgrund seiner Kenntnisse über Akupunktur fand er heraus, daß sein Befinden sich verbesserte, wenn er mit einem Finger auf den ‚nei-kuan' genannten Akupunktur-Punkt, der an der Innenseite des Handgelenks liegt, preßte. Das Problem war bloß: wie kann man weitersegeln und gleichzeitig auf beide Handgelenke pressen? So nahm Dr. Choy ein Elastikband und nähte einen Klettverschluß an beide Enden, um es fest um das Handgelenk legen zu können. In der Mitte dieses Bandes befestigte er einen halbrunden Knopf, der einen ständigen Druck auf den besagten Punkt ausüben würde.

Es ist gar nicht schwierig, den ‚nei-kuan' Punkt zu finden, allerdings sollte man gut üben, das Band anzulegen, bevor die Wellen zu hoch werden. Der Punkt liegt zwischen den beiden zentralen Sehnen (den Beugersehnen), genau drei Mittelfinger-Breiten von der Handgelenkfalte in Richtung Arm entfernt. Als ich im März vor Island segelte, hat mir dieser „seasick strap" gut geholfen, warum sollte er Ihnen also nicht auch helfen. Tests an Seglern haben eine 70%ige Erfolgsrate ergeben, und er hilft fast ebenso erfolgreich gegen die während der Chemotherapie oder in der Schwangerschaft auftretende Übelkeit. Die NASA testet das Band gerade für Astronauten. Das beste daran ist, daß es permanent getragen werden kann und daß es außer einem Abdruck am Handgelenk, der nach wenigen Stunden wieder verschwindet, keine Nebenwirkungen hat. Ein Paar kostet $ 14.75 plus Versandkosten. Weitere Informationen bei: Stabilization Medical Technology, Inc., Box 340, Broomall, PA 19008 USA.

Außerdem sollten Sie noch die folgenden Verhaltensregeln beachten:

Betreten Sie das Boot ausgeruht und entspannt.

Essen Sie vor und während der Fahrt nur leichte Kost, und vermeiden Sie fettreiche Nahrung oder Alkohol.

Sowie Sie sich an Bord etwas angeschlagen fühlen, sollten Sie versuchen, Kekse, trockenes Brot oder Brötchen zu knabbern und Sprudelwasser, vorzugsweise Gingerale, zu trinken.

Bleiben Sie an Deck, möglichst in der Nähe des Schwerpunktes des Schiffes (normalerweise über der Maschine).

Atmen Sie tief durch. Heften Sie Ihre Augen auf den Horizont und versuchen Sie, mit den Wellen zu gehen. Dabei sollten Sie die Knie leicht beugen, um die Bewegung des Oberkörpers zu vermindern. Versteifen Sie sich nicht gegen die ungewohnte Bewegung. Ihre innere Einstellung ist entscheidend. Konzentrieren Sie sich auf den Wind, der durch Ihr Gesicht streift, und freuen Sie sich an der Kraft und Heiterkeit des Meeres. Verwickeln Sie einen Mitreisenden in ein interessantes Gespräch – aber nicht über Seekrankheit! Ziehen Sie sich warm und gemütlich an, aber gehen Sie nicht in den Schiffsbauch hinunter, denn dort werden Ihre Augen es noch schwerer haben, die Bewegung zu verste-

hen, die von Ihrem Innenohr gemeldet wird.
Beten Sie darum, daß Wale auftauchen. Es ist erstaunlich, aber selbst bei rauhester See werden nur wenige Leute seekrank, solange Wale zu sehen sind.
Und wenn nichts anderes mehr hilft, gehen Sie auf die Leeseite des Schiffes und sehen Sie zu, daß Sie es hinter sich bringen.

Anhang 3: **Das Aufnehmen von Wal- und Delphingesängen**

Nur wenige Walbeobachtungstouren bieten die Möglichkeit, den Walen zuzuhören. Dabei ist das Zuhören der artgerechteste Weg, sich mit den Walen vertraut zu machen. Die in einer dunklen Unterwasserwelt lebenden Cetaceen sind Laut-Tiere. Es scheint, als ob sie miteinander kommunizierten und die meisten Informationen über ihre Umwelt durch den Schall erhielten.
Es ist erstaunlich einfach, auf See gute Aufnahmen von Wal- und Delphinstimmen anzufertigen. Bei vielen Arten ist es einfacher und billiger als das Fotografieren. Wale können oft über eine weitere Entfernung und auch noch bei bewegter See aufgenommen werden, wenn es zum Fotografieren schon zu rauh wäre. Auch lassen sie sich vom Ufer aus aufnehmen.
Jeder gute, kleine Kassettenrekorder reicht aus. Zum Schutz gegen das Salzwasser sollten Sie ihn in einem Rucksack oder einer Kameratasche tragen. Versichern Sie sich, daß die Steckerverbindung stimmt und Kassettenrekorder und Hydrophon zusammenpassen. Das Schwierigste ist oft, ein passendes Hydrophon (ein spezielles Unterwassermikrophon) zu finden. Versuchen Sie es in Geschäften, die sich auf Meereselektronik spezialisiert haben, am besten in größeren Küstenstädten (in USA bzw. Kanada: Boston, New York, Miami, Los Angeles, San Francisco, Seattle Vancouver, Halifax). Ein gutes, per Post zu bestellendes Hydrophon mit Vorverstärker und einem 10 m langen Kabel gibt es für $ 100 von: Lon A. Brocklehurst, Labcore Bio-acoustics, 3301 Capitol Ave., Turmwater, WA 98501 (☎ 206-786-1622).
Falls Sie in Ihrer Nähe Meeresbiologen oder vielleicht ein Ozeanarium kennen, können Sie dort nachfragen. Hydrophone kosten zwischen 10 und 2.000 DM. Ein preiswertes Hydrophon kann durchaus ausreichen, nur sollten Sie sich vergewissern, daß es einen Vorverstärker besitzt (eingebaut oder in einem Extragehäuse), und daß alle Ausrüstungsteile zusammenpassen. Bei entsprechenden Elektronikkenntnissen können Sie den Verstärker oder das Hydrophon auch selber bauen. Einige Walbeobachter haben ihr eigenes Hydrophon erfunden, indem sie ein Mikrophon in ein Kondom gesteckt haben – die Resultate sind ganz passabel. Andere haben Plastiktüten oder andere einfache Gehäuse benutzt, oder ein gutes Mikrophon einfach ins Wasser gehalten, was unausweichlich zu dessen Ende führt. Ein für die Luft konzipiertes Mikrophon liefert unter Wasser sehr unbefriedigende Ergebnisse, besonders nachdem es naß ist. Sogar Hydrophone sind anfällig für Salzwasserlecks. Denken Sie deshalb immer an eine Tube mit Siliconversiegelung und benutzen Sie es für alle Hydrophon- und Kabelverbindungen, bevor Sie das knisternde Geräusch eines Salzwasserkurzschlusses hören.
Zum Gebrauch: Wenn Sie Wale sehen (oder in ein bekanntes Walgebiet kommen), sollten Sie das Boot anhalten und die Maschine ausstellen. Eine gute Sicht ist nicht unbedingt notwendig, viele Forscher benutzen das Hydrophon gerade dazu, die Wale zu finden. Halten Sie das Hydrophon etwa 3 m tief ins Wasser (eventuell auch tiefer), so daß Sie keine Oberflächengeräusche mehr hören. Die meisten Hydrophone können die Geräusche aus allen Richtungen aufnehmen. Bei starken Störgeräuschen, z.B. durch Schiffsmotoren, kann es manchmal günstig sein, das Hydrophon abzuschirmen, indem man etwa das eigene Boot zwischen die Wale und die Störgeräusche bringt. Dann halten Sie das Hydrophon auf der ‚Walseite' des Bootes ins Wasser, wobei Sie es nicht unter dem Kiel absenken dürfen. Wenn das Wasser nicht sehr tief ist, kann es vom Land aus nötig sein, eine Boje auszubringen, z.B. eine am Boden verankerte Röhre, an der das mit dem Kassettenrekorder in Verbindung stehende 25-50 m lange Hydrophonkabel befestigt ist. Manchmal reicht es auch, einen langen Stab über das Wasser zu halten, an dessen Ende das Hydrophon hängt.

Aufnahmen von Cetaceen
Songs of the Humpback Whale, Capitol Records. SW-620.
Deep Voices. The Second Whale Record, Capitol Records. ST-11598.
Ocean of Song: Whale Voices, PET Records (Box 1102, Burbank, CA 91507 USA).
Northern Whales, Music Gallery Editions (30 Patrick St., Toronto, Ont. M5T 1V1 Canada).
Sound Communication of the Bottlenosed Dolphin, Biological System, Inc. (Box 26, St. Augustine, FL 32084 USA).
Sounds and Ultrasounds of the Bottlenose Dolphin. Folkways Records.

Anhang 4: **Literatur zum Thema**

Allgemeine englische Literatur

Alpers, A. 1961. Dolphins. The Myth and the Mammal. Houghton Mifflin Co., Boston. 268 Seiten, S/W-Fotos.
Brower, K. 1979. Wake of the Whale. Friends of the Earth/Dutton, New York. 161 Seiten, Farb- und S/W-Fotos von W. Curtsinger.
Burton, R. 1980. The Life and Death of Whales. (Überarbeitete 2. Auflage) Universe Books, New York. 185 Seiten, Fotos.
Caldwell, D.K. und M.C. Caldwell. 1972. The World of the Bottle-nosed Dolphin. J.B. Lippincott, Philiadelphia. 157 Seiten, Fotos.
Devine, E. und M. Clark. 1967. The Dolphin Smile. Twenty-nine centuries of dolphin lore. MacMillan and Co., New York. 370 Seiten, S/W-Fotos.
Ellis, R. 1980. The Book of Whales. Alfred A. Knopf, New York. 252 Seiten, Farbillustrationen.
Ellis, R. 1982. Dolphins and Porpoises. Alfred A. Knopf, New York, 252 Seiten, Farbillustrationen.
Hoyt, E. 1981. The Whale Called Killer. E.P. Dutton, New York. 248 Seiten, Farb- und S/W-Fotos.
Lilly, J.C. 1975. Lilly on Dolphins: Humans of the Sea. Anchor Press, Garden City, New York. 500 Seiten, S/W-Fotos.
McNally, R. 1981. So Remorseless A Havoc. Of Dolphins, Whales and Men. Little, Brown and Co., Boston. 288 Seiten, S/W-Fotos, Illustrationen von P.A. Folkens.
Matthews, L.H. 1968. The Whale. Simon and Schuster, New York. 287 Seiten, illustriert.
Matthews, L.H. 1978. The Natural History of the Whale. Columbia University Press, New York. 219 Seiten, illustriert.
Melville, H. 1851. Moby-Dick; or The Whale. (Viele Verleger und Ausgaben) New York. 634 Seiten.
Norris, K.S. 1974. The Porpoise Watcher: A naturalist's experiences with Porpoises and whales. W.W. Norton, New York. 250 Seiten, S/W-Fotos.
Ommanney, F.W. 1971. Lost Leviathan. Dodd, Mead and Co., New York. 280 Seiten.
Pryor, K. 1975. Lads Before the Wind. Adventures in porpoise training. Harper & Row, New York. 278 Seiten, S/W-Fotos.
Riedman, S.F. and E.T. Gustafson. 1966. Home is the Sea for Whales. Rand McNally and Co., Chicago, 264 Seiten, illustriert.
Scammon, C.M. 1874. The Marine Mammals of the North-Western Coast of North America, Described and Illustrated: Together with an Account of the American Whale-Fishery. J.H. Carmany and Co., San Francisco. (Nachgedruckt 1968 bei Dover, New York). 320 Seiten, illustriert.
Scheffer, V.B. 1969. The Year of the Whale. Charles Scribner's Sons, New York. 213 Seiten, illustriert.
Scheffer, V.B. 1976. A National History of Marine Mammals. Charles Scribner's Sons, New York. 157 Seiten, illustriert.
Wood, F.G. 1973. Marine Mammals and Man: The Navy's Porpoises and Sea Lions. Robert B. Luce, Washington, D.C. 264 Seiten, S/W-Fotos

Regionale und weltweite Führer über Wale, Delphine und Schweinswale

Baker, A.N. 1983. Whales & Dolphins of New Zealand and Australia. Victoria University Press, Wellington, New Zealand. Farb- und S/W-Fotos und Zeichnungen.
Bennett, B. 1983. The Oceanic Society Field Guide to the Gray Whale. Legacy Publishing Co., San Francisco. 51 Seiten, illustriert.
Haley, D. (Hrsg.) 1978. Marine Mammals of Eastern North Pacific and Arctic Waters. Pacific Search Press, Seattle. 256 Seiten, Farb- und S/W-Fotos.
Katona, S.K., V. Rough und D.T. Richardson. 1983. A Field Guide to the Whales, Porpoises and Seals of the Gulf of Maine and Eastern Canada: Cape Cod to Newfoundland. Charles Scribner's Sons, New York. 256 Seiten, S/W-Fotos und Illustrationen.

Leatherwood, S., R.R. Reeves and L. Foster. 1983. The Sierra Club Handbook of Whales and Dolphins. Sierra Club Books, San Francisco. 302 Seiten, Farbillustrationen, S/W-Fotos.

Watson, L. 1981. A Sea Guide to Whales of the World. Dutton, New York. 302 Seiten, Farbillustrationen und Fotos.

Ergänzung/Deutsche Titel

Cousteau, J.-Y. und P. Diole. 1972. Knaurs Geheimnisse und Rätsel des Meeres: Wale. Gefährdete Riesen der See. Droemer, Knaur, München/Zürich. 304 Seiten, Farb- und S/W-Fotos.

Cousteau, J.-Y. und P. Diole. 1975. Knaurs Geheimnisse und Rätsel des Meeres: Delphine. Intelligente Freunde des Menschen. Droemer, Knaur, München/Zürich. 304 Seiten, Farb- und S/W-Fotos.

Deimer, P. 1983. Das Buch der Wale. Hoffmann und Campe, Hamburg. 191 Seiten, Farbfotos und Illustrationen (als Taschenbuch (Nr. 7271) bei Heyne erschienen, ausführliches Literaturverzeichnis in beiden Ausgaben).

Gaskin, D.E. 1982. The Ecology of Whales and Dolphins, Heinemann Educational Books Ltd., London, 460 Seiten, S/W-Fotos und Illustrationen.

Grzimek, B. 1979. Grzimeks Tierleben: Säugetiere 2 (Bd. 11). Dtv GmbH & Co. KG, München (Lizenzausgabe des 1970 bei Kindler erschienenen Werkes). Farbtafeln und Farbfotos.

Hunter, R.L. (Bob) und R. Weyler. 1982. Rettet die Wale. Die Fahrten von Greenpeace. Ullstein, Frankfurt. 139 Seiten, S/W-Fotos.

McIntyre, J. 1982. Der Geist in den Wassern. Ein Buch zu Ehren des Bewußtseins der Wale und Delphine zusammengestellt von Joan McIntyre. Zweitausendeins, Frankfurt. 240 Seiten, Farb- und S/W-Fotos und Illustrationen.

Pilleri, G. 1975. Die Geheimnisse der blinden Delphine. Hallwag AG, Bern. 216 Seiten, Farb- und S/W-Fotos und Illustrationen.

Anhang 5: **Glossar**

Amphipoden (amphipod): etwa 2,5 bis 5 cm lange, krabbenähnliche Crustaceen.

Augenfleck/-klappe (eye patch): der weißpigmentierte Bereich über und hinter dem Auge eines Schwertwales (z.T. auch „post-ocular"-Fleck genannt). Ebenfalls der schwarze Bereich um die Augen mancher Delphine.

Ausschauhalten (spar., spy-hopping): das Verhalten eines Wales, wenn er seinen Kopf über Wasser hebt.

Barten (baleen, whalebone): Hornplatten aus einer zwar festen, aber sehr leichten Keratinsubstanz (dem gleichen Protein, wie es in Fingernägel und Hufe eingebaut ist), die in zwei kammartigen Reihen vom Munddach aller Bartenwale auswachsen. In dem Maul eines Wales können bis zu 960 Barten wachsen (im Durchschnitt sind es 300, je nach Art). Die Größe der Barten liegt zwischen 30 cm und gut 4 m, und die Farbe variiert von weiß über gelbbraun und grau bis schwarz – je nach Art. Die Barten werden zum Aussieben von Plankton, kleinen Schwarmfischen und anderen, im Wasser lebenden Organismen benutzt.

Biosonar (biosonar): Klick-Laute, die von Zahnwalen und vielleicht auch anderen Walen zur Navigation und zum Auffinden der Nahrung unter Wasser eingesetzt werden. Untersuchungen haben ergeben, daß Delphine mit ihrem Biosonar extrem feine Details wahrnehmen können und daß sie den von Menschen produzierten Sonargeräten deutlich überlegen sind. Das Biosonar wird eventuell auch zur Kommunikation eingesetzt.

Blas (blow, spout): die oft sichtbare Ausatemluft, in der Wassertröpfchen kondensieren.

Blasloch (blowhole): die Nasenlöcher eines Wales. Bartenwale haben zwei nebeneinanderliegende Blaslöcher; Zahnwale haben ein Blasloch.

Borsten (an den Barten) (bristles): die zur Filtration dienenden Fasern, die den am Rand jeder Bartenplatte stehenden Fransensaum bilden.

Buckel (tubercles): kleine Erhebungen auf dem Kopf eines Buckelwales; bezieht sich auch auf Erhebungen an anderen Körperteilen, z.B. auf die Erhebung auf dem Rükken der Indischen Schweinswale, die zum Tragen der Jungen benutzt wird.

Cetaceen (cetacean): Mitglieder der Ordnung Cetacea, in der die Wale, Delphine und Schweinswale zusammengefaßt sind.

Crustaceen (crustacean): Mitglieder der großen Klasse der Krebstiere, meist wasserlebende Arthropoden mit einer harten Schale, wie z.B. Krabben, Krebse, Seepokken, Hummer etc.

Echolotung (echolocation): s. Biosonar
Einkerbung (notch): die Hinterkante der Fluke vieler Cetaceen wird durch eine V-förmige Einkerbung unterteilt.
Euphausidaceen (euphausiid): Sammelbegriff für die 90 Arten der Ordnung der Leuchtkrebse. Hauptbestandteil des Krills.
Geschlechtsdimorphismus (sexual dimorphismus): körperliche Unterschiede zwischen den männlichen und weiblichen Tieren einer Art, die eine einfache Unterscheidung der Geschlechter ermöglichen.
Kalmare/Sepien (squid): zehnarmige Tintenfische.
Kappe (cape): die dunkle Rückenfläche mancher Cetaceen, die die Form einer Kappe hat.
Kehlfurchen (throat grooves): das für Furchenwale charakteristische Faltenmuster an der Kehle. Durch die Falten kann sich der Kehlsack enorm ausweiten, so daß die Furchenwale bei einem einzigen Schluck riesige Mengen an Fisch und Krill aufnehmen können.
Klicks (clicks oder click train): kurze Laute, die mit unterschiedlicher Frequenz wiederholt werden und zur Echolotung bzw. als Biosonar benutzt werden.
Kopepoden (copepod): eine Unterklasse kleinster Crustaceen, die besonders in wärmeren Gewässern von Bartenwalen gefressen werden.
Kopfkamm (median ridge): die leicht hervortretende Linie, die den Kopf eines Wales von den Lippen bis zum Blasloch unterteilt.
Krill (krill): kleine freischwimmende Crustaceen und Larven, hauptsächlich Euphausidaceen, die von Bartenwalen gefressen werden.
Luftblasen-Wolke (bubble cloud): eine große Wolke aus feinen Luftblasen, die von einem fressenden Buckelwal produziert wird.
Luftblasen-Netz (bubble net): ein Ring einzelner Blasen, den Buckelwale hervorbringen, um ihre Beute einzukreisen.
Luftblasen-Strom (bubble stream): ein kontinuierlicher Blasenstrom, der sich unter Wasser über einige hundert Meter hinziehen kann. Im Zusammenhang mit dem aggressiven Verhalten von Buckelwalen könnten die Blasenströme eine besondere Bedeutung haben. Andere Wale und Delphine produzieren manchmal solche Ströme, wenn sie unter Wasser Laute hervorbringen.
Melone (melon): die knollige Stirn der Zahnwale.
Mollusken: Weichtiere, ein großer Stamm des Tierreichs, zu dem u.a. die Schnecken, Muscheln und Tintenfische gehören.
Pelagisch (pelagic): ozeanisch; im offenen Ozean lebend oder vorkommend.
Pigmentierungsmuster (pigmentation pattern): die Anordnung der Pigmente im Hautgewebe, welche es bei einigen Bartenwalen möglich macht, die einzelnen Tiere individuell zu unterscheiden.
Rostrum (rostrum): die nach vorne gerichtete Verlängerung des Oberkiefers.
Rückenfinne/Finne (dorsal fin): ein erhobenes knorpeliges Gebilde auf dem Rükken einiger Cetaceen, das oft beim Auftauchen deutlich sichtbar ist.
Sattel (saddle): der graue Fleck direkt hinter der Rückenfinne eines Schwertwales; ebenso die in der Mitte des Rückens gelegene Fläche bei anderen Cetaceen.
Schnabel (beak): der verlängerte Vorderteil des Kopfes, besonders bei bestimmten Delphinen und Schnabelwalen.
Winkel (chevron): eine blaßgraue, hinter dem Kopf gelegene Zeichnung auf dem Rücken der Finnwale. Ebenso jede andere winkelförmige Zeichnung auf dem Rücken oder den Flanken eines Wales.
Schwanzabdruck (tail print): der Fleck ruhigen Wassers, den ein Wal nach dem Abtauchen an der Wasseroberfläche hinterläßt; sozusagen sein „Fußabdruck".
Schwanzschlag (tail lash): im Kampf um die Weibchen schlagen männliche Buckelwale mit ihren Fluken nacheinander; das Resultat sind blutige Kopfbuckel und, gelegentlich, zerrissene Schwanzflossen.
Schwanzwurzel (tail stock, peduncle): das schmale, hintere Ende eines Wales, zwischen der Fluke und dem Rest des Körpers.
Schwiele (callosity): eine unregelmäßige, krustige Erhebung aus dem Hornmaterial Keratin, die sich in Fleckchen auf dem Kopf aller Glattwale befindet.
Springen (breach): die Fähigkeit eines Wales oder Delphines, ganz und gar aus dem Wasser herauszuspringen.
Schule (pod): eine Gruppe von Walen; bei Schwertwalen ein beständiger Verband von bis zu 40 Tieren.
Wellenreiter (bow rider): ein Delphin, der neben dem Bug eines Schiffes schwimmt und mit diesem die gleiche Geschwindigkeit hält.

Anhang 6: **Fachbegriffe Englisch – Deutsch**

arched: gewölbt, gekrümmt
baleen: Barten*
barnacles: Seepocken
beak: Schnabel*
blotchy: fleckig
blow: Blas*
blowhole: Blasloch*
blunt: stumpf, abgestumpft
bonnet: „Damenhaube“, ursprünglich von Walfängern gebrauchter Begriff für die Schwielenbildung der Glattwale (vgl. ‚callosity')
bowed: gebogen, geneigt
bow riding: wellenreiten*
breach: aus dem Wasser herausspringen
bristles: Borsten an den Barten*
bubble cloud/- net/- stream: Luftblasen-Wolke/ -Netz/ -Strom*
bulbous: knollig
bump: Buckel
callosity: Schwiele, Hornhautbildung*
cape: Kappe*
chevron: Winkel*
clicks, click train: Klicks*
crescent: halbmondförmig
dorsal fin: Rückenfinne*
echolocation: Echolotung *unter Biosonar
eye patch: Augenfleck/ -klappe*
falcate: sichelförmig*
fin: Flosse*
flipper: Brustflosse
fluke: Schwanzflosse
groove: Furche
head knobs: Kopfbuckel
head ridge: Kopfleiste
hump: Hügel
identation: Einkerbung, Einschnitt
lash: peitschen
leap: (heraus-) springen
lunge: losstürzen, vorwärtsspringen
median ridge: Kopfkamm*
mottled: gefleckt
notch: Einkerbung*
pectoral fin: Brustflosse
peduncle: Schwanzwurzel*
pelagic: ozeanisch*
pigmentation pattern: Pigmentierungsmuster*
pod: Schule*
prominent: hervorstehend, auffällig
saddle: Sattel*
scarred: narbig
sexual dimorphism: Geschlechtsdimorphismus*
sleek: geschmeidig, glatt, schnittig
spar: ausschauhalten
spout: Blas*
spy-hop: ausschauhalten
stocky: stämmig, untersetzt
surface: auftauchen
swallower: Schlinger
tail lash/- print/- stock: Schwanzschlag/-abdruck/- wurzel*
tapering: sich verjüngend, spitz zulaufend
throat grooves: Kehlfurchen*
tubercles: Buckel*
tusk: Hauer, Horn
whalebone: Barten*

* erläutert in Anhang 5

Bezeichnungen der Körperteile

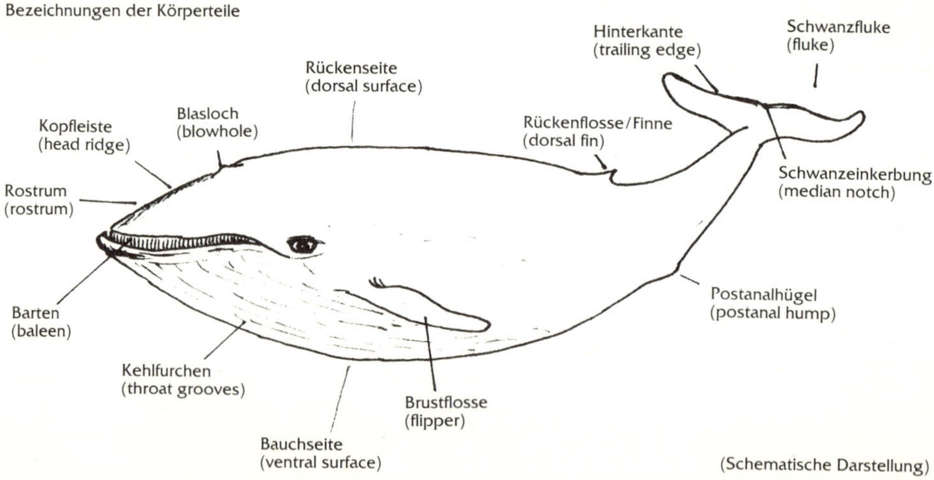

(Schematische Darstellung)

Index